Marita A. Panzer
Elisabeth Plößl
Bayerns Töchter

Frauenporträts aus fünf Jahrhunderten

Mit 76 Abbildungen

Piper München Zürich

Von Marita A. Panzer liegen in der Serie Piper vor:
Englands Königinnen (3682)
Bayerns Töchter (mit Elisabeth Plößl, 4354)

Gewidmet unseren Müttern
Ursula Panzer († 1996)
Maria Plößl († 2002)

FSC

Dieses Taschenbuch wurde auf FSC-zertifiziertem Papier gedruckt.
FSC (Forest Stewardship Council) ist eine nichtstaatliche, gemeinnützige
Organisation, die sich für eine ökologische und sozialverantwortliche
Nutzung der Wälder unserer Erde einsetzt (vgl. Logo auf der Umschlag-
rückseite).

Durchgesehene Taschenbuchausgabe
Piper Verlag GmbH, München
1. Auflage Juni 2005
2. Auflage Juli 2007
© 1997 Verlag Friedrich Pustet, Regensburg
unter dem Titel: »Bavarias Töchter«
Umschlag/Bildredaktion: Büro Hamburg
Heike Dehning, Charlotte Wippermann,
Alke Bücking, Kathrin Hilse
Fotos Umschlagvorderseite: Jeromeda Cunha/AKG Images
Fotos Umschlagrückseite: Foto Hirche, Bobingen (Elisabeth Plößl)
Satz: Friedrich Pustet, Regensburg
Papier: Munken Print von Arctic Paper Munkedals AB, Schweden
Druck und Bindung: Clausen & Bosse, Leck
Printed in Germany   ISBN 978-3-492-24354-4

www.piper.de

Inhalt

"züchtig, maßvoll, schön, ehrbar"
Ehe- und Familienfrauen

"pflichtgetreu, fleißig und aufs eifrigste bestrebt"
Erwerbstätige Frauen

"ausgerüstet mit einem seltenen Forscherdrange"
Wissenschaftlerinnen und Lehrerinnen

"auf Tod und Leben"
Verfolgte Frauen

"wo ist das Recht der Frau"
Frauenrechtlerinnen und Arbeiterinnenvertreterinnen

"die offene Tür"
Politikerinnen

Vorwort

Die „Bavaria" über der Münchner Theresienwiese, 1850 enthüllt, personifiziert in Gestalt einer Frau das Land Bayern. Als Allegorie durfte sich Weiblichkeit manifestieren – die realen Frauen hingegen waren im Bayern des 19. Jahrhunderts fast gänzlich vom staatlichen Gefüge ausgeschlossen. Sie waren ohne politische Teilhabe, ohne Zugang zu höherer Bildung, ihr Anteil an der Wohlfahrt der Gesellschaft, an der geleisteten Arbeit, an Kunst und Kultur wurde nicht oder nur wenig wahrgenommen. Das Standbild der „Bavaria" drückt in der Geste des Kranzspendens den Dank des Vaterlandes an die verdienten Söhne aus, welche in der Ruhmeshalle dahinter geehrt werden. Verdiente Töchter waren im bayerischen Pantheon Ludwigs I. nicht vorgesehen, blieben verborgen und unbekannt. Erst vor kurzem wurden die Büsten zweier Frauen dort aufgestellt, nämlich die der Schauspielerin Clara Ziegler und die der Schriftstellerin Lena Christ.

Das Buch „Bayerns Töchter" stellt rund 80 Töchter des Landes, gute und böse, vor. „Bayerns Töchter" – das sind Frauen, die sich einen Namen gemacht haben, wenn auch manchmal einen berühmt-berüchtigten wie Lola Montez, aber auch weniger bekannte und völlig unbekannte Frauen, die auf dem Gebiet des heutigen bayerischen Staates sowie in früheren bayerischen Herrschaftsgebieten, beispielsweise in Tirol und der linksrheinischen Pfalz, lebten und wirkten. Zudem werden Frauen berücksichtigt, die in Bayern geboren wurden, aber in anderen Ländern hervortraten, wie z. B. Wittelsbacherinnen auf fremden Thronen.

Die Frauenporträts umfassen zeitlich eine Spanne vom Beginn der Frühen Neuzeit an der Wende zum 16. Jahrhundert bis in die nähere Gegenwart. In diesen fünf Jahrhunderten bayerischer Geschichte porträtieren wir Frauen aus unterschiedlichen sozialen Schichten. Wir lernen ihre persönlichen Lebensweisen kennen, aber auch die gesellschaftlichen Leitbilder und Normen, mit denen sie konfrontiert waren. Dabei kristallisiert sich das jeweils Neue, Emanzipatorische, Wegweisende oder Charakteristische, ja typisch Weibliche heraus. Dies läßt den abwertenden Ausruf „Typisch Frau!" in einem, wie wir denken, anderen, positiven Blickwinkel erscheinen. Denn der Weg der Frauen durch diese Jahrhunderte war zumeist ein typischer Frauenweg – ein Weg, der nicht immer ungehindert, sondern oftmals sogar holprig, eingeengt und voller Widerstände verlief, manchmal aber auch, auf unkonventionelle Art, frei und selbstbestimmt sein konnte.

Aus Hunderten von Frauen, die wir in der Forschungsliteratur, zumeist in recht verstreuten und versteckten Aufsätzen und Artikeln, auffanden, haben wir rund 80 ausgewählt – oftmals auch rein subjektiv, das wollen wir gerne bekennen. So vermissen manche Leserinnen und Leser vielleicht etliche berühmte Namen. Andere Frauen, die wir gerne aufgenommen hätten, fehlen aufgrund der lückenhaften Forschungslage.

Für unsere Auswahl waren folgende Gesichtspunkte ausschlaggebend: 1. Die regionale Verteilung; es sollten Frauen nicht nur aus Altbayern oder nur München, sondern auch aus Schwaben, Franken, den ehemaligen Reichsstädten, oder aus Gebieten wie dem Bayerischen Wald Berücksichtigung finden. 2. Die Forschungslage und das Auffinden einer Abbildung, damit die Frauen uns möglichst direkt und plastisch entgegentreten können, sozusagen von Angesicht zu Angesicht. 3. Das Leben der Frauen sollte schon beendet sein, damit ein möglichst umfassendes Porträt geschrieben werden konnte. 4. Aus Gründen des Lebensalters, des Personenschutzes und des Archivgesetzes haben wir die zeitliche Grenze etwa bei der Kriegsgeneration der Frauen gezogen, also bei den Geburtsjahrgängen von ca. 1920–30.

Die Kurzbiographien von „Bayerns Töchtern" haben wir nach 14 Bereichen geordnet. Wir präsentieren: 1. Frauen, die sich und ihren Lebensentwurf Gott weihten. Die ein Leben in Frauengemeinschaften, im Kloster, Stift oder Diakonissenhaus wählten. Frauen, die eine spezifisch weibliche Form mystischer und charismatischer Frömmigkeit vertraten. 2. Frauen, die in langer Tradition als Wohltäterinnen und Stifterinnen oft im Stillen wirkten, aber Bedeutendes auf sozialem und kulturellem Gebiet leisteten. 3. Frauen, die als Herrscherinnen und Regentinnen politische Macht ausübten und Geschichte machten. 4. Frauen, die aufgrund ihrer Schönheit und sexuellen Anziehungskraft Standesschranken durchbrachen und zum Teil auch politischen Einfluß ausübten. 5. Frauen, in der ihnen gesellschaftlich zugeschriebenen Lebensform der Ehe und Familie. Dabei werden Eheformen mit gewandelten Leitbildern, wie beispielsweise im 16. Jahrhundert die humanistisch orientierte Gelehrtenehe sowie die religiös motivierte Reformatoren- und Pfarrersehe, berücksichtigt. 6. Frauen im Wirtschafts- und Arbeitsleben, darunter auch Frauen, die sich als Unternehmerinnen durchsetzten.

7. Frauen, die sich den Zugang zu höherer und universitärer Bildung erkämpften und als Gelehrte, Lehrende und Wissenschaftlerinnen tätig waren. 8. Frauen, die als Schriftstellerinnen, Poetinnen, ausübende und bildende Künstlerinnen in der Öffentlichkeit hervortraten. 9. Frauen, die als Tänzerinnen und Sportlerinnen Karriere machten. 10. Frauen, die als Protestierende, als Aufbegehrende und als Rebellinnen aktiv an gesellschaftlichen und politischen Bewegungen beteiligt waren und als Widerstandskämpferinnen sich dem NS-Regime entgegenstellten. 11. Frauen am Rande der Gesellschaft, ausgegrenzt als Außenseiterinnen und Kriminelle. 12. Frauen als Entrechtete, die aus politischen und rassischen Gründen verfolgt wurden. 13. Frauen, die zur Jahrhundertwende ihre Rechte einforderten, die sich der Emanzipation, der Gleichstellung der Frauen in Gesellschaft, Wirtschaft und Politik verschrieben. Aus ihren Reihen kamen etliche der ersten bayerischen Parlamentarierinnen. Sie öffneten die Tür für – 14. – die Frauen, die als Politikerinnen die Geschicke des Landes mitgestalteten.

Mit der Unterteilung in obige Kategorien soll auch die Vielfalt weiblicher Existenzformen Ausdruck finden, die sich, pointiert gesagt, zwischen „Bett und Barrikade", zwischen „Küche und Katheder", zwischen „Wiege und Weltruhm" bewegte.

Familienfrau und Freiheitskämpferin, Humanistin und Hausfrau, Politikerin und Poetin, Wohltäterin und Widerstandskämpferin, Diakonisse und Demokratin, Mathematikerin und Musikerin, Frauenrechtlerin und Fabrikarbeiterin, Gouverneurin und Geliebte, Bankrotteurin und Betrügerin, Unternehmerin, Schauspielerin, Diebin, Malerin, Äbtissin, Lehrerin, Bildhauerin, Wissenschaftlerin ... – bekannte und unbekannte Frauen – sie alle waren geborene, zugezogene, geliebte und ungeliebte Töchter Bayerns.

Regensburg und Bobingen, im Herbst 2004

Marita A. Panzer und Elisabeth Plößl

"an der Hand zu Gott"

Religiöse Frauen

Maria Magdalena Haidenbucher
(1576–1650)
Äbtissin von Frauenwörth/Chiemsee

Mit ihren handschriftlichen Aufzeichnungen unter dem Titel „Geschicht Buech" überlieferte Maria Magdalena Haidenbucher uns die
Ereignisse ihres Inselklosters Frauenwörth im Chiemsee in der Zeit-
spanne von 1609 bis 1650. Über zweihundert Seiten beschrieb die Äbtissin. Das Foliobuch liegt heute in der Bayerischen Staatsbibliothek in
München und erweist sich als wichtige Quelle für politische, soziale,
wirtschaftliche und kirchliche Fragestellungen.

Maria Magdalena Haidenbucher wurde 1576 in Kaufering bei Landsberg geboren. Ihr Vater Reinhard Haidenbucher, herzoglicher Kastner
und Hofmarksinhaber zu Landsberg, starb Ende des Jahres 1585, die
Mutter Barbara, geb. Gassner, war ihm schon ein halbes Jahr früher vorausgegangen. Ein Bruder namens Johann Gregor wurde Kammergerichts-
assessor in Speyer und starb dort 1615.

Magdalena trat mit zwölf Jahren ins Benediktinerinnenkloster Frauen-
wörth ein und legte 1590 die Profeß ab. Auch ihre Zwillingsschwester
Cleophe wurde Nonne, jedoch bei den Zisterzienserinnen in Nieder-
schönenfeld. Im Alter von 33 Jahren bestimmte die Wahlkommission
Maria Magdalena Haidenbucher zur Äbtissin, denn die Wahl hatte eine
Pattsituation zwischen ihr und Helena Schinweiss gebracht. Maria Mag-
dalenas Weihe fand am 14. April 1609 statt und wurde vom Salzburger
Weihbischof Claudius Sozzimeno vorgenommen.

Aus ihren Tagebuchaufzeichnungen und den zwei überlieferten Porträts tritt uns Maria Magdalena Haidenbucher als gewandte, kluge,
mutige und gottesfürchtige Frau entgegen. Sie besaß eindeutig Füh-
rungsqualitäten. Das erkannten auch die Klostervisitatoren, wenn sie

1628 in ihrem Bericht verzeichneten: „Quod ad personam Abbatissae attinet, apparet matura, prudens, discreta, devota, amatrix sui conventus et bonae voluntatis" (Was die Person der Äbtissin betrifft, erscheint sie reif, klug, verschwiegen, fromm, voll Liebe zu ihrem Konvent und voll guten Willens).

Das Kloster Frauenwörth besaß viele Güter, Ländereien und Rechte sowie Abgaben und Dienstleistungen seiner Untertanen. Die wichtigsten Besitzungen lagen in Seebruck, Chieming, Tittmoning, Wolfratshausen und Buch am Erlbach, aber auch in Axams, Wattenberg, Wörgl, Angath im Inntal und Wiesing. Weitere Einkommen bestanden aus der Mitgift der ins Kloster eintretenden jungen Frauen und aus Stiftungen. Die Nonnen entstammten zumeist dem bayerischen Adel oder den herzoglich-kurfürstlichen Beamtenfamilien. Zudem standen dem Kloster noch die Einkünfte der Pfarreien Seebruck, Gstadt, Breitbrunn, Pfaffenhofen bei Rosenheim, Buch und Abgath zu. Dort übte die Äbtissin das Patronatsrecht aus und setzte die Pfarrer ein.

Dieser Reichtum des Frauenklosters erweckte die Begehrlichkeit des benachbarten Männerklosters, des Augustinerchorherrenstifts auf der Insel Herrenchiemsee. Der dortige Propst bemühte sich, die Kontrolle über das Frauenkloster zu erhalten. Er wünschte daher, die Beichtväter und Kapläne für das Frauenkloster zu stellen und machte den Nonnen die Pfarreien streitig. Jedoch, dank der geschickten Klosterpolitik der Äbtissin, war dies ein vergebliches Unterfangen.

Frauenwörth gehörte zur Salzburger Diözese, unterstand aber in weltlichen Dingen dem bayerischen Herzog. Dieser machte auch von seinen Rechten, vor allem während des Dreißigjährigen Krieges (1618–1648), wie Maria Magdalena Haidenbucher getreulich verzeichnete, fleißigen Gebrauch. Immer wieder mußte die Äbtissin für das Frauenkloster Kriegssteuern entrichten, Darlehen gewähren, Kriegsknechte ausrüsten, Waffen und Pferde stellen. Noch 1619 erfreute sich das Kloster eines zufriedenstellenden Wohlstandes. Jedoch während der großen Kriegsnöte wurde Frauenchiemsee zur Zufluchtsstätte vieler, die sich vor den schwedischen Soldaten in Sicherheit bringen wollten. 1632 fanden 36 Chorfrauen und 17 Laienschwestern des Klosters Niederschönenfeld samt 13 Knechten und 23 Pferden vom April bis zum Herbst kostenfreie Aufnahme. Zugleich kamen auch aus Seligenthal bei Landshut die Äbtissin mit 33 Chorfrauen und 13 Laienschwestern samt Gefolge. Auch andere flüchteten ins Frauenkloster, und so beherbergte und verpflegte Maria Magdalena Haidenbucher zusammen mit ihren Schwestern von Frauenchiemsee im Jahre 1632 insgesamt 148 Flüchtlinge.

Aber auch das Wüten der Naturkräfte, wie Überschwemmungen, Hagelschlag, Kälteeinbrüche und Gewitterstürme, fügte dem Kloster und seinen Untertanen immer wieder Schaden zu und schmälerte die Einkünfte. Hungersnöte waren das Resultat. 1628 trug Maria Magdalena Haidenbucher in ihr Buch ein: „In diesem Jahre ist allenthalben das Getreide durch den Schauer verderbt, ist auch den ganzen Sommer niemals recht warm gewesen, also daß das wenige Getreide vor Regenwetter nicht hat eingebracht werden können. Ist auch unsern armen Untertanen großer Schaden geschehen, hat schier jedermann Haberbrot essen müssen und an etlichen Orten nicht genug gehabt."

Das direkte Kriegsgeschehen erreichte im Juni 1648 Frauenchiemsee. Die feindlichen Truppen standen schon am Inn bei Wasserburg und Rosenheim. Die Bewohner der benachbarten Männerklöster von Herrenchiemsee, Seeon und Baumburg flohen. Äbtissin Maria Magdalena Haidenbucher jedoch harrte beherzt aus. „Ich halt mich bis auf die letzte Stund", schrieb die nunmehr über 70jährige nach Salzburg. Ihre Mitschwestern wollte sie allerdings nicht den Übergriffen der Soldateska aussetzen, daher schickte sie sie, samt den Kirchenschätzen, Heiligtümern und Dokumenten, nach Salzburg und Tirol. Dank eines starken Regenfalls und des darauffolgenden Anschwellens des Inns wurde Frauenchiemsee letztendlich vor den Feinden gerettet.

Der Westfälische Friede von 1648 beendete die dreißig Jahre währende kriegerische Auseinandersetzung zwischen Protestanten und Katholiken. Der anfängliche Glaubenskrieg war längst zu einem Kampf um die Macht in Europa geworden. Nunmehr nach dem Friedensschluß waren Land und Leute erschöpft und erholten sich nur langsam. Die wirtschaftlichen Auswirkungen des Krieges waren noch 150 Jahre später in Deutschland nicht überwunden. Insgesamt waren im Deutschen Reich etwa 40% der Landbevölkerung durch Krieg, Seuchen und Hunger umgekommen und etwa 33% der Stadtbewohner. Auch der materielle Verlust an landwirtschaftlichem Gerät, an Vieh und Saatgut, an Häusern und

Höfen sowie Kunst- und Kulturgütern war enorm. Viele Bauern und Gewerbetreibende waren ruiniert. Der Bevölkerungsverlust konnte mancherorts erst bis zur Mitte des 18. Jahrhunderts wieder aufgeholt werden.

Das Kloster Frauenchiemsee aber hatte die bewegten und bedrohlichen Zeiten, dank der couragierten und umsichtigen Führung durch die Äbtissin Maria Magdalena Haidenbucher, weitgehend unversehrt überstanden.

Am 8. Juni 1649 machte Maria Magdalena Haidenbucher ihren letzten Eintrag in ihr Tagebuch. 1650 starb die tatkräftige Äbtissin und wurde in der Klosterkirche von Frauenwörth beigesetzt. *map*

Maria Crescentia Höß
(1682–1744)
und
Maria Anna Josepha a Jesu Lindmayr
(1657–1726)
Barockmystikerinnen

„Crescentia lebte in einer dauernden Selbstvernichtung und Selbstvergessenheit, so daß sie alle Ergötzlichkeiten des Leibes, auch die unschuldigsten, völlig beiseite gestellt hat und sich nur an jenen Dingen erfreute, die ihre Seele gleichsam an der Hand zu Gott, als ihrem einzigen glückseligen Ziel und Ende hinführten" – dieses Zeugnis legte die Franziskanerin Gabriele Mörz um 1748 über das heiligmäßige Leben ihrer ehemaligen Oberin ab. Auch andere Schwestern berichteten, daß Crescentia Höß das Leiden suchte, daß sie ihren von Krankheiten geschwächten Körper zusätzlichen Martern unterwarf, um ihre Seele für das Leben im Jenseits zu befreien. Geißelungen, bis der Rücken eine einzige Wunde bildete, Schlafentzug oder Schlafen auf einem Holzkreuz dienten ihr dazu, ihre eigenen Sünden oder stellvertretend die Sünden anderer zu büßen. Zur Abtötung fastete und dürstete sie oder sie verbitterte sich ihre wenigen Speisen und trank Spülwasser.

Durch die Zerstörung ihres Körpers vereinigte sich Crescentia aber

16

vor allem mit dem gepeinigten Leib Jesu. Im Zentrum ihrer Spiritualität stand, neben der Verehrung des eucharistischen Heilands, die Passion Christi. Ihre Meditationen wurden oft von Visionen, Ekstasen oder auch todesähnlichen Erstarrungen begleitet. Die franziskanische Mystikerin Crescentia Höß erlangte über ihren Körper den Zugang zum Heiligen, und an ihrem Körper offenbarten sich für die Außenwelt das göttliche Wirken und ihre religiöse Begnadung.

Crescentia wurde am 20. Oktober 1682 in Kaufbeuren geboren und auf den Namen Anna getauft. Ihre Eltern, die heilkundige Luzia Hörmann und der Weber Mathias Höß, gehörten der katholischen Minderheit in der Reichsstadt an. In der Familie herrschte eine tiefreligiöse Atmosphäre, insbesondere der Vater – er war auch Präfekt der von Jesuiten geleiteten Marianischen Kongregation – lebte eine düstere, weltabgewandte Frömmigkeit. Bereits im Alter von sechs oder sieben Jahren soll Crescentia Visionen empfangen und das Keuschheitsgelübde abgelegt haben. Ihr Wunsch, in das Kaufbeurer Maierhof-Kloster einzutreten, scheiterte zunächst daran, daß ihr Vater die nötige Mitgift nicht aufbringen konnte. Mit Hilfe des protestantischen Bürgermeisters Mathias Wörle, dem das Kloster verpflichtet war, erreichte die 21jährige schließlich doch, als Novizin aufgenommen zu werden. 1704 legte sie die Gelübde ab und erhielt den Ordensnamen Maria Crescentia. Ein Leidensweg begann: Die Oberin Theresia Schmid quälte die mißliebige Mitschwester auf jede erdenkliche Weise. Sie und anfangs auch ihre Nachfolgerin Johanna Altwögger wollten angeblich überprüfen, ob Crescentias Gehorsam und Demut echt oder aber Hochmut und satanisches Blendwerk seien. So wurde Crescentia auferlegt, in einem Sieb Wasser zu tragen, wundersamerweise fiel aber kein Tropfen aus dem Sieb. Bereits in ihrer Jugend hatte Crescentia Höß an dämonischen Heimsuchungen gelitten; nach ihrer Profeß wurden diese auch den Mitschwestern sichtbar. Beispielsweise verschwanden greuliche Gestalten in Crescentias Zelle, oder unsichtbare Hände schleuderten sie zu Boden und schlugen sie blutig. Man hielt Crescentia für besessen und bezichtigte sie der Hexerei, man unterzog sie Exorzismen und Untersuchungen. Schließlich setzte eine Wallfahrt dem Spuk ein Ende. Allerdings wurde sie weiterhin von Geistern heimgesucht: Arme Seelen erschienen ihr und erflehten ihre Fürbitten und Bußwerke. Seit 1719 begleiteten und lenkten jesuitische Beichtväter Crescentias geistlichen Weg, und nachdem ihre religiöse Begnadung anerkannt worden war, Franziskaner. Sie machten sie mit den großen spanischen Mystikern und Mystikerinnen, insbesondere Teresa von Avila (1515–1582), bekannt und formten sie nach diesen Vorbildern. Es war wohl der Jesuit P. Caspar Mändl, der die Begegnung Crescentias mit Maria Anna Lindmayr im April 1721 im Münchner Karmeliterinnenkloster vermittelte. Über diese Begegnung mit der berühmten Münchner Mystikerin existieren keine Aufzeichnungen.

Die am 24. September 1657 geborene Maria Anna Lindmayr wuchs in einer im Geist der Gegenreformation streng gläubigen Familie auf. Ihre Mutter Maria Eva Prämer kam aus einer angesehenen Münchner

Gastwirtsfamilie, ihr Vater Franz war Kammerdiener am Hof Herzog Philipps von Bayern. Wie Crescentia soll auch Maria Anna bereits als Kind Visionen empfangen und den Eintritt ins Kloster ersehnt haben. Im Alter von 15 Jahren legte sie unter jesuitischer Anleitung eine Generalbeichte ab. Jesuitische Beichtväter und Seelenführer leiteten auch in den nächsten Jahren ihre geistliche Entwicklung und machten sie mit der spanischen Mystik bekannt. Ihnen gehorsamspflichtig, tötete Maria Anna zur Verherrlichung Gottes ihren Körper ab und unterwarf sich Kasteiungen bis hin zur Marter. Mehrere Versuche, in ein Kloster aufgenommen zu werden, scheiterten an ihrer Kränklichkeit. Plänen ihrer Angehörigen, sie daraufhin zu verheiraten, entzog sie sich, indem sie mit 28 Jahren die Gelübde der Armut, der Keuschheit und des Gehorsams in die Hände ihres Beichtvaters ablegte. Allmählich drang der Ruf der „frommen jungfer Mariandl" bis in Hofkreise vor, und ihre charismatische Begabung –

sie konnte beispielsweise in den Herzen Verborgenes erkennen – zog viele Ratsuchende an. Maria Anna Lindmayr unterstand inzwischen Seelenführern aus dem Karmeliterorden, dem Orden der Teresa von Avila, und im Jahr 1687 nahm sie den Dritten Orden unserer Lieben Frau vom Berge Karmel an.

Seit 1702 bedrängten Maria Anna Lindmayr zunehmend Visionen, daß Gott über die verderbte Welt ein Strafgericht verhängen wolle. In diesem Jahr war der spanische Erbfolgekrieg ausgebrochen. Die aufgrund der Großmachtpolitik des Kurfürsten Max Emanuel ohnehin prekäre wirtschaftliche und politische Situation Bayerns spitzte sich nun zur Katastrophe zu. Durchmärsche eigener und fremder Truppen waren an der Tagesordnung, der Krieg und seine Zerstörungen rückten immer näher. 1704 trat Maria Anna Lindmayr schließlich öffentlich als Prophetin auf, durch die der zürnende Gott dem Land und dem Fürsten seine Rache androhte, sollten sie sich nicht bessern. In einer Vision offenbarte ihr die heilige Dreifaltigkeit, daß die Stadt München von Kriegsgreueln verschont bleiben würde, wenn sie für die Stadt bürge und ein Gelübde zur Erbauung einer Kirche bewirke. Wohl von den Strafandrohungen aus dem Mund der Seherin beeindruckt, legten die bayerischen Landstände und die Bürgerschaft Münchens dieses Gelübde am 17. Juli 1704 ab; der Grundstein der Kirche zu Ehren der heiligen Dreifaltigkeit wurde dann 1711 gelegt. Daß München nach der Niederlage Max Emanuels bei Höchstädt im August 1704 zunächst nicht von den österreichischen Truppen besetzt wurde und dem Schlimmsten entging, erschien den Zeitgenossen als Verdienst der Lindmayrin; später schrieb man ihrem Gebet und ihren stellvertretenden Bußwerken auch zu, im Jahr 1713 die Pest von München abgewendet zu haben. In der Zeit der österreichischen Okkupation Bayerns richtete Maria Anna Lindmayr verschiedentlich Friedensappelle an die katholischen Fürsten. Sie fand offenbar auch Gehör bei der österreichischen Administration, denn sie erreichte mit deren Genehmigung die Gründung ihres Karmeliterinnenklosters. 1714 wurde das Kloster eingeweiht. Maria Anna Lindmayr ließ sich als eine der ersten als Novizin einkleiden. In den zwölf Jahren, die ihr noch verblieben, diente sie ihrem Konvent als Novizenmeisterin und zuletzt als Oberin. Sie starb am 6. Dezember 1726.

Das mystische Zentrum, das sich um Maria Anna Lindmayr gebildet hatte, verlagerte sich nun nach Kaufbeuren. Crescentia Höß wurde inzwischen im Maierhof-Kloster hoch geschätzt; 1717 war sie Novizenmeisterin geworden, 1741 schließlich wählte man sie zur Oberin. Sie zog jetzt mehr und mehr auch höchste fürstliche Kreise an. Maria Amalia, österreichische Kaisertochter und Gemahlin des bayerischen Kurfürsten und späteren Kaisers Karl Albrecht, stand mit ihr seit dem Tod Maria Anna Lindmayrs in Kontakt. In ihren Briefen und bei ihren Besuchen in Kaufbeuren suchte sie wohl nicht nur den Rat der Mystikerin in Eheproblemen, sondern auch in den Konflikten zwischen Bayern und Österreich. Deutlich politischen Einfluß übte Crescentia auf Clemens August aus, den Kurfürst-Erzbischof von Köln und Bruder Karl Albrechts. Ihn ängstigte das Seelenheil seines im Duell gefallenen Intimus Johann Baptist von Roll. Auskünfte über dessen jenseitiges Schicksal nahm Crescentia zum Anlaß, Clemens August eindringlich die Pflichten eines Landesherren, so etwa eine gerechte Regierung und eine vorbildhafte Lebensführung, vor Augen zu halten. Im Jahr 1733 konnte sie ihn zur Neutralität in den Auseinandersetzungen um die polnische Thronfolge bewegen. Crescentias Einfluß als Ratgeberin war unauflöslich verknüpft mit ihrer charismatischen Begabung. Sie sprach als Stimme Gottes, sie besaß prophetische Fähigkeiten und Heilkräfte. Auch ihre fürstlichen Anhänger gebrauchten die auf ihr Gebet hin von Christus selbst benedizierten Rosenkränze, Kreuze, Bildchen, heiligen Wässer und Öle. Als Crescentia am 5. April 1744 im Ruf der Heiligkeit starb, hatte sich ihr Ruhm im ganzen Deutschen Reich verbreitet. Am 7. Oktober 1900 wurde sie selig- und am 25. November 2001 heiliggesprochen.

Crescentia Höß und Maria Anna Lindmayr verkörperten den Typus charismatischer weiblicher Heiligkeit, der sich im späten Mittelalter ausgebildet hatte. Berühmte Vertreterinnen waren die dominikanischen Mystikerinnen und Autorinnen Christine Ebner (1277–1356) und Adelheid Langmann (1306–1375) aus dem Kloster Engelthal bei Nürnberg sowie Margareta Ebner (um 1291–1351) aus dem Kloster Maria Medingen im Ries. Christine Ebner hatte auch ein Konzept geschlechtsspezifischer Begnadung formuliert: dem Priesteramt bei den Männern entsprach bei auserwählten Frauen die Verzückung und die direkt empfangene Rede Gottes. Ein solches Selbstbewußtsein fehlte den beiden Barockmystikerinnen. Sie betonten stets ihre Unterwerfung unter die Autorität der kirchlichen Hierarchie. Beide wurden nicht nur von ihren Beichtvätern geistlich gelenkt, sondern auch von ihren Oberen überprüft oder baten selbst um die Überprüfung ihrer Sendung und ihres Seelenzustandes. Während sie bei breiten Kreisen aufgrund ihres direkten Kontaktes zu Gott und ihrer charismatischen Gaben gesuchte Ratgeberinnen waren, nahm die Amtskirche eine zunehmend ablehnende Haltung gegenüber Ekstasen, Visionen, Offenbarungen und körperlichen Manifestationen des Heiligen ein. Sie favorisierte inzwischen ein Modell der

Heiligkeit, das sich neben dem Gehorsam gegenüber der Hierarchie durch heroische und moralische Tugenden sowie durch eine normale Lebensführung auszeichnete.   *ep*

Therese Neumann
(1898–1962)
Visionärin und Stigmatisierte

Die Resl von Konnersreuth, wie Therese Neumann von den Gläubigen landläufig genannt wurde, erlebte alljährlich etwa 100 Visionen und 30 Leidensvisionen. Für die Jahre 1926 bis 1962 waren das insgesamt über 4000 Visionen und an die 700 Freitagsblutungen. Dabei durchschritt sie verschiedene Bewußtseinsstadien: „1. die ekstatischen Zustände, wie das visionäre Schauen, den erhobenen Ruhezustand, den Zustand des ʻGebetes der Ruheʼ und den Zustand der Verzückung; 2. den kindlichen Zustand der Eingenommenheit und 3. den normalen Zustand."

Seit 1922 nahm Therese keine feste Nahrung mehr zu sich, seit 1926 auch keine Flüssigkeit mehr. Nur die Hostie bei der täglichen Kommunion war ihre Speise. An Ostern 1926 trat erstmals bei der 28jährigen die Stigmatisation auf. Seitdem riß der Strom der Gläubigen und Neugierigen, die nach Konnersreuth kamen, um „die Resl" zu sehen, nicht mehr ab. Vor allem zu den Leidensblutungen, den sogenannten Freitagsblutungen, der Stigmatisierten eilten Tausende in den kleinen Marktflecken in der nördlichen Oberpfalz. Das Interesse der gläubigen wie kritischen Öffentlich-

keit, insbesondere das der medizinischen Wissenschaft, an den unerklärlichen Erscheinungen, den Wundmalen Christi, auf dem Körper

Thereses nahm beständig zu. Wer war nun diese Frau, der man solche Aufmerksamkeit schenkte?

Nach Auskunft ihrer Mutter wurde Therese kurz vor Mitternacht, in der Nacht vom Karfreitag auf den Karsamstag, also am 8. April des Jahres 1898, in Konnersreuth geboren. Getauft wurde das kleine Mädchen am Ostersonntag auf den Namen Therese nach ihrer Namenspatronin, der hl. Therese von Avila. Sie war das erste von zehn überlebenden Kindern der Eheleute Ferdinand und Anna Neumann. Thereses Vater übte den Schneiderberuf aus und ihre Mutter, eine Tochter des Bauern Grillmeier aus Neudorf, versorgte die kleine Landwirtschaft mit 13 Tagwerk und vier Kühen. Thereses Elternhaus stand am Marktplatz von Konnersreuth und wurde von den Einheimischen „Schneiderixenhaus" genannt, so hieß sie deshalb auch die „Schneiderixenresl".

Therese besuchte vom 1. Mai 1904 bis zum 1. Mai 1911 die Werktagsschule in Konnersreuth und anschließend bis 1914 die Sonntagsschule. Sie war intelligent, fleißig und fromm. Ihr Schulentlassungszeugnis wies die Gesamtnote „sehr gut" aus. Therese entwickelte eine große Vorliebe für Blumen. Später legte sie einen Blumengarten an, um den Altar der Dorfkirche mit selbstgezogenen Blüten schmücken zu können.

Therese wollte Krankenschwester bei den Missionsbenediktinerinnen werden. Die bescheidenen finanziellen Verhältnisse ihres Elternhauses ließen das jedoch nicht zu. Schon frühzeitig mußte Therese daher dazuverdienen. Von 1910 bis 1911 ging sie nach dem Schulunterricht aufs nahe gelegene Schloß Fockenfeld zum Arbeiten. 1912 trat sie in die Dienste des Kounlenzen-Anwesens in Konnersreuth, einem großen Schankwirtschafts- und Ökonomiebetrieb von 60 Tagwerk und 16 Stück Vieh. Nach Kriegsausbruch 1914 mußten die Frauen immer häufiger die Arbeit der im Felde stehenden Männer übernehmen, so auch Therese. Am 2. Februar 1917 wurde sie auf einem Bauernhof als Ochsenknecht angestellt. Zuhause benötigte die Familie ebenfalls tatkräftige Hilfe, seit Vater Neumann als Soldat an der Front war. Therese war gesund und kräftig. Sie sagte von sich selbst: „Aufs Feld hab ich mich immer gefreut; Stricken, Nähen, Häkeln, Sticken war mir zuwider."

Am 10. März 1918 brach das Unglück über Therese herein. Bei Feuerlöscharbeiten verrenkte sie sich das Rückgrat. Sie erlitt fortschreitende Lähmungserscheinungen bis zur Bettlägrigkeit. Dazu kam ab 1919 noch die völlige Erblindung. Die herbeigerufenen Ärzte konnten nicht helfen. Jahrelang wurde Therese im Elternhaus gepflegt, bis sie am 29. April 1923, am Tag der Seligsprechung der Theresia von Lisieux, die sie sehr verehrte, von ihrer Blindheit im Schlaf geheilt wurde. Am Tag der Heilig-sprechung der Theresia von Lisieux, dem 17. Mai 1925, erfolgte Resls gänzliche Genesung von der Körperlähmung, den schmerzhaften Ver-krampfungen sowie den eiternden Wunden des Aufliegens. Therese berichtete über ihre Heilung, daß ihr eine Gestalt erschienen sei, die ihr einen Wunsch erfüllen wollte. Sie habe aber darauf geantwortet: „Mir ist alles recht, leben und sterben, gesund sein und krank sein, was der liebe Gott will, der versteht's am besten." Auch von späteren schlimmen Krankheiten wie einer lebensgefährlichen Blinddarmentzündung und den Folgen eines Schlaganfalls im Jahre 1940 wurde Therese ohne ärzt-liches Zutun geheilt.

In der Fastenzeit 1926 begannen Thereses Visionen des Leidens Chri-sti mit Stigmatisation. Die Weltpresse griff diese Ereignisse in Konners-reuth auf. Der Sensationsansturm begann; bald folgten auch Schmähun-gen und Beleidigungen. Ärzte erklärten diese mystischen Vorgänge mit einer hysterischen Erkrankung, mit Geltungstrieb oder Auto-Sugge-stion. Es folgte ein Jahrzehnt der medizinischen Untersuchungen, um die Nahrungslosigkeit und die Stigmata Thereses zu erforschen. Alle Beobachtungen und Überwachungen förderten jedoch nichts Negatives zutage. Das Phänomen von Konnersreuth blieb wissenschaftlich uner-klärbar.

Schließlich wurde die Forderung laut, daß Therese in einem Kloster verschwinden solle. Die bayerische Bischofskonferenz ließ im Oktober 1927 verkünden, daß man die Besuche in Konnersreuth unterlassen und nicht urteilen solle, ehe die Kirche entschieden habe. Therese selbst ent-wickelte eine Scheu vor den neugierigen Gaffern. Sie vertraute auf ihren Seelsorger, Pfarrer Naber, und ihre Familie, die treu zu ihr hielten.

In der Zeit des Dritten Reiches mußte die Familie Neumann mehrere Hausdurchsuchungen und Verhöre seitens der lokalen Gestapostelle ertragen, denn obwohl Therese sich nicht öffentlich gegen den Natio-nalsozialismus geäußert hatte, war doch ihre ablehnende Haltung be-kannt geworden. 1936 wurde die Forderung nach einer Klinikeinliefe-rung erhoben, wobei sich vor allem zwei Regensburger Domkapitulare hervortaten, die ein Dekret des Heiligen Offiziums aus Rom vorlegten. Vater Neumann widersetzte sich jedoch erfolgreich diesem Ansinnen. Zynischerweise wurden Therese aufgrund ihrer Nahrungslosigkeit keine Lebensmittelmarken zugeteilt. Einer Erhöhung der Waschmittel-marken wegen der Freitagsblutungen und der damit anfallenden ver-mehrten Wäschemenge wurde stattgegeben.

Thereses Gnadengaben beinhalteten nicht nur geschichtliche und bildliche Schauungen, visionäre Teilnahme an heiligen Messen, kirchlichen Feiern sowie des persönlichen Gerichtes, sondern auch Sühneleiden, Erkennen von Reliquien, Weihen und Segnungen. Sie umfaßten zudem Herzenskunde, Bilokation (Erscheinung an anderen Orten), Elevation (Schweben während des Gebetes), mystische Beziehungen zum Altarsakrament, zum Schutzengel und zu den Armen Seelen.

Thereses Wirkungskreis war vielfältig. Sie empfing persönlich zwischen 1927 und 1962 an die 50 000 Besucher, bewirkte Konversionen zum katholischen Glauben, leistete finanzielle Hilfe für Arme und Missionen sowie bis 1947 Krankenpflege in Konnersreuth. Um zu den Krankenlagern fahren zu können, legte sie sich einen Wagen und das Pferd Lotte zu. Auch für den Erwerb des Gutes Fockenfeld bei Konnersreuth 1951 als Heimstätte für den Priesternachwuchs sowie für die Errichtung eines Anbetungsklosters namens „Theresianum" auf Veranlassung des Regensburger Bischofs Rudolf Graber setzte sich Therese ein. Die Grundsteinweihe 1963 erlebte sie jedoch nicht mehr.

Therese Neumann, die Seherin und Leidensfrau von Konnersreuth, starb am 18. September 1962 an den Folgen eines Herzinfarktes. Am 22. September wurde sie unter der Anteilnahme von Zehntausenden neben dem Friedhofskreuz in Konnersreuth begraben. Eine leidenschaftliche Liebe zu Jesus Christus hatte damit ihre Erfüllung gefunden. „Wenn ich ein Bub wäre, würde ich auch ein Herr Pfarrer, dann dürfte ich auch den lieben Jesus halten", sagte Therese Neumann einmal ihrem Seelsorger Naber, der dieses und manches mehr aus ihrem Leben in seinem unveröffentlichten Tagebuch festhielt. *map*

Therese Stählin
(1839–1928)
Oberin der Diakonissenanstalt Neuendettelsau

Pfarrer Wilhelm Löhe gründete am 9. Mai 1854 im mittelfränkischen Neuendettelsau die erste Diakonissenanstalt in Bayern. Den glänzenden Theologen hatte es aufs Land verschlagen. Dort bewegten ihn einige Erfahrungen, die er als Dorfpfarrer machte, die „weibliche Diakonie innerhalb der protestantischen Kirche Bayerns" einzuführen. Als Seelsorger fand er vor allem bei seinen Krankenbesuchen Frauen vor, die den

Bettlägrigen pflegend zu Seite standen. Er meinte, daß sich darin der natürliche Drang des weiblichen Geschlechts zur Hilfe äußere, und es sei nur noch eine professionelle Ausbildung für die Frauen nötig, um sie „zum Dienst (an) der leidenden Menschheit" zu befähigen. Zudem sah er, daß die Töchter des Bürgertums, das heißt des Mittelstandes, keine geeignete Berufsausbildung erhielten, wie beispielsweise ihre Brüder. Viele begabte Mädchen könnten somit eine segensreiche Stellung in der Kirche finden, wenn sie zum Dienst an den Kranken, Sterbenden und anderen Leidenden ausgebildet werden würden. Außerdem könnten sie hierbei auch etwas für ihr späteres häusliches Leben lernen.

Der von Pfarrer Löhe 1853 zunächst ins Leben gerufene „Lutherische Verein für weibliche Diakonie" mündete in die 1854 erfolgte Gründung eines Diakonissenhauses als Ausbildungszentrale und Sendestelle. Hierher kam am 30. Oktober 1855 die 16jährige Therese Stählin. Sie fand in Neuendettelsau ein Haus vor, in dem Mädchen aus den lutherischen Gemeinden „zum Werk der Barmherzigkeit" befähigt werden sollten. Es gab damals eine kleine Schule für Kinder, eine Diakonissenvorschule und die Diakonissenschule selbst. An die 90 Personen tummelten sich monatlich in der Diakonissenanstalt: neben den 13 Diakonissen und einigen Lernschwestern auch die zu betreuenden Personen, wie körperlich und geistig Erkrankte, gefährdete und gefallene Mädchen und bald auch jugendliche Straffällige. Die Neuendettelsauer Diakonissenanstalt stand damit am Anfang einer rasanten Entwicklung, an der die junge Therese Stählin einen großen Anteil hatte.

Therese Stählin, geboren am vierten Adventssonntag 1839 in Westheim bei Oettingen, entstammte einer Pfarrersfamilie. Ihr Vater Martin Stählin, vielseitig gebildeter Theologe, gab nach dem Tode seiner ersten Frau 1820 den Beruf als Subrektor an der Lateinschule zu Memmingen (hier hatte er auch eine weibliche Bildungsanstalt errichtet) auf und wurde Pfarrer. 1821 heiratete er in zweiter Ehe die Tochter des Kantors von St. Martin in Memmingen, Ida Brack. Mit ihr hatte er in 34jähriger Ehe vierzehn Kinder. Therese war das zwölfte. Ida Brack hatte vor ihrer Heirat als Erzieherin gearbeitet und widmete sich auch als Pfarrfrau intensiv der Ausbildung ihrer Kinder. Sie war musisch besonders gebildet und spielte gern Harfe, zeichnete und malte gut. Als Pfarrfrau zunächst in Schmähingen im Ries, dann in Westheim bei Oettingen und schließlich in Markt Weiltingen mußte sie, um das schmale Familieneinkommen aufzubessern, auch eine kleine Landwirtschaft betreiben. Sie bestellte den Garten und hielt Tauben, Hühner, Gänse, Schweine, Schafe, Perl- und Truthühner. Sie fertigte selbst Leinwand aus eigenem Flachs und Flanell aus selbst produzierter Wolle. Hier in dieser sowohl musischen, wie auch tätig-nüchternen Umgebung eines protestantisch-konservativen Milieus wuchs Therese Stählin auf.

Therese Stählin besuchte seit 1852 als externe Schülerin das Stetten'sche Institut in Augsburg. In dieser Zeit wohnte sie bei ihrer verheirateten Schwester Ida und erfuhr dort durch eine Freundin der Familie von Pfarrer Löhe und der Diakonissenanstalt. In Neuendettelsau angekommen, erhielt sie eine gründliche, vielseitige und auch moderne Ausbildung in allen Bereichen der Fürsorge und Pflege. Therese schrieb begeistert nach Hause: „Hunderttausend Veränderungen stehen im neuen Semester bevor. Herr Pfarrer (= Löhe) will den gesamten Unterricht einer gründlichen Revision unterziehen. Das ist ganz charakteristisch für unser Leben. Nur immer Veränderung, nur immer im Zug bleiben, nur der trägen Natur keine Zeit lassen, auf dem weichen Boden der Gewohnheit einzuschlafen."

Am 4. April 1857 fand die Einsegnung Therese Stählins als Diakonisse statt. Sie schrieb an ihre Mutter: „Ich hab mich nun mit allem, was ich bin und habe, in Seinen Dienst gestellt. All meine Arbeit ist nun ein Opfer, das ich Ihm bringe. Als Priesterin stehe ich vor meinem Gott und tue mit allem, was ich tue, eitel priesterlich Werk. Meine Füße sind nun gestellt auf den schmalen Weg, solange ich lebe."

1856 hatte Pfarrer Löhe auf Bitten der Diakonissen ein Mutterhaus gegründet und sie damit zu einer Schwesterngemeinschaft zusammengeschlossen. Die Diakonissen traten der Schwesternschaft unverheiratet und grundsätzlich auf Lebenszeit bei. Sie konnten die Gemeinschaft aber jederzeit, auch zum Zwecke der Heirat, wieder verlassen. Die Diakonissen trugen eine Tracht, bestehend aus Haube und Kleid mit Schürze. Sie arbeiteten hart und ohne persönliche Entlohnung, bis auf ein geringes Taschengeld. Sie wurden bei Krankheit und im Alter versorgt und hatten sich einem fast klösterlich anmutenden Reglement zu fügen. Die Schwesterngemeinschaft war durch das Gebet bestimmt und stand unter der Leitung eines Pfarrers (Rektor). Der Diakonissendienst sollte als Liebesdienst den Charakter der Freiwilligkeit bewahren, wie dies der von Wilhelm Löhe geschaffene Diakonissenspruch ausdrücken will: „Ich diene weder um Lohn noch um Dank, sondern aus Dank und Liebe; mein Lohn ist, daß ich darf."

Amalie Rehm, die bisherige erste Vorsteherin, wurde 1858 zur ersten „Würdigen Frau Oberin" eingesegnet. Sie, geboren am 5. März 1815 in Steinheim bei Memmingen, war die Tochter des späteren Kirchenrates und Dekans zu Memmingen, Pfarrer Michael Rehm. 1853 wurde Amalie von Wilhelm Löhe gebeten, nach Neuendettelsau zu kommen, um sich mit ihm über weibliche Diakonie zu besprechen. Ostern 1854 zog sie in die erst im Entstehen begriffene Diakonissenanstalt um und folgte Karoline Rheinbeck, ebenfalls eine Memmingerin und die erste Vorsteherin der Neuendettelsauer Diakonissen überhaupt, in der Leitung nach.

Am 11. März 1883 starb Amalie Rehm. Zur nächsten Oberin wurde Therese Stählin ernannt. Sie übte dieses Amt mit großer mütterlicher Wärme und Güte aus. Zu Beginn stand sie 221 Schwestern vor, und als sie diese Würde aus Altersgründen abgab, hatte sich deren Zahl versiebenfacht. 1883 schrieb sie über ihre neuen Aufgaben an ihre Mutter: „Du hast es ja auch nicht wissen können, daß du mich für so etwas erzogen hast. Recht daran denken mag ich immer noch nicht; ich tue halt den Tag über meine Arbeit und lebe von Gottes Gnade und bin froh, daß man mich im Himmel einmal nimmer Oberin heißt. ... Früh morgens frühstücken wir um 6 1/4 Uhr; dann halten wir Morgenandacht; dann habe ich noch eine Weile in meiner Stube zu tun, und dann gehe ich regelmäßig hinaus in den Wald, um eine Weile allein zu sein und mich für alles, was kommt, zu stärken. Um 9 Uhr habe ich etliche Male den Diakonissenschülerinnen eine Stunde zu geben ... Um 10 Uhr ungefähr kommt die Post und bringt die Einläufe ... Wenn Herr Rektor da ist, kommt er gewöhnlich im Lauf des Vormittags, um die Einläufe zu besprechen. Oder es kommen auch sonst allerlei Leute, mit denen etwas zu verhandeln ist. Nachmittags bin ich immer mit den Ferienschwestern eine Stunde zusammen. Da lesen und betrachten wir etwas aus Gottes Wort. ... Mit Rechnen und Schreiben vergeht dann gewöhnlich der übrige Teil des Tages, oder ich habe im Feierabendhaus oder sonstwo zu tun ..."

Therese Stählin war zuständig für die Organisation, Verwaltung und Ökonomie der Diakonissenanstalt mit ihren dazugehörigen Bereichen wie Unterricht, Fürsorge, Pflege. Sie kümmerte sich um das körperliche, seelische und geistig-geistliche Wohl ihrer Schwestern sowie um deren Arbeit und Versetzungen (260 Arbeitsfelder für Diakonissen gab es damals in ganz Bayern). Als sie 1921 aus Altersgründen zurücktrat, hatte sie dieses Amt 38 Jahre innegehabt. Therese Stählin starb am 22. April 1928 im Alter von 89 Jahren. *map "ein kleines, gutgemeintes Scherflein"*

Wohltäterinnen und Stifterinnen

Anna Barbara von Stetten
(1754–1805)
Stifterin einer Augsburger Mädchenschule

Ihr Leben verlief unspektakulär, es war, so ein Zeitgenosse, „geräuschloser und uneigennütziger Tugend gewidmet". Anna Barbara von Stetten hinterließ keine Briefe, persönlichen Erinnerungen oder Aufzeichnungen – außer einem zum Großteil selbstgeschriebenen Kochbuch mit Rezepten der schwäbischen Küche. Ihr Lebenswerk war in ihrem Testament aus den Jahren 1801/1803 enthalten: „Da bisher in dem hiesigen Evangelischen Erziehungswesen wegen Abgang einer bürgerlichen Töchterschule und Erziehungsanstalt eine wesentliche Lücke sich gezeigt hat: so habe ich mich entschlossen eine dergleichen Anstalt zu stiften, und einen beträchtlichen Teil meines Vermögens hiezu zu verwenden und zu bestimmen."

Anna Barbara wurde am 23. September 1754 als einziges Kind von Sibylla Marianna von Welser und Johann Adolf von Amman in Augsburg geboren. Die Amman, im 17. Jahrhundert geadelt, gehörten zu den führenden Familien des protestantischen Patriziats, sie dienten der Reichsstadt als Bürgermeister und Juristen. Anna Barbaras Vater stand als Ratsmitglied, als Ungeldherr in der Steuerverwaltung und als Oberpfleger der Jakobspfründe in dieser Familientradition. Trotz ihrer vornehmen Abkunft erhielt Anna Barbara nur den notwendigsten Elementarunterricht in einer deutschen Schule der Stadt, ob sie zusätzlich privat unterrichtet wurde, ist nicht bekannt. Im Alter von 20 Jahren heiratete sie Johann Ferdinand von Stetten. Der Jurist, der dem Stadtgericht angehört hatte, war 31 Jahre älter als die Braut und bei der Heirat bereits im Ruhestand. Wie Anna Barbara stammte er aus der protestantischen patrizischen Elite, Mitglieder seiner Familie saßen ebenfalls im Stadtregiment und waren im geistig-kulturellen Leben Augsburgs tonangebend. Als er um Anna Barbara anhielt, gehörte er zu den reichsten Patriziern der Stadt; 1773 hatte er seinen Vater und bald darauf einen Onkel beerbt.

Die kinderlose Ehe dauerte nicht lange, 1777 war Anna Barbara schon Witwe und Erbin eines großen Vermögens. Freier stellten sich ein, die sie jedoch auf Anraten ihrer Mutter abwies. Anna Barbara führte ein zurückgezogenes Leben mit ihren Eltern – ihr Vater starb 1781, ihre Mutter 1794 – und im Freundeskreis der Familie Amman. Diesem Kreis war sie schon in ihrer Mädchenzeit verbunden. Hier erwarb sie sich ihre Sachkenntnisse im sozialen und im Schul- und Bildungsbereich, die dann in das Konzept ihres Lebenswerkes, niedergelegt in ihrem Testament, eingingen. Zu den engen Freunden der Amman gehörte Samuel Urlsperger, Pfarrer und Senior bei St. Anna, Schüler und Freund des Pietisten August Hermann Francke in Halle.

Urlsperger verhalf dem Pietismus in Augsburg zum Durchbruch, im Geist Franckes förderte er soziale Einrichtungen wie das Armenkinderhaus und schulisch-pädagogische Belange. Pfarrfamilien wie die Degmair zählten zum Freundeskreis Anna Barbaras – ihr Patenkind Maria Barbara Degmair (1773–1856) sollte später die erste Direktorin der Mädchenschule werden. Weiter bestanden Beziehungen zu dem Naturwissenschaftler, Pfarrer, Prediger und Professor am Anna-Gymnasium, Gottlieb Tobias Wilhelm; er schrieb dann 1801 die endgültige Fassung der Beilage zu Anna Barbaras Testament, die den Zweck, die Einrichtung und die Verfassung ihrer Schul- und Aussteuerstiftung, enthielt. Zum Freundeskreis gehörten schließlich auch Ammansche Verwandte in städtischen Ämtern und Paul von Stetten der Jüngere.

Stetten stand seit 1774 dem Scholarchat, der städtischen Schulaufsichtsbehörde, vor; während seiner Amtszeit leitete er Schulreformen ein, und er war bestens mit den Bildungsvorstellungen der Aufklärung vertraut. Im Geist ihres Freundeskreises, im dem Pietismus verpflichteten praktischen Christentum, wirkte Anna Barbara von Stetten als stadtbekannte Wohltäterin. Die „Mutter der Armen", wie sie in einem Nachruf genannt wurde, setzte in ihrem Testament umfangreiche Legate für Hilfsbedürftige, Arme und Kranke aus; diese Stiftungen bestanden bis 1923. Mit erzieherischen Absichten verband sie ihre Stiftung zur Errichtung einer Arbeitsanstalt. An die Armenanstalt angeschlossen, sollte sie „die übermäßige Anzahl müßiger und arbeitsscheuer Armen und Bettler" vermindern und zu arbeitsamen und nützlichen „Gliedern des gemeinen Wesens umschaffen".

Anna Barbaras über die Jahre verfolgter „Lieblingsgedanke" galt jedoch der Reform der Mädchenbildung und der Schulgründung. Wie verbesserungsbedürftig die Augsburger Verhältnisse waren, schilderte ein Zeitgenosse. Er schrieb, „daß Töchter vornehmer Familien sich außer dem notwendigsten Elementarunterricht und etwas Französisch nur wenige Kenntnisse aneigneten und weit bis ins jungfräuliche Alter hinein mit Docken (Puppen) und Puppenküchen spielten, mit denen eine Art Luxus getrieben wurde." Ähnlich hieß es dann in der Einleitung der Testamentsbeilage, die den Plan und die Einrichtung der bürgerlichen Töchterschule enthielt, daß die Mädchen in den deutschen Schulen lediglich etwas Lesen, Schreiben und Rechnen sowie Religionsstücke und einige Psalmen und Lieder lernten. Im Unterschied zu den Knaben – und auch katholischen Mädchen, die seit 1662 die Möglichkeit zur Weiterbildung im Institut der Englischen Fräulein besaßen – entließ man die protestantischen Mädchen ohne weiterführenden Unterricht. Anna Barbara kannte die vom Gedankengut der Aufklärung beeinflußten Debatten über die Mißstände und die ersten Reformansätze in Augsburg. In Verbindung mit einem neuen Familienleitbild legten die Aufklärer, mit ihnen die Augsburger Reformer und auch Anna Barbara von Stetten, ein besonderes Gewicht auf die Erziehungsleistung der Frau in der Familie und verlangten eine Mädchenbildung, die der „Bestimmung des Weibes" genügte. So erschien dann auch als Zweck der Schulgründung Anna Barbaras, daß die Mädchen „in dieser Anstalt, wenn sie anders sie recht benützen, so weit kommen, als ein Mädchen von mittleren und gemeinen Stande seyn muß, um eine glückliche Gattin, eine verständige Mutter zu werden und ihr Hauswesen mit Einsicht zu leiten."

Für ihre bürgerliche Töchterschule mit der Nebenstiftung einer „Erziehungs- und Pensionsanstalt" setzte Anna Barbara von Stetten 90 000 Gulden und Immobilien aus. Sechs sogenannten „Alumnen",

Waisen oder Halbwaisen aus bürgerlichen Augsburger Familien, bot diese Nebenstiftung Freiplätze in der Schule und im Internat. Weiter sah eine Aussteuerstiftung Beträge von 50 bis 100 Gulden für rechtschaffene Mädchen – vor allem aus der Schule und aus dem Pensionat – vor. Anna Barbara von Stettens Testament wurde am 9. Mai 1803 notariell beglaubigt. Die Stifterin und Wohltäterin starb am 19. Februar 1805. Nicht ganz ein Jahr später, am 2. Januar 1806, wurde die Mädchenschule eröffnet. Zu Beginn zählte die Schule 21 Mädchen, darunter sechs Alumninnen. Vorsteherin mit dem Titel einer Direktorin wurde die 31jährige Maria Barbara Degmair. Ihr zur Seite stand die Professorentochter Euphrosine Kasteiner, zuständig als Aufseherin und für den Unterricht in weiblichen Handarbeiten. Dazu kamen noch Johannes Degmair als Hauptlehrer und als Schreib- und Rechenmeister der Elementarlehrer Scheible. Im Jahr 1809 erhielt Anna Barbaras Gründung die königliche Anerkennung – Augsburg war seit 1806 bayerisch – als höhere Mädchenbildungsanstalt. Entsprechend den Wünschen der Eltern der Schülerinnen aus dem Besitz- und Bildungsbürgertum wurde der Fächerkatalog bald differenzierter als am Anfang. 1815 unterrichteten männliche Lehrkräfte Religion, gemeinnützige Kenntnisse, Naturgeschichte und Naturlehre, Geographie, Geschichte, deutsche Sprache, Rechnen, Schön- und Rechtschreiben, Singen, Zeichnen und Französisch. Lehrerinnen brachten den Schülerinnen feineres Weißnähen, Stricken und in den Wintermonaten Spinnen bei.

Als Maria Barbara Degmair 1855 ihr 50jähriges Dienstjubiläum beging, besuchten 150 Mädchen, darunter auch jüdische und katholische, die Schule. Heute umfaßt das Anna Barbara von Stettensche Institut ein Gymnasium mit einem neusprachlichen und einem mathematisch-naturwissenschaftlichen Zweig sowie eine Realschule mit wirtschaftskundlicher und musisch-sozialer Ausrichtung. Mit über 950 Schülerinnen am Ende des Schuljahres 1995/96 spielt Anna Barbaras Gründung eine bedeutende Rolle im schulischen Leben Augsburgs.   *ep*

Julie von Zerzog
(1799–1871)
Wohltäterin – Gründerin der Regensburger
Näh- und Strickschule

Am 24. April 1799 wurde Julie als zweites Kind des Regensburger Handelsherrn Carl Christian Freiherr von Thon-Dittmer und seiner Gattin Friederike Amalie geboren. Friederike Amalie (1772–1806) war mit ihrer Schwester Elisabeth Erbin des vermögenden und einflußreichen Hofkammerrats, Hofbankiers und Handelsherrn Georg Friedrich, Edler von Dittmer (1727–1811), der – wie seine Schwiegersöhne – im Jahre 1800 in den Reichsfreiherrenstand erhoben wurde. Von nun an gab es die Freiherren von Thon-Dittmer, Julies väterliche Linie, und die Freiherren von Mantey-Dittmer, die Familie von Julies Onkel.

Julie und ihre fünf Geschwister, vier Brüder und eine Schwester, wuchsen in einer wohlhabenden und kultivierten Atmosphäre auf. Sie wohnten im prunkvollen Palais am Haidplatz, in dem jedoch erst 1809 alle Umbaumaßnahmen abgeschlossen waren. Im Sommer übersiedelten sie in das Dittmersche Gartenpalais auf der Donauinsel Oberer Wörth. Die meiste Zeit aber verbrachte Julie mit Eltern und Geschwistern – und später mit ihrer eigenen Familie – auf dem großväterlichen Landgut zu Etterzhausen.

Julies Kindheit und Jugendzeit waren vom frühen Verlust der Mutter (1806), vom Tod der Schweizer Gouvernante und nachmaligen Stiefmutter Katharina Henriette Peter († 1814) und vom Ableben des Großvaters († 1811) geprägt. Vor allem letzterer war Julie zum Vorbild geworden. Georg Friedrich von Dittmers aufgeklärte und menschenfreundlich-karitative Lebenshaltung beeinflußte Julie in ihren eigenen sozialen Aktivitäten als erwachsene Frau. Als Mitglied der Freimaurerloge „Drei Schlüssel zum aufgehenden

Licht" fühlte sich Georg Friedrich von Dittmer moralisch verpflichtet, den Armen zu helfen und der Dorfjugend auf seinem Landgut eine Schulbildung zu ermöglichen.

1813 ehelichte Julies Vater ihre Gouvernante Katharina Henriette Peter, die jedoch schon 1814 im Kindbett verstarb. Nunmehr übernahm Julie als älteste Tochter die Führung des Haushaltes.

Als junge Frau zeigte Julie vor allem für kulturelle, politische, wirtschaftliche und soziale Themen der Zeit großes Interesse. Ihr Briefwechsel mit dem ehemaligen bayerischen Minister Graf Maximilian Joseph von Montgelas, dem Baumeister des modernen bayerischen Staates, kündet davon.

Trotz vielfältiger Pflichten im väterlichen Haushalt nahm Julie regen Anteil an den Studien der Brüder. Ihr selbst war das Studium als Frau verwehrt. Dennoch hatte Julie durch ihre Gouvernante eine fundierte Ausbildung in Französisch, Geschichte und Geographie erhalten, die durch die Unterweisung seitens verschiedener Hauslehrer noch vertieft worden war. Julies Brüder engagierten sich in der freiheitlichen Burschenschaftsbewegung. Als Freund der Brüder verkehrte auch der Jurist Adolf von Zerzog (1799–1880) aus Nairitz bei Bayreuth im Palais am Haidplatz.

Adolf von Zerzog war Anhänger des geeinten deutschen Verfassungsstaates und Mitglied des radikalen Jünglingbundes (seit 1821), einer geheimen Studentenverbindung, die notfalls mit Gewalt das restaurative Staatssystem von Metternichs Gnaden beseitigen wollte. 1824 wurde diese Vereinigung aufgedeckt: Adolf von Zerzog und ein Bruder Julies wurden verhaftet und saßen ein Jahr lang im Gefängnis.

Julies eigenes politisches Engagement für die neue Zeit äußerte sich nur in privatem Kreis. In der Öffentlichkeit vertrat sie dieses nicht. Darin blieb sie, wie auch in ihrer privaten Lebenszielsetzung, ganz den Vorstellungen der Gesellschaft vom Wesen einer Frau verhaftet.

Die Ehe bedeutete Julie „heilige Freundschaft mit einer verwandten Seele" und damit höchstes Frauenglück auf Erden. Diese Seelenverwandtschaft fand sie bei Adolf von Zerzog, mit dem sie am 10. Juni 1827 die Ehe schloß. Die nächsten zwei Jahrzehnte lebte Julie von Zerzog mit ihren acht Kindern, fünf Mädchen und drei Knaben, auf dem vom Großvater ererbten Gut in Etterzhausen. Julies Gatte, Adolf von Zerzog, wurde 1848 für den Regensburger Wahlkreis in die Frankfurter Nationalversammlung gewählt. Dort war er „Mitglied der liberal-konservativen Fraktion Augsburger Hof", die den kleindeutschen preußisch-kaiserlichen Verfassungsstaat erstrebte. Er zeigte, gemäß den Zeitzeugen, ein „betont altdeutsch-knorriges" Wesen mit einem „sehr eigenwilligen, ja skurrilen politischen Geist".

Julies Bruder, Freiherr Gottlieb von Thon-Dittmer, wirkte von 1836 bis 1848 als Bürgermeister in Regensburg. 1848 berief ihn König Ludwig I. in das sogenannte Märzministerium und unter König Maximilian II. war er für kurze Zeit Staatsminister des Innern.

Während Julies Gemahl und Brüder sich der großen Politik widmeten, trat sie selbst 1847 dem „Frauenverein zur Unterstützung armer Wöchnerinnen" in Regensburg bei, der 1844 nach Nürnberger Vorbild von wohlhabenden karitativen Frauen gegründet worden war. Seit 1844 lebte Julie mitsamt ihrer Familie wieder in Regensburg. Die Kinder wurden allmählich erwachsen, daher blieb Julie nun mehr Zeit, sich sozial zu engagieren. Der Frauenverein setzte sich zum Ziel, verheirateten, notleidenden Müttern mit Geld und Sachspenden, mit Medikamenten, Krankenpflege, Hebammendiensten, Kinderausstattungen und Nahrungsmitteln zu helfen. Auch eine Kinderbetreuung wurde für die erwerbstätigen Frauen organisiert.

Im Mai 1850 gründete Julie von Zerzog einen weiteren Frauenverein mit dem Ziel, Mädchen aus der Arbeiterschaft beruflich weiterzuhelfen. Eine Strick- und Nähschule wurde in Regensburg eingerichtet. Der Regensburger Armenpflegschaftsrat stellte Unterrichtsräume unentgeltlich zur Verfügung und übernahm die notwendigen Heizkosten. Außerdem erhielt das Frauenprojekt noch 100 Gulden jährliche Unterstützung aus dem Kreisfonds. Die Mitglieder des Frauenvereins zahlten nicht nur Beiträge von 12 Kreuzern im Monat zur Finanzierung der Schule, sondern verpflichteten sich auch, ihre Strick- und Näharbeiten dort anfertigen zu lassen. Auch eigene Gelder steckte Julie von Zerzog hinein: Sie verkaufte selbstverfaßte Beiträge zur Regensburger Lokalgeschichte.

In der Strick- und Nähschule erhielten die Mädchen aus der gesellschaftlichen Unterschicht kostenlosen Handarbeitsunterricht. Sie erlernten beispielsweise das Spitzenklöppeln. Zwei Ziele verfolgte Julie von Zerzog damit: die Mädchen sollten zunächst Fertigkeiten erwerben, die ihnen später die Ausübung eines Berufes ermöglichten, so daß sie dann ihre Existenz sichern konnten.

Julie sah in der Strick- und Nähschule nicht nur einen Beitrag zur Volkserziehung, sondern ebenso zur Lösung der sozialen Frage. Denn auch in den Regensburger Fabriken und Betrieben waren die jungen Frauen zumeist als minderbezahlte ungelernte Arbeitskräfte tätig. Viele der jungen ledigen Mädchen sahen daher die Fabrikarbeit nur als Übergangsstadium bis zu ihrer Verheiratung an. Jedoch zeigte sich bald, daß sie auch als Ehefrauen und Mütter erwerbstätig bleiben mußten, zumeist als noch schlechter bezahlte Heimarbeiterinnen. Die Mehrfachbelastung – Erwerbsarbeit, Kindererziehung, Familien- und Hausarbeit – sorgte bei den betroffenen Frauen für frühzeitigen Kräfteverschleiß, für Krankheiten und Auszehrung. Dieser Verelendung der Frauen der unteren Klasse galt es entgegenzuwirken.

Julie von Zerzog vertrat eine liberal-konservative Auffassung, die eine solide Volksschulbildung und verständnisvolle Pädagogen forderte, um die „Jugend des Arbeiterstandes durch Arbeit zu retten und zu pflegen und mit Hingebung und Liebe auf der Bahn der Sittlichkeit und Religion zu erhalten". In der realen Umsetzung dieser Forderungen sah Julie von Zerzog eine „freudige Lebensaufgabe deutscher Frauen in schwer bewegter Zeit".

Die neue Regensburger Strick- und Nähschule war sehr beliebt. Pro Jahr wurden hier durchschnittlich 90 Mädchen kostenlos unterwiesen. Vor allem die angefertigten seltenen Klöppelspitzen fanden guten Absatz in Regensburg, Nürnberg und München. Auf der Münchner Industrieausstellung wurden die Klöppelspitzen der Schule sogar prämiert: Man rühmte die Regensburger Strick- und Nähschule als einen in Bayern einmaligen Industriezweig. An der Schule halfen 12 ehrenamtliche Mitarbeiterinnen, die samt einer Schulleiterin in der jährlichen Generalversammlung des Frauenvereins gewählt wurden.

Julie von Zerzog hatte nachweisbar bis 1858 (eventuell sogar bis in die 60er Jahre) die Leitung der Schule inne. Sie erstellte die jährlichen Rechenschaftsberichte, wählte Schülerinnen und Lehrerinnen aus, übernahm Planung und Organisation. In den sechziger Jahren des 19. Jahrhunderts zog sich Julie aus der umfangreichen gemeinnützigen Arbeit zurück, von der sie sagte, daß sie „ein kleines, gutgemeintes Scherflein" war, um „die grosse Noth der Zeit zu lindern". Mit ihrem Ehemann verbrachte Julie von Zerzog die letzten Lebensjahre auf Gut Nairitz bei Bayreuth. Dort starb sie am 24. Januar 1871. *map*

Marie von Preußen, Königin von Bayern
(1825–1889)
Gründerin des Bayerischen Roten Kreuzes –
Förderin des Alpentourismus

Der 18. Dezember 1869 gilt als offizielles Gründungsdatum des Bayerischen Roten Kreuzes. Die damalige Königinwitwe Marie hatte zunächst den „bayerischen Frauenverein vom rothen Kreuz" ins Leben gerufen. Vorausgegangen war ein bald wieder aufgelöster „Verein bayerischer Frauen und Jungfrauen", 1815 von der bayerischen Königin Caroline gegründet, der im Kriegsjahr 1859 (Frankreich und Sardinien gegen Österreich) von Marie reaktiviert wurde. Ihrem Aufruf in den bayerischen Zeitungen vom 6. Juni 1859 folgten schon bald 700 Mitglieder. Die Königin übernahm das Protektorat. Der Verein hatte sich zur Aufgabe gesetzt, für die bayerischen Soldaten Verbandszeug anzufertigen. Auch dieser Verein löste sich nach Beendigung der kriegerischen Zeiten, laut Erlaß der Königin Marie, am 22. Juli 1859 wieder auf. Die Vermögenswerte wurden jedoch sicher angelegt und die Vorräte aufbewahrt.

Bereits 1864, im Krieg zwischen Österreich und Preußen gegen Dänemark, wurden wieder Verbandszeug und Kleidungsstücke benötigt. 1866, im Krieg zwischen Preußen einerseits und Österreich und Bayern andererseits, erging ein erneuter Aufruf der Königinmutter Marie an die vormals gegründeten Frauenvereine, ihre Tätigkeit wieder aufzunehmen. Jetzt arbeiteten 400 Frauen und Mädchen täglich in Schichten im Münchner Vereinslokal, das sich in den Trierzimmern der königlichen Residenz befand.

Marie selbst spendete 2000 Gulden und ermunterte andere Mitglieder des Königshauses, es ihr gleichzutun. Somit konnten Liebesgaben an die Soldaten gesandt, Lazarette eingerichtet, Verwundete versorgt und gepflegt werden. Marie selbst besuchte Verwundete in Zirndorf, Würzburg, Schweinfurt, Kissingen und Bamberg.

Ihr Sohn, König Ludwig II., gründete wegen der Folgen des Krieges von 1866 den „bayerischen Invaliden-Unterstützungsverein", der sich 1869 der „Gesamtorganisation der Deutschen Landeshilfsvereine" anschloß. Im Dezember 1869 rief Marie zur Gründung eines „Bayerischen Frauenvereins" auf, dessen Zweck die „Pflege und Unterstützung der im Felde verwundeten und erkrankten Krieger" war. Die oberste Leitung übernahm Marie. Der Verein gliederte sich in Zweigvereine, in acht Kreisausschüsse und ein Zentralkomitee. Das Bayerische Rote Kreuz war damit als Frauenverein offiziell gegründet.

Vor allem im deutsch-französischen Krieg von 1870/71 bewährte er sich. Neben der Sammlung von Geldern beschafften die Frauen Verbandszeug, Medikamente, Wäsche, statteten Lazarettzüge und Sanitätskorps aus und errichteten Lazarette und Spitäler, beispielsweise in Fürstenried und in Haidhausen.

Lazarettbesuch der Königin Marie im Jahr 1866

Nach dem Kriegsende erkannte Marie die Notwendigkeit, daß der Bayerische Frauenverein des Roten Kreuzes weiterbestehen bleiben müsse. 1873 anerkannte das bayerische Kriegsministerium die freiwilligen Hilfsdienste im Kriegsfalle, und am 9. Februar 1875 erhielt der Frauenverein von König Ludwig II. Korporationsrechte bewilligt. Marie übernahm das Protektorat, erste Vorsitzende wurde Gräfin von der Mühle, zweite Vorsitzende Freifrau von der Tann und Schatzmeister Freiherr von Malsen. Die Hauptversammlung des Vereins fand in den Privatgemächern der Königinmutter in der Residenz statt. In ihrem Testament vermachte diese dem Roten Kreuz 500 Gulden.

Die bayerische Königin Marie wurde als Marie Friederike Franziska Hedwig Prinzessin von Preußen am 15. Oktober 1825 im königlichen Schloß zu Berlin geboren. Ihr Vater, Prinz Wilhelm von Preußen, war der

Bruder des preußischen Königs und ihre Mutter, Marianne, war eine Prinzessin von Hessen-Homburg. Marie wuchs in einem pietistisch orientierten Umfeld auf. Vor allem in der Sommerresidenz der Familie, auf Schloß Fischbach am Fuße der Schneekoppe, entwickelte sich ihre tiefe Religiosität und ihre Liebe zu den Bergen. Am 5. Oktober 1842 heiratete Marie Friederike im Berliner Schloß in Abwesenheit des Bräutigams den bayerischen Thronfolger Maximilian. Am 9. Oktober wurde sie in Bayreuth feierlich an Bayern übergeben und zog im Triumphzug nach München, wo sie am 12. Oktober in der Allerheiligen-Hofkirche nach katholischem Ritus mit Maximilian die Ehe zum zweiten Mal schloß. Marie war damals 16 Jahre alt und von großer Lieblichkeit. Kronprinz Maximilian hatte dagegen das 30. Lebensjahr schon erreicht. Aus der Ehe gingen zwei Söhne, Ludwig und Otto, hervor.

Maries Leben verlief alles andere als in ruhigen Bahnen. 1848 mußte ihr Schwiegervater König Ludwig I. aufgrund der revolutionären Zeiten und wegen seiner schillernden Geliebten Lola Montez auf den Thron verzichten. Maries Gatte Maximilian wurde nunmehr König. 1864, nach nur 22 Ehejahren, verstarb Maximilian II. und der exzentrische Sohn Ludwig (II.) wurde sein Nachfolger. Der sogenannte Märchenkönig kam am 13. Juni 1886 im Starnberger See ums Leben. Maries jüngerer Sohn Otto war seit dem 1870/71er Krieg geistig verwirrt und mußte in Schloß Fürstenried interniert werden. All diese tragischen familiären Ereignisse veranlaßten Marie, sich immer stärker der Religion hinzugeben: Sie konvertierte am 12. Oktober 1874 zum katholischen Glauben.

Die Vorliebe für die Berge behielt Marie zeit ihres Lebens. Schon in jungen Jahren als Kronprinzessin war sie eine begeisterte Bergsteigerin gewesen. Für diese sportliche Betätigung benötigte Marie aber eine praktische Bekleidung. Daher erfand sie eine eigene Tracht: ein Kleid mit weitem Rock aus schwarzem Loden, darunter eine lange Hose und feste Schuhe. Dazu trug sie einen Miesbacher Hut. Die königlichen Bergpartien wurden zumeist mit großem Gefolge durchgeführt. In den armen Gebirgsdörfern, wo die höfische Bergwandergesellschaft sich versorgte und die angebotenen Dienste gut bezahlte, galt Königin Marie bald als „Retterin in der Not".

Um ihr adeliges Gefolge bei den Bergwanderungen anzuspornen, hatte Marie schon als Kronprinzessin am 18. Juni 1844 den „Alpenrosenorden" gegründet. Ordensdame oder Ordensritter konnte man nur durch körperliche Leistungen beim Erklimmen der Berge werden. Wer eine bestimmte Anzahl von oftmals mühseligen Touren mitmachte, erhielt die silberne Alpenrose an einer rosafarbenen, silberdurchwirkten Schleife verliehen. Zum 25jährigen Jubiläum des Alpenrosenordens ließ Königin Marie 1869 auf dem Berg Achsel ein Kreuz errichten. Etwa 600 Gulden, gespendet zur Feier dieses Tages, kamen der Gemeinde Pinswang zugute.

Marie kann mit ihrer Begeisterung für die bayerischen und Tiroler Berge als Pionierin des Alpinismus und Förderin des Alpentourismus in Bayern und Tirol angesehen werden. Die touristische Erschließung der Alpen begann Mitte des 19. Jahrhunderts. 1869 gründete sich der Deutsche Alpenverein, der sich 1874 mit dem 1862 entstandenen Österreichischen Alpenverein zusammenschloß. Seine Teilung erfolgte erst wieder nach 1945. Der Deutsche Alpenverein hat heute seinen Sitz in München.   *map*

Elsa (Elisabeth) von Berg-Schrimpf
(1874–1905)
Ordensgründerin der „Blauen Schwestern"

Die ältere Chronik der „Blauen Schwestern von der hl. Elisabeth" vermerkt die wenigen Lebensdaten, die über die Vita ihrer Gründerin bekannt sind: „Am Anfang der Genossenschaft der 'Blauen Schwestern von der Heiligen Elisabeth' steht zwar eine junge, schwächliche und kränkliche Frau, aber auch eine überragende Persönlichkeit: Fräulein Elsa von Berg-Schrimpf. Sie ist nach den Angaben im Personalbuch der Schwesternschaft, wo sie als erste eingetragen ist, am 30. August 1874 in Nürnberg als Tochter des Königlichen Revisors und Leutnants Maximilian von Berg-Schrimpf und seiner Gattin Maria geboren. Sie hatte die Volksschule besucht und das Privatinstitut Greineder, gehörte 4 Jahre dem Frauenverein vom Roten Kreuz an, aus dem sie dann aber wegen Krankheit austrat. Diese Krankheit bestand nach ihren Angaben in Überarbeitung, in Wirklichkeit aber wohl schon in den Vorboten ihrer Todeskrankheit, der sie mit 31 Jahren zum Opfer fiel, der Lungentuberkulose."

Schwester M. Elisabeth von Berg-Schrimpf, Oberin der „Blauen Schwestern", starb am 26. 10. 1905 in München „nach langem, schwerem, mit Geduld ertragenem Leiden" als „Opfer ihres Berufes", wie der Sterbezettel zusätzlich vermerkte.

Elsa von Berg-Schrimpf, eine höhere Tochter aus gutem Hause, war berührt von der ungeheuren Not, von Krankheit und Elend bei den kleinen Leuten in den Münchner Vorstädten, wie z. B. in Haidhausen. Zu dieser Gesellschaftsschicht gehörten, wie Elsa Berg-Schrimpf in ihrer Gründungsrede formulierte, „die kleinen Gewerbetreibenden, die in keinem festen Arbeitsverhältnis stehenden Arbeiter, wie aus den weiblichen Kreisen: Putzerinnen, Wäscherinnen, Zugeherinnen, Näherinnen, und dergleichen mehr".

In den Räumen des Restaurants „Reichshof" (Wörthstr. 17) gründete Elsa zusammen mit 17 interessierten Damen ein Komitee, das sich die „Heranbildung katholischer Mädchen zum Privatkrankendienst" und den Bau einer privaten Krankenanstalt „für arme katholische Kranke und nach Tunlichkeit auch für Andersgläubige" zum Ziele nahm. Zur Finanzierung dieses Projekts wurde der „Pfennigverein" ins Leben gerufen. Der monatliche Beitrag für seine Mitglieder betrug mindestens einen Pfennig. Dieser 21. Januar 1901 gilt als Gründungsdatum der später so benannten „Blauen Schwestern von der hl. Elisabeth".

Aus diesen bescheidenen Anfängen der „Bayerischen Schwestern vom Pfennigverein" oder, wie die Leute sagten, „Pfennigschwestern" entwickelte sich die klösterliche Schwesterngemeinschaft der „Blauen Schwestern", die heute noch besteht. Im Verlauf ihrer über 90jährigen Geschichte errichteten die Schwestern zunächst 1903 in der Haidhauser Metzstraße 12 eine „kleine Kostkinderstation". Daraus entwickelte sich das erste Säuglingsheim Süddeutschlands, das 1905 durch ein Kinderheim ergänzt wurde.

Die öffentlichen Unterbringungsmöglichkeiten für Kleinkinder waren zu dieser Zeit äußerst beschränkt: 1908 gab es in ganz München nur 160 Plätze. Die Säuglingssterblichkeit war zu Beginn des 20. Jahrhunderts in Bayern aufgrund der elenden Wohnverhältnisse, der mangelhaften Ernährung und unzureichenden hygienischen Bedingungen recht hoch: von 100 Säuglingen starben 22 noch im ersten Lebensjahr.

Das Elend der Kinder und ihrer Mütter, das die Blauen Schwestern in den Wohnungen bei ihren Besuchen vorfanden, war oftmals erschreckend: „Eine Frau liegt da, angesteckt, ganz verlassen, unheilbar lungenkrank. Sie liegt im Tode. Am Boden spielt ein Kind im Schmutz. Nur einen alten Mantel hat das Kind an. Die Schwester will es aufheben. Es ist lahm."

Neben der Kinderpflege kümmerten sich die „Schwestern vom Blauen Kreuz", wie sie sich seit 1912 nannten, auch um Mütterberatung und Milchausgabe sowie um allgemeine Krankenpflege. Zudem wurde die berufliche Ausbildung der Schwestern übernommen: 1932 eröffneten die Blauen Schwestern in Regensburg eine staatlich anerkannte Schule für Säuglings- und Kinderpflege. Schon seit 1908 hatten sie in Regensburg am „Schulbergl" Nr. 5 eine Säuglingsstation inne. Krankenstationen entstanden bald darauf in Guteneck, Schwarzenfeld und Waldsassen. 1928 gingen sechs Blaue Schwestern ins Bezirkskrankenhaus zu Memmingen und 1930 weitere sechs Schwestern nach Regensburg in die Zeitler-Klinik. Nach dem Zweiten Weltkrieg entstanden ein Erholungskinderheim in Painten, ambulante Krankenpflegestationen in Sauerlach und in Wörishofen. 1952 begann der Bau der Hedwigs-Klinik in Regensburg, die 1953 mit 200 Kinderbetten, 60 Betten für Geburtshilfe und Gynäkologie sowie einem Wohnbau für 100 Schülerinnen und 45 Schwestern ihren Betrieb aufnahm. 1968 weihten die Schwestern ein Schwestern-Ferienhaus in Mettenham ein. 1974 mußte das Münchner Säuglingsheim wegen baulicher Mängel aufgegeben werden. 1977 wurden die Memminger Schwestern nach Regensburg abgezogen, da nicht mehr beide Krankenhäuser ausreichend mit Schwestern versorgt werden konnten. 1983 übernahm die Regensburger Hedwigs-Klinik auch die ehemalige Städtische Kinderklinik und erweiterte ihre Klinikgebäude durch einen Neubau.

1951, im 50. Jubiläumsjahr ihrer Gründung, hatte die Kirche die Schwesternvereinigung zu einer Drittordensgemeinschaft erhoben. Von nun an lebten die Schwestern nach der Regel des hl. Franziskus. Der Name der klösterlichen Gemeinschaft wurde geändert in „Blaue Schwestern von der heiligen Elisabeth". Die ursprüngliche Schwesterntracht – „waschechte Kleider von blauem Stoff mit weissem Leinenkragen, schwarze Schürze, blaue Haube mit weissem Umschlag und eine Brosche, die ein himmelblaues Kreuz auf weissem Grunde zeigt" – wurde 1954 geändert, um einer Verwechslung mit den evangelischen Diakonissen entgegenzuwirken.

Das Mutterhaus der Blauen Schwestern steht noch heute an seiner alten Stelle in München an der Streitfeldstraße. Von ihrer Ordensgründerin und ersten Oberin berichtet die dort aufbewahrte Chronik in schwärmerisch-verehrenden Worten: Elsa (als Schwesternnamen wählte sie 1903 Elisabeth) von Berg-Schrimpf „war sehr zart, in den schmalen, kühnen Gesichtszügen standen tiefblaue Feueraugen (...) Wie ein Heiligenschein stand das goldrote Haar um das schöne lebhafte Gesicht, die blauen Augen hatten einen entrückten Glanz. Warm und impulsiv war ihr Wesen, von bezaubernder, fast kindlicher Schlichtheit (...) Rührend war ihr Idealismus. Rührend der kindliche Zauber, der auf ihr lag; rührend ihre Unbeholfenheit in praktischen Dingen". Elsa (Elisabeth) von Berg-Schrimpf war aber nicht nur „weltentrückt", sondern zugleich auch eine mitreißende Rednerin, die „die Fahne der Begeisterung" zum Nutzen der Hilflosen und Schwachen kräftig schwang. *map*

"Förderung des Wohles der Unsrigen"

Regentinnen und Herrscherinnen

Violante Beatrix
(1673–1731)
Großherzogin der Toskana – Gouverneurin von Siena

Am 25. November 1688 beleuchteten zwei Namenszüge, Violante und Ferdinand, den nächtlichen Münchner Himmel. Die Residenzstadt und der kurfürstliche Hof feierten fünf Tage lang ein prächtiges Hochzeitsfest. Nach langwierigen Verhandlungen war die Verbindung zwischen der Wittelsbacher Prinzessin Violante Beatrix und dem Medici-Prinzen Ferdinando, Erbgroßherzog der Toskana und Gouverneur von Siena, endlich zum beiderseitigen zufriedenstellenden Abschluß gekommen. Die anwesenden Florentiner zeigten sich höchst beeindruckt vom festlichen Aufwand und von den musikalischen Darbietungen Orlando di Lassos. Vor allem aber entzückte die noch nicht ganz 16jährige Braut durch ihre Anmut, ihre Liebenswürdigkeit und Gewandtheit sowie durch ihre geistreichen Bemerkungen.

Marchese Filippo Corsini berichtete täglich über die Ereignisse an den Großfürsten Cosimo III., Violantes Schwiegervater, nach Florenz. Und noch einer berichtete heimlich: der Freund des Bräutigams, Marchese Albizzi. Denn Violantes Bräutigam war nicht nach München gekommen. Er ließ ihr vorerst ein Medaillon mit seinem Porträt überreichen, das sie freudig mit dem Ausruf, „Er ist schon in meinem Herzen", entgegennahm. Bei der Trauungszeremonie im Herkulessaal wurde der Bräutigam von Josef Wilhelm von der Pfalz vertreten.

Nach dem geglückten ersten Teil der Hochzeit in der 19 000-Seelen-Stadt München trat Violante Beatrix mit umfangreichem Gefolge die Reise nach Florenz an. Dort sollte die zweite Hochzeitsfeier stattfinden. Unterwegs wurde die Braut an der Landesgrenze von Fürst Kaunitz, dem Abgesandten des österreichischen Kaisers, begrüßt, nach Innsbruck geleitet und dort von der polnischen Königin, der kaiserlichen Tochter

Eleonore, empfangen. „Mir kommen die heftigsten Tränen der Rührung über die Sicherheit, mit welcher diese Prinzessin sich in Innsbruck zu benehmen wußte, und mit welcher Selbstverständlichkeit sie der Königin entgegenkam", schrieb Fürst Kaunitz begeistert an den Kaiser nach Wien.

Die Prinzessin entstammte höchsten europäischen Adelskreisen. Violante Beatrix wurde als jüngstes Kind des Kurfürsten Ferdinand Maria von Bayern und seiner Gemahlin Henriette Adelheid von Savoyen am 23. Januar 1673 in München geboren. Beim Tode des Vaters war Violante erst drei und beim Ableben der Mutter fünf Jahre alt. Kurfürst Ferdinand Maria galt als bieder, sittenrein und nicht besonders arbeitsam. Seine Gattin, die heitere Enkelin des französischen Königs Heinrichs IV., war von ihrem bequemen Gatten nicht recht angetan, um so mehr liebte sie jedoch ihre Kinder und besonders ihre Jüngste, Violante Beatrix. Sie nannte ihre Tochter zärtlich das „Prinz-Elflein", weil sie „so schön wie ein Engel" sei, wie die stolze Mutter ihrer Familie schrieb. Violante verbrachte ihre Kindheit abwechselnd in den noch im Entstehen begriffenen Schloßanlagen von Schleißheim und Nymphenburg

Jugendbildnis der Violante Beatrix von Paul Mignard

sowie in der Münchner Residenz. Nach dem Tod des Vaters übernahm Violantes Bruder Max Emanuel die Kurfürstenwürde. Man sprach nunmehr viel Französisch bei Hofe und Violantes, wenn auch klösterliche Erziehung, wurde ganz auf eine zukünftige Vermählung ausgerichtet.

Am 24. Dezember 1688 traf Violante in Bologna mit ihrem jugendlichen Schwager Gian Gastone zusammen. Hier wurde ihr zu Ehren ein festliches Turnier, ein großartiges Spektakel, das für die Nachwelt von Malern und Kupferstechern festgehalten wurde, aufgeführt. Gian Gastone faßte sofort zu seiner Schwägerin große Zuneigung und Vertrauen. Auch Violante Beatrix war ihm ihr Leben lang freundschaftlich und ratgebend verbunden. Zu Beginn des Jahres 1689 endlich zog die Braut triumphal in Florenz ein und bekam nun erstmals auch ihren Gatten zu Gesicht.

Ferdinando Medici war zehn Jahre älter als Violante, nur wenig größer als sie und zudem recht beleibt. Obwohl die Braut in ihrer Heimat als schön und anmutig angesehen wurde, wollte der Prinz, wohl an üppigere Formen gewöhnt, von der „sehr mageren" und „ziemlich häßlichen" Prinzessin angeblich nicht viel wissen. Andere berichteten dagegen von der sofortigen gegenseitigen Liebe, die das Paar zeitlebens verband. Zumindest hatten sie gleiche Interessen und Talente, denen sie sich nach der Florentiner Hochzeit am 19./20. Januar 1689 widmen konnten.

Der Erbprinz war ein Liebhaber der Musik. Er spielte selbst einige Instrumente, komponierte, förderte die Oper sowie Sänger und Sängerinnen. Er sammelte Gemälde, unterstützte die erste literarische Zeitschrift Italiens, war ein großer Mäzen und begann auf einem seiner Güter eine Berber-Pferdezucht. Violante stand ihrem Gemahl in nichts nach. Sie spielte Cembalo und Flöte, war musisch begabt, schrieb Theaterstücke, suchte für die Opernaufführungen ihres Gatten in Pratolino die Künstler aus, arrangierte in ihren eigenen Gemächern Konzerte, parlierte und korrespondierte in sechs Sprachen.

Violante Beatrice, wie sie in Florenz genannt wurde, erbte von ihrer Schwiegermutter Titel und Befugnisse und stieg somit nach deren Tod zur ersten Frau im Großherzogtum Toskana auf. Fürst Cosimo hielt sehr viel von seiner Schwiegertochter. Sie beeindruckte durch ihr liebreizendes Wesen, durch Milde und Güte sowie durch großes diplomatisches Geschick. So unterhielt sie Verbindungen nach Bayern und zu anderen europäischen Höfen, zur hohen Geistlichkeit und zum Papst in Rom. Viele Fürsten, Kleriker, Künstler und Wissenschaftler suchten ihre Vermittlung und Empfehlung zu erlangen.

In diese prächtige und heitere Welt floß jedoch ein Wermutstropfen. Violante Beatrice erkrankte schwer, magerte ab, war lange ans Bett gefesselt. Die Ärzte stellten nach Überwindung der Krankheit fest, daß Violante kinderlos bleiben werde. Ihr Gatte scheint sich daraufhin mehr und mehr von ihr zurückgezogen zu haben. Violante jedoch widmete sich nun besonders armen und elternlosen Kindern. Sie setzte den Waisenkindern von Florenz und München in ihrem Testament sogar umfangreiche Legate aus.

Als Violante mit ihrem Schwiegervater auf einer Wallfahrt weilte, amüsierte sich ihr Gatte Ferdinando in Venedig beim Karnevalstreiben. Nach seiner Rückkehr traten Lähmungen und epileptische Anfälle auf, die bald, trotz umsichtiger Fürsorge Violantes, nicht mehr vor der Öffentlichkeit verheimlicht werden konnten. Violante übernahm nun nicht nur die Pflege für ihren Gemahl, sondern auch seine Geschäfte.

Am 30. November 1713 starb Ferdinando Medici, Erbgroßherzog von Toskana und Gouverneur von Siena. Violante, da kinderlos geblieben, ging aller Würden verlustig.

Man trat in Verhandlungen um ihre Rückkehr nach Bayern ein. Doch hier sah es zu dieser Zeit ebenfalls nicht gerade rosig aus. Kurfürst Max Emanuel, der Bruder Violantes, hatte aufgrund des spanischen Erbfolgekrieges (1702–1714) Bayern verlassen müssen. Er ließ daher Pfalzgraf Johann Wilhelm die Bedingungen für Violantes Übersiedlung aushandeln. Man verlangte vor allem die umfangreiche Mitgift von 300 000 Talern zurück. Die Verhandlungen scheiterten zum einen an dieser immensen Geldsumme, die von Cosimo III. nicht aufgebracht werden konnte, zum anderen auch an Violantes Unlust, ohne große Aussichten auf ein interessantes Leben in ihr Heimatland zurückzukehren. Schließlich gelang es ihr aber, nach einer Begegnung mit ihrem Neffen, Kurprinz Karl Albrecht, die Verhandlungsfäden an sich zu ziehen und als Entschädigung für ihr Heiratsgut am 12. April 1717 Amt und Würde einer Gouverneurin von Siena zu erhalten. Als Sommerresidenz wurde ihr zudem Schloß Lampeggio zugewiesen. Das war ein für alle Seiten ehrenwerter und günstiger Ausgang der Verhandlungen.

Die Stadt Siena bereitete ihrer Herrscherin einen angemessenen Empfang. Sie residierte im großherzoglichen Palais, dem Dom gegenüber. Violante Beatrice soll überwältigt ausgerufen haben: „Ich glaube, ich bin im Himmel."

Unter Beatrices – so ließ sie sich seit dem Tode ihres Gatten nennen – Regentschaft erblühte das adelige, kulturelle und wirtschaftliche Leben in Siena. Wollverarbeitung und Seidengewinnung nahmen einen Aufschwung, die Viehzucht wurde gefördert und das Fürsorge- und Gesundheitswesen erfuhren Verbesserungen. Für die Hochschule in Siena, das Collegio Tollomeo, berief sie Franz Graf von Zeil zum Professor für Deutsche Sprache. Damit gewann die fürstliche Universität einen Ruf weit über die Landesgrenzen hinaus. Zahlreiche Söhne des europäischen Hochadels fanden sich in Siena ein, um dort zu studieren. Violante Beatrice verbrachte die Sommer zumeist auf ihrem Schloß Lampeggio. Hier ließ sie Gärten nach ihrem eigenen Geschmack anlegen. Sie hatte dazu eigens den Gärtner vom heimatlichen Schloß Schleißheim kommen lassen. Für viele Projekte holte Beatrice Fachleute aus Bayern ins Land. Siena war auf dem Wege, eine bayerische Kolonie zu werden, wie manche Einheimische rügten.

Gian Gastone folgte 1723 seinem Vater Cosimo III. als Großherzog der Toskana nach. Violante Beatrice ließ an seinem Geburtstag einen Palio in Siena abhalten. Das berühmte Pferderennen blieb bis heute mit Violantes Namen verbunden. Sie hatte am 13. September 1720 ein Gesetz erlassen, das diesen Wettkampf neu regelte, um damit die bisher oftmals tödlich verlaufenen Stürze im Gedränge auf dem Stadtplatz zu vermeiden. Die Teilnehmer am Palio wurden nun nach Stadtvierteln („Contrade") festgelegt und diese nach Tiernamen – wie Gans, Stachelschwein, Giraffe, Schnecke, Adler – benannt, die sie bis heute noch führen.

Violante Beatrice erließ ein weiteres Gesetz, das musikhistorische Wirkung zeitigte. Es verbot im Gouvernement Siena die Kastration von Sängerknaben. Zunächst wurde dies von denjenigen, die an der Kastration der heranwachsenden Sänger am meisten verdienten, unwirsch und spöttisch als bayerische Gefühlsduselei abgetan. Alsbald fanden sich jedoch Befürworter. So engagierte der Herzog von Modena für seinen Karneval in Reggio nur mehr Sängerinnen für die Sopranpartien.

Die Sienesische Landesmutter unterhielt zudem beste diplomatische Verbindungen nach Rom. 1725 unternahm sie eine erste Reise dorthin. Bei dieser Gelegenheit krönte sie den Sieneser Bernardino Perfetti zum Dichter. Violante Beatrice war selbst Mitglied der Arcadia, des vornehmsten Dichterkreises Italiens. Am 20. April 1727 erhielt Violante Beatrice vom päpstlichen Legaten die goldene Tugendrose im Rahmen einer prunkvollen Zeremonie in der Florentiner Kirche San Maria Novella überreicht. Diese hohe Ehrung hatten vor ihr in all den vergangenen Jahrhunderten erst zwölf Frauen erfahren. Im selben Jahr war Violante Beatrice in Viterbo anwesend, als ihr Neffe Clemens August von Papst Benedikt zum Erzbischof von Köln eingesegnet wurde. Später erlangte dieser auch die Kölner Kurfürstenwürde. Ein anderer Verwandter, Theodor, Bischof von Regensburg, wurde in diesen Jahren dank ihrer Vermittlungen und Empfehlungen als einziger Wittelsbacher zum Kardinal ernannt.

Violante Beatrice reiste 1730 ein letztes Mal nach Rom. Bald stellten sich dort Anzeichen einer besorgniserregenden „Auszehrung" ein. Während des Winters verweilte sie in Pisa, wo sie zur Ehrenäbtissin des Klosters San Michele erhoben wurde. Nach Florenz zurückgekehrt, bemühten sich die besten Ärzte um sie. Jedoch vergebens. Man diagnostizierte nunmehr Lungentuberkulose mit Herzwassersucht. Das Zuraderlassen und Schröpfen beschleunigten eher das Sterben, als daß sie Erleichterung brachten. In den Morgenstunden des 29. Mai 1731 sprach der versammelte Hofstaat an ihrem Lager schon die Sterbegebete, als Violante Beatrice nochmals das Bewußtsein erlangte und ihre letzten Worte flüsterte: „Jesus, Maria ... das Paradies."

Die Gouverneurin von Siena wurde ihrem Wunsch gemäß in der Klosterkirche der Karmeliterinnen zu Florenz beigesetzt. Ihr Herz aber fand seine letzte Ruhe in einem Gefäß aus Zinn zu Füßen der Grabstätte ihres Gemahls. Die Trauer um Violante Beatrice war groß. In der gesamten Toskana läuteten die Totenglocken, über 5000 Messen wurden für die Verstorbene gelesen. In München ordnete Kurfürst Karl Albrecht eine achttägige Hoftrauer an. Aus anderen Gebieten Europas, wie England und Spanien, kamen Beileidsschreiben. Die Witwe des Kaisers ließ zu Ehren Beatrices in der Wiener Lorenzkirche ein Requiem abhalten, in dem all ihre Tugenden gepriesen wurden.

Das hinterlassene Testament erwies sich in weiten Teilen als erstaunlich und großzügig. Neben dem Haupterben, Violantes Lieblingsneffen Ferdinand Maria, wurden Kirchen, Klöster und Waisenhäuser in Italien und Bayern bedacht. Zudem bekamen alle Mitglieder des Hofstaates der Gouverneurin für die nächsten zwanzig Jahre ihren Lohn ausbezahlt.

Violante Beatrice hatte sich als große, tugendhafte, diplomatische und höchst „staatsmännische" Herrscherin erwiesen. Der zeitgenössische Sieneser Chronist Girolamo Gigli hatte schon bei ihrem Regierungsantritt erhofft, was sich späterhin bewahrheitete: „Da nun die Regierung vom schönen Licht einer bezaubernden Frau erleuchtet wird, die die belesenste, die weiseste und liebenswürdigste Prinzessin von Europa ist, die königliche Prinzessin von Bayern und Großfürstin von Toscana, die in ihrem mütterlichen Herzen alle Tugenden vereint, die alle guten Eigenschaften aufweist mit ihren Talenten, wird Siena erneut aufblühen."

Mit dem Tode der klugen Wittelsbacher Prinzessin jedoch wurde der Niedergang der Medici-Herrschaft in der Toskana eingeläutet.   *map*

Maria Josepha Felicitas von Neuenstein
(1739–1822)
Fürstäbtissin des Reichsstiftes Obermünster

Bei ihrer Wahl am 21. November 1775 zur Fürstäbtissin des Reichsstiftes Obermünster in Regensburg wurde Maria Josepha Felicitas von Neuenstein von ihren Mitschwestern das „auferbaulichste und ruhmwürdigste Leben" bescheinigt. Maria Josepha hatte zu dieser

Zeit schon an die zwanzig Jahre im Kreise der adeligen Stiftsdamen verbracht.

Geboren wurde sie am 10. Juli 1739 als Freiin von Neuenstein in Donaueschingen. Ihr Vater, Reinhard Friedrich Freiherr von Neuenstein, war Geheimrat und Oberstallmeister des fürstlichen Hauses von Fürstenberg und ihre Mutter, Maria Anna Maximiliana Theresia, entstammte dem freiherrlichen Geschlecht der Frauenberger.

Ihre Erziehung erhielt Maria Josepha zu Straßburg im dortigen Frauenkloster de Notre-Dame. Hier prägten sich schon spätere Eigenschaften aus, wie geordnete Lebensführung und demütige Frömmigkeit.

Maria Josepha war, kaum bemerkbar, „an ihrem Rücken etwas ver-

wachsen". Daher trat sie aus Veranlassung ihres Vaters als junge Frau, etwa 16jährig, in das adelige Damenstift als Kandidatin ein. Hier, im religiös orientierten Reichsstift Obermünster, lebten Frauen nach einer festgelegten Hausordnung unter der Leitung einer Fürstäbtissin. Die etwa zwölf adeligen Fräulein in Obermünster hielten sich zwar an eine klösterliche Ordnung, jedoch legten sie kein Gelübde ab. Sie beteten und sangen die kirchlichen Tagzeiten, aßen gemeinsam und durften ohne Erlaubnis der Fürstäbtissin nicht ausgehen oder Besuche empfangen. Gekleidet waren sie weltlich, jedoch nicht kostbar, sondern „jungfräulich sittsam". Nur die Fürstäbtissin legte ein Keuschheitsgelübde ab, die anderen Damen konnten heiraten und dann das Stift verlassen. Die gebildeten und wohlerzogenen Stiftsdamen waren geschätzte Gäste bei den Gastmählern und Festlichkeiten des fürstlichen Hofes Thurn und Taxis sowie der hohen Geistlichkeit und den Reichstagsgesandten in Regensburg. Man schätzte sie, da ihre Gegenwart und ihre Gespräche positiv auf das Benehmen der anderen Gäste einwirkten. Die jungen adeligen Anwärterinnen mußten sich einem umfangreichen Unterricht unterziehen. Sie wurden in Religion, im Schreiben und Rechnen, in Geschichte und Fremdsprachen unterwiesen, damit sie „dem Stift Ehre und Nutzen verschaffen, den Neuangehenden zum Muster dienen oder im Falle sie wiederum aus dem Stift treten als mit den besten Eigenschaften ausgesteuert dasselbe verlassen mögen", so bestimmten es die Vorschriften.

1781, als Maria Josepha von Neuenstein bereits Fürstäbtissin war, kam es im Damenstift Obermünster zu einer Auseinandersetzung über die von den jüngeren Stiftsdamen als zu beschwerlich empfundene Disziplin. Beim kaiserlichen Reichshofrat führte man Beschwerde über spartanische Wohnverhältnisse und den Mangel an Bedienung. Die jungen Stiftsdamen wünschten häufiger das Theater zu besuchen und auf Festbälle zu gehen. Die älteren Stiftsdamen dagegen baten den Bischof um Unterstützung, sich der „gefährlichen Absicht der jungen, Freyheit liebenden Fräulein zu widersetzen". Schließlich setzte sich die strenge Auffassung der Fürstäbtissin Maria Josepha von Neuenstein durch.

Das Reichsstift Obermünster war eine fürstliche Herrschaft. Königin Hemma hatte 833 die Reichsfreiheit von ihrem Gemahl Ludwig dem Deutschen erwirkt. Damit unterstand das adelige Damenstift unmittelbar dem Kaiser. Die Äbtissin von Obermünster war somit eine Fürstin des heiligen römischen Reiches und Regentin über Mitschwestern und Untertanen des reichsstiftischen Territoriums. In geistlichen Dingen unterstand sie jedoch dem Fürstbischof von Regensburg und bei wichtigen weltlichen Entscheidungen hatte sie auch die Kapiteldamen zu hören. Ihre Macht war also nicht gänzlich absolut.

Maria Josephas Regentschaft kennzeichneten ein starker Wille und glänzende Erfolge, aber auch große Tragik. Ihre Regierung war „männlich energisches und zielkluges Schaffen" in christlicher Demut, wie es Franz Hiltl formulierte. Sie zeigte große Gottesfurcht und Menschenliebe, verwaltete weise und sorgte sich rastlos um das Wohl des Stiftes. Als Fürstäbtissin mußte sie Sorge tragen für den Gottesdienst, für Sitte und Wohlanständigkeit, mußte das Vermögen des Stiftes erhalten, die Beamten des Stiftes anweisen und ihre Bücher auf alljährlichen Visitationen kontrollieren. Zur Herrschaft von Obermünster gehörten die Hofmarken Obertraubling und Oberröhrenbach, die Propsteien Tegernheim, Sallach, Mettenbach, Langenpreising, Großhausen und Ottmaring sowie mehrere verstreut liegende Höfe in Bayern und an die hundert Bauernhöfe in der Regensburger Umgebung, die dem Damenstift zehntpflichtig waren. Auch Hauseigentum in Regensburg war vorhanden. Um 1810 belief sich der Gesamtwert der Güter von Obermünster auf 84 600 Gulden, dazu kamen noch 346 000 Gulden Verstiftungen, Zehnten, Lehens-, Jurisdiktionsgefälle und andere Dienste sowie Waldungen im Wert von 88 700 Gulden, Gebäude für 59 360 Gulden,

Kapitalien von 57 901 Gulden, Kunstgegenstände, Bücher und Sammlungen.

Maria Josepha gab den Armen, half den Kranken und beherbergte französische Priester, die vor den Revolutionswirren der Jahre 1789/90 auf der Flucht waren. Sie bewirtete in Kriegszeiten abwechselnd österreichische bzw. französische Offiziere und bewahrte das Stift vor Plünderungen.

Auch im geistigen Bereich war die Fürstäbtissin tätig. Mit einer hochherzigen Spende veranlaßte sie den Druck des Neuen Testaments in einer deutschsprachigen und preiswerten Ausgabe. Hiervon wurden in wenigen Jahren 73 000 Exemplare verkauft. Zudem engagierte sie sich für die „diplomatische Wissenschaft", „was weit über die Sphäre ihres Geschlechtes hinaus ist", wie ihr Zeitgenosse Roman Zirngibl meinte. „Sie hat", so schrieb er, „die Bruchstücke und Trümmer zerstreuter Grabsteine adelicher und unadelicher Personen zusammensuchen, und in eine ordentliche Reihe aufsetzen lassen. Vorzüglich aber hat sie zum nachahmungswürdigsten Beyspiele die wichtigsten diplomata, codices, und andere Dokumente ihres Stiftes aus dem mehr denn hundertjährigen Staube, aus der äußersten Verwirrung mittelst eigner Beyhilfe hervorgesucht, und copiren lassen." Damit stellte Maria Josepha ein neues Archiv her, das sie auch gegen Feuer schützen ließ.

Der Fürstäbtissin Maria Josepha von Neuenstein gelang es jedoch nicht, die Säkularisation vom Reichsstift Obermünster abzuwenden. Letztendlich mußte sie sich der Auflösung des Reichsstiftes in den Jahren nach 1803 fügen. Es gelang ihr aber, Wohnrecht und Gelder für sich und ihre Mitschwestern zu erhalten. In einem Brief aus dem Jahre 1802 formulierte die Fürstäbtissin vorausschauend: „Es ist für uns ein unaussprechlich seliges Gefühl, durch die vielen unzähligen Proben von Liebe und Anhänglichkeit, Treue und Gehorsam unserer Untergebenen Beweise erhalten zu haben, daß wir in einer siebenundzwanzigjährigen Regierung unsere Regentenpflichten erfüllt und die Förderung des Wohles der Unsrigen zum Augenmerk gehabt zu haben!"

Im Februar 1820 stürzte Maria Josepha beim Ordnen kirchlicher Gerätschaften und brach sich den rechten Oberarm. Obwohl der Bruch verheilte, erholte sie sich nicht mehr völlig. Schließlich mußte sie aus Schwäche, umsorgt von ihrer langjährigen Dienerin Barbara Entlin (Endl), das Bett hüten. Andere Leiden kamen hinzu. Ihr Tod wurde in den Sterbematrikel des Dompfarramtes folgendermaßen vermerkt: „Die erlauchteste, ehrwürdigste und hochgefeierte Frau Maria Josepha, Fürstin des heiligen Römischen Reiches, Äbtissin des adeligen, nunmehr aufgelösten Damenstiftes in Obermünster, aus dem freiherrlichen Geschlechte von Neuenstein, ist gestorben im Alter von 83 Jahren, wohlversehen mit den heiligen Sakramenten, am 2. September 2 Uhr früh, behandelt vom Arzt Schaefer, begraben in der Friedhofskapelle (= St. Peter), für deren Erbauung sie den größeren Teil der Kosten aufgebracht hat. Das königliche Ministerium hat ihr das Begräbnis in der Obermünsterkirche verweigert." Ihr Grabstein befindet sich heute im Museum der Stadt Regensburg. *map*

Marie Sophie
(1841–1925)
Königin von Neapel und Sizilien – Gegnerin Garibaldis

Marie Sophie erblickte 1841 als fünftes Kind der acht Kinder von Ludovika und Maximilian von Wittelsbach, Herzogin und Herzog in Bayern, das Licht der Welt. Sie wuchs mit ihren Geschwistern im Schloß Possenhofen am Starnberger See auf. Vor allem mit ihrer um vier Jahre älteren Schwester Elisabeth, genannt Sisi, der späteren Kaiserin von Österreich, verband sie zeitlebens eine enge Freundschaft und innige Vertrautheit.

Auch äußerlich glichen sie sich sehr: Beide hatten türkisfarbene Augen, waren dunkelhaarig, schlank und überdurchschnittlich groß. Beide besaßen ein überschäumendes Temperament und waren auf Veranlassung des Vaters in sportlichen Dingen gut unterrichtet. Elisabeth ritt ausgezeichnet, und Marie Sophie brachte es im Schwimmen, Fechten und Schießen zur Meisterschaft. Die körperliche Erziehung übertraf die geistige bei weitem. Elisabeth gewann allerdings der Poesie noch einiges ab, wohingegen Marie Sophie allem Intellektuellen abgeneigt war, obwohl ihre Mutter Ludovika für einen regelmäßigen Unterricht sorgte. Marie Sophie beschäftigte sich lieber mit Tieren und liebte die Natur. Beide Schwestern waren große Pferdenärrinnen. Herzog Max ließ sogar im Münchner Palais der Familie ein kleines Hippodrom für seine Kinder einrichten.

Die Mutter Ludovika war ein Mitglied der bayerischen Königsfamilie und betrachtete ihre Heirat mit ihrem Vetter Herzog Max in Bayern als einen gesellschaftlichen Abstieg. Um so mehr setzte sie sich dafür ein, für ihre Töchter vorteilhafte und angemessene Ehen zu arrangieren.

Man betrieb eine planvolle Wittelsbacher Heiratspolitik. Im April 1854 heiratete Elisabeth (Sisi) den österreichischen Kaiser Franz Joseph. Wenige Jahre später wurde für die 17jährige Marie Sophie die Eheschließung mit Franz, dem Erbprinzen von Neapel, vereinbart – der väterlichen Meinung zum Trotz. Herzog Max telegraphierte nämlich aus Monte Carlo, wo er sich gerade zur Kurzweil aufhielt, an seine Tochter: „Ich rate dir von ihm ab. Er ist ein Trottel."

Marie Sophie während der Verteidigung der Festung Gaeta 1860/61

Die Hochzeit fand per procura, also unter Abwesenheit des Bräutigams, am 8. Januar 1859 in der Münchner Residenz statt. Am 13. Januar begab sich Marie Sophie, die nunmehrige Herzogin von Kalabrien und Kronprinzessin von Neapel, mit ihrem Gefolge zu einem Besuch bei ihrer Schwester Elisabeth nach Wien, bevor sie sich in Triest nach Bari einschiffte. Dort wurde sie von ihrem Gemahl und dessen königlicher Familie empfangen.

Marie Sophie war vom Aussehen und Verhalten ihres Gatten Franz enttäuscht und von ihrer intriganten Schwiegermutter abgestoßen. Nur mit König Ferdinand, ihrem Schwiegervater, verband sie eine gegenseitige Sympathie. Franz, geboren am 16. Januar 1836, war aufgrund seiner von Priestern geleiteten Erziehung äußerst religiös und weltfern. Er galt als schwermütig, introvertiert, still, ausweichend und schüchtern. Er sprach gut Latein, weniger gut Französisch und zeigte sich in Theologie und Kirchenrecht bewandert. Er war jedoch überhaupt nicht in den sogenannten männlichen Tugenden, wie Waffengebrauch und Leibesübungen, unterwiesen worden. Dementsprechend unbeholfen wirkte er. Auch im Umgang mit Frauen hatte er keine Erfahrungen. Franz, obwohl von der lebhaften Schönheit seiner jungen Frau fasziniert, konnte seinen dynastischen Pflichten im Ehebett nicht nachkommen.

Als König Ferdinand II. von Neapel und Sizilien (beider Sizilien) am

22. Mai 1859 starb, hinterließ er einen schwankenden Thron für seinen unerfahrenen Nachfolger Franz und dessen 18jährige Gemahlin Marie Sophie. Die erst 43jährige Königinwitwe Maria Theresia, eine geborene Erzherzogin aus dem Hause Habsburg, war entschlossen, die Regentschaft an sich zu ziehen, um den Thron für ihre eigenen Nachkommen zu gewinnen. Franz war nur ihr Stiefsohn, auf den sie aber großen Einfluß ausübte. Dessen leibliche Mutter, Marie Christine von Savoyen, war schon bald nach seiner Geburt gestorben.

Marie Sophie, die junge Königin, entfaltete in Neapel ein mondänes Leben. Sie gab viel Geld für ihre Garderobe aus, rauchte in der Öffentlichkeit dünne Zigarren, bevölkerte Schloß und Gärten mit Kanarienvögeln, Papageien und Hunden. Sie begann wieder zu fechten, ritt mit wild flatternden Haaren aus und schwamm im Meer. Alles Aktivitäten, die einer Königin nach Meinung des Hofes nicht gut anstanden. In den Augen der staunenden Öffentlichkeit zählte Marie Sophie jedoch zu den attraktivsten und extravagantesten Damen der großen Welt.

Franz war auf die Rolle als König in keiner Weise vorbereitet worden, so daß er leicht zum Spielball aller möglichen Interessen und Intrigen am Hofe wurde. Deshalb nahm Marie Sophie, die nicht nur Temperament und Eigensinn, sondern auch Mut, gute Nerven und einen kühlen Kopf besaß, nunmehr Einfluß auf die politischen Geschäfte ihres Gatten. Sie setzte Carlo Filangieri, den Prinzen von Satriano, gegen den Widerstand ihrer Schwiegermutter als Regierungschef durch. Jedoch Filangieris Politik der Annäherung an Savoyen und sein Abwenden von Österreich sowie seine liberalen Reformversuche scheiterten. Filangieri zog sich zurück. Ihm folgte der reaktionäre Prinz von Cassano, ein Parteigänger der Königinwitwe. Die Regierung des Bourbonen Franz II., König von Neapel (beider Sizilien), war in der Folgezeit von politischer Unbeweglichkeit gekennzeichnet. Die unzufriedene Königin an seiner Seite entwickelte, nun ihres politischen Einflusses beraubt, als Ersatz ein umfangreiches gesellschaftliches Leben bei Hofe und ließ die Festkultur wieder aufblühen.

Da brachen 1860 die „Sizilianischen Aufstände" aus. Anhänger der demokratischen Aktionspartei organisierten in Unteritalien Unruhen. Guiseppe Garibaldi (1807–1882), der berühmte Aktionist der nationalen Einigungsbewegung in Italien, landete mit seinen Freischaren, den „Rothemden", in Marsala. Der „Zug der Tausend" bewegte sich zwischen Mai und September 1860 durch Sizilien und Kalabrien. Franzens alter General Lundi erwies sich als unfähig und glücklos. Sein imposantes Heer und seine mächtige Mittelmeerflotte waren nicht imstande, die

Parteigänger Garibaldis zu schlagen. Marie Sophie versuchte Franz zu überreden, sich selbst an die Spitze seines Heeres zu stellen. Dieser weigerte sich jedoch. Die revolutionäre Bewegung griff auf Neapel über. Die Stadt stand am Rande des Chaos und der Anarchie. In dieser Notsituation bedienten sich Marie Sophie und Franz der Camorra, die mit Hilfe ihrer organisierten Stadtwachen Ruhe und Ordnung wieder herstellte.

Im August 1860 sammelten sich feindliche Schiffe vor Neapel. Man erlebte einen „Sommer der Angst". Camillo Graf Benso di Cavour (1810–1861), Mitherausgeber der Zeitung „Il Resorgimento", die der Epoche ihren Namen gab, und einflußreichster Politiker, plante, Neapel und damit das ganze Königreich beider Sizilien einzunehmen. Aber Garibaldi ging eigene Wege und begann am 8. August mit der Invasion Kalabriens.

Franz und Marie Sophie sahen sich gezwungen, am 6. September in die befestigte Stadt Gaeta zu fliehen. Hier hatte schon Wochen vorher die Königinwitwe Zuflucht gesucht.

Die Situation in der belagerten Stadt Gaeta spitzte sich zu: Es fehlte an Verpflegung, Ausrüstung, an Unterkünften für die um das Fünffache gestiegene Bevölkerung. Für die Pferde war kein Futter mehr vorhanden. Die ungenügenden hygienischen Zustände brachten die Gefahr von Epidemien.

Marie Sophie besuchte die Kasernen, besichtigte die Befestigungs- und Verteidigungsanlagen, sprach der Bevölkerung und den Soldaten Mut zu. Als die Bombardements immer stärker zunahmen, mußte das Königspaar das Schloß verlassen und in die Kasematte umziehen. Marie Sophie leistete hier den Verwundeten Beistand. Sie bewegte sich furchtlos, risikofreudig, zuversichtlich und charmant.

In diesen schwierigen Zeiten erwarben sich Marie Sophie und Franz auf dem Bollwerk von Gaeta den Respekt vieler Zeitgenossen. Marie Sophie – wegen ihrer mutigen Haltung in ganz Europa die „Heldin von Gaeta" genannt – wurde zur Symbolfigur der Anti-Garibaldi-Bewegung.

Marie Sophie veranlaßte, um den Gegner zu verunsichern, daß mitten in der bedrängendsten Belagerung Gaetas am 22. Januar 1861 auf den Befestigungen der Stadt die Militärkapelle die bourbonische Hymne, Märsche und Walzer spielte. Am 5. Februar wurde Gaetas Munitionsdepot in die Luft gesprengt, die Bombardements dauerten den ganzen Tag und die ganze Nacht an. Am 13. Februar kapitulierten Marie Sophie und Franz; sie verließen am 14. Februar 1861 Gaeta. Die Bourbonen waren gestürzt. Franz II. und Marie Sophie entkamen auf einem französischen

Kriegsschiff nach Rom. Papst Pius IX. nahm das Exkönigspaar auf. Das Königreich Neapel bzw. beider Sizilien existierte nicht mehr.

Jetzt begann Marie Sophies unermüdlicher Kampf um die Rückgewinnung der verlorenen Königskrone. Sie verbündete sich mit Abenteurern, Briganten und aufständischen Bauern. Sie arbeitete mit allen Kräften zusammen, die gegen das geeinte Italien bzw. die Monarchie der Savoyer unter Viktor Emanuel II. (König von Italien von März 1861 bis 1878) waren.

In dieser spannungsreichen Zeit tauchten an den europäischen Königshöfen und in Adelskreisen pornographische Fotos der Exkönigin Marie Sophie auf. Auf ihnen war Marie Sophie in gewagter Kleidung und in schamlosen Posen zu sehen. Später erwiesen sich die Bilder als Fotomontagen. Doch Klatsch und Gerüchte um die heldenmütige, aber glücklose Königin bekamen nun immer neue Nahrung. Marie Sophie wurden einige Liebschaften nachgesagt. 1862 soll Marie Sophie während eines Erholungsurlaubs in Bayern – offiziell wurde ein „Brustübel" sowie körperliche und seelische Erschöpfung diagnostiziert – bei den Ursulinen in Augsburg Zwillinge, zwei Mädchen namens Viola und Daisy, zur Welt gebracht haben. Angeblich wurden die Mädchen der leiblichen Mutter sofort weggenommen. Daisy soll bei ihrem leiblichen Vater, dem Grafen Armand de Lawayss, Leutnant der päpstlichen Garde, schon in jungen Jahren gestorben sein. Aus Viola soll Baroness Marie Louise von Wallersee, die legitime Tochter von Marie Sophies Bruder Ludwig und dessen unstandesgemäßer Frau Henriette, spätere Baronin von Wallersee, geworden sein. Diese Marie Sophie zugeschriebene Zwillingsgeburt konnte jedoch niemals bewiesen und muß wohl, nach den Forschungen der Historikerin Brigitte Sokop, in den Bereich der Legenden verwiesen werden. Aber auch Sokop wies eine Schwangerschaft der Exkönigin nach, ohne daß jedoch der Vater des Kindes noch die weitere Zukunft des außerehelichen Kindes bekannt wurden. Dieses illegitime Kind Marie Sophies wurde wohl gleich nach der Geburt zu Pflegeeltern gegeben.

Marie Sophie mußte, trotz heftigen Widerstrebens, am 14. April 1863 zu ihrem ungeliebten Gemahl nach Rom zurückkehren. Seit Mai 1870 lebte Marie Sophie dann von ihrem Ehemann Franz getrennt. Vor allem der frühe Tod der legitimen Tochter Maria Christina Pia, ihres einzigen gemeinsamen Kindes, das am 24. Dezember 1869 geboren worden war, hatte die Entfremdung der Ehegatten immer deutlicher werden lassen. Exkönig Franz starb 1894 in Arco di Trento, während eines Kuraufenthaltes, an Diabetes.

Im Jahr 1898 lebte Marie Sophie in ihrer Villa Hamilton in Neuilly-sur-Seine und betrieb dort zum Lebensunterhalt eine Pferdezucht. Daneben beherbergte sie in ihrem Haus Anarchisten, die sie zur Destabilisierung der italienischen Monarchie einzusetzen versuchte. Mit der Stabilisierung des neuen italienischen Staates stand die Exkönigin von Neapel zu Beginn des 20. Jahrhunderts jedoch völlig allein ohne Verbündete da. 1910 wurde sogar ihre Akte mit den Spitzelberichten in Italien als abgeschlossen betrachtet und archiviert. Von der „bayerischen Adlerin", wie Gabriele d'Annunzio sie nannte, von der „Heldin von Gaeta", von der „Soldatenkönigin" (Alfonse Daudet, Die Königin von Illyrien) ging keine Gefahr für den italienischen Nationalstaat mehr aus.

Völlig unerwartet fand Marie Sophie in ihrem Neffen, Erzherzog Franz Ferdinand von Österreich, einen Vertreter ihrer Ideen. Er setzte sich für die Wiedererlangung der Lombardei sowie Venetiens ein und damit für die Auflösung des italienischen Nationalstaates. 1914 wurde der Erzherzog mit seiner Gattin in Sarajevo ermordet. Der Erste Weltkrieg brach aus. Inzwischen hielt sich Marie Sophie in München auf. Sie leistete Hilfe in den Lagern mit italienischen Gefangenen und soll Saboteure unterstützt haben, die sich in Italien betätigten.

Marie Sophie verfügte nur mehr über sehr beschränkte Mittel. Sie bewohnte als Gast das von ihrem Vater, Herzog Max in Bayern, erbaute Palais in der Ludwigsstraße: Im linken Flügel war die Deutsche Bank untergebracht und im rechten Flügel lebte die Exkönigin von Neapel mit zwei Dienern, zwei Stubenmädchen sowie ihrem treuergebenen Sekretär. Am 18. Januar 1925 starb Marie Sophie mit 84 Jahren. Sie wurde zunächst in München beerdigt. 1935 setzte man sie zusammen mit den sterblichen Resten ihres Gatten Franz und ihrer Tochter Maria Christina in der Kirche von Santo Spirito dei Napoletani in Rom bei. Am 18. Mai 1984 fand die letzte Königsfamilie Neapels und Siziliens unter großer Anteilnahme des europäischen Adels ihre endgültige Ruhestätte im Pantheon der Bourbonen zu Neapel. *map*

"ich glaub' gewiß, er sei verzaubert"
Mätressen und unstandesgemäße Ehefrauen

Philippine Welser
(1527–1580)
Unstandesgemäße Gattin eines Kaisersohnes

Es mußte Zauberei im Spiel sein, denn noch nie zuvor hatte es ein Kaisersohn aus dem Haus Habsburg gewagt, eine Bürgerliche zu heiraten. Auch Kaiser Maximilian II. war der Ansicht, daß die Ehe seines Bruders Ferdinand mit Philippine Welser auf solche Kräfte der Augsburger Patriziertochter zurückzuführen sei. „In Summa ich glaub gewiß, er sei verzaubert", schrieb er an seinen Schwager Herzog Albrecht V. von Bayern, „da ihm etlich Brieflein von der losen Brekin (Hündin) kommen seind. Bald danach hat er weder Tag noch Nacht Ruhe gehabt, sondern melancholisiert und gar in ein Fieber geraten, ... ich wollt, daß die Brekin in einem Sack steckt."

Wohl nicht zufällig klingt in seinen harten Worten das Schicksal Agnes Bernauers (um 1410–1435) an, die ein Jahrhundert früher eine ungleiche Ehe mit Herzog Albrecht III. von Bayern-München gegen den Willen der herzoglichen Familie eingegangen war. Herzog Ernst, Albrechts Vater, hatte sie in Straubing in der Donau ertränken lassen – ein Tod mit der symbolischen Bedeutung des Hexentodes. Wie in ihrem und später in Philippine Welsers Fall erklärte man sich unstandesgemäße Beziehungen und Ehen zwischen bürgerlichen Frauen und Männern des Hochadels gern mit Zauber und mit der Magie der Schönheit. So wie Agnes Bernauer die Macht ihrer Schönheit und der Liebe mit dem Tod bezahlte, erlitt auch eine weitere Augsburgerin in ungleicher Verbindung ein tragisches Schicksal: Clara Tott (Geburts- und Todesdatum unbekannt), die Tochter eines Ratsdieners und Hofdame bei Herzogin Anna, der zweiten und diesmal standesgemäßen Gattin Herzog Albrechts III. Am Münchner Hof verliebte sich der 46jährige Kurfürst Friedrich I. von der Pfalz in die junge Schönheit und ließ sich mit ihr

1471 in Heidelberg „auf die linke Hand" trauen. Nach seinem Tod 1476 wurde Clara Tott von Verwandten des Kurfürsten über Jahre im Schloß Lindenfels im Odenwald eingekerkert. Die unglücklichen Schicksale Agnes Bernauers und Clara Totts mochten dazu beitragen, daß man sich lange Zeit auch für Philippine Welser nur ein tragisches Ende vorstellen konnte: Sie soll hilflos verblutet sein, nachdem ihr gedungene Mörder im Bad des Schlosses Ambras die Adern geöffnet hatten.

Philippine wurde im Jahr 1527 als Tochter Anna Adlers und Franz Welsers in Augsburg geboren. Die Familie Welser gehörte zur gesell-

schaftlichen Elite der Reichsstadt. Sie spielte eine führende Rolle in der Stadtpolitik, zählte zur europäischen Hochfinanz und hatte ein für die damalige Zeit weltweites Handels-imperium aufgebaut. Franz Welser, am Finanz- und Handelsgeschäft wenig interessiert, schied schließlich etwa um die Zeit der unstandes-gemäßen Heirat seiner Tochter aus der Handelsgesellschaft aus. Über seine Schwester und Tante Philip-pines, die gelehrte Margarete Peu-tinger, unterhielt die Familie Welser auch Beziehungen zur geistig-kul-turellen Elite der deutschen Hu-manisten. Philippine selbst galt mit ihrer schlanken, hochgewachsenen Gestalt, ihrem goldblonden Haar und ihrem weißen Teint als unge-wöhnlich reizvolle Erscheinung. Ihre Freier rühmten nicht nur ihre Schön-

Gemälde eines unbekannten Tiroler Meisters, um 1570

heit, sondern auch ihren Geist und ihre häuslichen Tugenden. Ihre Vor-züge beeindruckten den 1551 in Augsburg weilenden geistlichen Staats-mann Granvella derart, daß er von einem italienischen Bildhauer und Erzgießer eine Medaille der „bella Filippina" anfertigen ließ.

Philippine war bereits 29 Jahre alt, als sie 1556 ihre Tante Katharina von Loxan, Witwe des Vizekanzlers von Böhmen, auf deren Burg Bres-nitz in Böhmen besuchte. Mit dem Wissen und wohl auch durch die Ver-mittlung Katharinas lernte sie hier Ferdinand, damals Statthalter von Böhmen, kennen – nicht 1547 auf einem Reichstag in Augsburg, wie es die Legende will. Der 1529 geborene zweitälteste Sohn des deutschen Kaisers Ferdinand I. und Neffe Kaiser Karls V. führte alles andere als einen sittenstrengen Lebenswandel; unter seinen unehelichen Kindern hatte er Veronica von Villanders als seine natürliche Tochter anerkannt. Sein kaiserlicher Vater verfolgte mit ihm hochgespannte dynastisch-politische Heiratspläne: Zu den von ihm erwogenen Verbindungen zählten etwa eine Tochter des französischen Königs Franz I., Mary, die Tochter des englischen Königs Heinrich VIII. und die gerade verwitwete schottische Königin Maria Stuart. Diese Absichten zerschlug Erzherzog Ferdinand, als er sich im Januar 1557 mit Philippine Welser in der Bresnitzer Burgkapelle von seinem Beichtvater Johann de Cavaleriis heimlich trauen ließ. Ein Jahr später gebar Philippine ihren ersten Sohn Andreas. Um sie nicht dem Ruf unehelicher Mutterschaft auszusetzen, wurde das Kind einige Tage nach der Geburt „zwischen den Toren" von Bresnitz „für ehelich gelegt", Philippine als Findelkind gebracht und von ihr gleichsam adoptiert. Diese Prozedur wiederholte sich 1560 auf Schloß Bürglitz beim zweiten Sohn Karl und 1562 bei den Zwillingen Philipp und Maria, die jedoch bald nach der Geburt starben.

1559 hatte Kaiser Ferdinand von der Mesalliance seines Sohnes erfahren; der schwer Erzürnte verzieh erst nach längerem Zögern. Noch im gleichen Jahr und erneut am 6. September 1561 gaben Erzherzog Ferdinand und Philippine eine Erklärung ab, in der sie sich zur strengsten Geheimhaltung ihrer Ehe und zum Verzicht auf die Erbfolge ihrer jetzigen und zukünftigen Söhne verpflichteten. Die Verzichterklärung wurde am 13. September vom Kaiser genehmigt. Weiter wurde in dieser Urkunde für Philippine eine jährliche Witwenrente von 3000 Gulden festgesetzt. Sie versprach, sich den Verpflichtungen nie zu widersetzen und ihre Kinder zur Einhaltung anzuleiten. Der Kaiser fügte noch hinzu: obwohl ihm als Kaiser und Vater die Ursache für die Verzichterklärung seines Sohnes „ganz hochbeschwerlich zu Gemüt geht", bewillige er diese doch aus „gnädigem, väterlichen Mitleiden". Die von der Erbfolge ausgeschlossenen Söhne Ferdinands und Philippines – es sei denn, das Haus Habsburg stürbe im Mannesstamm aus – sollten ein jährliches Einkommen von 30 000 Gulden, die Töchter ein Heiratsgut von 10 000 Gulden erhalten. Maximilian und Karl, Erzherzog Ferdinands Brüder, die dessen Ehe und Philippine verabscheuten, wurden an ihr Versprechen zum Gehorsam gegenüber dem kaiserlichen Vater erinnert und zur Liebe zu ihrem Bruder ermahnt; beide beurkundeten zwei Tage später für sich und ihre Nachkommen, die kaiserliche Verordnung einzuhalten. Philippine Welser lernte im übrigen ihren Schwiegervater und ihre Schwäger nie kennen; mit der Ausnahme später von Ferdinands Schwestern, ignorierte die kaiserliche Familie sie. Zumindest war ihre Ehe nun aber rechtlich anerkannt.

Nach dem Tod Kaiser Ferdinands 1564 erhielt Erzherzog Ferdinand Tirol und Vorarlberg, die er von Innsbruck aus regierte. Hier schenkte er Philippine das nahegelegene Schloß Ambras, in dem sie mit ihrem Hofstaat von 1567 bis zu ihrem Tod residierte. Ferdinand stattete sie mit einem ansehnlichen Jahresgehalt aus und machte sie im Lauf der Jahre zu einer reichen Frau: Er übertrug ihr das Gericht Stubai, erwarb für sie das Schloß Hohenburg bei Igels und weitere südtiroler Herrschaften. Großzügig bedachte er auch Philippines Eltern und weitere Verwandtschaft. Franz Welser wurde mit seinen Brüdern und seinen Nachkommen 1567 in den Freiherrenstand erhoben. So konnte Philippine im Jahr 1576, als Ferdinand die Ehe bekannt gab, als Baronesse von Zinnenburg in der Urkunde erscheinen. Es stand nämlich die Ernennung des ältesten Sohnes Andreas zum Kardinal bevor, die den Nachweis einer legitimen Geburt erforderte. Aus diesem Grund hob Papst Gregor XIII. im August 1576 den Eid auf, der Ferdinand und Philippine zur Geheimhaltung der Ehe verpflichtete. Philippine konnte jetzt öffentlich an der Seite ihres Gatten auftreten.

Allmählich genoß sie auch Sympathie in hohen Adelskreisen – man schätzte sie am Münchner Hof, Herzog Alfons von Ferrara schickte ihr Jagdhunde, für die sie sich mit einem selbsteingemachten Fäßchen Preiselbeeren revanchierte, und der Papst ließ ihr einen persönlich geweihten Rosenkranz übereignen. Bei der Tiroler Bevölkerung war sie durch ihr sozial-karitatives Engagement beliebt. Philippine half Armen und Kranken und setzte sich für Gefangene ein. Bittschriften gingen an sie; eine dieser Bittschriften sprach sie als „Liebhaberin aller betrübten Herzen" an. Auf Schloß Ambras wirkte sie als gute Hausmutter. Berühmt waren die glänzenden Feste, die gute Küche und Philippines Kochkünste. Ihre auch selbsterprobten Rezepte sind in Philippine Welsers Kochbuch niedergelegt. Nicht zuletzt beschäftigte sich Philippine mit der Heilkunst. Sie ließ auf Ambras eine Apotheke einrichten, experimentierte mit Kräutern und bereitete Arzneien. Ihre Erfahrungen sammelte sie in einem 127 Blatt umfassenden Folioband. Philippine selbst allerdings hatte sich nach der Geburt der Zwillinge nie mehr richtig erholt. Seit 1570 litt sie an „Beklemmungen in der Brust" (vermutlich Asthma) und vermutlich an einer Leberkrankheit. Sie starb am 24. April 1580 und wurde in der Silbernen Kapelle der Hofkirche in Innsbruck beigesetzt. Erzherzog Ferdinand verordnete Landestrauer. Noch im Todesjahr Philippines dachte er im Interesse einer erbfolgeberechtigten Nachkommenschaft aber schon an eine zweite Ehe. Bald darauf heiratete er nun standesgemäß die 16jährige italienische Prinzessin Anna Katharina Gonzaga. Erzherzog Ferdinand II. starb 1594.

In der ständischen Gesellschaft war es durchaus möglich, daß bürgerliche Frauen in den rangniedrigeren Adel einheirateten. So heiratete eine weitere Augsburger Patriziertochter, der man auch ein Verhältnis mit Herzog Georg dem Reichen von Landshut nachsagte, nämlich Apollonia Lang (1475–1520), in erster Ehe einen Grafen von Lodron, in zweiter Ehe einen Grafen Frangipani. Durch ihre Mitgift, ihr in erster Ehe erworbenes Vermögen und die einflußreiche Stellung ihres Bruders Matthäus bei Kaiser Maximilian I. war sie eine attraktive Partie. Philippine Welser stellte dagegen als bürgerliche Frau, die in die geschlossenen Heiratskreise des Hochadels eindrang und deren Ehe schließlich öffentlich anerkannt wurde, eine Ausnahme dar. Clara Tott etwa brachte es nur zu einer morganatischen Ehe, sie wurde nie als Gattin des Kurfürsten Friedrich I. von der Pfalz anerkannt.

Philippines alle Standesschranken durchbrechende Liebesgeschichte mit dem habsburgischen Kaisersohn bot sich natürlich als Stoff für Roman und Drama an. Emanuel Schickaneder verfaßte bereits 1780 das Schauspiel „Philippine Welser oder die schöne Herzogin von Tirol". Fanny Widmer-Pedits Roman „Die Welserin" erschien 1952.   *ep*

Barbara Blomberg
(um 1527–1597)
Kaisergeliebte

Als im Juni des Jahres 1569 der Kriegskommissär Hieronymus Kegel starb und in Brüssel zu Grabe getragen wurde, hinterließ er seine etwa vierzigjährige Witwe Barbara mit drei Kindern. Kaum eine Woche nach des Vaters Tod starb auch der jüngste Sohn durch einen Unglücksfall: Zurück blieben nun, in bescheidenen Verhältnissen lebend, Barbara Kegel sowie ihr älterer Sohn Konrad und ihre Tochter Karoline.

Die Zukunftsaussichten einer Witwe waren damals nicht rosig. Barbara Kegel jedoch war ein anderes Schicksal zugedacht. Sie, zu jener Zeit in Brüssel kaum bekannt, war die Mutter des Kaisersprößlings und nachmaligen hochberühmten Helden und Türkenbezwingers Don Juan de Austria. Dessen erinnerte sich nun der spanische Hof, und auch die Öffentlichkeit erfuhr von ihrer Vergangenheit.

Barbara wurde um 1527 als ältestes von vier überlebenden Kindern der Eheleute Wolfgang und Sibilla Plumberger in der Kramgasse zu Regensburg geboren. Barbaras Eltern unterhielten hier eine Gürtlerei. Die Werkstatt des Vaters und das Verkaufslokal, in dem wohl Frau Sibilla wirkte, lagen direkt im Erdgeschoß des kleinen Hauses. Im Stockwerk darüber wohnte die Familie. Aus Wolfgang Plumbergers Hinterlassenschaft von 1551 können wir schließen, daß es Barbaras Eltern in 25jähriger Ehe durch gemeinsames fleißiges Arbeiten und sparsames Wirtschaften zu einem bescheidenen Wohlstand gebracht hatten, wie er der Mittelschicht der Regensburger Bürgerschaft entsprach.

Dieses ruhige Leben der Familie Plumberger wurde jedoch von einem Ereignis besonderer Art unterbrochen: Während der Dauer des Reichstages von 1546 in Regensburg entwickelte sich zwischen Kaiser Karl V., dem Herrscher über ein Weltreich, und der Gürtlerstochter Barbara Plumberger eine Liebesbeziehung, deren sichtbares Ergebnis der spätere Sieger von Lepanto, Don Juan de Austria, war.

Porträtrelief aus Solnhofer Kalkschiefer (Detail), Mitte des 19. Jh.

Wie das Liebesverhältnis zwischen Barbara Plumberger und Kaiser Karl V. begann und wie es sich weiterhin über die Wochen der kaiserlichen Anwesenheit in Regensburg gestaltete, darüber schweigen die zeitgenössischen Quellen. Um so mehr wurde diese wundersame Romanze zwischen der Bürgerstochter und dem Herrscher von Legenden umwoben. Die einen meinen, daß Barbaras schöne Singstimme den Kaiser gefesselt hätte, die anderen verweisen auf ihre körperliche Schönheit, die sie von ihrer Mutter ererbt hätte. Tatsache ist, daß das Leben und Treiben auf einem Reichstag, und so auch im Frühjahr und Sommer 1546 zu Regensburg, häufig prunkvoll, fröhlich und sorglos war. Der übliche Zeitvertreib bestand vor und während der politischen Zusammenkünfte in Banketten, Bällen und

Bädern. Oftmals holten sich die hohen Herrn eine wohlgestaltete Liebste ins Bett.

Kaiser Karl V. war im berühmten Gasthof „Goldenes Kreuz" abgestiegen. Er, der verwitwete Mittvierziger, der häufig unter Gichtanfällen litt, fühlte sich nach einer Kur verjüngt und Lustbarkeiten nicht abgeneigt. Ganz in der Nähe des Gasthofes, praktisch Wand an Wand, stand das großväterliche Haus der Barbara Plumberger. Zu den Betreibern der noblen Herberge bestand ein freundschaftlicher Verkehr, und gutnachbarliche Hilfeleistungen waren keine Seltenheit. Ganz unmöglich ist es daher nicht, daß Barbara Plumberger bei der Bedienung und Versorgung der adeligen Hausgäste während der Zeit des Reichstages helfend zur Hand ging. So fand die Liebesaffäre zwischen ihr und Karl V. wohl ganz heimlich in den Gemäuern des Gasthofes, in den Privatgemächern des Kaisers statt. Der gemeinsame Sohn, zunächst Hieronymus genannt, erblickte am 24. Februar 1547 unter größter Geheimhaltung in Regensburg das Licht der Welt. Der Knabe wurde bald auf kaiserlichen Befehl von der Mutter getrennt und kam zur Erziehung nach Spanien. Barbara Plumberger selbst heiratete den kaiserlichen Beamten Hieronymus Kegel. Damit wähnte man sie genügend versorgt und abgefunden. Die versprochene Mitgift aber kam erst nach dem Ende der ehelichen Gemeinschaft zur Auszahlung. Barbara Plumberger, verheiratete Kegel, zog mit ihrem Gatten 1551 nach Brüssel. In den Augen der Mächtigen und Eingeweihten fand die kaiserliche Liebesgeschichte samt Folgen somit ein zufriedenstellendes Ende.

Während der Zeit ihrer Ehe (1551–1569) mit Hieronymus Kegel wurde Barbaras Vergangenheit verschwiegen. Denn die ehrbare Ehe- und Hausfrau Barbara Kegel konnte nicht offiziell als ehemalige Geliebte Kaiser Karls V. (1500–1558) und als Mutter des königlichen Halbbruders Don Juan de Austria anerkannt werden. Man hatte sie schließlich, nach Ansicht des spanischen Hofes, nur mit einem eher untergeordneten Beamten verheiratet, der als Musterungs- bzw. Kriegskommissär tätig war. Er mußte im Auftrag der Krone mit den Obristen über Finanzierung und Aufstellung der Landsknechts- bzw. Söldnerheere, teils auch über kriegerische Taktik und Vorgehensweise Abmachungen treffen. Er war für die Herbeischaffung der Ausrüstung und des Soldes der Landsknechte verantwortlich. 1569 aber, nach dem Tod des Kriegskommissärs, trat die spanische Krone dem Gedanken näher, der Witwe Barbara Kegel eine dem hohen Rang ihres unehelichen Sohnes Don Juan de Austria entsprechende Stellung einzuräumen. König Philipp II. von Spanien, Sohn und Nachfolger Kaiser Karls V., kam nach der Lektüre der Berichte seiner Beamten zum Schluß, daß „für eine standesgemäße Lebensführung der mittellosen und alleinstehenden Frau gesorgt werden müsse."

Nun begann ein jahrelanges Tauziehen zwischen Barbara Kegel, geborene Plumberger, genannt Barbara Blomberg, und den spanischen Beamten, allen voran Herzog Alba. Vor allem über die Ausgestaltung der „standesgemäßen Lebensführung" der ehemaligen Kaisergeliebten und Mutter einer dem spanischen Königshause angehörenden, hochstehenden und bekannten Persönlichkeit bestand keine Einmütigkeit unter den Beteiligten. Nach einem Zwischenaufenthalt in Gent, zu dem Barbara Blomberg seitens der spanischen Krone genötigt worden war, richtete sie schließlich 1571 ihren Haushalt wieder in Brüssel ein. Von den jährlichen finanziellen Zuwendungen unterhielt Barbara Blomberg ein Haus mit Dienerschaft sowie ihre zwei ehelichen Kinder.

Jetzt nahm die Regensburger Gürtlerstochter und Witwe eine anerkannte Stellung als ehemalige Kaisergeliebte und Heldenmutter ein. Viele heiratswillige Freier wurden daher von ihrem Glanz angelockt. Deshalb sah sich die spanische Krone gezwungen, Barbara Blomberg den begehrlichen Blicken zu entziehen. Sie sollte sich in ein spanisches Kloster begeben. Jedoch die Kaisergeliebte wehrte sich erbittert dagegen, nach Spanien zu übersiedeln. Zutiefst entsetzt über ihre Erfolglosigkeit meldeten die spanischen Beamten König Philipp II., daß die Heldenmutter der Vergnügungs- und Verschwendungssucht verfallen, daß sie eine mannstolle Lebedame sei und ein liederliches Leben führe, daß sie nicht zu überreden sei und „einen schrecklichen Kopf habe".

In jener Zeit hatte sich aber auch die politische Lage in den spanischen Niederlanden zugespitzt. Der rigorose Rekatholisierungsversuch des spanischen Königs stieß auf immer stärkere Abwehr. In Barbara Blombergs Umgebung wurden angeblich schon Parteigänger der niederländischen Opposition gesichtet. Ein diffamierendes Spottgedicht, das die Mutter des designierten Statthalters in den Niederlanden, Don Juan de Austria, als Hure beschimpfte, machte die Runde. Die Lage spitzte sich also zu: Man mußte nun unbedingt eine einvernehmliche Lösung mit Barbara Blomberg herbeiführen. Nach einem Gespräch mit ihrem Sohn Don Juan de Austria Ende des Jahres 1576 in Luxemburg reiste Barbara Blomberg im Frühling 1577 nach Spanien. Dort lebte sie zunächst im kastilischen Dominikanerinnenkloster San Cebrián de Mazote, dann nach Don Juans frühem Tod 1578 im kleinen Städtchen Colindres an der Mündung des Asón in das Kantabrische Meer. Von dort aus übersiedelte Barbara Blomberg 1584 ins nahe gelegene Dorf Ambrosero.

In Ambrosero bewirtschaftete Madama Barbara de Blombergh, wie sie in Spanien ehrerbietig genannt wurde, mit ihrem Personal ein Gehöft der befreundeten Adelsfamilie Mazatebe. In ihrem Haushalt lebten neben sechs Bediensteten, dem Verwalter und Rentmeister auch ihre Tochter Karoline sowie seit 1591 ihre Schwiegertochter Maria, die Witwe ihres Sohnes Konrad Kegel, samt deren drei Kindern.

Barbara Blomberg führte im Nordwesten Spaniens ein weitgehend selbstbestimmtes, ökonomisch gesichertes und gesellschaftlich anerkanntes Leben. Am 18. Dezember 1597 starb Barbara Blomberg, etwa 70jährig, auf ihrem Landgut zu Ambrosero. In der nicht weit davon entfernten Klosterkirche von Montehano liegt sie begraben.   *map*

Lola Montez
(1818/20–1861)
Königliche Geliebte

„Lola Montez trat nicht im Trikot auf, mit den üblichen kurzen Ballettröckchen, sondern in spanischer Tracht, mit Seide und Spitzen angetan, da und dort schimmerte ein Diamant. Sie blitzte mit ihren wunderbaren Augen und verbeugte sich wie eine Grazie vor dem König, der in seiner Loge saß. Dann tanzte sie Nationaltänze, wobei sie sich in den Hüften wiegte und bald diese, bald jene Haltung einnahm, voll unerreichter Schönheit. Solange sie tanzte, fesselte sie alle Zuschauer, die Blicke hafteten an ihren geschmeidigen Körperwendungen, an ihrer Mimik, die oft von glühendster Leidenschaft in die anmutigste Schalkhaftigkeit überging", so berichtet die Zeitgenossin Luise von Kobell, Gemahlin eines Kabinettsekretärs, von der Wirkung der dramatischen Tänzerin auf das Publikum.

Vor allem bezauberte Lola Montez den Bayernkönig Ludwig I. Dieser ging bald eine Liaison mit der Künstlerin ein. Der verliebte 61jährige beschrieb seine in ihm entfachte Liebesglut zu der 28jährigen mit leidenschaftlichen Worten: „Ich kann mich mit dem Vesuv vergleichen, der für erloschen galt, bis er plötzlich wieder ausbrach (...) Eßlust und Schlaf verlor ich zum Teil, fiebrig heiß wallte mein Blut."

Lola Montez war Anfang Oktober 1846 nach München gekommen und im Nobelgasthof „Zum Goldenen Hirschen" in der Theatinerstraße abgestiegen. Bereits am 10. Oktober 1846 erhielt die gefeierte Künstlerin bei Ludwig I. eine Privataudienz, um ihren Auftritt im Nationaltheater zu erwirken. Dort tanzte sie dann am 14. Oktober und entzückte auch in einer zweiten Vorstellung den König und das Publikum.

Schon im November aber begann ihre andere Karriere als königliche Geliebte. Der sonst so geizige König Ludwig I. war von Lola Montez der-

art hingerissen, daß er ihr schon bald den Zugriff auf seine Privatschatulle ermöglichte und ihr ein Haus samt Dienerschaft im Wert von 23 622 Gulden in der Barerstraße schenkte. Zudem bedachte der verliebte König seine Mätresse noch im November 1846 in seinem abgeänderten Testament mit 100 000 Gulden und einer Jahresrente von 2400 Gulden, so sie nach seinem Tode unverheiratet bliebe. Zu Lebzeiten verpraßte Lola Montez jedoch jährlich an die 70 000 Gulden. (Zum Vergleich: Ein Richter erhielt damals etwa 600 Gulden im Jahr.) Im August 1847 überreichte Ludwig I. seiner Geliebten zum Geburtstag 40 000 Gulden, dazu ein Sil-
berservice im Wert von 6000 Gulden. Außerdem beauftragte er den Hofmaler Joseph Stieler, Lola Montez für seine Gemäldesammlung der „Schönsten des schönen Geschlechts in München" zu malen.

Schon seit Beginn des Jahres 1847 reagierten die Münchner Bevölkerung und die klerikal-konservativ gesinnten Kreise der Gesellschaft, des Hofes und der Beamtenschaft mit Unmut auf diese Verblendung des Königs. Ein Flugblatt mit einer damals in Mode gekommenen Vaterunserparodie machte die Runde: „Lola Montez, leider Gottes noch die Unsere, die du bald lebst in, bald um München, bald in China, bald in Sendling, du Teufel ohne Hörner und Schweif, aber mit sonst allen Teufelskünsten und Attributen, du Babylonische, die nirgends fast mehr leben kann, weil sie dich schon überall hinausgehauen, verwünscht sei dein Name."

Der Inhalt des Flugblattes bezog sich auch auf die geheimnisumwitterte und skandalträchtige Vergangenheit der königlichen Mätresse. Über ihre Herkunft waren nur ihre eigenen, für ihre Bühnenauftritte zurechtgeschnittenen Angaben bekannt. Selbst der König glaubte an ihre

Abstammung von einer verarmten, aber adeligen Familie aus Spanien: Lola nannte sich bei ihm Maria Dolores Porris y Montes. Tatsächlich aber wurde Lola Montez, so ihr Künstlername, als Maria Dolores Eliza Rosanna Gilbert, laut ihrer Grabinschrift 1818, wohl aber erst 1820 bei Limerick in Irland geboren. Ihre Mutter Eliza, Tochter des verstorbenen Charles Silver Oliver von Castle Oliver, hatte im Mai 1820 in Cork Edward Gilbert, Esquire des 25. Regiments, geheiratet. Die Familie mütterlicherseits stammte also aus einem Gutsbesitzergeschlecht südöstlich von Limerick. Der Vater war Offizier der englischen Armee und in der Nähe der nordirischen Stadt Belfast stationiert. Lola verbrachte eine unglückliche Kindheit in Indien, wohin der Vater im Rang eines Captains kommandiert worden war, dort jedoch bald verstarb.

Die halbwüchsige Lola wurde in der Familie ihres Stiefvaters zunächst im schottischen Montrose (Holly House) untergebracht. Mit ihrer Cousine Fanny Nichols kam sie dann nach Bath zu Mrs. Barbara Oldrige (Aldridge), um „zu einer Lady" erzogen zu werden. Hier erlernte sie mehrere Sprachen, wie Französisch, Spanisch und Latein, und erhielt die damals übliche Allgemeinbildung für Töchter aus gutem Hause sowie die unerläßlichen Anstandsregeln vermittelt. Die noch kaum erwachsene junge Frau sollte jedoch schon frühzeitig verehelicht werden. Ihre Mutter, in zweiter Ehe mit General Craigie verheiratet, wollte sie mit einem über 60 Jahre alten Richter vermählen. Lola entkam der unerwünschten Ehe durch Flucht an der Seite von Captain Thomas James, dessen Familie in der irischen Grafschaft Wexford lebte. Dieser Frühehe, am 23. Juli 1837 im irischen Meath eingegangen, war jedoch, wie auch einer späteren Verbindung mit einem Hauptmann Lennox, kein Glück beschieden.

Lola entschloß sich daher, sich unabhängig zu machen. Sie erlernte, angeblich in Madrid und Sevilla, spanische Tänze und debütierte damit in London 1843. Ihre unkonventionelle Karriere begann. Sie reiste durch ganz Europa und hinterließ überall gebrochene Herzen oder erbitterte Feinde. Ihre Affären mit Künstlern, Literaten, Politikern, Zeitungsleuten, Generälen und Fürsten verschafften ihr den Ruf einer schönen, aber gefährlichen Abenteuerin. Einem Irrlicht gleich verwirrte sie den Männern Kopf und Sinne. Disraeli, Alexandre Dumas d. Ä., Franz Liszt, der Literaturkritiker und Zeitungsherausgeber Alexandre Henri Dujarier, Fürst Heinrich LXXII. von Reuß-Lobenstein-Ebersdorf beteten sie ebenso an wie schließlich König Ludwig I. von Bayern.

Lola Montez war eine blendende Erscheinung; ein Warschauer Journal besang ihre Reize: die schwarzglänzenden, üppigen, seidenweichen

Haare, ihr schönes, feines Antlitz, ihren zarten Hals und ihre faszinierenden blauen Augen. Auch Luise von Kobell bezeugt Lolas Attraktivität: „Am 9. Oktober 1846 ging ich die Briennerstraße entlang, da sah ich eine schwarzgekleidete Dame, einen Schleier auf dem Kopf, einen Fächer in der Hand, des Weges kommen. Plötzlich funkelte mir etwas ins Gesicht. Ich blieb jählings stehen und betrachtete verwundert die Augen, die dieses Gefunkel verbreiteten. Sie ging oder schwebte vielmehr an mir vorüber. So dachte ich mir, müßten die Feen in den Märchen gewesen sein." Lola Montez war aber nicht nur äußerlich anziehend, sie besaß auch andere Vorzüge, wie Paul Erdmann 1847 berichtet: „Sie ist voll Geist und Witz, ihre Konversation ist lebhaft, anregend, frisch. Keine Hofdame vermag es ihr im Scharfsinn zuvorzutun." So war es nicht verwunderlich, daß ihr auch der bayerische König Ludwig I. verfiel, der für seine schwärmerischen Frauenbeziehungen bekannt war. Weder eine wohlmeinende bischöfliche Ermahnung noch eine verwandtschaftliche Rüge, vorgebracht vom Preußenkönig Friedrich Wilhelm, konnten ihn von Lola Montez abbringen. Heinrich Heine spottete in augenzwinkernder Kumpanei öffentlich über diese Vorhaltungen: „Stammverwandter Hohenzoller / Sei dem Wittelsbach kein Groller / Zürne nicht ob Lola Montez / Selber habend nie gekonnt es."

Dennoch dauerte das Liebesverhältnis nicht allzu lange, wenn es auch historische Folgen zeitigte. Der autokratische König setzte gegen den Willen des Münchner Magistrats und der ministeriellen Beamtenschaft die Einbürgerung sowie die Nobilitierung seiner Geliebten durch. Mit dem Adelsdiplom vom 25. August 1847 wurde aus Lola Montez die Gräfin von Landsfeld. Damit kam ein Stein ins Rollen, der letztendlich Ludwig I. um den Thron brachte. Der Zorn über Lolas vermeintlichen politischen Einfluß, der sich vor allem im Rücktritt des katholisch-konservativen Kabinetts um Minister Abel und in der Schließung der Münchner Universität gezeigt haben soll, führte im Februar 1848 zu Tumulten der Studenten, zu einem Aufruhr der Bürgerschaft und schließlich zur erzwungenen Ausweisung der königlichen Geliebten. Lola Montez mußte überstürzt die Stadt verlassen und verbrachte unter dem Schutz des ihr zugeneigten Studentencorps Alemannia eine Nacht in der Blutenburg, ehe sie in die Schweiz weiterreiste.

Die lolafeindlichen Februarereignisse mündeten in die politisch-sozialen „Märzstürme", die als deutsche Revolution von 1848 in die Geschichte eingingen. In München erzwangen die Bürger die königliche Proklamation vom 6. März, in der die Erfüllung ihrer liberalen Forderungen, wie Abschaffung der Zensur, Versammlungs- und Vereinsfrei-

heit, Geschworenengerichte, ein neues Wahl- und Polizeirecht, Ministerverantwortlichkeit, Vereidigung des Heeres auf die Verfassung, versprochen wurden. König Ludwig I., der diese Zugeständnisse mit seinem
patrimonial-absolutistischen Regierungsstil nicht vereinbaren konnte,
dankte zugunsten seines Sohnes Maximilian II. ab.

Mit seiner Geliebten Lola Montez nahm er jedoch nie mehr Verbindung auf. Im Januar 1849 dichtete er larmoyant: „Hätt' ich doch nie und
nimmer Dich gesehen! / Für die gegeben ich mein letztes Blut, / Durch-
drangest mich mit namenlosen Wehen, / Du meines Lebens glühendste
Liebesglut!" Und 1851 reimte er resignierend: „Die Krone habe ich durch
Dich verloren, / Ich grollte Dir darum doch nicht, / Die Du zu meinem Unglück bist geboren, / Du warst ein ganz verblendend, sengend
Licht."

Die so Bedichtete unternahm inzwischen erfolgreiche Tourneen
durch die USA (seit 1851) und später auch durch Australien. Sie trat
dabei in einer Revue mit dem Titel „Lola Montez in Bavaria" auf. Lola
Montez ging noch mindestens zwei Ehen (1849 mit dem englischen Offizier George Trafford Held; 1853 mit Patrick Purdy Hall, Herausgeber der
„San Francisco Whig") ein, bis sie sich von der Bühne zurückzog, um
sich ab 1858 neue Betätigungsfelder zu erschließen. Sie veröffentlichte
seither Bücher und hielt Vorträge über den Nutzen eines natürlichen
und gesunden Lebens, über weibliche Schönheitspflege, über Heroinnen
in der Geschichte, über geistreiche Männer und Frauen, über den amerikanischen und englischen Volkscharakter und über die Macht der römischen Kirche, worin es heißt: „Fortschritt ist der Schrecken aller katholischen Länder, aber besonders in Österreich, Bayern und Italien. Da
sind sie noch genau dort, wo sie 300 Jahre zuvor waren: tief drunten in
ewiger Stagnation und Unbeweglichkeit." In ihren letzten Lebensjahren
widmete sie sich als inzwischen strenggläubige Methodistin wohltäti-
gen Werken und kümmerte sich in Spitälern, Asylen und Gefängnissen
hauptsächlich um „gefallene Mädchen".

Am 17. Januar 1861 endete in New York das faszinierende Leben
dieser unkonventionellen, rebellischen und selbstbewußt-temperament-
vollen Frau, die in München heiß geliebt, aber auch als „babylonische
Hure", als „spanische Fliege" und „freimaurerische Spionin" beschimpft
und verdächtigt wurde. Ihr Grabstein auf dem Greenwood-Friedhof trägt
die Inschrift: Mrs. Eliza Gilbert. *map*

"züchtig, maßvoll, schön, ehrbar"
Ehe- und Familienfrauen

Margarete Peutinger
(1481–1552)
Gelehrte Gattin eines Humanisten

„Ich habe eine Jungfrau zur Ehe genommen", schrieb 1499 Konrad
Peutinger an Johannes Reuchlin, „noch nicht achtzehn Jahre, züchtig,
maßvoll, schön, ehrbar und ziemlich vertraut mit der lateinischen Literatur." Peutinger wußte, warum er gegenüber dem berühmten Mann, der
neben Erasmus von Rotterdam als Haupt des deutschen Humanismus
galt, Margarete Welsers lateinische Bildung neben ihren sonstigen Vor-
zügen hervorhob. Sein Brief formulierte nämlich auch ein Programm:
Peutinger gab bekannt, daß er eine gelehrte Partnerschaft beabsichtigte,
zu der ihm Gott in Margarete „eine Gefährtin und begeisterte Anhänge-
rin, Parteigängerin" in der „vertrautesten Lebensform, die möglich ist,
zur Seite gestellt hat". Sein Bekenntnis zu einer neuen Beziehung zwischen in Sprach- und Bildungsgemeinschaft verbundenen Eheleuten
wurde 1514 und 1519 in zwei Anthologien mit Briefen berühmter Männer veröffentlicht. Damit betrat mit Margarete und Konrad Peutinger ein
Paar die Bühne, das zum weithin bekannten Vorbild einer humanistischen Ehe werden sollte.

Margarete, 1481 geborene Tochter der Memmingerin Katharina Vöhlin und Anton Welsers, stammte aus höchsten Augsburger Kreisen. Ihre
patrizische Familie stellte Bürgermeister und Stadtpfleger und besaß
eines der größten Augsburger Vermögen. Anton Welser stand an der
Spitze der Welser–Vöhlin–Gesellschaft, eines Bank- und Handelsimperi-
ums von europäischem Rang; unter Margaretes Bruder Bartholomäus
versuchte das Handelshaus, Venezuela zu erobern und zu kolonialisie-
ren. Durch die Heirat mit Margarete im Jahr 1498 wurde Peutinger Teil-
haber und Syndikus der Gesellschaft. Der 1465 in Augsburg geborene
Doktor der Jurisprudenz war der Sohn eines wohlhabenden Kaufmanns.

Er diente der Reichsstadt als diplomatischer Vertreter und außenpolitischer Berater. Seit kurzem befand er sich im Amt des Stadtschreibers, das er später zu einer außerordentlichen Machtstellung auszubauen verstand. In Augsburg gründete er einen humanistischen Zirkel, die „Sodalitas litteraria Augustana": Zusammen mit anderen deutschen gelehrten Gesellschaften sollte sich die Sodalität für eine grundlegende Erneuerung von Wissenschaft und Kultur einsetzen. Peutinger unterhielt eine umfangreiche Korrespondenz mit den humanistischen Berühmtheiten seiner Zeit, den ihm befreundeten Kaiser Maximilian beriet er in historischen, politischen und künstlerischen Fragen. Weiter erwarb er sich Ruhm durch seine Antikensammlung und seine Privatbibliothek, durch eigene Veröffentlichungen und die Publikation antiker und neuerer humanistischer Autoren.

In diese Umgebung, in die Welt der humanistischen Elite nördlich der Alpen, trat die junge Margarete durch die Vermittlung ihres Ehemannes ein. Peutinger schickte sich nun an, sie zum Muster einer gebildeten Frau und einer humanistisch-literarischen Partnerin zu formen und sie in den Gelehrtenzirkeln zu lancieren. Ein Modell intellektueller Partnerschaft, das er den konventionellen kirchlichen und gesellschaftlichen Leitbildern kontrastierte, hatte bereits Erasmus von Rotterdam entworfen. Conrad Celtis hatte nach seiner Rückkehr aus Italien gelehrte Frauen wie Cassandra Fedele und Dichterinnen wie Vittoria Colonna in seinen Werken zitiert und sie den gelehrten deutschen Männern als Paradefrauen zur Nachahmung empfohlen. Den deutschen Frauen fiel es für gewöhnlich allerdings schwer, dem Ideal der humanistisch gebildeten Frau und gelehrten Literatin – die Latein und Griechisch sprach und schrieb und

Gemälde von Christopher Amberger, 1543

sich in der antiken Poesie und Rhetorik auskannte – gleichzukommen.Von den Akademien und Universitäten waren sie ausgeschlossen, ohne die Beherrschung der klassischen Sprachen gab es für sie keinen Zugang zur gelehrten Männerwelt und zu den Büchern, die nach humanistischer Auffassung allein die Weisheit vermittelten. Margarete konnte sich zwar wohl in ihrer patrizischen Familie lateinische Sprach- und Literaturkenntnisse erwerben, für die studia humanitatis – hauptsächlich der Grammatik, der Rhetorik und der Poesie – bedurfte sie aber dennoch der Hilfe ihres gelehrten Ehemannes. Über eine weitere Voraussetzung, nämlich die entsprechenden materiellen Verhältnisse, die Muße und Möglichkeit zu eigenen und gemeinsamen Studien gewährten, verfügte sie durch Herkunft und Heirat. Auch damit erst konnte das Bekenntnis zu gemeinsamer Bildung und Gelehrsamkeit verwirklicht werden.

In einem Brief an Erasmus von Rotterdam beschrieb Peutinger 1521 eine in der Bibliothek spielende Szene aus seiner intellektuellen Ehe. Er widmet sich seiner Münzsammlung und antiken Schriftstellern, Margarete sitzt an ihrem Schreibtisch und vergleicht die deutsche Übersetzung einer Bibelstelle mit den Erläuterungen des Erasmus. Auf eine Auslassung in der Übersetzung aufmerksam geworden, drängt sie auf eine gemeinsame textkritische Analyse. Peutinger legte dem Brief Margaretes Kommentar zur erforschten Textstelle bei – dieser Kommentar gehört zu den wenigen überlieferten Aufzeichnungen von ihrer Hand. Bereits 1512 hatte er den Entwurf eines Werkes von Margarete an den Theologen und Philologen Michael Hummelberg mit dem Hinweis geschickt, daß sie diese lateinischen „Collectaneen" (Lesefrüchte) eigenhändig und mit seiner Hilfe verfaßt habe. Das Werk, eine münz- und inschriftenkundliche Abhandlung, trägt den Titel „Epistola Margeritae Velseriae". In der programmatischen Einleitung tritt eine selbst schreibende und sprechende Ehefrau auf, die allen gebildeten Frauen rät, sich eigener und mit dem Mann gemeinsamer literarischer Tätigkeit zu widmen und die Ehe als intellektuelle Herausforderung zu begreifen. In seiner Würdigung der Schrift hob Hummelberg hervor, daß eine lateinisch schreibende Frau im Schwabenland ungewöhnlich sei. Er rühmte Margaretes gelehrte Ambitionen und stellte diese den traditionellen Frauentätigkeiten gegenüber: „Nichts, bei Herkules, ist seltener und erstaunlicher, als daß eine Frau, die geboren ist zum Stricken, Wollespinnen, zur Arbeit mit der Spindel und zur Kunst des Webens, es versucht, sich mit Männern, sogar mit sehr gelehrten, mit eruditio (gelehrter Bildung) und facundia (Redefertigkeit) im offenen Kampf zu messen …"

Hummelberg bedachte auch Peutinger mit Lob, indem er schrieb, daß zur humanistischen Partnerschaft nicht nur die gebildete Frau, sondern auch ein Mann mit hoher geistiger und moralischer Bildung – ein „neuer" Mann also – gehöre.

Peutinger verabsäumte es nicht, auch seine Töchter zu Mustern weiblicher Gelehrsamkeit zu erziehen und sie in der Öffentlichkeit zu lancieren. 1503 stellte er Reuchlin die erst dreijährige Juliana als lateinisch sprechendes Wunderkind vor. Ein Jahr später brillierte die kleine Gelehrte mit einer lateinischen Begrüßungsrede für den in Augsburg einziehenden Kaiser Maximilian. Juliana starb nur wenig später. Dem ambitionierten Vater blieben aber noch fünf Töchter unter neun weiteren Kindern. Konstanze durfte im Jahr 1517 Ulrich von Hutten, als er von Kaiser Maximilian zum poeta laureatus gekrönt wurde, den von ihr geflochtenen Dichterkranz überreichen. Später erfreute sie ihren Vater mit lateinischen Briefen und ihrer Heirat mit dem humanistisch gesinnten Edelmann Melchior Soiter von Windach. Im Unterschied zu ihrer Mutter wurde Konstanze aber nicht literarisch tätig.

Margarete Peutinger, die für ihre Zeitgenossen das Ideal der gelehrten Gattin in einer vorbildhaften Ehe verkörperte, starb 1552. Anders als bei ihrem Ehemann verblaßten ihr Ruhm und ihr Anteil an der intellektuellen Partnerschaft schon ab dem 17. Jahrhundert. Margarete konnte sich das Leitbild der Humanistenehe und die ehrgeizigen Strategien Peutingers nutzbar machen und sich damit den Zugang zur gelehrten Bildung öffnen. Unterstützt durch ihr Talent, ihre Herkunft und ihre gesellschaftliche Stellung, konnte sie sich in ihrer Ehe über die Pflichten der Hausherrin hinaus den Wissenschaften widmen. *ep*

Katharina Preu
(?–1537)
Helena Kunhofer
(?–1545)
Helena Magenbuch
(1523–1597)
Ehefrauen des Reformators Osiander

Dorothea Schmidtmerin
(?–1527)
Margarete Apel
(?–1540/41 oder erst nach 1547)
Ehefrauen des Reformators Schleupner

Von vielen Ehefrauen der Prediger der neuen lutherischen Lehre ist nach wie vor nur wenig bekannt. Dennoch erscheint es uns wichtig, auf einige der ersten Vertreterinnen einer völlig neuen Eheform, der bis zur Reformation verbotenen Priesterehe, einzugehen. Oftmals wurde von diesen frischvermählten Ehefrauen nicht einmal der Name überliefert, obwohl doch ihr Entschluß, einen ehemaligen katholischen Priester oder Mönch zu ehelichen, meistens nicht ohne öffentliche Kritik hingenommen wurde. Die Ehefrauen der Reformatoren, der Prediger des neuen Glaubens, nahmen auch für ihren weiteren Lebensweg einige Mißbill in Kauf, wie beispielsweise häufigen Umzug von Predigerstelle zu Predigerstelle bzw. ungesicherte Versorgungslage der Familie bei Verlust des Predigeramtes oder der Pfarrerswitwe beim Tod des Gatten.

Durch die Priesterehe wurde besonders in den Anfangsjahren der Reformation, d. h. in den zwanziger Jahren des 16. Jahrhunderts, nach außen hin der theologische Standpunkt des geistlichen Ehemannes deutlich, aber auch die religiöse Überzeugung der Ehefrau. Diese evangelischen Ehefrauen hatten Vorbildfunktion für alle zukünftigen Priester- bzw. Pfarrersehen. Die Heirat der evangelischen Geistlichen mit „Protestantinnen" dokumentierte und besiegelte den Bruch mit der alten Kirche.

Von den drei Ehefrauen des Andreas Osiander – Katharina Preu, Helena Kunhofer und Helena Magenbuch – ist noch am meisten überliefert.

Katharina Preu war die Tochter des Nürnberger Bierbrauers Heinrich Preu und seiner Gattin Margarethe, geborene Hetzel. In dem am 30. Oktober 1525 geschlossenen Heiratsvertrag wurde schriftlich festgelegt, daß die „junckfrau Katharina, gedachtem herrn Andreas Osiander zwayhundert guldin zu heyratgut" mit in die Ehe bringen solle. Katharinas Vater war zur Zeit ihrer Verheiratung schon nicht mehr am Leben; er hatte ihr 1522 ein Haus hinterlassen.

Am 2. November 1525 fand die Hochzeitszeremonie von Katharina Preu und Andreas Osiander in der Nürnberger St. Lorenz-Kirche statt. Die Eheschließung wurde nicht von allen gutgeheißen. Schon im Vorfeld gab es heftige Diskussionen darüber, wie der Äbtissin und Humanistin Caritas Pirckheimer ins Klarakloster zu Nürnberg berichtet wurde: „Pin auch gehindert worden euch zu schreiben; dieweyl mir eczlicher maßen angelegen gewest die heyrat hern Andre Osiander, die welch doch durch den teuffel und seine außerwelten in vil wegen und auß vast poßem grundt gern zurückgestelt und doch gotlob nit on eroffnung voriger pößer leut practica in die wurckung kumen, sunder zweyfel es sey ein christenlich werck, darauß dem reich des antikrist abpruch und reich christi peßerung volgen sol." Aus diesem Brief kann abgelesen werden, wie wichtig man diese Priesterehe für die reformatorische Bewegung ansah, obwohl es nicht die erste Hochzeit eines Nürnberger evangelischen Predigers war.

Katharina von Bora, Ehefrau Luthers: „Ahnfrau" aller Pfarrfrauen

Am 20. Februar 1525 hatten schon Dorothea Schmidtmerin und der Prediger Dominikus Schleupner in der St. Sebaldus-Kirche geheiratet. Dorothea war die Tochter des Tuchmachers Georg Schmidmaier. Sie starb jedoch frühzeitig am 22. August 1527 und hinterließ dem trauernden Ehemann ihren gemeinsamen Sohn Paul. Dominikus Schleupner wartete nicht lange mit einer neuerlichen Heirat. Bereits am 11. Dezember

1527 nahm er Margarete Apel zur Frau. Sie war die Tochter des Nürnberger Bürgers Hans Apel. Ihr Bruder Johann Apel war 1523 vom Würzburger Bischof inhaftiert worden, da er eine ehemalige Nonne geehelicht hatte. 1525 waltete Johann Apel als Trauzeuge bei der Eheschließung von Katharina Bora und Martin Luther in Wittenberg seines Amtes.

Die Wiederverheiratung von Dominikus Schleupner entfachte eine öffentliche Kontroverse. Der Nürnberger Humanist Willibald Pirckheimer, Bruder von Caritas Pirckheimer, sah sich veranlaßt, diese zweite Ehe in 28 Thesen zu verurteilen, wobei er die Eheleute mit dem Vorwurf der Bigamie bedachte. Selbst Luther sah sich, neben Andreas Osiander, genötigt, 1528 mit 139 Gegenthesen in die harsch geführte Diskussion einzugreifen.

Margarete Apel gebar ihrem Gatten Dominikus Schleupner vier Söhne. Ihr Mann starb am 3. Februar 1547. Ob Margarete schon 1540/41 verstarb, ist ungewiß. Durchaus möglich ist aber, daß sie ihren Gatten überlebte und nach dessen Tod von Bernhard Ziegler, Theologe und Professor für Hebräisch in Leipzig, mit ihrer Familie finanziell unterstützt (oder gar geehelicht) wurde.

Auch Andreas Osiander heiratete ein zweites Mal, nachdem seine erste Frau Katharina Preu im Sommer 1537 gestorben war und ihm drei Kinder, Lukas, Agnes und Katharina, hinterlassen hatte. Am 16. September 1537 ehelichte Andreas Osiander die Witwe Helena Kunhofer in der St. Lorenz-Kirche. Helena Kunhofer war vermögend: Sie hatte einen Zins für ein Haus in Nürnberg inne sowie eine Gult, die „ein Maß Korn, drei Maß Hafer, 15 Käse und 30 Pfennige Haller Geldes" umfaßte. Auch diese schnelle Wiederverheiratung kam in der Öffentlichkeit nicht gut an. In einer Schmähschrift wurde Andreas Osiander als raffgierig diffamiert und dem Paar eine Liebschaft schon zu Lebzeiten der ersten Ehefrau unterstellt. Im Oktober 1538 überlebte Helena Kunhofer eine schwere Geburt, bei der das Kind starb. Bei der Geburt einer Tochter im Mai 1545 jedoch starb Helena Kunhofer und hinterließ ihrem Mann die in die Ehe eingebrachte Gult.

Am 26. August 1545 heiratete Andreas Osiander zum dritten Mal und zwar die 1523 geborene Tochter Helena des Nürnberger Arztes Johann Magenbuch. Die erst 22jährige Helena war von ihrem Vater in Botanik und Arzneikunde unterwiesen worden, was ihr später als Witwe zugutekam. Auch Helena Magenbuch war vermögend und brachte eine Mitgift von 400 Gulden in die Ehe mit dem Reformator ein. Wie bei den vorhergehenden Heiraten Osianders gab es neuerlich üble Nachreden in der Stadt.

Nachdem Nürnberg die Bestimmungen des Augsburger Interims, das die katholische Lehre wieder einzuführen versuchte, übernommen hatte, quittierte Andreas Osiander seinen Dienst und begab sich sofort nach Königsberg. Seine Frau Helena blieb zunächst noch in Nürnberg, um die finanziellen Angelegenheiten ihres Gatten zu ordnen (z. B. Verkauf der Gult) und den Umzug der Familie samt des ganzen Haushalts zu organisieren.

1552 starb der Reformator und Gelehrte Andreas Osiander, der um 1496 als Sohn eines Schmieds in Gunzenhausen geboren worden war. Seine Witwe Helena Magenbuch ehelichte von neuem und zog 1556 mit ihrem Mann, Pfarrer Johann Rucker, nach Württemberg. In dieser zweiten Ehe gebar Helena fünf Kinder. Nach dem Tode ihres zweiten Gatten 1579 blieb Helena Magenbuch jedoch ledig und übersiedelte mit ihren Kindern nach Stuttgart. Jetzt zahlte sich die vom Vater erhaltene Ausbildung aus: Sie erhielt eine Tätigkeit als Hofapothekerin. Das gute Gehalt und ein im März 1597 ausgesetztes Leibgeding von „1 Scheffel Roggen, 12 Scheffel Dinkel, 2 Scheffel Haber, 2 Eimer Wein, 6 Klafter Holz und 15 fl. Geld" sicherten ihr die selbständige Existenz als Witwe bzw. Ruheständlerin. Helena Magenbuch starb am 8. September 1597 wohl bei ihrer verheirateten Tochter in Hohenacker.

Die ersten Ehefrauen der reformatorisch gesinnten Geistlichen ebneten dem sich herausbildenden evangelischen Pfarrhaus mit seiner in der Familie und in der Gemeinde tätigen Pfarrfrau den Weg. Die Reformation förderte ein neues Frauenbild und ein neues Eheideal. Die Ehefrau, zwar weiterhin der Zucht des Ehemannes unterworfen, wurde aber als Gattin und Mutter aufgewertet. Sie sollte, nach Martin Luther, dem Gatten „ein freundlicher, holdseliger und kurzweiliger Gesell des Lebens" sein. Die Pfarrersfrau hatte ihrem geistlichen Gatten und Herrn alles Beschwerende und Störende aus dem Privatbereich, dem Hauswesen und der Kindererziehung fernzuhalten. In dieser Eheform stand nicht das gemeinsame Betreiben eines Hauswesens und eines Gewerbes im Vordergrund, sondern allein die Leistung des Ehemannes als Gemeindepfarrer. *map*

Maria Theresia Cäcilia von Vieregg
(1680–1755)
Hofmarksherrin

In der ersten Hälfte des 18. Jahrhunderts führten vier adelige Schwestern nacheinander das Regiment in der Hofmark Tutzing. Ihre Mutter hatte die Hofmark als Erbe in ihre Ehe mit Maximilian Ernst von Gözengrien eingebracht. Da kein Sohn überlebte, bildeten die fünf erbenden Töchter eine Verwalterinnenkommunität und regelten – mit Ausnahme der zu weit entfernt lebenden Maria Magdalena Louise – die Geschäfte der Hofmark. Um 1700 unterstand im Kurfürstentum Bayern fast die Hälfte der Landbevölkerung nicht direkt dem Landesherrn. Für sie spielte sich das Leben in weltlichen und geistlichen Hofmarken, in mit der niederen Gerichtsbarkeit ausgestatteten Herrschaftsbezirken, ab. Hofmarksherrinnen waren zwar keine Alltagserscheinungen, aber auch nicht unbedingt Ausnahmen. Ihre Erziehung versetzte die Adelstöchter offensichtlich in die Lage, herrschaftliche Aufgaben auszufüllen. Als erste der Schwestern Gözengrien verwaltete Maria Anna Franziska bis zu ihrem Tod 1721 die Hofmark Tutzing. Ihr folgten Maria Ursula Sabina, die 1730 starb, und nur für ein Jahr Maria Adelheid Maximiliane. Dann lenkte die soeben verwitwete Maria Theresia Cäcilia von Vieregg bis 1747 die Geschicke der Hofmark. Auch deren Tochter Adelheid führte noch zeitweilig für den in Mannheim lebenden Sohn und Erben Matheus Carl die Geschäfte. Die Freifrau von Vieregg hinterließ „Haus-Manuale" aus den Jahren zwischen 1733 bis 1745. In diesen Rechnungsbüchern notierte sie sämtliche Geldbewegungen in ihrer Hofmark, angefangen bei den Einnahmen etwa aus den Abgaben ihrer Untertanen bis hin zu den kleinsten Ausgaben beispielsweise für Almosen. Damit gab sie auch Rechenschaft über ihre Tätigkeiten als Hofmarksherrin, die zugleich einen Einblick in das Leben einer ländlichen Adeligen ermöglichen.

Maria Theresia Cäcilia, am 14. Januar 1680 als Tochter der Maria Anna von Haimhausen auf Tutzing und des Reichsfreiherrn Maximilian Ernst von Gözengrien geboren, verbrachte ihre frühe Kindheit in Burghausen. Ihr Vater stand in kurfürstlichen Diensten, zunächst als Landrichter in Dachau und seit 1669 in Burghausen als Regimentsrat und Mautner. 1683 zog die Familie nach München, wo Gözengrien Hofkämmerer und Revisionsrat war. Hier heiratete Theresia Cäcilia im Alter von 30 Jahren den 52jährigen Freiherrn Ferdinand Joseph von Vieregg, für den dies die dritte Ehe war. Aus seinen früheren Ehen hatte Vieregg zwölf Kinder, von denen sieben aber schon gestorben waren. Theresia Cäcilias älteste Stieftochter war 24 Jahre, ihr jüngstes Stiefkind sechzehn Monate alt. Vermutlich wollte Vieregg die Erziehung seiner jüngeren Kinder gesichert wissen. In der Reichsfreiin von Gözengrien fand er eine gleichrangige Frau aus dem niederen Adel, deren Familie, wie die seine, über Tradition im Staatsdienst verfügte.

Das Paar lebte in Niederbayern im Schloß der Viereggschen Hofmark Gerzen. Zwischen ihrem 31. und 43. Lebensjahr brachte Theresia Cäcilia neun Kinder zur Welt. Von fünf Mädchen überlebte nur ihre älteste, 1711 geborene Tochter Adelheid. Die zwischen 1714 und 1723 geborenen Söhne Max Felix, Thadeus, Matheus Carl und Theodor erreichten dagegen alle das Erwachsenenalter. Vieregg schickte im Jahr 1724 die drei ältesten Söhne nach Ingolstadt zunächst zur Schule, dann zur Universität; der Besuch der bayerischen Landesuniversität war unerläßlich für eine Karriere im Staatsdienst. Max Felix war für den Verwaltungsdienst bestimmt, Thadeus für die Militärlaufbahn und Matheus Carl für den Hofdienst. Ferdinand Joseph von Vieregg starb im November 1730. Als Erben hatte er noch einen seiner Söhne aus dritter Ehe vorgesehen, Theresia Cäcilia verglich sich jedoch mit ihrem Stiefsohn Leopold, der nun Gerzen erbte. Sie selbst zog mit ihren Kindern nach Landshut. Nach einem neuen Erbteilungsprotokoll mit ihren zwei noch lebenden Schwestern übernahm die 51jährige Witwe 1731 die Verwaltung der Hofmark Tutzing und damit das Regiment, was sie ordnungsgemäß der Hofkammer in München anzeigte. Ihre

Grabstein der Maria Theresia Cäcilia von Vieregg in der alten Tutzinger Pfarrkirche St. Peter und Paul

Söhne, seit 1733 auch Theodor, lebten die meiste Zeit des Jahres in Ingolstadt und verursachten durch ihr Studium und ihre erforderliche standesgemäße Ausstattung der Freifrau erhebliche Kosten. Die Tochter Adelheid hingegen siedelte mit der Mutter in das Tutzinger Schloß über und entlastete sie bald bei den Aktivitäten der Hofmarksherrin und bei der Wahrung der Herrschaftsinteressen.

81

Zur Hofmark gehörten etwa 80 an Untertanen vergebene Anwesen. Sie umfaßte die Orte Tutzing, Ober- und Unterzeismering, Diemendorf und Monatshausen. Außerhalb der geschlossenen Hofmark kamen einige Anwesen in Starnberg, Machtlfing und Traubing dazu sowie die Schwaige Rößlsberg und ein Bauer im Pfleggericht Rauhenlechsberg. Weiter verwaltete Theresia Cäcilia die Besitzungen Furtarn und Sattlthambach aus dem Erbe ihres Vaters. Als Hofmarksherrin übte sie durch einen Richter die niedere Zivil- und Strafgerichtsbarkeit aus. Zu ihren Herrschaftsrechten gehörte auch die Polizeigewalt über ihre Untertanen und das Gewerbemonopol in der Hofmark. In Vertretung des Landesherrn ließ sie dessen Steuern einziehen und die dazu bestimmten Männer zu den Landesfahnen mustern. Der Richter, der nicht in der Hofmark wohnte, erschien zweimal im Jahr zu den Gerichtsterminen im Schloß Tutzing und erledigte auch sämtliche notariellen Verbriefungen. Ihm zur Seite standen der Schreiber der Freifrau und ihr Amtmann, zu dessen Aufgaben unter anderem die Abstrafung der Verurteilten – mit Geld-, Arrest- und Schandstrafen – zählte. Die Ausübung der Gerichtsbarkeit wahrte nicht nur Recht und Frieden und die Moral der Untertanen in der Hofmark, sondern brachte Theresia Cäcilia auch Einnahmen. So standen auf Leichtfertigkeit, etwa uneheliche Schwangerschaften, empfindliche Geldbußen: „straff leichtferdtigkeit von der Reschen tochter, dan der kerl von Feltofing, eingenommen 5 f 11x", notierte sie beispielsweise. Als Hofmarksherrin war die Freifrau auch Grundherrin, der Abgaben und Leistungen ihrer Grundholden zustanden, an die sie zu verschiedenen Rechten Grund und Boden zur Bewirtschaftung vergeben hatte. Ihre wichtigste Einnahmequelle bildete die alljährlich von den Grundholden zu entrichtende Stift; 1733 etwa machten diese Geldabgaben insgesamt 1150 Gulden aus. Dazu kamen Laudemien, Gebühren, die beispielsweise beim Antritt einer Hofstelle bezahlt werden mußten, und Naturalabgaben, vor allem Getreide. Weiter hatten ihr die Grundholden im Umfang bemessene und unbestimmt häufige Frondienste zu leisten wie Botengänge, Transportdienste, Gespanndienste bei der Ernte im Schloßgut, Wergspinnen oder auch Treiberdienste, wenn die Söhne der Freifrau ihr Jagdprivileg ausübten. Es war aber nicht aller Grund und Boden verliehen. Zur Hofmark gehörten eigene Ökonomiebetriebe mit Äckern, Wiesen, Hopfengärten, Fischweihern und ausgedehnten Waldungen.

Mit der Leitung der Gutswirtschaft in Tutzing und der Schwaige in Rößlsberg bei Pähl verband sich für Theresia Cäcilia eine Fülle von Aufgaben, die vor allem in Überwachen, Disponieren und Organisieren bestanden. Die Tutzinger Ökonomie betrieb sie mit Taglöhnerinnen und Taglöhnern, scharwerkpflichtigen Untertanen und Schloßbediensteten, die Schwaige mit bis zu fünfzehn Knechten und Mägden. Die Eigenwirtschaften lieferten nicht nur Nahrungsmittel und Güter wie Wolle oder Hanf und Flachs für den Schloßhaushalt, sondern erzeugten auch für den Verkauf; Getreide und Vieh ließ Theresia Cäcilia beispielsweise auf Weilheimer und Münchner Märkten vertreiben. In manchen Jahren erreichten die Verkaufserlöse fast die Hälfte der Beträge aus den Geldabgaben der Untertanen. Gewinn erzielte die Freifrau vor allem mit dem Verkauf von Holz und Fischen. Insbesondere die Fischerträge schienen ihr am Herzen zu liegen, denn sie kontrollierte persönlich das Abfischen in Rößlsberg und erwies bei gutem Erfolg auch himmlischen Helferinnen mit einigen Kreuzern ihren Dank: „in stock zu Bäel (Pähl) Unsser lieben Frau Scapulier, dan zu Diemantdorf St: Margaretha, wegen glicklichen füschen in Meystetten weyer 30 x".

Beanspruchte schon die Leitung der Eigenwirtschaft einen Gutteil ihrer Zeit, so füllte nicht minder die Führung des Schloßhaushalts den Alltag Theresia Cäcilias aus. Der herrschaftliche Haushalt umfaßte zeitweilig bis zu sechs Familienmitglieder und bis zu acht Bedienstete. Ständig im Schloß lebte ihre Tochter Adelheid, ihre Schwester Adelheid Maximiliane hingegen schied mit ihrer Heirat 1738 aus, kehrte aber als Witwe 1743 wieder zurück nach Tutzing. Am herrschaftlichen Tisch aß auch der Schloßkaplan. Zum Personal gehörten eine Köchin, ein Stubenmensch und eine Dirn, Jäger, Gärtner und Kutscher fungierten bei den Reisen Theresia Cäcilias nach München auch als Diener in Livree. Ihr hausmütterliches Augenmerk richtete sie insbesondere auf die Versorgung von Küche und Keller und auf die Kleidung. Sie überwachte nicht nur die Verarbeitung, Aufbereitung und Konservierung der Nahrungsmittel oder stellte die Speisepläne auf. Bis ins kleinste verfolgte sie die Beschaffung der Zutaten, zweimal jährlich kaufte sie sogar selbst in München Gewürze wie Safran oder Muskatnuß. Umfänglichen organisatorischen Aufwand verursachte ihr der Höhepunkt des Jahres, die Feier des Tutzinger Schloßkapellenablasses. Dabei erhielten die Untertanen Suppe und Bier, für das herrschaftliche Festmahl ließ die Freifrau Wochen vorher in München Zutaten für Konfekt, Sülzen und Pasteten und Luxusgemüse wie Artischocken kaufen und ins Schloß transportieren.

Für die Kleidung und die Textilien, von der Schloßkapellenwäsche bis hin zu den Wirtschaftstextilien und Leinenvorräten, stand sie ähnlich umfangreichen Arbeiten vor, gab sie in Auftrag, leitete sie an und kontrollierte sie. Eine wesentliche Bedeutung kam der Kleidung zu, sie repräsentierte, der jeweiligen Gelegenheit angemessen, Rang und Prestige. So scheute die Freifrau keine Kosten für die Ausstattung ihrer Söhne in Ingolstadt oder im Jahr 1736, als Thadeus am Münchner Hof vorgestellt wurde und sie selbst in der Rolle der Bittstellerin für die Versorgung ihres Sohnes auftrat. Umgekehrt aber ließ sie auch haushälterisch sparsam etwa teuere tuchene Kleidungsstücke ihrer Söhne wenden oder ihre eigene Kleidung entsprechend der neuesten Mode immer wieder ändern. Theresia Cäcilia und ihre Tochter nähten und stickten auch selbst beispielsweise Wäsche und Paramente für die Schloßkapelle. 1733 schaffte sie sich ein luxuriöses Spinnrad in München an, mit dem sie feinste Leinenfäden für Tischwäsche herstellte.

Der Bedarf des Schloßhaushaltes an Dienstleistungen verschaffte auch den Untertanen Verdienst, neben Botengängen und Transporten aber in erster Linie nur für einfache handwerkliche Arbeiten und Güter; so beschäftigte die Freifrau einige Weber für grobe Bett- und Tischwäsche oder ließ Schafwolle von der Schwaige von Untertanen verarbeiten. Die Untertanen kamen aber auch in den Genuß der Hilfeleistungen und pharmazeutischen Kenntnisse Theresia Cäcilias und ihrer Tochter. Beide führten, womit sie dem Bild der fürsorglichen adeligen Hausmutter entsprachen, eine Hausapotheke und stellten Medizinen, Salben, Öle und Destillate her. Sie versorgten damit kranke Untertanen in der Umgebung und wenn es nötig war, suchte die Freifrau selbst die Hilfebedürftigen auf: „mich nacher Starnberg auf dem See füehren lassen wegen des weib, so zum kündtsnöthen gewessen, füehrlohn 4x".

Ihre Teilnahme am Leben ihrer Untertanen beschränkte sich aber nicht nur auf Krankenfürsorge und milde Gaben für Arme. Theresia Cäcilia gab Geldgeschenke bei Hochzeiten, übernahm Firmpatenschaften und unterstützte die Schulausbildung etlicher Kinder – in der Hofmark gab es nämlich keine Schule. Vor allem aber beteiligte sich die persönlich sehr fromme Freifrau intensiv am religiösen Leben der Pfarrgemeinde Tutzing. Sie sorgte für die Ausstattung der Pfarrkirche, man sah sie in den Sonntagsgottesdiensten und in den Totenmessen für verstorbene Untertanen. Sie war bei Bittgängen der Pfarrgemeinde mit dabei und betete mit ihr gemeinsam um gute Ernten und Verschonung von Viehseuchen und Ungewittern. Ähnlich wie der Landesherr im Großen, suchte sie als Hofmarksherrin im Kleinen ihre Untertanen zum rechten Glauben zu erziehen; so ließ sie gotteslästerliche Handlungen, Unsittlichkeit oder das Nichtbeachten von Kirchengeboten bestrafen. Ihr Engagement in religiösen Belangen und ihre Unterstützungsleistungen mochten dazu beitragen, daß es während ihres Regiments kaum zu offenen Konflikten mit den Untertanen kam. Wenn, dann ging es hauptsächlich um Frondienste: Ab und zu wurden Gemeinden gestraft, die sich der Wegherstellung entziehen wollten oder einzelne, die nicht als Scharwerker zu den Treibjagden erschienen. 1746 allerdings wurde der Fischkäufl Disl zu zwei Stunden in den Maulkorb verurteilt, weil er im Wirtshaus gegen die Herrschaft gelästert hatte.

Das verhältnismäßig reibungslose Funktionieren der Hofmarksherrschaft war für die Freifrau um so wichtiger, als die Abgaben der Untertanen ihre sicherste und kontinuierliche Einnahmequelle darstellten; offenbar nutzte sie ihr Gewerbemonopol nicht, um die Hofmark systematisch etwa durch die Ansiedlung von Handwerkern wirtschaftlich zu fördern. Die Beschaffung von Bargeld, um ihren vielen, auch ererbten Verpflichtungen nachkommen zu können, bildete ihre stete Sorge und die Ursache mancher Rechtsstreitigkeiten. Ab 1741 war sie genötigt, selbst von ihren Untertanen kurzfristige Kleinkredite zur Bezahlung der dringendsten Schulden aufzunehmen. Es blieben nun Gelder von ihrem Stiefsohn Leopold aus Gerzen aus, auf die sie und ihre Kinder aufgrund des Erbvergleichs von 1731 Anspruch hatten, darunter ihr Witwensitzgeld. Das Schuldentilgungswerk der bayerischen Landschaft stellte seine Zahlungen ein – wie andere Adelige hatte Theresia Cäcilia dem Kurfürsten Anleihen gegeben. Ihre Situation verschärfte sich, als die Großmachtpolitik des Kurfürsten – und zwischen 1742 und 1745 Kaisers – Karl Albrecht Bayern in einen Krieg mit Österreich verwickelte. Sie konnte zwar gewinnbringend Getreide, Heu und Vieh an beide Seiten verkaufen, mußte aber andererseits Sondersteuern, Brandschatzungsabgaben und Bestechungsgelder aufbringen und schließlich vor den österreichischen Truppen nach Landsberg fliehen.

In diesen Jahren gab die Freifrau die Verantwortung für die Hofmark mehr und mehr an ihre Tochter und den damaligen Kaplan ab. 1747 schließlich übertrug sie die Hofmark ihrem Sohn Matheus Carl. Sie selbst zog sich zunehmend aus dem Familienverband zurück und verbrachte dann wohl ab 1750 ihren Lebensabend im Damenstift in Moosburg. Dort starb sie 1755 im Alter von 75 Jahren.

Theresia Cäcilias zentrales Interesse und ihr Handeln als Hofmarksherrin galt dem Fortkommen und der Zukunft ihrer Familie, die sie in ihren Söhnen verkörpert sah. Für deren Schulbildung und Studium in Ingolstadt und für deren standesgemäß-repräsentative Ausstattung wandte sie hohe Geldbeträge auf. Um sie zu fördern und ihnen Stellungen zu verschaffen, setzte sie sich am Münchner Hof ein, mit dem sie sonst kaum Kontakt hatte. Max Felix legte 1737 die Eignungsprüfung für den Staatsdienst ab und erhielt wohl bald darauf einen Posten. Thadeus erheiratete mit Maria Anna Ludovica Veronica von Schrenck die benachbarte Hofmark Garatshausen und wurde 1746 Hofkämmerer. Der Hofmarkserbe Matheus Carl machte Karriere in Mannheim bei dem späteren bayerischen Kurfürsten Karl Theodor. Bei Theodor zerschlugen sich die Hoffnungen auf eine kirchliche Laufbahn. Sein weiteres Schicksal ist unbekannt wie auch das der Tochter Adelheid, die ledig blieb.   *ep*

Elise Haindl
(1826–1906)
Unternehmersgattin

Mit der am 23. April 1826 in Breitenbrunn in der Oberpfalz geborenen Elisabeth (Elise) machte Georg Haindl eine gute Partie. Sie war das einzige Kind und die Erbin des Revierförsters Alois Ehrnthaller und seiner Frau Marie. Haindl hingegen, am 15. November 1816 in Ingolstadt als Sohn eines kleinen Zollbeamten geboren, stammte aus einfachen Verhältnissen. Er hatte in Regensburg bei Friedrich Pustet eine Buchhändlerlehre gemacht und war dann Kommis gewesen, bis ihm Pustet schließlich den Aufbau und die Leitung seiner Papierfabrikation in Alling bei Regensburg übertrug.

Durch die Heirat 1846 mit Elise Ehrnthaller, der Tochter aus „besserer" Familie, festigte Haindl nicht nur seine bisherige Karriere, sondern unterstützte damit auch seinen zukünftigen Aufstieg. Mit der Ehe entstand bei beiden wohl bald der Wunsch, sich selbständig zu machen – drei Jahre später bot sich ihnen in Augsburg die Gelegenheit dazu. Der Besitzer der Papiermühle am Malvasierbach, Friedrich Josef Sieber, hatte Konkurs angemeldet, sein Betrieb war an die Kgl. Bayerische Hypotheken- und Wechselbank als Hauptgläubigerin gefallen. Zuschüsse von Elises Eltern, Geld und die Bürgschaft von Friedrich Pustet ermöglichten es Haindl, die Sieberschen Liegenschaften mit Wasserrecht, Wohn- und Fabrikgebäude sowie einem Magazin- und Ökonomiegebäude für 41 179 Gulden zu kaufen. Die 23jährige Elise, Mutter von zwei Kleinkindern und hochschwanger mit dem dritten Kind, folgte ihrem Ehemann 1849 nach Augsburg. Kurz nach der Ankunft starb ihr einjähriger Sohn Georg

Friedrich, einige Monate darauf wurde der spätere Erbe Friedrich geboren. Zunächst mit sieben Arbeitern, die Haindl zum Teil aus Alling mitgebracht hatte, begann nun der Aufbau der Papierfabrikation. Neben der Textilindustrie und dem Maschinenbau sollte die Haindlsche Papierherstellung bald zum dritten bedeutenden Industriezweig Augsburgs werden. Georg Haindl, an seiner Seite Elise, gehörte zu den Pionieren der Augsburger Fabrikindustrialisierung, die hier im großen Stil mit der Mechanischen Baumwollspinnerei und Weberei 1837/1840 eingesetzt hatte. Während die Spinnereien und Webereien und die Maschinenfabrik Augsburg bereits als Aktiengesellschaften gegründet oder bald in solche umgewandelt worden waren, blieb das Haindlsche Unternehmen ein Familienbetrieb. Zu dessen Erfolg trugen am Anfang Geschäftsbeziehungen zu dem Verleger Friedrich Cotta bei; die Haindlsche Fabrik belieferte Cotta mit

Druckpapier für die seit 1810 in Augsburg erscheinende „Allgemeine Zeitung" und für die Stuttgarter Klassikerausgaben. Bald verdoppelte sich die Produktion, und 1851 konnte die Familie Haindl den Anteil Pustets zurückzahlen. Der Betrieb selbst wurde durch den Kauf der Sägemühle am Stadtbach, das dann so genannte „Mittlere Werk", erweitert.

Gerade in der Aufbauzeit waren im Familienunternehmen Produktions- und Privatsphäre noch kaum getrennt. Im Wohnhaus hörte Elise das Dröhnen und Stampfen der Maschinerie, sie mußte nur eine Tür öffnen, um direkt im Stammwerk zu stehen. Drei Räume im Erdgeschoß des Wohnhauses dienten als Betriebskontor. Nicht anders als bei ihrem Mann standen die Sorge um das Wohl und das Fortbestehen des Unternehmens im Mittelpunkt ihres Lebens. „Madame Haindl", wie sie allgemein genannt wurde, sah auch auf die Betriebsinteressen, wenn sie „mit ihren scharfen Augen" überwachte, was im Haus und im Werk täglich vor sich ging. Wie schon in Alling, kochte sie auch in Augsburg für die anfänglich kleine Belegschaft. Wie die Vorgänge im Betrieb waren ihr auch die Arbeitskräfte, deren Verhältnisse und Familien genau bekannt.

Sie engagierte sich für die sozialen Belange der Betriebsangehörigen und trug auf diese Weise zu deren Integration und zum Betriebsfrieden bei. Vermutlich war sie 1853 wesentlich an der Einrichtung einer aus Unternehmensmitteln unterhaltenen Krankenkasse für die Arbeiterinnen beteiligt, aus denen die Belegschaft überwiegend bestand. Diese Krankenkasse wurde 1870 auf alle Arbeiter, zu dieser Zeit 87, ausgeweitet. Elise Haindl beeinflußte wohl auch den Bau der ersten Werkskolonie 1872–1876, sechs kleine Häuser für 22 Familien in der Maschenbauerstraße. Man wird annehmen können, daß Georg Haindl mit ihr Angelegenheiten und Entscheidungen der Betriebsleitung besprach. Sonst wäre kaum zu verstehen, daß er ihr am 5. Juli 1872 eine umfassende Vollmacht für die gesamte Firma in allen strittigen und unstrittigen Rechtsangelegenheiten sowie die Befugnis zu seiner unbeschränkten Stellvertretung bei allen Gerichtsbehörden und Ämtern erteilte. Elise besaß damit die Prokura der inzwischen in Süddeutschland führenden Papierfabrik, die auch technisch mit der Endlospapierherstellung bahnbrechend wirkte.

Als sich Georg Haindl nach dem Brand im Stammwerk 1873 aus gesundheitlichen Gründen etwas aus der unmittelbaren Betriebsleitung zurückzog, übernahmen Elise und der älteste Sohn Friedrich die Geschäftsführung. Wie dann auch der 1854 geborene Clemens, war Friedrich bereits früh durch den Besuch entsprechend ausgewählter Schulen, die Lehre im elterlichen Unternehmen, ein Betriebspraktikum in einer Papierfabrik und durch Reisen auf die Nachfolge vorbereitet worden. Elise und Georg Haindl erzogen ihre anderen Kinder – von sieben hatten vier überlebt –, die älteste Tochter Therese und den 1858 geborenen Josef, ebenfalls zu Fleiß, Disziplin und zur Identifikation mit dem Familienunternehmen. Sie achteten wohl auch auf eine angemessene Ehepartnerwahl; so heiratete Friedrich 1873 Anna Sedlmayr, die Tochter des angesehenen Münchner Brauers.

Der Lebensstil und das Haus, das Elise und Georg Haindl führten, blieben eher schlicht, beide verzichteten weitgehend auf äußeren Aufwand und auf die Repräsentation ihrer inzwischen erreichten gesellschaftlichen Position. Georg Haindl, der seit 1869 in der Stadtpolitik als Gemeindebevollmächtigter tätig gewesen war, starb 1878. Nachdem Friedrich und Clemens seine Nachfolge übernommen hatten, widmete sich Elise Haindl vor allem ihren Enkelkindern und sozialen Werken. Nach dem Vorbild der Fuggerei setzte sie ihrem Mann und sich in der „Georg und Elise Haindl'schen Stiftung" ein bleibendes Denkmal. Vier Häuser in der Bleichstraße mit 24 Wohnungen und kleinen Gärten sollten unbescholtenen und ohne Schuld unbemittelten Augsburgern, vor allem verdienten Arbeitern und Angestellten des Unternehmens, für geringes Entgelt eine gesunde Unterkunft bieten. In einem der Stiftungshäuser wuchs Bertolt Brecht auf. Sein Vater, Prokurist und später kaufmännischer Leiter bei Haindl, war Verwalter und Pfleger der Stiftung. Elise Haindl selbst behielt bis zu ihrem Tod am 2. März 1906 den Vorsitz im Stiftungsrat. In einem Nachruf in den „Münchner Neuesten Nachrichten" hieß es, daß sie in ihrem großen Familienkreis wie eine „Patriarchin" gewaltet habe. Diese Familie und der Familienbesitz standen im Mittelpunkt ihres Lebens. Sie war mit dem Unternehmen verwurzelt, das sie mitbegründet und für dessen Aufbau und Kontinuität sie gearbeitet hatte.   *ep*

Marianne Strauß
(1930–1984)
Politikerehefrau

Die Hochzeit von Marianne Zwicknagel mit Franz Josef Strauß fand am 4. Juni 1957 in Rott am Inn statt. Braut und Bräutigam waren sich schon öfters einmal in CSU-Kreisen und bei gesellschaftlichen Anlässen begegnet, aber erst eine rauschende Ballnacht des Münchner Faschings brachte sie einander näher. „Schließlich haben wir bemerkt", erinnerte sich Marianne Strauß in einem Interview 1978, „daß wir gut zueinander passen." Schon die Bekanntgabe der Verlobung zwischen der diplomierten Volkswirtin und dem damaligen Bundesminister für Verteidigung am Ostersonntag 1957 löste einige Probleme bei der weiteren Gestaltung der gemeinsamen Beziehung aus. Aus privaten Gründen – die junge Frau sollte nicht von den Journalisten belagert werden – und aus politischer Rücksichtnahme – der Bundestagswahlkampf stand vor der Tür – wurde ein baldiger Hochzeitstermin festgelegt.

Marianne Strauß, geb. Zwicknagel, besaß durchaus klare Vorstellungen, wie die politischen Aufgaben des Gatten ihr Ehe- und Familienleben beeinflussen können. Denn Marianne Zwicknagel, geboren am 21. April 1930 in München, war die Tochter von Dr. Max Zwicknagel, der neben seiner Brauerei in Rott am Inn auch das politische Geschäft betrieb. In der Weimarer Zeit war er ein einflußreicher Mann in der

Bayerischen Volkspartei gewesen, wurde im Dritten Reich von den Nationalsozialisten verhaftet und gehörte nach dem Zweiten Weltkrieg zu den Gründern der CSU. Außerdem hatte er ein Landtagsmandat inne.

Marianne Zwicknagel wuchs in Rott am Inn auf, sie besuchte dort die Volksschule und anschließend in Wasserburg die Oberschule. Nach Kriegsende kam sie als Sechzehnjährige an das Münchner Max-Gymnasium. Hier machte sie 1948 das Abitur und studierte anschließend Volkswirtschaft bis zum Erhalt des Diploms 1955. Zugleich aber beschäftigte sich Marianne Zwicknagel mit der französischen und englischen Spra-

che und erhielt das „Diplôme Supérieur" sowie die „Cambridge Proficiency". 1956 unterstützte sie ihre Mutter in der Leitung der Brauerei in Rott am Inn, da ihr Vater inzwischen als deutscher Konsul in Innsbruck weilte. Ihre berufliche Tätigkeit endete jedoch 1957 wegen der Eheschließung mit dem 41jährigen Franz Josef Strauß. Marianne Strauß vertrat die Auffassung: Eine Frau muß „mit ihrem Mann mitleben ..., sonst geht's schief". Das frischvermählte Paar unterhielt mehrere Wohnsitze: in Bonn, in München und in Rott am Inn. Schon im Wahlkampf 1957 begleitete das „Politikum Mariandl", wie sie ihr Ehemann bezeichnete, Franz Josef Strauß auf seinen Reisen und bei seinen Auftritten. Obwohl Marianne Strauß kein CSU-Mitglied war – „Bei uns gehören die Frauen sowieso dazu" –, identifizierte sie sich voll mit der Politik und der Karriere ihres Mannes. Sie unterstützte ihn in seiner Arbeit, vor allem als Franz Josef Strauß 1978 bayerischer Ministerpräsident wurde und während der Zeit seiner Kanzlerkandidatur 1980. Auch Franz Josef Strauß hörte auf ihren Rat, insbesondere bei seinen Medienauftritten. In seinen Erinnerungen schreibt er: „Mein wichtigster Ratgeber und Kritiker in Sachen Fernsehen war meine Frau, die sich meine Auftritte angesehen und mir gesagt hat, was gut war und was schlecht. Sie hatte für dieses Medium ein fast professionelles Verständnis."

Neben der Familienarbeit und Kindererziehung, drei Kinder (Max Josef, Franz Georg und Monika) vervollständigten die Straußsche Familie, galt ihr eigenständiges Interesse vor allem der Familienpolitik. Marianne Strauß setzte sich für eine „originäre Rente für Hausfrauen" ein. Sie forderte, daß die materielle Basis der Familien verbessert werden müsse, damit wieder mehr Kinder geboren würden. Sie verteidigte das Erziehungsrecht der Eltern und forderte als „aktive Katholikin" die christliche Grundlage der Familie ein. Die Mutter war für sie das Herzstück der Familie. Hier war Marianne Strauß ganz der traditionellen Auffassung verhaftet, die in der sogenannten „Adenauer Ära" von der CDU/CSU politisch umgesetzt wurde. Frauenpolitik wurde damals gleichgesetzt mit Familienpolitik.

Marianne Strauß, deren Vorbild die hl. Elisabeth von Thüringen war, kümmerte sich insbesondere auch um soziale Belange. Sie war aktiv bei der „Pfennigparade" dabei und übernahm die Schirmherrschaft der Multiple-Sklerose-Gesellschaft in Bayern.

Ihre drei Kinder setzten mit der Gründung der „Marianne Strauß Stiftung" am 6. September 1984 das Lebenswerk ihrer Mutter fort. In einer Broschüre der Stiftung heißt es: „Sie hat aus ihrer praktischen Arbeit heraus die Lücken in einer angeblich allumfassenden sozialen Sicherung erkannt. Sie hat daran nicht nur Anstoß genommen, sie hat weiterwirkende Anstöße gegeben, diese Lücken zu schließen." Die „Marianne Strauß Stiftung" wird in Einzelfällen tätig, wo private und öffentliche Hilfeleistungen nicht ausreichen. Hier werden Bedürftige unabhängig von Religion und Partei in besonderen Notsituationen finanziell unterstützt. Das Stiftungskapital von 6 Millionen Mark (1988) wurde durch Firmen- und Privatspenden, durch Ausgabe von Gedenkmedaillen und durch Galaabende im Nationaltheater aufgebracht.

Die Rollen der Landesmutter, der First Lady, der Gattin des Ministerpräsidenten gingen Marianne Strauß oftmals auf die Nerven. Sie wünschte sich und ihrer Familie ein weitgehend normales Leben, mit häuslichen Pflichten trotz aller Repräsentationstermine, mit Reisen ins Ausland trotz aller Bewachungsmaßnahmen. In ihrer direkten Art sagte sie mit ihrer dunklen Stimme in einem Interview einmal: „Ich bin die Frau meines Mannes. Punkt. Aus." Und nicht, so müssen wir gedanklich ergänzen, primär die Frau des CSU-Parteichefs und bayerischen Ministerpräsidenten.

Marianne Strauß starb bei einem Autounfall am 22. Juni 1984 auf der Straße zwischen Rottach-Egern und Kreuth am Tegernsee. Sie wurde am 28. Juni 1984 in der Familiengruft in Rott beigesetzt. *map*

"pflichtgetreu, fleißig und aufs eifrigste bestrebt"

Erwerbstätige Frauen

Clara Hätzler
(um 1430–um 1476)
Lohnschreiberin

Um 1400 schien es noch ungewöhnlich und neuartig zu sein, wenn eine Stadtbürgerin die Kunst des Schreibens beherrschte. So bemerkte eine Augsburger Bürgersfrau in einem Brief an ihre Verwandte in Donauwörth: „Ich schäme mich fast, weil ich glaube, daß ich in ganz Augsburg die einzige Frau bin, die schreiben und lesen kann, und fürcht, man möcht über uns lachen, daß wir einander schreiben. Denn ich glaub, daß in ganz Wörth außer dir nicht Eine ist, die schreiben und lesen kann."

Nur ein halbes Jahrhundert später arbeitete eine andere Augsburger Bürgerin, Clara Hätzler, als Berufsschreiberin. Längere Zeit galt sie irrtümlich als schreibende und dichtende Nonne; die Klosterfrauen verfügten nämlich zumindest über eine Elementarbildung im Schreiben und Lesen, etliche Frauenkonvente besaßen aber auch eigene Schreibschulen und Schreibstuben, fertigten Abschriften und Übersetzungen an und stellten Texte zusammen.

Clara wurde um 1430 als Tochter des Bartholomäus Hätzler geboren. Ihr Vater wahrte als „Briefschreiber" im Auftrag von Kaufleuten und Bürgern deren Rechtsansprüche, war also wohl als Notar tätig, wie dann auch Claras Bruder Bartholomäus. Die Hätzlerin lernte das Schreiben vermutlich in ihrer Familie. Im 15. Jahrhundert nahm das Interesse an einer Ausbildung der Mädchen in Lesen, Schreiben und Rechnen in den Städten erheblich zu. Vorreiter waren Kaufmannsfamilien, in denen es selbstverständlich war, daß Ehefrauen und Töchter bei den Geschäften mitwirkten. Auch Clara Hätzler unterstützte wohl ihren Vater und ihren Bruder. Vor allem aber verdiente sie selbständig als Schreiberin. Ihre geübte Handschrift und die Tatsache, daß sie von 1452 bis

1476 Steuern zahlte, zeigen, daß sie keine Gelegenheitsschreiberin war. Clara Hätzler wurde mit der Abschrift unterschiedlichster deutschsprachiger Texte beauftragt. Bisher sind neun Handschriften aus ihrer Produktion bekannt; soweit datiert, stammen sie aus den Jahren zwischen 1467 und 1473. Das sogenannte Liederbuch, ihre wichtigste und umfangreichste Arbeit, kopierte sie um 1471 für den Kaufmann Jörg Roggenburg. Auftraggeber einer Abschrift des Schwabenspiegels war Cunrat Graff, der Zunftmeister der Kürschner. Zu den von ihr geschriebenen Handschriften gehören weiter jagdkundliche Traktate und die Heiligenleben, die der Domherr Hans Wildgeferd dem Salzburger Frauenkonvent von St. Peter schenkte.

Colophon mit dem Namen der Clara Hätzler

Die Hätzlerin spielte eine wichtige Rolle in der deutschsprachigen Augsburger Schreibkultur. Insbesondere das durch ihre Hand überlieferte sogenannte Liederbuch, das unter anderem Gedichte Oswald von Wolkensteins enthält, ist ein bedeutendes Dokument für die literarischen Interessen des Stadtbürgertums.

Clara Hätzler gehörte zur nicht geringen Zahl der berufstätigen steuerzahlenden Frauen in den Städten. So waren im 15. Jahrhundert in der Reichsstadt Nördlingen etwa 20 Prozent und zu Beginn des 16. Jahrhunderts immerhin noch etwa 15 Prozent der Steuerzahler weiblich. Wie Clara Hätzler waren diese Frauen rechtlich und wirtschaftlich selbständig. Sie arbeiteten oft ohne Einbindung in eine Zunft, aber auch als Mitglieder reiner Frauenzünfte, beispielsweise der Nördlinger Schleierwirkerinnen oder der Nürnberger Goldspinnerinnen.

Clara Hätzler, die einzige namentlich bekannte Lohnschreiberin im Augsburg des 15. Jahrhunderts, starb vermutlich um 1476. Ihre Tätigkeit fiel in die Zeit einer revolutionären Wende, nämlich der Erfindung des Buchdrucks mit gegossenen beweglichen Lettern. 1468 erschien das erste in Augsburg gedruckte Buch. *ep*

Anna Barbara Gignoux
(1725–1796)
Kattunfabrikantin

An Selbstbewußtsein fehlte es Anna Barbara Gignoux beileibe nicht. 1762 schrieb sie an den Augsburger Rat, daß sie „die hiesigen Herren Kaufleute mit meinem Cotton-Drucken, zu ihrem besonderen Contento (Zufriedenheit), und zu meinem nicht geringen Ruhm, erweißlichermaßen bedienet" habe. Ebenso energisch, wie sie ihre Leistungen im Stoffdruck betonte, kämpfte sie dann auch bei den Auseinandersetzungen um die Leitung ihrer Kattunmanufaktur für ihre Rechte. Ihre Zeitgenossen würdigten die Augsburger Unternehmerin als eine rastlos tätige Frau, die ihren Betrieb „unter die vorzüglichsten Handlungshäuser hiesiger Stadt" emporbrachte und erfolgreich ein Geschäft führte, „dem schon oft geschickte Männer untergelegen sind."

Porträt von Joh. Georg Edlinger, um 1786

Anna Barbara wurde am 16. September 1725 als Tochter des Augsburger Goldschlagers Andreas Koppmair und seiner Frau Maria Barbara geboren. Im Goldschlagerhandwerk arbeiteten die Frauen und Töchter der Meister im Betrieb mit; so wird wohl auch Anna Barbara zum Einlegen der Gold-, Silber- und Metallblätter in die Formen mitherangezogen worden sein. Im Alter von 23 Jahren heiratete sie Johann Friedrich Gignoux. Dessen Vater Jean François war aus Genf zugewandert und hatte eine Kattundruckerei gegründet, die bald zu den bekanntesten und technisch führenden in Augsburg gehörte. Kattune, feine bedruckte Baumwollgewebe, waren im 17. Jahrhundert zum Modeschlager geworden. 1689 fand der Kattundruck Eingang in Augsburg, wurde dann zünftisch geregelt und der Weberhausdeputation unterstellt. Den Druckern gelang es aber bald, auch das Bleichen, Scheren, Mangen und Färben – eigentlich Zuständigkeit jeweils dazu berechtigter Handwerke – an sich zu ziehen. In ihren Manufakturen konzentrierten sie nun den Herstellungsprozeß von der Stoffveredelung bis zur fertigen bedruckten Ware. Zugleich konnten sie kaufmännische Befugnisse in der Rohgewebebeschaffung und im Vertrieb ihrer Produkte erringen. Aus den zunftmäßig gebundenen Handwerkern wurden mehr und mehr an Markt und Gewinn orientierte Unternehmer.

Nach ihrer Heirat eröffneten Johann Friedrich und Anna Barbara Gignoux eine eigene Kattundruckmanufaktur. Anna Barbara arbeitete in großem Umfang im Betrieb mit. Auf diese Weise erwarb sie sich nicht nur das technische Know-how, so die „Wissenschaft und Manipulation der Farben", sondern auch kaufmännische Fähigkeiten. Als ihr Ehemann im Mai 1760 starb, war sie ohne weiteres im Stand, das Unternehmen und den Handel zu leiten. Von der Weberhausdeputation erhielt sie die Erlaubnis, die Manufaktur im Namen der Kinder, der 1752 geborenen Felicitas Barbara und des 1755 geborenen Johann Friedrich, weiterzuführen. Ein Jahr vor seinem Tod hatte Gignoux den Sohn zum Erben bestimmt, aber auch verfügt, daß bis zu dessen Volljährigkeit Anna Barbara den Betrieb leiten sollte.

Bereits Ende 1760 heiratete Anna Barbara den Kaufmann Georg Christoph Gleich. Ihre zweite Ehe, zu der sie nach eigener Aussage gedrängt worden war, bedauerte sie jedoch bald. Gleich beanspruchte nun die Direktion der Manufaktur, heftige Ehekonflikte waren die Folge. Ein Jahr nach der Heirat reichte Anna Barbara ihre erste Scheidungsklage ein, in der sie sich auch über die brutale Behandlung durch ihren Ehemann beklagte, der sie selbst als Hochschwangere schlug. Dieser verklagte sie seinerseits beim Bürgermeister, und seine engen Freunde und Manufakturkunden Konrad Schwarz und Karl Heinrich Bayersdorf petitionierten zugunsten seiner Unternehmensleitung. Der Rat genügte dem Antrag von Schwarz und bestätigte damit eine bürgermeisterliche Verfügung vom Januar 1762, derzufolge die Gleichin ihrem Ehemann die Direktion des Betriebes überlassen sollte. Da sich Anna Barbara aber nicht geschlagen gab, wurde eine Ratsdelegation eingesetzt, um einen gütlichen Vergleich zu finden. Einige Monate später sprach der Rat in einem Vertrag Gleich als Ehevogt und Ernährer der Kinder die Leitung der Manufaktur und die Nutzung des Betriebes bis zur Volljährigkeit des Erben Johann Friedrich zu. Anna Barbara sollte ihm – ihr Wissen war Gleich unentbehrlich – im Unternehmen zur Hand gehen und die häusliche Ökonomie als gute Hausmutter besorgen. Für ihre Arbeit im Betrieb sollte sie bezahlt werden, auch mußte ihr Einblick in die Geschäftsvorgänge gewährt werden.

Nach den Verfügungen Gignoux' von 1759 war die Einsetzung Gleichs in die Manufakturleitung nicht zulässig; im Vergleich gab jedoch der Rat dem Rechtsinstitut der Geschlechtsvormundschaft des Ehemannes über die Ehefrau den Vorrang. Gleich, der die Leitung noch 1762 übernahm, bewies aber keine glückliche Hand. Sein aufwendiger Lebensstil, der Neubau eines Manufakturgebäudes und die Art seiner Geschäftsbeziehungen brachten ihn in finanzielle Schwierigkeiten. 1770 meldete er Konkurs an und floh, nachdem ihm die Schuldhaft drohte, aus Augsburg. Er hinterließ Schulden in der Höhe von mindestens 200000 Gulden.

Anna Barbara Gignoux – nach ihrer Scheidung 1779 führte sie wieder diesen Namen – gelang es, zum Vergleich mit den Gläubigern zu kommen. In den folgenden 26 Jahren ihrer Betriebsleitung baute sie das Unternehmen zur drittgrößten Kattunmanufaktur in Augsburg auf. Sie organisierte und überwachte persönlich die Arbeitsabläufe in der Produktion und betätigte sich auch im kaufmännischen Zweig ihres Betriebes. Ein Zeitgenosse schrieb: „Sie theilt täglich den fünfhundert Arbeitsleuten ihr gehöriges Tagwerk zu, siehet mit scharfem Blick überall nach, lieset und unterschreibt, unerachtet ihres zunehmenden Alters, in ihrer mit vielen Personen versehenen Handelsstube, alle Wechselbriefe und Rechnungen selbst." Unter den Arbeitskräften in den Kattundruckereien befanden sich nicht wenige Frauen, oft in ungelernten Tätigkeiten, aber auch als Einmalerinnen für hochwertige Drucke oder Kupferdruckerinnen. Wie die anderen acht oder neun Augsburger Kattunfabrikanten pochte Anna Barbara Gignoux auf ihre unternehmerische Freiheit. Vermutlich gehörte auch sie zu denjenigen, die gegen Einfuhrverbote für fremde und billige Rohgewebe verstießen, die der Rat zum Schutz der Augsburger Weber erlassen hatte. Andererseits zählte sie zu den wenigen, die den Webern auch in Krisenzeiten ihre Rohkattune abnahmen. Allerdings bezahlte sie ihnen, nicht anders als die übrigen Fabrikanten, kaum mehr Bargeld, sondern „tauschte" die Rohware gegen Baumwolle und Baumwollgarn ein.

Die Unternehmerin scheute sich nicht, ihren selbsterworbenen Wohlstand zu demonstrieren und sich als selbstbewußte bürgerliche Persönlichkeit darzustellen. Vermutlich 1786 ließ sie sich vom Münchner Hofmaler Johann Georg Edlinger porträtieren. Anders als lange angenommen, wirkte sie aber nicht als Mäzenin. 1787 kaufte sie sich vor den Toren Augsburgs ein Gartengut, wo sie, wie andere gut situierte Augsburger, ihre freie Zeit mit ihrer Familie verbrachte. Über ihr Familienleben war allerdings ein Schatten gefallen: 1777 starb ihr Sohn Johann

Friedrich im Alter von 22 Jahren. Nur zwei ihrer Kinder überlebten, Felicitas Barbara aus ihrer ersten und Magdalena Rosina aus ihrer zweiten Ehe.

Anna Barbara Gignoux, eine der bedeutendsten Persönlichkeiten des Augsburger Wirtschaftslebens im 18. Jahrhundert, starb am 11. September 1796. Sie hatte glänzend den „Wahn als ob die Frauens=Personen nicht im Stand wären, einer Cotton=Fabrique vorzustehen" widerlegt.

ep

Marie Schandri
(1788/1796–?)

und

Maria Mondschein
(1878–1970)
Köchinnen

In der ersten Hälfte des 19. Jahrhunderts erschienen einige Kochbücher, die belegen, daß Frauen nicht nur in der Familie am Herd standen, sondern auch als angesehene Köchinnen oder Küchenchefinnen die Kochkunst betrieben. Schon 1813 veröffentlichte Krescentia Buchner ein „Allerneuestes Münchner Kochbuch für baierische Mädchen und Hausfrauen" und gab darin auch „gründliche und deutliche Anweisung zur Besorgung sowohl herrschaftlicher als auch bürgerlicher Küchen". Desgleichen gab Katharina Maria Daisenberger 1843 in Nürnberg ein „Vollständiges Bayerisches Kochbuch" heraus.

Krescentia Buchner hält in ihrem Kochbuch bürgerliche Frauentugenden hoch, wie Ordnung, Fleiß, Sparsamkeit und Sauberkeit. Auch Marie Schandri, Köchin im berühmten Gasthof „Zum Goldenen Kreuz" am Regensburger Haidplatz, legte größten Wert auf „Reinlichkeit" beim Kochvorgang und in der Küche. Sie war bestrebt, „nicht nur die einfachste und beste, sondern auch möglichst billige Art der Bereitung" anzugeben und auf „zweckmäßige Verwendung von Speiseresten" hinzuweisen. Die Güte der Nahrungsmittel, der gezielte Einkauf, die richtige Vorratshaltung sowie die zweckmäßige Gestaltung des Arbeitsplatzes und der passende Einsatz der Küchengeräte lagen ihr am Herzen. Marie

Schandris erstmals 1866 veröffentlichtes „Regensburger Kochbuch" mit „934 Original-Kochrezepten" basierte auf ihrer vierzigjährigen Berufserfahrung als Küchenchefin der Regensburger Nobelgaststätte „Goldenes Kreuz". Hier kochte sie seit den zwanziger Jahren des 19. Jahrhunderts so ausgezeichnet, daß selbst gekrönte Häupter von ihren Kreationen begeistert waren.

Marie Schandri wurde vermutlich in der oberpfälzischen Ortschaft Luhe geboren und zwar entweder am 17. Juni 1788 oder am 13. Oktober 1796. Zwei Frauen namens Maria bzw. Maria Katharina Schandri sind in den Pfarrakten dort verzeichnet. Wann und wo Marie Schandri starb, ist bislang unbekannt.

Marie Schandri widmete ihr Kochbuch der „bürgerlichen Küche". Dort scheint es auch häufige Verwendung gefunden zu haben, wie eine Vielzahl von Auflagen ihres Werkes bezeugt. Am Ende des 19. Jahrhunderts wurde Marie Schandris Kochbuch als „das billigste, reichhaltigste und zuverlässigste Kochbuch Süddeutschlands" gepriesen, und der Verlag Reinhard Piper bescheinigte noch in unserem Jahrhundert dem Kochbuch der Marie Schandri „den stärksten Bedarf". So nimmt es auch nicht Wunder, daß Maria Anna Mondschein, geboren am 31. Dezember 1878 in Pfaffenberg (Bezirksamt Mallersdorf), in ihrem Berufsleben als Köchin nach diesen bewährten Rezepten und Anweisungen die Speisen zubereitete. Getreu Marie Schandris Auffassung folgend, daß „für das Wohlbefinden einer jeden Familie die Zubereitung der Nahrungsmittel von größtem Einfluß" sei.

Maria Anna Mondschein war die Tochter des Gerbers Franz Josef Mondschein und seiner Ehefrau Anna Maria, geborene Neumeier aus Neudorf. Maria Mondschein hatte noch drei Geschwister; ein Bruder, namens Hans, durfte studieren und wurde später Gymnasialprofessor. Als Maria gerade 10 Jahre alt war, starb ihre Mutter. Da der Vater erneut heiratete, nahmen der Straubinger Gymnasialprofessor Johann Nepomuk Mondschein und seine Gattin Marie Luise ihre Nichte zu sich. Marias Tante starb jedoch bald, und der Onkel ging eine zweite Ehe ein.

Nachdem Maria Mondschein in Straubing die Werktagsschule abgeschlossen hatte, zog sie mit der zweiten Frau ihres inzwischen ebenfalls verstorbenen Onkels nach München. Dort arbeitete Maria für kurze Zeit als Köchin in einem privaten Haushalt. Offenbar hatte sie im Haus ihres Onkels zu Straubing, unter der Anleitung seiner beiden Ehefrauen, das Kochen erlernt. Zumindest erzählte Maria Mondschein später ihrer Tochter von vielen Einladungen im Hause des Gymnasialprofessors, zu

Maria Mondschein

welchen die Speisen für die Gäste nach dem „Regensburger Kochbuch"
zubereitet worden waren.

Maria Mondschein zog schließlich von München nach Regensburg,
wo ihr Vater inzwischen wohnte. Als Köchin arbeitete sie nun einige
Zeit im Gasthof „Dampfschiff" auf dem Unteren Wöhrd. Hier lernte sie
den Witwer und selbständigen Sattlermeister Augenthaller kennen.
Maria Mondschein heiratete den Handwerksmeister (um 1904) und
hatte mit ihm mehrere Kinder, von denen jedoch nur ein Sohn, namens
Hans, überlebte. Nachdem Marias Ehemann gestorben war, heiratete sie
erneut (um 1913) und folgte dem Sattlermeister namens Ludwig Graf
nach Riedenburg. Zusammen hatten sie zwei Töchter: Klara (* 1914) und
Maria (* 1917).

Maria Mondschein kochte und buk auch als Hausfrau nach dem
„Regensburger Kochbuch", vor allem ihre Kuchen fanden das Lob der
gesamten Familie. In den Erinnerungen ihrer Tochter Maria gelang dem
Vater Ludwig Graf der Hackbraten jedoch besser, da Mutter Maria immer
sehr sparsam mit den Zutaten – wie von Marie Schandri geraten – um-
ging. Gemundet hat dagegen allen der nach ihrem Rezept zubereitete
Brombeerlikör: „Man nimt 2 Litter Brombeeren, füllt sie in Flaschen,
gießt einen Liter guten Spiritus darüber und läßt ihn 3–4 Wochen gut
gestopselt stehen. Dan preßt man das ganze durch ein Tuch. Dan läßt

man einen ½ Liter Wasser in einem Pfund Zucker kochen, läßt es kalt werden, schütet dan alles zusamen, filtriert dan Liquer durch Filtrierpapier, bewahrt ihn in Flaschen gut verkorkt auf."

Als Ruheständlerin lebte Maria Mondschein, verwitwete Augenthaller und Graf (ihr Mann Ludwig war 1942 gestorben), bis zu ihrem Tod am 17. Januar 1970 bei ihrer Tochter Maria in Bobingen. Sie wurde auf dem Riedenburger Friedhof beerdigt.

Das „Regensburger Kochbuch" der Marie Schandri aber wurde von Maria Mondschein, in einer Ausgabe von 1888 mitsamt dem ergänzenden „Fastenkochbuch"-Anhang von Anna Huber, an ihre Tochter Maria weitergeben, die wiederum selbst als junge und noch unerfahrene Hausfrau nach diesen Rezepten Speisen zubereitete. *map*

Amalie Hohenester
(1826–1878)
Naturheilkundige und Kurbetriebinhaberin

Sie selbst hüllte ihre Herkunft gern in märchenhafte Erzählungen von der gewitterumtosten Geburt im Wald und dem dortigen Tod der Mutter, von der adeligen Abstammung als Zigeunerprinzessin, von der Aufzucht der kleinen Waise im gräflichen Schloß und ähnlich geheimnisvollen Vorkommnissen, die ihre Person dem allzu Irdischen entrücken sollten. Viele zogen diese Legenden nicht in Zweifel und trugen bzw. druckten sie beständig weiter.

Die historischen Quellen bezeugen jedoch: Amalie erblickte am 4. Oktober 1826 nachmittags um 3.00 Uhr auf dem Heimereranwesen zu Vaterstetten, Pfarrei Ottendichl im Landgericht Ebersberg, als zwölftes Kind von Michael Nonnenmacher, Heimererbauer, und Philippina, geb. Hutler, das Licht der Welt. (Andere verzeichnen: Amalie kam 1827 als sechstes Kind des Haberlbauern, Michl Nonnenmacher vom Weiler Marschall bei Holzkirchen, und der rheinischen Mutter Bibiane oder Karolina zur Welt. Wiederum andere geben Lorenz Haberl und seine ungarische Frau Magdalena als Eltern an, die früh starben und Amalie als Waisenkind zurückließen.)

Amalies Großvater mütterlicherseits, Johann Georg Hutler, Bauer in Vaterstetten, wurde am 15. Oktober 1805 als „Spion und Landesverräter" in München vor dem Karlstor erschossen. Großmutter Elisabeth Hutler übergab um 400 Gulden die Hälfte des Hofes an Amalies Vater, Michael Nonnenmacher, der aus Niederhochstatt bei Landau in der Pfalz gekommen war. Amalies Vorfahren gehörten wohl zu den evangelischen Siedlern, die um 1803 aus dem Rheingebiet kommend, sich in der Gegend von Vaterstetten, Feldkirchen, Kolbermoor und Oberallershausen niederließen. Amalies Brüder Nikolaus (* 1807), Georg (* 1809) und Simon (* 1815) bildeten zusammen mit Toni Spreißl, Wimmer und Zachenbacher sowie anderen Männern die berüchtigte „Haberlbande", eine Räuberbande, die bis um 1850 ihr Unwesen im bayerischen Oberland trieb.

Auch Amalie scheint in ihren jungen Jahren auf die schiefe Bahn geraten zu sein. Um 1850 verließ sie ohne rechte Ausbildung ihre Familie und verdingte sich zunächst als Magd in einem Münchner Gasthof, dann reiste sie als Dienerin mit der Gräfin Sandizell durch die Lande. Im Mai 1856 jedoch schob sie die Frankfurter Polizei, angeblich wegen Prostitution, in ihr Heimatland Bayern ab.

Zu Hause angekommen, arbeitete sie nunmehr zusammen mit ihrer Mutter. Sie erlernte von ihr das Heilkräutersammeln und Medizinkochen sowie das Wetterbeschwören. Um 1859 betrieb Amalie (zusammen mit ihrer Schwester Regine) bereits eine „Filiale" in Deisenhofen, denn sie wurde am 29. Januar 1859 dort wegen „Medizinischer Pfuscherei" um 10 Gulden vom Landgericht München gestraft und am 4. Mai 1859 mußte sie, wiederum wegen „Pfuscherei" verurteilt, einen zweitägigen Polizeiarrest antreten. Wegen wiederholter Abtreibung war auch Amalies Mutter schon mehrmals beim Amtsgericht Miesbach verurteilt worden. Das gültige Gesetz verbot ohne entsprechende Vorbildung jegliche ärztliche oder heilberufliche Tätigkeit. Damit waren die Ausübenden der Naturmedizin, zumeist Frauen, vom anerkannten Heilberuf ausgeschlossen. Studierte Ärztinnen gab es damals in Deutschland noch nicht, und auch Frauen, die im Ausland Medizin studiert hatten, durften in Deutschland keine Praxis eröffnen.

Am 14. Oktober 1861 verheiratete sich Amalie Nonnenmacher mit Benedikt Hohenester, dem Erben des Wagnerbauern von Deisenhofen, in der Pfarrkirche Oberhaching. Noch im selben Jahr übernahm der Bräutigam den elterlichen Hof. Hier begann nun Amalie Hohenester, genannt „Doktorbäuerin", ihren erfolgreichen Weg als heilkundige Frau. Frauen aus Deisenhofen sammelten für Amalie Hohenester Heilkräuter, aus denen sie die Medizinen für ihre Patienten bereitete. Zwischen zwei und sechs Gulden bezahlten die Hilfesuchenden für eine Behandlung. Etwa 40 bis 60 Kranke erschienen täglich bei der Doktorbäuerin.

Von dieser Konkurrenz war der ortsansässige Arzt, Dr. Hierl, selbstverständlich nicht angetan. Er beschwerte sich über diesen „Unfug" am 29. Juli 1862 beim Königlichen Bezirksamt München. Zeug(inn)en wurden gesucht, aber es fanden sich meist nur positive Auskünfte, da viele von der Doktorbäuerin kuriert worden waren. Dennoch verhaftete man Amalie Hohenester am 16. September 1862 und verurteilte sie zu 50 Gulden Strafe, ersatzweise acht Tagen Arrest. Die Presse berichtete ausführlich über diesen Fall.

Amalie Hohenester ließ sich aber trotz aller Unbill von ihrem Heilberuf nicht abbringen. Sie verkaufte den Bauernhof und erwarb zusammen mit ihrem Ehemann für 28 000 Gulden das alte, heruntergekommene Heilbad Mariabrunn im Dachauer Land. Zu Beginn des Jahres 1863 übersiedelten die Hohenesters dorthin. In Mariabrunn hatte der Bauer Stephan Scharböck 1661 eine wundertätige Quelle entdeckt. Um 1790 gestaltete Medizinalrat Nepomuk Leuthner den vorhandenen Edelsitz zu einem kleinen Heilbad um, das später jedoch verfiel. Erst Amalie Hohenester baute Mariabrunn mit seiner Gast- und Landwirtschaft, seinen Gebäuden und seiner Kapelle wieder zu einem modernen Kurbetrieb aus.

1873 bestanden in Mariabrunn ein zweistöckiges Badhaus mit 14 Badezimmern und 35 Gastzimmern, das Fürstenhaus mit acht eleganten Zimmern, der Saalbau mit Küche und Speisesaal, das sogenannte Schlößl mit sechs Gästezimmern, das Brauhaus mit zusätzlich vier Zimmern sowie die Barockkapelle. Stellwagen und Kutschen brachten die Patienten von München oder den Bahnstationen Röhrmoos und Lohhof nach Bad Mariabrunn. Etwa 30 Reitpferde standen den Gästen zur Verfügung, exquisites Essen wurde serviert und ein Kurorchester spielte auf. Die Landwirtschaft umfaßte 80 Stück Vieh sowie 300 Tagwerk Felder und Wiesen.

Viele Leute aus der Umgebung fanden bei Amalie Hohenester Anstellung als Bade- und Ökonomieverwalter, als Küchenchef und Konditor, als Bräu-, Bade-, Ziegel- und Torfbaumeister, als Gärtner, Bäcker, Schäfer, Wagner, Schäffler, Stallschweizer, Schmied, Metzger, als Ober-, Saal-, Schenk- und Gartenkellner, als Stellwagenführer, Kutscher, Bräubursche, Stiefelwichser, als Haus-, Pferde-, Ochsen- und Ökonomieknecht, als Schnapsbrenner und Taglöhner sowie als Köchin, Zimmermädchen, Küchen-, Haus- und Hühnermagd. Insgesamt 95 Personen standen bei Amalie Hohenester in Lohn und Brot. Auch die umliegenden Bauern profitierten vom Kurbetrieb und lieferten jährlich 4000 Pfund Weißbrot und 30 000 Pfund Fleisch. Die Gemeinde Röhrmoos erhielt von Amalie Hohenester pro Jahr 148 Gulden Gewerbesteuer. 1877 betrugen Amalie Hohenesters Einnahmen an die 100 000 Goldmark.

Zur „Bründlfrau", wie Amalie Hohenester nunmehr genannt wurde, kamen neben den einfachen Menschen aus der Umgebung auch viele Berühmtheiten aus dem europäischen Adel. Ein ungeheuerer Aufstieg begann: Täglich erschienen mehr als 100 Hilfesuchende in Bad Mariabrunn. Das Gästebuch verzeichnete den Großfürsten Nikolajewitsch, die Großfürstinnen Alexandra und Vera, die Fürstin Woronzoff, die Gräfin Stroganoff, den Baron Korff, die Exkönigin von Hannover, die Prinzessin Reuß, die Rothschilds, die Gräfin Halwyl sowie auch illustre Personen aus England, Schweden und sogar aus Amerika. Auch die österreichische Kaiserin Sisi soll bei der Hohenester Hilfe gefunden haben. Marie Louise Gräfin Larisch-Wallersee, eine Vertraute und Verwandte der Kaiserin, berichtet in ihren Erinnerungen, daß sie zusammen mit ihrer Mutter dort Schönheitsmittel für Elisabeth und deren Schwester Marie Sophie, die Heldin von Gaeta, abgeholt hätte. Auch für König Ludwig II. soll ein Saft gegen sein „Magenübel" dabei gewesen sein. Und noch eine Berühmtheit suchte die Doktorbäuerin auf: Adele Spitzeder, die Inhaberin der „Dachauer Bank".

Amalie Hohenester wurde, trotz Einstellung eines Badearztes, immer wieder von den Behörden wegen Kurpfuscherei belangt. Vor allem die studierten Mediziner waren ihr und ihrem Erfolg nicht hold. Der Dachauer Bezirksamtmann berichtete nach München: „Ganze Züge von Hilfesuchenden aller Stände finden sich in Mariabrunn ein, jegliche Strafeinschreitung hat ihre Zahl nur erhöht. Die Stimmung der umliegenden Ärzteschaft ist äußerst trübe. Das Innenministerium möge dringendst über außerordentliche Maßnahmen entscheiden!" Einmal wurde der Kurbetrieb sogar geschlossen. Jedoch das neue deutsche Polizeistrafgesetzbuch vom Dezember 1871 stellte die „medizinische Kurpfuscherei" nicht mehr unter Strafe und somit stand dem internationalen Aufschwung nichts im Wege.

Amalie Hohenesters Behandlungserfolge resultierten aus einem hohen Maße an Einfühlungsvermögen sowie Kenntnissen in der Naturheilkunde und in der Urindiagnostik. Sie verordnete den Patienten Fußmärsche und Diäten sowie Wasserbehandlungen und selbstverfertigte Kräutermedizinen. Alkohol, Nikotin, Kaffee und scharfes Gewürz waren verboten. Freilich gab sie oftmals an, daß sie ihre Heilerfolge einem geheimen Buch aus Ägypten zu verdanken habe. Offensichtlich versuchte Amalie Hohenester damit, den Wundergläubigen unter ihren Patientinnen und Patienten Nahrung für ihre Phantasie zu geben.

Viele kamen nach Bad Mariabrunn, weil sie von der faszinierenden Persönlichkeit der Bründlfrau gehört hatten. Amalie Hohenester empfing die Hilfesuchenden in einem schwarzseidenen Schleppkleid mit einem Tüllüberwurf; ein Käppchen mit Schleier, feine Handschuhe und kostbarer Goldschmuck vervollständigten ihre Erscheinung. Zudem trug sie den Kyrillorden, eines der höchsten russischen Ehrenzeichen, der ihr zum Dank verliehen worden war.

Amalie Hohenester duzte alle ihre Patienten und Patientinnen, unabhängig von deren gesellschaftlichem Stand und Rang. Sie verlangte unbedingte Befolgung ihrer medizinischen Anordnungen. Wer sich widersetzte, mußte das Kurbad verlassen. Amalie Hohenester war nicht frei von Launenhaftigkeit und Herrschsucht. In ihrer Wut soll sie sogar mit der Peitsche auf ihre Bediensteten losgegangen sein. Sie war zugleich fromm und abergläubisch, sparsam und generös.

Am 24. März 1878 starb die Doktorbäuerin und Bründlfrau, nach zwanzigjährigem Wirken, in ihrem Schlafgemach an Herzversagen und vermutlich auch an Brustkrebs, wie es der offizielle Untersuchungsbericht nahelegt. Auf dem Friedhof von Ampermoching liegt sie begraben. Ein Jahr nach Amalie Hohenesters Tod erschien eine „stattliche Medicinalschrift" unter dem Titel „Amalie Hohenesters Arzneimittelschatz" mit einer umfassenden „Urinkunde".

Ihre Erben, Ehemann Benedikt und ihre Nichte Ottilie, versuchten den Kurbetrieb weiterzuführen. Amalie hatte ihre Nichte, da selbst kinderlos geblieben, noch in die Geheimnisse der Naturheilkunde eingeweiht. Offensichtlich fehlten Ottilie jedoch ausreichende Behandlungserfahrungen und die große Naturbegabung sowie persönliche Ausstrahlung ihrer Tante. Denn am 18. Juli 1881 kaufte Graf Heinrich von

Rambaldi Bad Mariabrunn um 280 000 Mark. 1907 ging der Besitz an die Familie Breitling über, die Mariabrunn heute noch innehat.

Amalies Gatte Benedikt heiratete 1878 erneut. Seine Erwählte war eine Tochter aus dem Brauerhaus Duschl in Freising. Benedikt Hohenester starb als Privatier am 8. Mai 1893 in München.

Nichte Ottilie versuchte noch in Bad Sulz am Peißenberg einen Kurbetrieb nach Mariabrunner Vorbild einzurichten. Dies scheiterte jedoch, so daß sie sich schließlich mit ihrem Ehemann in Deisenhofen niederließ. Dort war sie weiter als Naturheilkundige tätig, bis sie am 15. Februar 1912 verstarb.

Amalie Hohenester wurde zeit ihres Lebens nicht nur verehrt, sondern mehr noch als Wunderheilerin und Scharlatanin verunglimpft. Ihr wurden Täuschungsmanöver und Unehrlichkeit vorgeworfen, wie dies ein Zeitungsartikel von Geheimrat Prof. Dr. Johann Nepomuk von Nußbaum, am 10. Dezember 1862 in den „Münchner Neuesten Nachrichten" veröffentlicht, bezeugt: Ich halte „das von den Behörden bedauerlicherweise noch nicht eingestellte Treiben der Hohenester für einen groben und lebensgefährlichen Betrug". Noch in der „Abendzeitung" vom 18. Januar 1949 mußte sich ein Nachfahre, Georg Hohenester, im Namen der gesamten Familie gegen solche Verdächtigungen verwahren.

Am 1. März 1956 beschloß der Münchner Stadtrat, eine Straße im Stadtteil Aubing nach Amalie Hohenester („Hohenesterstraße") zu benennen. Damit ehrte man eine naturheilkundige Frau mit Charisma, deren Wirken durchaus eine Parallele zu Bad Wörishofen und dem berühmten Pfarrer Kneipp zuläßt.

Amalie Hohenester hat manchen Literaten und Filmemacher inspiriert. So wurde die Komödie „Kurpfuscherin" von Hans Fitz unter dem Titel „Madame Hohenester" für das Zweite Deutsche Fernsehen mit Maria Schell in der Hauptrolle verfilmt und am 2. November 1974 gesendet. Und zum Jahreswechsel 1996/97 brachte das Bayerische Fernsehen einen Zweiteiler über das Leben und Wirken der Amalie Hohenester unter dem Titel „Mali".   *map*

Dr. med. Friderica Gräfin von Geldern-Egmond
(1853–1923)
Frauenärztin

Die gemäßigte Richtung der bürgerlichen Frauenbewegung in Deutschland propagierte von Anfang an den ärztlichen Beruf und die damit zusammenhängende akademische Ausbildung als angemessenes und erstrebenswertes Berufsziel für Frauen. Heil- und Pflegeberufe standen in einer gewissen weiblichen Tradition und wurden selbst von recht konservativ eingestellten Herren gerne den Frauen überlassen. Nicht jedoch der akademisch ausgebildete Arztberuf!

Der damals berühmte Münchner Anatom und Physiologe Theodor L. W. von Bischoff schrieb in seinem 1872 veröffentlichten Buch über „Das Studium und die Ausübung der Medicin durch Frauen": „Es fehlt dem weiblichen Geschlechte nach göttlicher und natürlicher Anordnung die Befähigung zur Pflege und Ausübung der Wissenschaften und vor Allem der Naturwissenschaften und der Medicin.

Die Beschäftigung mit dem Studium und der Ausübung der Medicin, widerstreitet und verletzt die besten und edelsten Seiten der weiblichen Natur, die Sittsamkeit, Schamhaftigkeit, Mitgefühl und Barmherzigkeit, durch welche sich dieselbe vor der männlichen auszeichnet.

Die Bildung weiblicher Aerzte läßt sich mit unseren staatlichen Einrichtungen auf Schulen und Universitäten nicht vereinigen. Ihre Theilnahme an dem an denselben ertheilten Unterricht stört und hindert denselben in unerträglicher Weise, und gefährdet das sittliche Wohl der männlichen Theilnehmer auf das allerschlimmste. Die Ueberladung des ärztlichen Standes mit unbefähigten halbgebildeten weiblichen Handwerkern, wie sie allein von dem weiblichen Geschlechte zu erziehen sind, hemmt und stört die Fortbildung der ärztlichen Wissenschaft und Kunst auf das Schädlichste."

1894 ließ das bayerische Staatsministerium für Kirchen- und Schulangelegenheiten verlautbaren, daß die Anstellung einer Frau als Volontärarzt an der Frauenklinik der Münchner Universität „nicht zulässig" sei und auch in Zukunft zu „unterbleiben" habe. Dies blieb die nächsten Jahre so, bis Friderica von Geldern-Egmond, eine soeben an der Züricher Universität promovierte Gräfin aus bayerischem Adelsgeschlecht, 1897 einen Antrag um Anstellung als Volontärärztin stellte.

Die junge Ärztin wurde von Professor Dr. Franz Ritter von Winckel, dem damaligen Dekan der medizinischen Fakultät, in ihrem Bestreben unterstützt, Assistenzärztin zu werden und damit die nächste Ausbildungsstufe zu absolvieren. Professor von Winckel hatte, ehe er Direktor der Universitäts-Frauenklinik in München wurde, in Dresden gewirkt und dabei durchaus günstige Erfahrungen mit den jungen „Volontärassistentinnen" gemacht: „Pflichtgetreu, fleißig, gewissenhaft und aufs eifrigste bestrebt, all ihre Zeit bestens auszunützen, habe ich die Leistungen der meisten dieser Schülerinnen mit Freuden als mindestens gleichwertig mit denjenigen ihrer Mitvolontärärzte anerkennen müssen." Auch dem Argument, daß die Frauen doch von zarterer Konstitution als die Männer seien und daß sie nicht genug körperliche Kraft zur Ausübung chirurgischer Eingriffe besäßen, konnte Prof. von Winckel aus eigener Erfahrung und Anschauung entgegenhalten: „Auch die zartesten unter ihnen waren imstande, schwierige Operationen glücklich zu Ende zu führen." Offensichtlich fanden diese Argumente Gehör, denn Friderica Gräfin von Geldern-Egmond wurde die erste ministeriell genehmigte Volontärärztin der Universität München. Dem ganzen Ansinnen durchaus förderlich war wohl auch ihre Abstammung.

Friderica Agnes Anna Felicitas kam als jüngstes von dreizehn Kindern des königlichen Kämmerers Carl Theodor Graf von Geldern-Egmond und seiner Ehefrau Marie, geb. von Oppen, am 4. April 1853 im bayerischen Schloß Zangberg auf die Welt. Nach dem Tode der Eltern 1888 mit geringen finanziellen Mitteln ausgestattet, nahm Friderica dennoch 1891 in Zürich das Medizinstudium auf. In Deutschland konnten sich zu dieser Zeit Frauen noch nicht ordentlich immatrikulieren. Dies begann erst im Jahr 1900 in Baden, setzte sich 1903 in Bayern fort, und

107

bis 1909 folgten dann nach und nach alle Universitäten der übrigen deutschen Länder.

Da sich Graf von Geldern-Egmond schon seit 1862 in wirtschaftlichen Schwierigkeiten befunden hatte, wurde seine Tochter Friderica am 11. Januar 1893 in den königlich bayerischen Theresien-Orden aufgenommen, der 1827 zur Versorgung von bedürftigen Töchtern aus bayerischen Adelsfamilien von Königin Therese, Gemahlin Ludwigs I., gegründet worden war.

Friderica von Geldern-Egmond promovierte 1897 in Zürich mit einem „Beitrag zur Casuistik der sog. fötalen Rachitis". In Bayern gab es zu dieser Zeit noch keine medizinischen Promotionen von Frauen. Erst 1903 promovierte mit Margarete Schüler die erste Frau an der Münchner Universität zum Dr. med. Bis 1918 erwarben dann etwa 80 angehende Ärztinnen in München ihren Doktortitel.

Friderica von Geldern-Egmond ließ sich nach ihrer assistenzärztlichen Zeit mit einer gynäkologischen Praxis in der Münchner Liebigstraße nieder. Die kassenärztliche Zulassung machten ihr allerdings 1899 ihre männlichen Kollegen streitig. Sie verlangten, die Ärztin solle von der Liste der Kassenärzte wieder gestrichen werden, da sie noch keine Approbation besitze. 1899 erhielt Friderica von Geldern-Egmond als eine der ersten Frauenärztinnen Bayerns jedoch die Approbation. Aber spätestens ab 1905/06 praktizierte sie in Frankfurt am Main, wo sie sich inzwischen niedergelassen hatte. Im Publikationsorgan der bürgerlichen Frauenbewegung „(Pfälzer) Frauenstreben", das auch in Bayern gelesen wurde, veröffentlichte Friderica von Geldern-Egmond zudem belehrende Artikel zu Gesundheitsfragen und hielt außerdem Referate auf den Vortragsabenden der Frauenvereine, wie beispielsweise 1905 in Aschaffenburg zum Thema „Gesundheitspflege in der Familie".

Dr. med. Friderica Gräfin von Geldern-Egmond blieb unverheiratet und widmete sich ein Leben lang ihrem Arztberuf. Sie starb siebzigjährig 1923 in Frankfurt am Main. *map*

Coletta Möritz
(1860–1953)
Kellnerin und Wirtin

Die liebreizende Coletta hing in dreifacher Lebensgröße als „Schützenlisl" jahrelang im Schützenzelt auf dem Münchner Oktoberfest. Colettas Schönheit und Charme brachten Friedrich August Kaulbach auf den Gedanken, die jugendliche Kellnerin, bierkrügeschwenkend und auf einem Faß dahertanzend, zu malen. Coletta wurde mit diesem Bild zur damals bekanntesten Repräsentantin Münchens. Doch Coletta Möritz war kein „Münchner Kindl". Sie wurde am 26. September 1860 in Ebenried bei Pöttmes in der Nähe von Aichach geboren. Ihre Mutter, Marianne Möritz, war eine ledige Söldnerstochter. Ihre unehelich geborene Tochter erhielt, wie damals gebräuchlich, als Vornamen den Namen der Tagespatronin, der heiligen Coletta.

Um sich und ihrem Kind ein besseres Auskommen zu sichern, zog Colettas Mutter, wie viele Frauen vom Lande, in die Großstadt nach München. Hier eröffnete Marianne Möritz am Oberanger einen Trödelladen. Coletta besuchte die nahegelegene Klosterschule der Armen Schulschwestern und ergriff mit sechzehn Jahren den Beruf einer Kellnerin. Zunächst fing sie beim Sterneckerbräu im Tal als Biermadl an. Schon bald wußte sie, wie fünf Maßkrüge in jeder Hand und noch zwei weitere, gegen die Brust gedrückt, zu tragen waren. Coletta entwickelte sich zu einer schönen jungen Frau, die freundlich, aber auch schlagfertig und witzig ihre Gäste bediente. Unter ihren Stammkunden befanden sich nicht wenige Maler, wie beispielsweise der alte Spitzweg, der junge Lenbach und eben auch Friedrich August Kaulbach.

Die viel umschwärmte Coletta heiratete schließlich den Witwer Franz Xaver Buchner, der die Schwabinger „Nordendhalle" bewirtschaftete. Mit ihrem vierzehn Jahre älteren Gatten hatte sie zwölf Kinder. Gemeinsam führten sie die Gaststätte „Bürgerlicher Brauhauskeller" überm Gasteig. Hier malte, von der Schönheit der jungen Wirtin angetan, Toni Aron ein weiteres Bild von Coletta, wie sie eben dabei ist, einige Maßkrüge heiter und anmutig zu kredenzen. Dieses Gemälde hing zunächst im Bürgerlichen Brauhaus. Heute befindet es sich im Besitz des Münchner Stadtmuseums.

Coletta führte mit ihrem Mann nacheinander mehrere Gaststätten: die „Unionsbrauerei" in Haidhausen, die „Blüte", das „Elysium",

Ölgemälde von Friedrich August von Kaulbach, 1881

die „Kriegervereinsgaststätte" am Stephansplatz und zum Schluß die „Rosenau" an der Schleißheimerstraße. Dazwischen wirkten sie 1897 als Festwirtspaar auf der Landwirtschaftlichen Ausstellung auf dem Oktoberfestplatz.

Als fünfzigjährige, gestandene Frau verwitwete Coletta. Drei Jahre später ging sie eine zweite Ehe mit einem Postbeamten ein. Im Dezember 1953 verstarb Coletta hochbetagt. Noch als Greisin soll sie schön gewesen sein, mit ihren hellen Augen und ihrem lebhaft-humorvollem Wesen.

Am offenen Grab Colettas rief der Landesschützenmeister Brotzler in seiner Abschiedsrede auf dem Waldfriedhof aus: „Nur wir allein haben noch das Glück, dich in all deiner Lieblichkeit von damals zu besitzen! Sie ist unsterblich und wird nie vergessen sein – eingegangen in die Stadtgeschichte Münchens, und so bekannt und beliebt fast wie das Münchner Kindl!" Die königlich privilegierte Schützengesellschaft hatte das Gemälde der schönen „Schützenlisl" erworben und bewahrt es noch heute auf, im Gedenken an das anmutige Modell.   *map*

Ottilie S.
(1903–1987)
Häuslerin

Ottilie S. begann ihre Autobiographie mit einem Schneesturm, der bei ihrer Geburt am 13. Dezember 1903 wütete, denn er erschien ihr als Sinnbild für ihr späteres Leben. Daß sie überhaupt ihre Lebensgeschichte schrieb, verdankte sich einer Verkettung von Zufällen. Eine Münchner Arztehefrau hatte im österreichischen Rundfunk eine Sendung über die früheren Lebensverhältnisse der ländlichen Unterschichten gehört, in der lebensgeschichtliche Aufzeichnungen vorgelesen wurden mit dem Aufruf, ähnliche Manuskripte einzusenden. Bei ihren Wochenendaufenthalten im Bayerischen Wald hatte sie Ottilie S. als ihre verbitterte, ewig klagende Nachbarin kennengelernt. Die Autobiographie entstand aus der Idee heraus, Ottilie S. durch die Niederschrift bei der Bewältigung ihres harten und tragischen Lebens zu helfen, vor allem aber auch, „damit es erhalten bleibt".

Ottilie S. verbrachte die ersten Jahre ihrer Kindheit in ihrem Geburtsort Innerstetten, dann zog ihre Familie mit den schließlich neun Kindern nach Rindberg um. Ihr Vater arbeitete als selbständiger Steinmetz, ihre Mutter besorgte die kleine Landwirtschaft. Ottilie wurde frühzeitig in die landwirtschaftliche Arbeit und auch von ihrem Vater zu Handreichungen im Steinbruch eingespannt. Als 14jährige kam sie dann kurz als Magd zu einer Gütlerin, bei der sie bis auf das Melken alle Stallarbeiten verrichtete. Der Tod des Vaters im Jahr 1918 bildete einen schmerzhaften Einschnitt für die Familie; ohne seinen oft genug unsicheren Verdienst verknappten sich die Lebensverhältnisse noch mehr. Mutter und Kinder mußten nun allein von der Landwirtschaft existieren, zusätzlich sammelten und verkauften Ottilie S. und ihre Geschwister Beeren und Pilze, um sich Kleidung und Schuhe anschaffen zu können. Sie war noch

Hochzeitsfoto der Ottilie S.

nicht ganz 19 Jahre alt, als sie, wie vor ihr eine Schwester, eine Arbeit in München im Heiliggeist-Spital fand. Sie blieb auch in ihrer nächsten Münchner Stelle als Dienstmädchen nur kurz, denn sie wurde daheim zur landwirtschaftlichen Arbeit gebraucht. Es folgte eine weitere Stelle als Dienstmädchen in einem herrschaftlichen Haushalt in Deggendorf. Noch im Dienst wurde sie von ihrem späteren Ehemann, einem ehemaligen Knecht, schwanger. Damit, so Ottilie S., kam das Unglück über sie, die Schwangerschaft und die Heirat im Mai 1924 beendeten die in ihrer Sicht schönste Zeit ihres Lebens.

Die Ehe stand von Anfang an unter den Vorzeichen des Mangels. Ihre Mutter konnte Ottilie S. deren Vatererbe nicht auszahlen, und der Bräutigam selbst besaß ebenfalls nichts. Er verdingte sich als Taglöhner und Hilfsarbeiter, in den folgenden Jahren war er oft arbeitslos. Bald zeichnete sich ab, daß die Existenzsicherung der wachsenden Familie von Ottilie S. und ihrer Initiative abhing. Nach dem Umzug in Miete zu einem Bauern eröffnete sie eine Krämerei. Sie betonte, daß das Geschäft zum Leben ausgereicht hätte, hätte ihr Ehemann nur gespart und nicht das Geld ins Wirtshaus getragen. 1929 mußte die Krämerei aufgegeben werden, und Ottilie S. versorgte die Familie aus ihrer Hühnerhaltung und aus ihrem Kartoffelanbau, den sie auf dem Grund des Bauern betreiben konnte; dafür mußte sie Arbeit für den Bauern leisten. Die Lage verbesserte sich zunächst etwas, als ihr Ehemann als Arbeiter bei der Bahn unterkam. 1934 zog die Familie in das Bahnhaus in Tiefenbach um. Dreißig Jahre lang führte Ottilie S. nun ein Leben, in dem es für sie nichts gab außer endlose Arbeit, immer wiederkehrende Schwangerschaften und das Leiden unter ihrem trunksüchtigen und in der Betrunkenheit brutalen Mann.

Zwischen 1924 und 1947 brachte Ottilie S. zwölf Kinder zur Welt, von denen fünf bei der Geburt oder bald danach verstarben. Nachdem ihr Ehemann seine neun Mark Wochenverdienst zum Großteil vertrank und verspielte und sich nicht um die Bedürfnisse seiner Familie kümmerte, lag es allein an ihr, mit ihrer Arbeit den Alltag zu sichern und das Überleben ihrer Kinder zu garantieren. Ein Obstgarten und ein großer Gemüsegarten, ein bis zwei Kühe und schließlich zwei Tagwerk gepachtetes Ackerland ermöglichten ihr, die familiäre Subsistenz zu erwirtschaften. Sie baute vor allem Kartoffeln an, mit denen sie auch ein Schwein mästen konnte, daneben etwas Weizen und Hirse. Zusätzlich sammelte und verkaufte sie Beeren und Pilze. Bevor sie 1938 Wasser zum Pumpen in das Wohnhaus bekam, mußte sie das Trink- und Brauchwasser vom Brunnen über einen Hügel zum Haus schleppen; Futter und Streu für die Kühe mußte sie an den steilen Bahndämmen mähen und wie das Heu mit dem Schubkarren zum Haus befördern.

Aus dem immer gleichen Ablauf der nach Jahreszeit anfallenden Arbeiten für die kleine Landwirtschaft stach für sie der Zweite Weltkrieg kaum hervor. Ihr Ehemann wurde nicht eingezogen, ihr ältester Sohn entging dem Fronteinsatz. Ihre Kinder hatte Ottilie S., nicht anders als ihre Mutter sie selbst und ihre Geschwister, zur Mithilfe in die Landwirtschaft eingespannt. Als die Kinder nach und nach das Haus verließen, erleichterte sich auch ihr Leben. Einer ihrer Söhne übernahm das Bahnhaus mit der Landwirtschaft, sie selbst und ihr Ehemann zogen zu einem anderen Sohn. In den nächsten Jahren arbeitete sie noch saisonal in einer Sauerkrautfabrik in Deggendorf. Gegen den Widerstand ihres Mannes kaufte sie sich von ihrem Verdienst einen Elektroherd; sie hatte längst gelernt, sich gegen ihn zu behaupten. Ihr Ehemann, inzwischen zum Pflegefall geworden, starb 1978. Ottilie S. empfand seinen Tod gleichsam als Erlösung – sie hätte jetzt die schönste Zeit ihres Lebens, schrieb sie, wäre nicht ihre Gesundheit durch ein Herz- und ein Fußleiden zerrüttet. Ottilie S. beendete ihre Autobiographie mit ihrem achtzigsten Lebensjahr. Ihre Sorge galt nun der Zukunft ihrer 31 Enkel und 18 Urenkel, von denen sie aber glaubte, daß sie nicht mehr soviel arbeiten und mitmachen müßten wie sie selbst. Sie schloß mit einem Blick auf ihr eigenes Ende und mit der Hoffnung, daß ihr Gott ein gnädiger Richter sein möge.

Frauen wie Ottilie S. konnten aufgrund ihrer Lebensbedingungen gewöhnlich keine Aufzeichnungen über ihr Leben hinterlassen. Auch in der Forschung fanden die Töchter und Ehefrauen der Taglöhner, Häusler, Gütler und der einfachen dörflichen Handwerker mit keinem oder nur geringem Grundbesitz bisher kaum Beachtung. Um so wichtiger sind deshalb Stimmen wie die von Ottilie S. oder auch der ebenfalls 1903 geborenen niederbayerischen Häuslerstochter Maria Hartl. Sie ermöglichen einen Einblick in Kindheiten, die von Arbeit und von oft genug unsicheren materiellen Verhältnissen geprägt waren. Sie zeigen die auf Bauernmagd, Mitarbeit in der elterlichen Landwirtschaft, Dienstmädchen oder Fabrikarbeit – falls sich eine Fabrik in der Nähe befand – begrenzten beruflichen Perspektiven der jungen Mädchen. Auch ohne uneheliche Schwangerschaft verhinderte die Armut der Eltern in der Regel eine „bessere" Heirat, die Frauen verblieben zumeist im Lebenskreis ihrer Eltern. Vor allem aber beschreiben sie ihre in jedem Fall harte Arbeit. Die Lebensgeschichte von Ottilie S. berichtet darüber hinaus über die psychischen Kosten, wenn die Sorge um das alltägliche Überleben ihrer Familien mehr oder minder allein von den Frauen getragen werden mußte.   *ep*

Alma Kolb
(1908–1969)
Fabrikarbeiterin

Die Porzellanfabrik Moschendorf bestand von 1878 bis 1957. Das Dorf Moschendorf, ehemals selbständig, wurde 1906 mit seinen fast 1700 Einwohnern nach Hof an der Saale eingemeindet. Das dortige Museum Bayerisches Vogtland widmete der Geschichte der Porzellanfabrik Moschendorf 1995 eine Sonderausstellung, was durchaus kein einfaches Unterfangen war, da nach Schließung der Fabrik alle Papiere und Unterlagen dem Feuer überantwortet wurden.

Ehemals war die Porzellanfabrik Moschendorf ein blühendes Unternehmen mit weitläufigen Gebäudekomplexen, wie Brennhäusern, Dampfkesselhaus, Mustersaal, Schmelze und Massemühle, Packerei und Sortierraum, Gießerei, Dreherei, Malerei und Glasurboden, Lager- und anderen Nebengebäuden, sowie einem eigenem Eisenbahnanschluß, eigener Wasserkraft und Wohnhäusern für die Arbeiterfamilien. In den zwanziger Jahren, als Alma Kolb mit ihrer Arbeit in der Porzellanfabrik begann, verdienten sich hier an die 400 Menschen ihren Lebensunterhalt. Der Anteil der Arbeiterinnen lag etwa bei 50 Prozent. Die Männer waren meist im Facharbeiterbereich als vollausgebildete Modelleure, Dreher, Maler, Brenner, Schleifer, Schmelzer und Ziegler, die Frauen mit weit niedrigeren Löhnen als angelernte Gießerinnen, Druckerinnen, Malerinnen, Glasiererinnen und als Hilfsarbeiterinnen in der Packerei beschäftigt.

Anna Alma Kolb wurde am 17. Juni 1908 in Moschendorf als Tochter des Porzellandrehers Pankraz Kolb und seiner Ehefrau Marie geboren. Die Eltern bewohnten mit ihren insgesamt sechs Kindern, den Töchtern Luise, Rosa, Alma, Bertha und Frieda sowie einen Sohn, ein eigenes Haus im Dorf. Da Marie Kolb früh verstarb, heiratete Pankraz Kolb nochmals; aus dieser Ehe gingen weitere zwei Kinder (Erika und Reinhold) hervor.

Alma absolvierte die Volksschule und erhielt anschließend, in der ersten Hälfte der 20er Jahre, einen Arbeitsplatz in der Porzellanfabrik Moschendorf, in der schon ihr Vater als Dreher beschäftigt war. Alma Kolb war als angelernte Druckerin tätig. Ihre Arbeitswoche sah folgendermaßen aus: montags bis freitags von 7.00 bis 12.00 Uhr und von 13.00 bis 17.15 (die 15minütige Brotzeitpause vom Vormittag wurde nachmittags nachgearbeitet), samstags arbeitete sie von 7.00 bis 12.00 Uhr. Die Regelung von 1892, wonach Arbeiterinnen, die einen Haushalt zu versorgen hatten, auf Antrag ½ bis 1 Stunde eher vor der allgemeinen Mittagspause zur Erledigung ihrer hausfraulichen Pflichten nach Hause gehen konnten, scheint in den 20er Jahren schon nicht mehr gültig gewesen zu sein, denn auch die verheirateten Arbeiterinnen waren die volle Stundenzahl in der Porzellanfabrik tätig.

Alma Kolb (vorne) an ihrem Arbeitsplatz

Alma Kolb hatte als Druckerin ihren Arbeitsplatz im Saal der Blaumalerei. Sie preßte mittels eines Holzstempels auf die noch nicht glasierten Porzellangeschirre Teile des Dekors, welche dann von den Malerinnen und Malern freihand mit Bögen und Linien noch verbunden und verziert wurden. Für diese Tätigkeit waren ein gutes Auge und eine ruhige bzw. sichere Hand nötig. Bis in die 50er Jahre hinein war die Herstellung von Porzellan noch weitgehend von der Handarbeit bestimmt. Vor allem die Dekors wurden per Hand aufgetragen.

Die Moschendorfer Porzellanfabrik stellte hauptsächlich Geschirre her. Dekorspezialitäten waren Blaumalereien, wie Strohhalm- und Zwiebelmuster, die vor der Glasur angebracht wurden und damit besonders haltbar waren. Daneben produzierte man aber auch Küchengarnituren, Waschgeschirre, Ziergegenstände (z. B. Sammeltassen, Vasen, Schalen) und Geschenkartikel für spezielle Anlässe wie Jubiläen und Taufen (z. B. Trinkgefäße, Erinnerungsteller) mit handgemalten bunten Dekoren. Zu Beginn der 30er Jahre geriet die Moschendorfer Porzellanfabrik in eine Krise, die ihren Tiefpunkt 1934 erreichte, als der Export in die

115

USA, nach Skandinavien und Italien (etwa 90 Prozent der Produktion) fast gänzlich zum Erliegen kam. Die Folge der Rezession waren erhebliche Entlassungen. Alma Kolb scheint es aber nicht getroffen zu haben, denn sie verließ erst nach der Geburt ihrer Tochter Angelika 1936 die Fabrik.

Alma Kolb hatte am 14. September 1935 den Bahnbeamten und gelernten Werkzeugmacher (Schlosser) Karl Panzer, geboren am 19. März 1913 in Selbitz, geheiratet. Die junge Familie bewohnte zwei Räume im Haus der Schwiegereltern in Moschendorf. Alma blieb in den ersten Lebensjahren ihrer Tochter zu Hause, kehrte dann aber wieder an ihren Arbeitsplatz zurück. Die am Ort lebende Patentante Bertha beaufsichtigte die kleine Angelika während der Arbeitszeiten der Mutter. Alma verdiente zu dieser Zeit etwa 25 Mark die Woche, worauf die junge Familie nicht verzichten wollte.

Seit 1941 bestand auf einem Pachtgrund der Porzellanfabrik ein Barackenlager, in dem osteuropäische Zwangsarbeiter untergebracht waren. Im Herbst 1942 gab es seitens der NS-Machthaber Anweisung, daß kriegswichtiges Porzellan für die Wehrmacht und für öffentliche Einrichtungen, wie Krankenhäuser, vorrangig produziert werden sollte. Am 3. September 1944 wurde direkt auf dem Gelände der inzwischen stillgelegten Porzellanfabrik eine Außenstelle des KZ Dachau eingerichtet, die erst im April 1945 wieder aufgelöst wurde. Während dieser Zeit wurde Alma arbeitsdienstverpflichtet und mußte zusammen mit anderen ehemaligen Kolleginnen Küchenarbeiten zur Versorgung der SS-Offiziere, die die Unternehmervilla bewohnten, leisten.

Almas Mann Karl, der als Bahnbeamter bislang unabkömmlich war, wurde um 1942 doch noch zur Wehrmacht eingezogen und diente als Funker bei der Marine. Nach Kriegsende war er bei der Bundesbahn bis zu seiner Pensionierung als Fahrdienstleiter tätig.

In der Nachkriegszeit kam die Moschendorfer Porzellanproduktion nicht so schnell wieder in Schwung, da die Amerikaner dem Eigentümer Schwierigkeiten machten. Erst ab Herbst 1948 konnte wieder produziert werden. Alma arbeitete nun wiederum als Porzellandruckerin in der Blaumalerei bis zu ihrer Ausstellung bei der endgültigen Schließung der Fabrik im Jahre 1957. Jetzt blieb Alma zu Hause. Sie versorgte ihre Familie und half manchmal ihrer Schwester und ihrem Schwager, der als Freihandmaler in der Porzellanfabrik beschäftigt gewesen war, bei der Heimarbeit, dem Ledergürtelstanzen.

Alma hatte ein heiteres, geselliges Wesen. Schon ihr Vater war einer der Gründungsmitglieder des „Arbeitergesangsvereins Moschendorf" von 1906 (später „Gemischter Chor Hof-Moschendorf") und des „Arbeiter-Radfahrvereins Moschendorf" von 1907 (später „Radlerlust") gewesen, die für vielfältige Unterhaltungs- und Ausflugsmöglichkeiten sorgten.

Die Erfüllung ihres Lebenstraumes, den Umzug der Familie (inzwischen waren noch ein Schwiegersohn und zwei Enkelkinder dazugekommen) in ein eigenes Haus, erlebte Alma nicht mehr. In der „Chronik des Hauses", die ihr Mann Karl anlegte, steht verzeichnet: „Bereits am Freitag, den 12. 9. 1969 konnte in der Gaststätte Rosiberg das Richtfest begangen werden, welches jedoch umschattet war durch die Abwesenheit meiner Frau infolge Krankheit. Montags darauf schon mußte sie sich wieder ins Stadtkrankenhaus Hof begeben, wo sie am 12. 11. 1969 an Urämie (Nierenkrankheit) starb. Ihr sehnlichster Wunsch, im neuen Heim einziehen zu können, ist ihr vom Schicksal versagt geblieben."

map

Johanna Händlmaier
(?–1950)
Erfinderin einer Senfrezeptur

und

Luise Händlmaier
(1910–1981)
Firmengründerin

Die Regensburger Metzgersgattin Johanna Händlmaier erfand 1914 die Rezeptur für eine Senfspezialität, deren Zutaten bis heute streng geheimgehalten werden. Nur so viel ist bekannt: Der süße Hausmachersenf wird aus (kanadischen) Senfkörnern sowie aus klarem Wasser, Farinzucker, Branntweinessig und vielen feinen Gewürzen hergestellt.

Johanna Händlmaier, geborene Oberdorfer, Tochter eines Regensburger Gastwirts, ehelichte nach der Jahrhundertwende den Metzgermeister Karl Händlmaier. Johanna arbeitete im Geschäft ihres Gatten mit und führte es, wenn dieser sich außer Landes aufhielt, wie 1919 beispielsweise in Paris, um Rinder einzukaufen. Ihrer beider Sohn Josef (1907–1955) heiratete im Juli 1933 Luise Sichart. Luise, Tochter des Baumeisters Josef Sichart und seiner Ehefrau Luise, war am 13. November 1910 in Landau an der Isar zur Welt gekommen. Josef und Luise Händlmaier übernahmen die Metzgereigeschäfte der (Schwieger-)Eltern, als diese sich vom Arbeitsleben zurückzogen. Sie führten auch die Senfproduktion weiter, die Johanna Händlmaier für den Hausgebrauch und für den Verkauf in den eigenen Metzgereien begonnen hatte.

Johanna Händlmaier   Luise Händlmaier

Johanna Händlmaier, die Erfinderin der Senfrezeptur, starb am 20. Februar 1950 in Regensburg. Ihre inzwischen verwitwete Schwiegertochter Luise verkaufte 1963 die sechs Metzgereifilialen zu Regensburg, um sich ausschließlich der Senfproduktion zu widmen.

Zu Zeiten ihrer Schwiegermutter wurde der Senf noch in kleinem Umfang hergestellt. Ihre fünfzehn Helferinnen nahmen jedes Glas in die Hand, um das Etikett aufzukleben. Luise Händlmaier verbesserte die Senfrezeptur und baute die Produktion von Händlmaier's süßem Hausmachersenf aus. Unter ihrer Regie entwickelte sich die kleine Firma in der Regensburger Gesandtenstraße zu einem bekannten Unternehmen, das heute im Gewerbegebiet Haslbach ansässig ist und an die 30 000 Gläser pro Schicht mit Senf abfüllt.

Luise und Josef Händlmaier bekamen zwei Töchter: Luise, geboren am 14. April 1934, und Christa, geboren am 28. November 1942. Die jüngere Tochter, Christa, verehelichte Aumer, folgte ihrer Mutter nach und leitet gegenwärtig die Luise Händlmaier GmbH & Co KG. Die Firmengründerin Luise Händlmaier starb am 5. September 1981 in Regensburg.

Johanna und Luise Händlmaiers süßer Hausmachersenf war und ist besonders zu Wurstwaren, z. B. den Münchner Weißwürsten und den Regensburger Knack- und Bratwürsten, beliebt. Ihr Firmenmotto „damit Gutes noch besser wird" scheinen jedoch nicht nur die kulinarisch zufriedengestellten Kunden in Bayern zu bestätigen.   *map*

Grete Schickedanz
(1911–1994)
Unternehmerin

Grete Lachner wurde am 20. Oktober 1911 in Fürth geboren und entstammte einer kinderreichen, von Existenzsorgen häufig heimgesuchten Arbeiterfamilie. Sie wollte gerne eine höhere Schule besuchen, aber die finanzielle Situation ihrer Eltern ließ dies nicht zu: „Als Kind waren es daher für mich die bittersten Stunden zusehen zu müssen, wie die Klassenkameradinnen in höhere Schulen überwechselten, während ich, die Klassenbeste, nicht das Geld zum Studium hatte." Später versuchte sie einiges privat nachzuholen. Sie eignete sich Fremdsprachenkenntnisse an und nahm von ihrem Taschengeld Klavierunterricht. Grete Lachner hatte viel Freude am Musizieren und am Wandern in der „bündischen Jugend" der 20er Jahre. Sie führte damals das mit bescheidenen Vergnügungen ausgestattete Leben eines fränkischen Mädchens aus einfachen Verhältnissen.

Auch Gretes späterer Gatte, Gustav Schickedanz, kam aus einer Familie, in der ein sorgenfreies Auskommen eher selten war. Der Vater Leo Schickedanz arbeitete als Werkmeister in einem holzverarbeitenden Handwerksbetrieb. Die Mutter Elisabeth sorgte durch gutes Haushalten für ein einfaches, aber dennoch zufriedenes Leben, wie sich der Sohn Gustav später erinnerte. Er heiratete 1919 in erster Ehe die Bäckerstochter Anna Zehnder in Dambach. Beide führten gemeinsam ein Woll- und Kurzwarengeschäft, das sie 1923 eröffneten. Im Januar 1927 stellten sie bereits ein fünftes Lehrmädchen ein. Der Chefin gefiel unter den Bewerberinnen besonders die zierliche, weißblonde, bescheidene aber aufgeweckte Grete Lachner aus Fürth. Das neue Lehrmädchen wurde sofort in dem im November 1927 neu eröffneten Versandhaus „Quelle" eingesetzt. Aus dieser strebsamen „Mitarbeiterin der ersten Stunde" wurde viele Jahre später die „Chefin" und „First Lady der deutschen Wirtschaft", wie sie Richard von Weizsäcker einmal bezeichnete.

Bei einem tragischen Autounfall verlor Gustav Schickedanz 1929 seine Frau Anna, seinen kleinen Sohn und seinen Vater. Zurück blieben

er und das vierjährige Töchterchen Louise. In diesen schweren Zeiten unterstützte ihn und die Firma seine Schwester Liesl Kießling, die kaufmännisch voll ausgebildet war. Auch Grete Lachner entwickelte sich, nachdem sie ausgelernt hatte, zur unentbehrlichen Mitarbeiterin, zumal die Firma „Quelle" sich immer mehr vergrößerte. 1932 wurde das weitläufige Areal einer Schuhfabrik in Fürth erworben, so daß die Eigenfertigung von Quelle-Artikeln intensiviert werden konnte. Unterdessen war der Name „Quelle" in Deutschland schon allseits bekannt. Grete Lachner bildete sich unter der Regie ihres Chefs zu einer ausgezeichneten Einkäuferin und Verhandlungspartnerin aus. Schon bald übernahm sie die Leitung des Einkaufs und wurde zur engsten Mitarbeiterin von Gustav Schickedanz.

Die Machtergreifung der Nationalsozialisten brachten der „Quelle" einige Schwierigkeiten, da der Bezug von benötigter Importware, z. B. Stoffe aus England und Wolle aus Südamerika, unter der Devisenbeschränkung zu leiden hatte. Dennoch nahm die Kundenkartei des Versandhauses immer mehr zu. Neben den Kurz- und Wollwaren gab es auch Leib-, Bett- und Haushaltswäsche, Herren- und Damenkonfektion, Arbeits- und Berufskleidung, Schlafdecken und Schuhwerk zu günstigen Preisen und guter Qualität. So kostete ein Herrenhemd damals 1,95 RM, eine komplette Arbeitskleidung 4,40 RM und ein mit Hohlsaum und Klöppelspitze verzierter Büstenhalter 35 Pfennig. [Die Stundenlöhne der Facharbeiter betrugen damals noch nicht einmal 1 RM.]

„Fräulein Grete" begleitete ihren Chef inzwischen auf den Geschäftsreisen und wurde ihm zur unentbehrlichen Stütze. 1936 erreichte die Zahl der Quelle-Kunden die Millionengrenze, die Mitarbeiterzahl, überwiegend Frauen, erhöhte sich auf 500. Für die „Quellerer" gründete Gustav Schickedanz 1935 eine „Betriebssportgruppe", man unternahm gemeinsame Wanderungen, veranstaltete Betriebsfeste und Ausflüge. „Hart arbeiten mußten wir alle. Aber es gab dann auch viele schöne Stunden bei der Quelle", erinnerte sich später Grete Schickedanz an diese Zeit.

Während der Kriegsjahre betreuten Quelle-Mitarbeiter und Mitarbeiterinnen verwundete Soldaten. Dies waren auch Jahre der Sorge um die Firma. Privat jedoch blickte man vorwärts: Am 8. Juni 1942 heirateten Grete Lachner und Gustav Schickedanz; sie wurden in der St.-Pauls-Kirche zu Fürth getraut. Am 20. Oktober 1943 kam ihre Tochter Madeleine im bombengeschützten Bunker der Nürnberger Frauenklinik zur Welt. Schon im August 1943 hatten die Bomben einer Nacht die Betriebsanlagen der „Quelle"-Firma fast gänzlich zerstört, so daß in verschiedenen Gebäuden Notbetriebe für den Versand eingerichtet werden mußten. Dieser Notbetrieb kam jedoch auch allmählich zum Erliegen, da es schließlich nichts mehr zum Versenden gab.

Seit 1943 lebte Grete Schickedanz mit Mann und den zwei Töchtern (Louise aus der ersten Ehe ihres Mannes und die gemeinsame Madeleine) in Hersbruck, in einem ursprünglich für Wochenendaufenthalte erworbenen Anwesen auf dem Michelsberg.

Nach dem Kriegsende mußte sich Gustav Schickedanz, der im Dritten Reich Fürther Ratsherr war, einem Entnazifizierungsverfahren der Amerikaner unterziehen. Er erhielt Berufsverbot, verlor sein Haus, in dem nun die Amerikaner Quartier bezogen, und lebte von da an mit seiner Familie in zwei Zimmern in der Hersbrucker Altstadt. Hier nun nahm Grete Schickedanz den Wiederaufbau der „Quelle" in Angriff. In einem neu eröffneten Textilgeschäft begann sie wieder mit dem Wäsche- und Bekleidungshandel. Das „Lädele" befand sich von 1946 bis 1948 in der Hersbrucker Braugasse und danach in den größeren Räumen am Eisenhüttlein Nr. 1. Während Grete Schickedanz mit einem alten Lastwagen samt Fahrer, den sie durch Fürsprache des Landrates Roiger und des Flüchtlingskommissars erhalten hatte, die früheren Lieferanten und Produzenten abklapperte, betreuten zwei ehemalige Mitarbeiterinnen aus Fürth das Verkaufslokal. Grete Schickedanz bewies, wie viele Frauen ihrer Generation, in diesen schwierigen Jahren der direkten Nachkriegs- und Trümmerzeit eine enorme Energie und große psychische wie physische Kraft.

Im April 1949 kehrte Gustav Schickedanz, das Berufsverbot war aufgehoben worden, in den Betrieb zurück. Das Ehepaar Schickedanz startete einen Neubeginn für das „Quelle"-Versandhaus. Gretes Geschäft in Hersbruck, das den Grundstock für die neue „Quelle" gelegt hatte, wurde weitergeführt. In den Folgejahren des wirtschaftlichen Wiederaufbaus und der Wirtschaftswunderzeit in der Bundesrepublik Deutschland entwickelte sich die „Quelle" schließlich zu einem Weltunternehmen. Schon 1954 wurde der Umsatz der Schickedanz-Gruppe mit 260 Mio. DM angegeben, 1974 erreichte der Jahresumsatz bereits 6,4 Mrd. DM, und die Zahl der Beschäftigten betrug rund 36 000.

1954 wurde Grete Schickedanz Generalbevollmächtigte und Mitglied des Konzernbeirats. 1975 trat sie neben ihren Ehemann als persönlich haftende Gesellschafterin in die „Gustav und Grete Schickedanz Holding KG" ein. Nach dem Tode ihres Gatten am 27. März 1977 übernahm Grete Schickedanz die Leitung des Unternehmens. 1979 änderte sie die Führungsstruktur der Schickedanz-Gruppe und errichtete die „Gustav und Grete Schickedanz-Stiftung", die seither die Unternehmenspolitik bestimmte. Grete Schickedanz übernahm den Vorsitz der Stiftung und war zudem zweite Komplementärin der Konzernholding KG. Unter ihrer straffen Führung wandelte sich der reine Familienbetrieb zu einem modern strukturierten Großkonzern. Am 1. Februar 1987 zog sich Grete Schickedanz zwar aus der direkten Leitung der Firma zurück, hatte jedoch als Vorsitzende des Verwaltungsrates und als stellvertretende Vorsitzende der Holding weiterhin eine wichtige Einflußnahme auf die Konzernführung. Erst im Mai 1993 überließ sie die leitenden Aufgaben gänzlich ihren Nachfolgern, blieb jedoch persönlich haftende Gesellschafterin und Ehrenvorsitzende des Stiftungs-, Aufsichts- und Verwaltungsrates.

Grete Schickedanz wurde für ihre Leistungen als Unternehmerin vielfach ausgezeichnet und geehrt. So erhielt sie die Ehrensenatorenwürde der Universität Tübingen und die Professorenwürde durch die Republik Österreich, die Goldene Bürgermedaille von Fürth sowie die Ehrenbürgerschaft der Städte Fürth und Hersbruck, das Große Bundesverdienstkreuz mit Stern und Schulterband wie auch den Bayerischen Verdienstorden. Grete Schickedanz freute sich über diese Anerkennung ihrer Lebensleistung als Unternehmerin. Sie selbst war jedoch ebenso stolz auf ihren ganz persönlichen Einsatz für soziale Verbesserungen im Betrieb, vor allem zugunsten des Großteils der weiblichen Belegschaft. So erleichterten der Bau eines Altersheims und eines Kindergartens in Fürth den Alltag der erwerbstätigen Frauen und Mütter. Grete Schickedanz, die Vollblutunternehmerin, sagte von sich selbst, daß „die Frauen in der Quelle in mir schon immer ihre hartnäckigste Fürsprecherin hatten. So habe ich für die Quelle-Mitarbeiterinnen eine Altersruhegeldregelung durchgesetzt, die erst Jahre später in dieser fortschrittlichen Form auch ihren gesetzlichen Niederschlag fand."

Mit ihrem Tode am 23. Juli 1994 ging die Schickedanz-Gruppe in die Hände der Töchter Louise, verheiratete Dedi, und Madeleine, verheiratete Bühler, über. *map*

"ausgerüstet mit einem seltenen Forscherdrange"
Wissenschaftlerinnen und Lehrerinnen

Caritas (Barbara) Pirckheimer
(1467–1532)
Katholische Humanistin

Caritas Pirckheimer war die Verkörperung der „virgo docta", der gelehrten Jungfrau, das Idealbild der humanistischen Kreise in Deutschland. Sie galt dem Zeitgenossen Johannes Butzbach in seinem humanistischen Kompendium „berühmter Frauen" (De praeclaris mulieribus) als „mulier egregie erudita" (herausragend gebildete Frau). Und als die Äbtissin Caritas Pirckheimer 1532 verschied, schrieb eine Mitschwester ins Totenbuch: Sie war „ein spiegel aller geistlichkeit und eine liebhaberin aller tugend". Zwischen diesen Polen – Glaube und Wissenschaft – verlief Caritas Pirckheimers Leben.

Sie war das erste Kind des fürstbischöflichen Rates Dr. Johannes Pirckheimer und seiner Gattin Barbara Löffelholz. Am 21. März 1467 erblickte sie in Eichstätt das Licht der Welt und erhielt den Namen Barbara. Noch elf Geschwister kamen nach: acht Schwestern und drei Brüder. Von den Brüdern überlebte jedoch nur Willibald, der spätere berühmte Humanist. Das Elternhaus vermittelte den Kindern eine religiöse Lebenshaltung und eine gründliche Bildung. Die berufliche Tätigkeit des Vaters als gefragter Jurist führte die Familie von Eichstätt über Innsbruck und München schließlich nach Nürnberg. Hier wuchs Barbara Pirckheimer bei den Großeltern auf. Der Großvater war ebenfalls als Humanist bekannt, desgleichen die Großtante Katharina Pirckheimer.

1479 kam Barbara Pirckheimer zur Erziehung und Ausbildung ins Nürnberger Kloster St. Klara, in dem die Töchter der großen reichsstädtischen Patriziergeschlechter erzogen wurden. 1483 trat sie als Nonne dem Klarissenorden bei und nahm den Namen Caritas an. Bald avancierte Caritas Pirckheimer aufgrund ihres hohen Bildungsstandes zur

Novizenmeisterin und Lehrerin. Schließlich wurde sie 1503 zur Äbtissin gewählt.

Zu dieser Zeit war Caritas Pirckheimer in humanistischen Kreisen schon eine berühmte Frau. Sie korrespondierte mit vielen männlichen Größen des Humanismus, wie Konrad Celtis, Sixtus Tucher und Christoph Scheurl. Sie war bekannt mit Erasmus von Rotterdam, Dürer, Reuchlin, Cholidonius, Melanchthon, Emser und wurde von ihrem Bruder Willibald Pirckheimer (1470–1530), der ebenfalls in Nürnberg ansässig war, stark gefördert. Über ihn und ihre Briefe hielt die junge Nonne und spätere Äbtissin Kontakt zur gelehrten Außenwelt. Caritas Pirckheimer vermehrte durch ihr Wissen den Ruhm ihrer gelehrten Familie, übte sich selbst jedoch in ihren Briefen in demutsvollen Redewendungen, wenn sie an den Bruder schrieb: „Denn wie Du selbst weißt, bin ich ja nicht eine

Gelehrte, sondern bloß eine Freundin gelehrter Männer, ich bin keine Kennerin der Literatur, sondern freue mich nur, die Reden von Schriftstellern zu hören und zu lesen." Jedoch genau das, was sie verneinte, war sie: sowohl eine Kennerin der Heiligen Schrift und der Kirchenväter, als auch der klassischen antiken Autoren. Sie bemühte sich um die Vereinbarkeit von Gelehrsamkeit und Glaubensinhalten, d. h. mit ihren eigenen Worten in einem Brief an Konrad Celtis ausgedrückt: „scientia inflat, charitas aedificat" (Wissenschaft allein bläht auf, Liebe baut auf).

Caritas Pirckheimer erkannte auch, daß die angeblich geistige Schwachheit der Frauen nur der männlichen Überheblichkeit entspringt. Mit deutlichen Worten betonte sie die Gleichheit von Mann und Frau und wandte sich gegen anmaßende Gelehrte, „die sich fälschlich erheben und alle Worte, Handlungen und Darstellungen der Frauen so sehr geringschätzen, als hätten nicht beide Geschlechter einen Schöpfer, Erlöser und Seligmacher (...). Er hat den Schlüssel der Wissenschaft, teilt den Einzelnen mit, wie Er will, denn Er sieht nicht auf die Person."

Caritas Pirckheimer bewies sich als eine geistig unabhängige Frau. Durch ihre in lateinischer Sprache verfaßten Briefe, welche im Druck erschienen, wurde sie in der gesamten humanistischen Gelehrtenwelt berühmt. Dieser Ruhm einer Frau und Nonne war den Ordensoberen wohl nicht genehm, daher untersagten sie der Humanistin die Benutzung der lateinischen (Gelehrten-)Sprache.

Neben Caritas hatten auch ihre Schwestern, bis auf zwei, den Schleier genommen. So lebte seit 1494 Clara Pirckheimer (1480–1533) mit im Klarissenkloster zu Nürnberg, ihre Schwester Sabina (1481–1529) trat ins Benediktinerinnenkloster Heilig Kreuz in Bergen bei Neuburg a. d. Donau ein, und Katharina Pirckheimer (geb. 1476) stieg in Kloster Geisenfeld bis zur Priorin auf.

Als Äbtissin mußte sich Caritas Pirckheimer auch um die Verwaltung und Organisation des klösterlichen Lebens und Wirtschaftens kümmern, denn der Konvent war in über siebzig Ortschaften begütert. Sie kämpfte seit der Einführung der Reformation in Nürnberg 1524 um den Erhalt ihres Klosters und damit um eine besondere Form der weiblichen Lebensgestaltung. Caritas Pirckheimer zeichnete von 1524 bis 1528 die reformatorischen Auseinandersetzungen in ihrem Werk „Denkwürdigkeiten" auf. Damit erstellte sie eine herausragende Quelle zur Reformationsgeschichte in Nürnberg. Ihre zunächst humanistisch geprägte Toleranz gegenüber den lutherischen Auffassungen wandelte sich, wohl unter den existenzbedrohenden Repressalien seitens des Nürnberger Rates, zu einer mehr altkirchlichen Haltung. In einem Schreiben ergriff Caritas Pirckheimer vehement für den Luthergegner Hieronymus Emser Partei, was in der evangelisch gesinnten Öffentlichkeit Nürnbergs zu einem Skandal führte. Erst Melanchthons Eingreifen 1525 beruhigte die Gemüter. Schließlich durfte das Klarissenkloster fortbestehen, wenn auch ohne Neuaufnahmen von Novizinnen.

Caritas Pirckheimer starb am 19. August 1532 nachts zwischen zehn und elf Uhr und wurde in der Klosterkapelle beigesetzt. Sie hatte sich ein Leben als Humanistin gestalten können, obwohl dem humanistischen Bildungskonzept, das viel Zeit und Muße erforderte, die vorherrschenden weiblichen Lebensbedingungen entgegenstanden. Der Zugang zur universitären Bildung, zur lateinischen Sprache war den Frauen damals allgemein versagt. Sie hatten sich in die Rolle der Gattin und Mutter zu fügen. Nur wenige bevorzugte Frauen konnten sich, meist mit Hilfe ihrer humanistisch gelehrten Väter und/oder Brüder, die notwendigen Kenntnisse aneignen und gar in den illustren Kreis der männlichen Gelehrten aufsteigen. Deshalb war eine gelehrte und selbstbestimmte Frau, wie Caritas Pirckheimer, zu Beginn des 16. Jahrhunderts eine äußerst seltene Erscheinung.   *map*

Olympia Fulvia Morata
(1526–1555)
Protestantische Humanistin

„Nach Caritas Pirckheimer und Margarete Peutinger ist Olympia Morata die jüngste und zweifellos als Literatin und Humanistin … die bedeutendste Frau, die der deutsche Humanismus zwischen 1500 und 1550 aufzuweisen hat", schreibt Ursula Hess. Hätte ihr bewegtes Leben nur um eine knappe Spanne Zeit angedauert, so wäre sie die erste Professorin in Deutschland für Griechisch an der Universität Heidelberg geworden. Ihr Freundes- und Bewundererkreis plante schon ihre Dichterkrönung zur „poeta laureata" sowie ihre Universitätsdozentur, als Olympia Morata mit erst 29 Jahren 1555 in Heidelberg fern ihrer italienischen Heimat starb.

Olympia Fulvia Moratas Leben begann 1526 in Ferrara als Tochter des Peregrinus Fulvius Moratus, Humanist und Pädagoge am Hofe der Este, sowie seiner Gattin Lucretia. Noch vier Geschwister, drei Schwestern und ein Bruder namens Emilio, folgten. Olympia erhielt zusammen mit der Tochter des Fürsten, Prinzessin Anna d'Este, eine umfassende Ausbildung auch in der lateinischen und griechischen Sprache. Schon recht bald zeigte sich ihre hohe Intelligenz und Kreativität. So hielt sie mit 15 Jahren eine öffentliche Vorlesung über die „Paradoxa" des Cicero, schrieb Gedichte und Reden. Sie galt bald als humanistisches Wunderkind und wurde am Hofe als solches verehrt.

Mit dem reformatorischen Gedankengut kam Olympia durch ihren

Vater, der seit 1540 Anhänger der Reformation war, und der Fürstin von Ferrara, Renata von Frankreich, in Berührung. Die 1542 in Ferrara eingeführte Inquisition verfolgte die sogenannten Ketzer erbarmungslos. Viele lutherische Anhänger mußten fliehen oder im Verborgenen wirken. Olympias Vater lebte von 1532 bis 1539, wohl aus religiösen Gründen, in der Verbannung in Vicenza und Venedig.

1548 mußte Olympia Morata den Fürstenhof verlassen, um ihren schwerkranken Vater bis zu dessen Tod zu pflegen. Die Rückkehr zum Hofe wurde ihr verweigert. Olympia war darüber recht verstört. Sie wandte sich in dieser Zeit immer mehr der neuen Konfession zu. Später schrieb sie darüber an ihren Freund und Mentor, den Humanisten Celio Secondo Curione: „So habe ich mich wieder religiösen Studien zugewandt. Ein Zeugnis dafür sind Gedichte, die ich im vorigen Jahre verfaßte und die ich unten aufgeschrieben darum an Dich sende, damit Du siehst, daß mir, der von Leiden so tief Gebeugten, Gott Muße geschenkt hat, mich der Wissenschaft zu widmen."

Olympia übernahm anstelle ihrer leidenden Mutter die Führung des Haushaltes und die Erziehung der Geschwister.

Um 1550 heiratete Olympia den Humanisten und Arzt Andreas Grundler, der um 1516 in Schweinfurt geboren worden war. Andreas Grundler hatte in Leipzig, Heidelberg und Paris studiert und war zur Erlangung des Doktorgrades nach Ferrara gekommen.

Am 12. Juni 1550 traf Olympia mit ihrem Gatten und ihrem Bruder Emilio in Augsburg ein. Sie wohnten hier und in Kaufbeuren etwa drei Monate bei Georg Hörmann, dem Schwager Jakob Fuggers, der Grundlers ärztliche Hilfe in Anspruch nahm. Olympia konnte in dieser Zeit die Bibliothek des Hörmannschen Hauses benutzen. Ende 1550 ließen sich die Eheleute Grundler nach einem Aufenthalt in Würzburg im Hause des Humanisten Johannes Senf, den sie aus Ferrara kannten, in Schweinfurt nieder. Olympias Gatte versah dort das Amt des Stadtarztes.

Olympia führte im Haus an der Brückenstraße den Haushalt und unterrichtete ihren Bruder Emilio sowie Johannes Senfs Tochter Theodora in Latein und Griechisch. Daneben studierte sie die neuen reformatorischen Schriften. Mit einer Vielzahl von Briefen hielt sie Kontakt sowohl zu ihrer Familie in Ferrara wie auch zu ihren protestantischen Glaubensbrüdern und -schwestern und zu den gelehrten Humanistenkreisen in Italien, der Schweiz und Deutschland. Etwas über drei Jahre dauerte diese insgesamt doch glückliche Zeit der Olympia Morata in Schweinfurt. Hier konnte sie sich mit Zustimmung und Unterstützung ihres ebenfalls gelehrten Gatten ihren wissenschaftlichen und poetischen Arbeiten widmen. Sie schrieb Gedichte, Psalmbearbeitungen, Elegien, regte eine Übersetzung der lutherischen Werke ins Italienische an, verfaßte gelehrte lateinische und griechische Dialoge über weltanschauliche Fragen.

Gezwungen durch den Krieg zwischen dem Markgrafen Albrecht Alkibiades von Brandenburg-Kulmbach und den Truppen Kaiser Karls V. 1553/54, mußte Olympia Morata mit ihrem Ehemann und Bruder nur mit dem Nötigsten am Leibe aus der belagerten Stadt fliehen. Hierbei zog sie sich eine fiebrige Erkrankung zu, von der sie sich nie mehr gänzlich erholte.

Die Flüchtenden fanden zunächst Aufnahme beim Grafen von Erbach im Odenwald. Durch Elisabeth von Erbach, einer Schwester des späteren Kurfürsten Friedrich III. von der Pfalz, erlangte Olympias Gatte den dritten Lehrstuhl für Medizin an der Universität Heidelberg.

Im Juli 1554 ließen sich die Grundlers schließlich in Heidelberg nieder. Durch die Flucht hatten sie nicht nur ihre gesamte Habe verloren, auch Olympias Werke mußten zurückgelassen werden. Nunmehr versuchte sie auf Veranlassung ihres Mentors Curione, die vernichteten Arbeiten und Gedichte aus dem Gedächtnis zu rekonstruieren. Curione wollte in Basel ein Buch mit ihren Werken veröffentlichen. In jener Zeit forderte man Olympia Morata auf, an der Universität Heidelberg Griechisch zu lehren.

Olympia Morata konnte diesen Lehrauftrag jedoch nicht mehr wahrnehmen. Denn seit dem Sommer 1555 wurde sie immerfort von Fieberanfällen heimgesucht, sie hatte Schmerzen am ganzen Leibe, litt unter Schlaflosigkeit und Erstickungsanfällen. Olympia Morata starb am 26. Oktober 1555 wohl an einer tuberkulösen Infektion. Ihr folgten etwa ein Monat später in den Tod ihr Gatte und Bruder, die der Pest erlagen. Auf dem Friedhof der Peterskirche in Heidelberg wurden sie zusammen begraben. Noch heute findet sich an der Westseite des nördlichen Kirchenschiffes eine Gedenktafel.

Olympia Moratas Bedeutung als Humanistin, als Gelehrte und Protestantin können wir Goethes Tagebuch unter dem 30. 1. 1828 entnehmen: „Las in den Briefen der Olimpia Fulvia Morata, und es ging mir über den eigentlichen damaligen protestantischen Zustand ein ganz neues Licht auf." Eine späte Ehrung erfuhr die evangelische Humanistin aus Italien in Schweinfurt: Hier besteht seit weit über 100 Jahren ein Gymnasium, das nach Olympia Morata benannt wurde.   *map*

Magdalena Heymair
(16. Jh.)
Schulmeisterin und Schulbuchautorin

Über Magdalena Heymairs Leben ist nicht viel bekannt. Ihre Bücher jedoch, die in der zweiten Hälfte des 16. Jahrhunderts veröffentlicht wurden, und mehrere Auflagen sowie Überarbeitungen erfuhren, sind uns überliefert.

Geboren wurde sie wohl in Regensburg, aber auch Straubing und das österreichische Grafenwerth werden genannt. In den Vorworten ihrer Schriften und in einem erhaltenen Brief macht Magdalena Heymair Aussagen zu ihrer sozialen Lage: Verheiratet mit einem Schulmeister, sah sie sich aus „armut" und „mangel der zeitlicher narung" gezwungen, eine Erwerbstätigkeit zu ergreifen. Da sie des Lesens, Schreibens und wohl auch Rechnens kundig war, wurde sie Schulmeisterin zunächst an der Seite ihres Gatten. Schon seit dem Mittelalter waren Frauen in Schulen tätig, zumeist als Gehilfinnen ihrer Ehemänner. In der Frühen Neuzeit trafen die Behörden zunehmend Maßnahmen, einen Unterricht getrennt nach Geschlechtern einzuführen. Den Schulmeisterinnen wurden daher gerne die Mädchen anvertraut.

Zunächst unterrichtete Magdalena Heymair als Privatlehrerin zwei Jahre lang die Töchter der Katharina von Degenwerg, Gattin des Oberrichters Johann von Degenwerg, in Straubing. Magdalena schloß Freundschaft mit der Mutter ihrer Zöglinge. Sie unterhielten sich vornehmlich über religiöse Dinge. Frau von Degenwerg war lutherischer Konfession und bewegte die katholische Magdalena Heymair zur Konversion „ausz dem Bapsttumb" zum Protestantismus.

Um 1564 bis etwa 1570 versah das Ehepaar Heymair eine Stellung als „deutsche Schulmeister" in Cham. Dort waren sie aber nicht glücklich, denn ein calvinistischer Lehrer, namens Veit Wurzer, der ebenfalls die Genehmigung zum Unterrichten erhielt, machte ihnen einen Großteil des Einkommens streitig. Die Lehrkräfte einer deutschen Schule waren im Gegensatz zur Lateinschule nicht fest besoldet, sondern lebten vom Schulgeld, das die Eltern der Schüler und Schülerinnen oftmals auch in Naturalien entrichteten. Das geschmälerte Salär reichte nicht aus. Daher beschwerten sich die Heymairs beim Rat der Stadt Cham, weil „uns die schuel allain versprochen gewest", wie Magdalena es formulierte. Magdalena schrieb auch im Februar 1570 an den Superintendenten Nikolaus Gallus nach Regensburg, wohl um sich dort nach einer Unterrichtserlaubnis zu erkundigen. Sie begründete ihr Ansinnen damit, daß „sich zwei schuelmaister alhie (= Cham) nicht kunnen erhalten".

Schulunterricht im Jahre 1516

Ab 1570/71 hielt das Ehepaar Heymair Schule in der Reichsstadt Regensburg, wo es sich etwa bis Mitte der achtziger Jahre aufhielt. 1585 war Magdalena in Grafenwerth (Österreich) tätig, und ein Jahr später arbeitete sie als Hofmeisterin in Kaschau (Kosice) bei der Witwe Judith Reuber, einer geborenen von Fridensheim. Der verstorbene Gatte ihrer Arbeitgeberin, Johann Reuber, Freiherr zu Pixendorff und Judenau, hatte in Grafenwerth und Kaschau Besitzungen. Magdalena war hier mit der Erziehung der adeligen Töchter beauftragt.

Magdalena Heymairs beachtlicher Berufsweg stieg von der Hauslehrerin über die Schulmeisterin bis zur Hofmeisterin in einem adeligen Haushalt auf. Neben ihrer Tätigkeit als Lehrerin schrieb Magdalena Heymair aber auch Schulbücher. Seit Jahrhunderten wurden die Kinder mit den gleichen Texten traktiert. Das Auswendiglernen und Nachschreiben von Gebeten und religiösen Liedern, Evangelien und Episteln sowie Heiligenlegenden bildete die Grundlage des Unterrichts im Lesen und Schreiben. Magdalena Heymair sah die Notwendigkeit, zeitgemäßes Schulmaterial zu erstellen. Sie gab vier Werke heraus: 1566 „Die Sontegliche Epistel", 1571 „Jesus Syrach", 1573 „Die Apostel Geschicht" und 1580 „Das Buch Tobiae". Alle ihre Bücher widmete sie Frauen, ihren Gönnerinnen, sowie „sonderlich der liben Jugend". Die Autorin dichtete die „Episteln" in mehrstrophige Lieder um und paßte sie an eine bekannte Melodie an. Die Schlichtheit der Lieder sagte den Kindern und den Eltern wohl zu, denn jedes ihrer Bücher erfuhr mehrere Auflagen und sogar noch eine spätere Überarbeitung durch den theologisch gebildeten Gregor Sunderreutter, der an ihrer Beliebtheit partizipieren wollte. „Jesus Schyrach" bot hauptsächlich religiöse und ethische Lebensweisheiten in einer Spruchsammlung dar. In der Widmungsrede zu den „Apostelgeschichten" betonte Magdalena Heymair den Anteil der Frauen am Leben der Apostel und am Neuen Testament. Zudem waren die Apostelgeschichten auch als lutherisch orientiertes Unterrichtswerk, im Gegensatz zu den katholischen Heiligenlegenden, gedacht. Das „Buch Tobias", voller Abenteuer und guter Lehren, sowie das darin enthaltene „Buch Ruth" waren Erbauungs- und Erziehungsbücher für Knaben und Mädchen.

Obwohl für den Schulgebrauch geschrieben, wurden Magdalenas Bücher auch von Erwachsenen im häuslichen Kreis gelesen. Die damalige christliche Erziehung bestand aus der Dreiheit Haus-Schule-Kirche. Sie waren damit sowohl Lehr- und Lernbücher als auch Gebrauchs- und Erziehungsliteratur.

Magdalena Heymair ist eine Ausnahmeerscheinung unter den pädagogischen Schriftstellern der Frühen Neuzeit. Zumeist schrieben theologisch geschulte Männer und erfahrene Schulmeister Bücher zu Unterrichtszwecken. Aber Magdalena Heymair war es gelungen, einen Kreis von Freundinnen und Gönnerinnen um sich zu scharen, die ihre Unterrichtätigkeit förderten und ihre Bücher dankbar für die Erziehung ihrer Töchter nutzten. Ihre Werke waren durchaus traditionell im Inhalt („Will dein Dochter nit zuchtig sein/ so will sie frechhait treiben: So halt sie hart und schlag darauf ein, auff das sie frumb thu bleiben"), aber in ihren Widmungen und Vorworten sprach sie erstmals ausschließlich Frauen als Leserinnen und Erzieherinnen ihrer Töchter an. Dies trug wohl zum beachtlichen Erfolg ihrer Schulbücher bei.   *map*

Karolina (Theresia) Gerhardinger
(1797–1879)
Pionierin der bayerischen Mädchenbildung –
Gründerin des Lehrordens der Armen Schulschwestern

„Diese Frau weiß, was sie will, und was sie will, ist groß gedacht", äußerte König Ludwig I. nach der Lektüre zweier Schriften Maria Theresias von Jesu. Er veranlaßte, daß im ehemaligen Klarissenkloster am

Anger zu München 1841 „ein für das Lehrbedürfnis der gesamten weiblichen Schuljugend bestimmtes Mutterhaus der Armen Schulschwestern" gegründet wurde. Die Kosten für die Instandsetzung wurden aus den Rentenüberschüssen katholischer Stiftungen und des Zentralschulbücherfonds beglichen. Dies war ein großartiger Erfolg der Armen Schulschwestern und ihrer Gründerin Maria Theresia von Jesu.

Maria Theresia von Jesu wurde als Karolina Gerhardinger am 20. Juni 1797 in Stadtamhof, das damals eine selbständige bayerische Stadt war und auf der anderen Uferseite der Donau der Reichsstadt Regensburg gegenüber lag, geboren. Sie war das einzige Kind eines angesehenen und wohlhabenden Schiffsmeisters und dessen Frau, die in einem eigenen Haus „Am Gries" wohnten.

Als junges Mädchen erlebte Karolina die napoleonische Belagerung Regensburgs und die Säkularisierung der Klöster in Bayern. Karolina besuchte zu jener Zeit die Mädchenschule der Notre-Dame-Schwestern in Stadtamhof, die sich – seit 1735 dort ansässig – als Lehrerinnen betätigten. Durch die Säkularisation wurden die unterrichtenden Ordensschwestern aus der Schulbildung der Mädchen vertrieben, so auch 1809 die Notre-Dame-Chorfrauen. Die Schulbildung sollte allgemein von weltlichen Lehrerinnen und Lehrern übernommen werden. Der damalige Regensburger Dompfarrer und spätere Bischof Michael Wittmann erkannte den Notstand in der Mädchenbildung. Daher förderte er nach Kräften Karolinas Begabung und Neigung, sich als Lehrerin auszubilden. Mit zwölf Jahren betätigte sie sich schon als Hilfslehrerin  und bekam drei Jahre später eine Anstellung als Lehrerin an der königlichen Mädchenschule in Stadtamhof. Hier unterrichtete Karolina von 1816 bis 1833.

Karolinas und Wittmanns weiterreichende Pläne beinhalteten jedoch, einen klösterlichen Orden für die schulische Ausbildung der Mädchen einzurichten. Die Wiederbelebung des Klosters Notre Dame wurde allerdings vom Magistrat untersagt. 1833 fand sich, mit Unterstützung von Franz Sebastian Job, dem Beichtvater der österreichischen Kaiserin, ein geeignetes Gebäude in Neunburg vorm Wald. Hier entstand das Mutterhaus des „Vereins der Armen Schulschwestern de Notre Dame", das am 24. Oktober 1833 eine Klosterschule eröffnete. Auch die Ordensgemeinschaft der Armen Schulschwestern wurde offiziell anerkannt, und so legte Karolina Gerhardinger 1835 das Ordensgelübde ab. Sie nahm den Namen Maria Theresia von Jesu an.

In den zwanziger Jahren des 19. Jahrhunderts wurde, nach vergeblichen Versuchen durch Minister Montgelas, das staatliche Mädchenschulwesen zu verweltlichen, dieses unter König Ludwig I. nunmehr erneut in die Hände der Frauenklöster gelegt. Die Ursulinen, die Salesianerinnen, die Englischen Fräulein und nicht zuletzt die Armen Schulschwestern teilten sich zumindest in Altbayern in diese Aufgabe. Das Bildungsprogramm von Karolina Gerhardinger zielte vor allem auf die Unterweisung von Mädchen aus sozial niederen Schichten: „Reiche, vornehme, talentierte Kinder erhalten leicht Lehrer und Erzieherinnen, aber ... unsere Aufgabe ist es, den Waisen und Verwahrlosten Mutter zu sein."

Die Schule in Neunburg blühte bald auf. Ein Internat wurde eingerichtet, Lehrerinnen wurden ausgebildet und in die Gemeinschaft aufgenommen. Aus vielen Orten kamen Anfragen, ähnliche Schulen dort zu errichten. Die erste Filiale entstand 1836 in Schwarzhofen, tatkräftig unterstützt vom königlichen Leibarzt Johann Nepomuk von Ringseis und dessen Gattin Friederike, die vor allem bei den Damen des königlichen Hofes für die Sache der Armen Schulschwestern warb. Bald erwies sich das Neunburger Mutterhaus als zu klein. In dieser Situation bat Erzbischof Lothar Anselm von Gebsattel den König, eine Kollekte erheben zu dürfen zugunsten der Errichtung eines Mutterhauses der Armen Schulschwestern in seiner Diözese. Ein geeignetes Gebäude ließ sich jedoch nicht sogleich finden. Da ergriff Hermann Rabl, Stadtpfarrer und Schulinspektor der Münchner Vorstadt Au, die Initiative. 1839 zogen die Armen Schulschwestern daher zunächst in die Au mit ihren 11 000 Einwohnern. Hier, in der „ungemein bevölkerten Vorstadt", lebte etwa ein Sechstel der gesamten Schuljugend Münchens mit seinen Vorstädten. Das waren für die Au damals laut Volksschulstatistik 580 Mädchen und 587 Knaben.

Die Armen Schulschwestern bezogen ein großes Haus mit 18 Zimmern am Mariahilfplatz. Eine dort angebrachte Gedenktafel weist auf

Theresias Schaffen hin. Von der Au aus beaufsichtigte Theresia die Errichtung des neuen Mutterhauses im ehemaligen Angerkloster der Klarissen zu München. 1843 erfolgte die Einweihung des neuen Mutterhauses. Zehn Jahre danach besaßen die Armen Schulschwestern 52 Häuser in Bayern. Zudem hatten sie Filialen in Württemberg, Baden, Westfalen, Schlesien, Böhmen, Ungarn und Österreich. Auch in den USA leisteten sie Hilfe zur Einrichtung des Pfarrschulwesens für deutsche Auswanderer. 1847 brach Theresia mit fünf Schulschwestern nach Amerika auf und kehrte 1848 zurück. Ein Mutterhaus in Baltimore und mehrere Filialen waren in den Vereinigten Staaten entstanden. 1860 wurden die Armen Schulschwestern nach Wien berufen und 1864 errichteten sie eine Schule in London.

Trotz des großen Erfolges der Bildungsorganisation waren auch Rückschläge zu verzeichnen. Theresia wollte für ihre Genossenschaft die kirchliche Approbation erlangen. Hier stieß sie jedoch zunächst auf Ablehnung. Denn einigen Bischöfen ging ihre Machtstellung innerhalb der Ordensgemeinschaft und in der Schulorganisation zu weit. Der neue Erzbischof von München, Graf von Reisach, meinte dazu, daß die „monarchische Regierungsweise in den Händen einer Frau", die „nach eigenem Gutdünken Oberinnen aufstellen und ihre Untergebenen versetzen könne, was sich für das weibliche Geschlecht nicht zieme, so wenig wie im Land herumzureisen und zu visitieren", nicht gutgeheißen werden könne. Damit begann ein jahrelanger Kampf Theresias für ihre Kongregation und Institution. Sie wurde des Amtes enthoben, man drohte ihr mit der höchsten Kirchenstrafe und löste neu gegründete Häuser vom Mutterhaus los. Im Jahre 1854 (1865?) fand die junge Kongregation der Armen Schulschwestern jedoch die päpstliche Bestätigung und Theresia wurde auf Lebenszeit zur Generaloberin ernannt. Das Institut wurde mittels eines römischen Kardinalprotektors dem Zugriff der deutschen Bischöfe entzogen.

Trotz politisch motivierter Rückschläge in der Zeit des Kulturkampfes und des Jesuitengesetzes 1872 – die Armen Schulschwestern wurden aus verschiedenen Teilen des Deutschen Reiches ausgewiesen – sowie des Nationalsozialismus mit seinem Antiklerikalismus und Antifeminismus widmeten sich die Armen Schulschwestern weiterhin der Mädchenbildung. Darüber hinaus waren sie aber auch in der Lehrerinnenausbildung in ihrem eigenen Lehrerinnenseminar (seit 1870) tätig. Sie errichteten zudem Kinderbewahranstalten, Kinderhorte (1845 in der Vorstadt Au und 1853 in Giesing), die erste Haushaltungsschule in Amberg sowie höhere Mädchenschulen, die heutigen Realschulen für

Mädchen. Daneben wurden auch Waisen- und Fürsorgeheime unterhalten. Heute gibt es auf der ganzen Welt etwa 11 000 Schulschwestern in mehr als 1000 Niederlassungen mit über 400 000 Schülerinnen.

Nach einem schaffensreichen Leben erkrankte Theresia 1877 schwer und starb 1879 in München. 1985 wurde die Pionierin der Mädchenschulbildung, die Gründerin und Generaloberin der Armen Schulschwestern, Maria Theresia von Jesu (Karolina) Gerhardinger, von Papst Johannes Paul II. in Rom seliggesprochen. Der Staat Bayern ehrte die verdienstvolle Frau mit der Aufstellung ihrer Büste in der Walhalla bei Regensburg.

Neben einem bemerkenswerten Organisationstalent und großer Zielstrebigkeit gehörten auch Demut und Bescheidenheit – gemäß der Weisung Bischof Wittmanns: „Magdsein im Lehramt" – zu den herausragenden Charaktereigenschaften der Stadtamhofer Schiffermeisterstochter. Auf ihrem Grabstein steht geschrieben: „Hier ruht in Gott die ärmste Sünderin Maria Theresia, die um Gebet und gute Werke bettelt."

map

Dr. phil. h.c. Therese von Bayern
(1850–1925)
Naturwissenschaftlerin

Theresia Charlotte Maria Anna, königliche Prinzessin von Bayern, war das drittgeborene der vier Kinder des späteren Prinzregenten Luitpold und seiner Gattin Auguste Ferdinande. Therese wurde am 12. November 1850 in München geboren und wuchs, mit allen europäischen Herrscherhäusern verwandt, in einer kosmopolitischen Atmosphäre auf. In ihren handschriftlichen Notizen vermerkte Therese über ihre Erziehung, daß sie seit ihrer Kindheit eine Leidenschaft für die Naturwissenschaften, vor allem für Reisebeschreibungen und für ernste geistige Beschäftigungen an den Tag gelegt, jedoch wenig Neigung und Begabung für die obligatorischen weiblichen Handarbeiten besessen habe. Therese erhielt Privatunterricht und bildete sich später im Selbststudium fort, denn Frauen konnten sich an den bayerischen Universitäten erst seit Herbst 1903 immatrikulieren. Musisch, nach eigener Einschätzung, nicht sehr begabt, zeigte Therese aber ein Talent zum Zeichnen sowie zum Erlernen fremder Sprachen. Sie eignete sich im Laufe der Jahre und

Reisen elf Sprachen in Wort und Schrift an. Aber auch an körperlichen Übungen hatte Therese ihre Freude, wie beispielsweise am Schwimmen und Radfahren. So hielt sie sich gesund und fit für ihre recht anstrengenden Expeditionen.

Therese war kein Idealbild einer höheren Tochter, auch wenn sie, da ihre Mutter schon früh verstorben war, gemeinsam mit einer Tante dem väterlichen Haushalt vorstand. Therese galt als eigenwillig und unangepaßt, aber ebenso als pünktlich und gewissenhaft. Sie lebte eher zurückgezogen und trat in der Öffentlichkeit wenig in Erscheinung. Dennoch verlief Thereses Leben nicht ereignislos. Sie erwarb sich durch ihre Expeditionen und Veröffentlichungen einen ernstzunehmenden Ruf als Naturwissenschaftlerin und anerkannte Forscherin. Ihre Studien führten Therese durch Rußland, ins Polargebiet, nach Brasilien, Mexiko, Nordamerika, Kanada, Nordafrika und Kleinasien. Sie bereiste auch ganz Europa, von Skandinavien bis in die Mittelmeerländer, von Irland bis zum Balkan.

Therese publizierte, anfangs unter dem Pseudonym Th. v. Bayer, etwa zwanzig Werke in der Methode der beschreibenden Naturwissenschaften. Ihre Beobachtungen und Untersuchungen, die Therese in Tagebüchern schriftlich festhielt und mit eigenhändigen Zeichnungen und Fotos illustrierte, geben uns auch einen Einblick in die oftmals extremen Bedingungen einer damaligen Forschungsreise in unbekannte Regionen: „Wohlausgerüstet saßen wir zu Maultier. Ich hatte einen kleinen photographischen Apparat, meinen Feldstecher und eine Kartentasche umgehängt. In letzterer befanden sich, außer den nötigen Karten, die Papiertüten und Zange zum Schmetterlingsfang, die Medizin und die Binden gegen Schlangenbiß. An meiner Sattelgabel war eine rechteckige flache Tasche aus Pflanzenfasergeflecht befestigt, wie man solche in allen indianischen Ländern antrifft. Sie hatte den Zweck, das kleine Herbarium und unterwegs gesammelte Gegenstände zu bergen. Unser Diener trug den großen photographischen Apparat um die Schultern hängend

und hatte außerdem eine Vogelflinte und ein Schmetterlingsnetz aufge-
schnallt. Die beiden anderen Reisegefährten führten die nötigen mit
Kognak oder Tee gefüllten Aluminiumfeldflaschen."

Therese war zumeist inkognito, zusammen mit nur wenigen ausge-
wählten Begleitern und Begleiterinnen, unterwegs. Sie untersuchte die
natürlichen Gegebenheiten und sozialen Verhältnisse fremder Länder;
sie sammelte, zeichnete, notierte, interviewte, beobachtete, fotogra-
phierte und brachte vieles mit nach Hause. Ihre Funde stellte Therese
zunächst in einem Privatmuseum aus. Nach ihrem Tode erhielt die umfangreiche Sammlung von über 2000 Objekten nord- und südameri-
kanischer Indianer das Museum für Völkerkunde in München, andere
Teile ihrer Sammlungen wurden Bestandteil der naturwissenschaftli-
chen Staatssammlungen Bayerns.

Fachliche Anerkennung fand die Autodidaktin in zahlreichen wissenschaftlichen Vereinigungen Europas. Sie erhielt die Ehrenmitgliedschaft
in der Bayerischen Akademie der Wissenschaften 1892, war Mitglied in
den Geographischen Gesellschaften in München 1892, in Lissabon 1897,
in Wien 1898, zudem in der Anthropologischen Gesellschaft in Wien
1900/01, in der Société des Américanistes de Paris 1908/09, im Bund
deutscher Forscher 1910 sowie in der Deutschen Gesellschaft für
Anthropologie, Ethnologie und Urgeschichte 1913 und der Anthropologischen Gesellschaft in München 1920. Auch andere gelehrte Institutionen anerkannten Thereses Arbeiten und verliehen ihr z. B. 1908 das
Österreich-ungarische Ehrenzeichen für Wissenschaft und Kunst oder
1909 den Titel eines Officier de l'instruction publique in Frankreich. Die
Universität München würdigte Therese als erste Frau überhaupt mit der
Verleihung des Ehrendoktorats Dr. phil. h. c. am 9. Dezember 1897.

Therese starb am 19. September 1925 in ihrem Haus in Lindau am
Bodensee. Zeitgenossen sahen in ihr einen weiblichen Alexander von
Humboldt. Dieser Vergleich war wohl als höchstes Lob gedacht. Der
Botaniker Cogniaux benannte Therese von Bayern zu Ehren eine von ihr
entdeckte Melastomaceenart „Macairea Theresia".   *map*

Dr. Dr. Bertha Kipfmüller
(1861–1948)
Lehrerin und Privatgelehrte

Am 28. Februar 1861 wurde Bertha Kipfmüller in Pappenheim im Altmühltal geboren. Sie besuchte in München die königliche Kreislehrerinnenbildungsanstalt und unterrichtete schon mit 19 Jahren als Hilfslehrerin. 1883 bestand sie die Anstellungsprüfung in Ansbach und war damit eine der ersten Lehrerinnen Mittelfrankens. 1886 gründete sie den „Mittelfränkischen Lehrerinnenverein", den sie 28 Jahre lang leitete. Bertha Kipfmüller gilt auch (neben Helene Lange u. a.) als Mitbegründerin des Allgemeinen Deutschen Lehrerinnenvereins (DDLV). Sie kämpfte für eine bessere Stellung der Lehrerinnen in Bayern und wollte die uneingeschränkte Anstellung für Lehrerinnen erreichen.

Die weiblichen Lehrkräfte besaßen, seit dem Erlaß über die Bildung von Schullehrern in Bayern 1866 und den Bestimmungen der Jahre 1867–1901 zur Bildung der Lehrerinnen, nahezu die gleiche Vor- und Ausbildung wie die männlichen. Die angehenden Lehrerinnen besuchten drei Jahre lang eine höhere Schule (nicht identisch mit dem Mädchengymnasium, das es damals noch nicht gab, sondern eine höhere Töchterschule mit etwa mittlerem Bildungsniveau) oder einen entsprechenden Privatunterricht. Dann absolvierten sie eine zweijährige Fachausbildung an einer zumeist privaten Lehrerinnenbildungsanstalt, wie z. B. dem Ludwigsseminar in Memmingen. In der zweiten Hälfte des 19. Jahrhunderts entstanden aber auch öffentliche Lehrerinnenbildungsanstalten, z. B. in München und Straubing. Die bayerischen Lehrerinnen erhielten mit der allmählichen Angleichung ihrer Ausbildung an die ihrer männlichen Kollegen fundierte fachliche Kenntnisse.

Die Lehrerinnen wurden aufgrund ihres geistigen Potentials zur treibenden Kraft in der Weiterentwicklung der Mädchenschulbildung und der Frauenemanzipation.

Bertha Kipfmüller setzte sich hauptsächlich für die feste Anstellung der Lehrerinnen ein. Denn bislang waren die meisten Lehrerinnen nur als sogenannte Verweserinnen oder Hilfslehrerinnen mit entsprechend niedriger Bezahlung tätig gewesen.

Neben ihrer beruflichen Tätigkeit als Lehrerin bereitete sich Bertha Kipfmüller von 1894 bis 1896 selbständig auf das Abitur vor und erhielt 1896 die Erlaubnis, an der Philosophischen Fakultät der Universität Heidelberg zu studieren. 1899 schloß sie in den Fächern Germanistik, Sanskrit und vergleichende Sprachwissenschaften mit der Promotion ab. Das 38jährige „Fräulein Doktor" war damit die erste promovierte Frau Bayerns. Sie legte Wert darauf, mit „Fräulein Doktor" angesprochen zu werden, denn: „Jede Schneegans nennt sich in Bayern immer noch Frau Doktor, weil der Mann es ist." Damals wurden die Ehefrauen noch mit dem Titel und der Berufsbezeichnung ihrer Ehemänner angeredet. Dieses auf diese Weise öffentlich demonstrierte „Abhängigkeitsverhältnis" der Frau vom Manne wollte Dr. Bertha Kipfmüller mit ihrer Abwehr geißeln.

Ab Oktober 1899 unterrichtete Dr. Bertha Kipfmüller 27 Jahre lang als Hauptlehrerin an der Nürnberger „Städtischen höheren Mädchenschule, Findelgasse-Frauentorgraben mit Realgymnasiumskursen" Deutsch, Geschichte, Erdkunde, Naturkunde und Rechnen.

Zeitlebens sprach sich Bertha Kipfmüller für Angleichung der Mädchenbildung an die Knabenbildung aus; sie forderte zusammen mit anderen Mitstreiterinnen die Errichtung von öffentlichen (nicht privaten bzw. kirchlichen) Mädchengymnasien.

In Bayern, zumindest in den katholischen Teilen, lag die höhere Mädchenbildung zumeist in den Händen der Klosterfrauen. Erst mit den 1911 beginnenden Reformen der höheren Mädchenbildung kam es zur Gründung der ersten kommunalen oder staatlichen Mädchengymnasien, die zum Abitur und damit zur Hochschulreife führten. Die Zulassung zum Universitätsstudium hatten die Frauen allerdings schon 1903 in Bayern erlangt.

Als Ruheständlerin studierte Bertha Kipfmüller an der Universität Erlangen Jura und promovierte nochmals mit 68 Jahren, diesmal zum Dr. jur. mit einem rechtshistorischen Thema. Ihren letzten Lebensabschnitt verbrachte Dr. Dr. Bertha Kipfmüller in ihrem Geburtshaus bei ihrer Schwester in Pappenheim. Sie beschäftigte sich jedoch weiterhin als Privatgelehrte mit fremden Sprachen und philosophischen Schriften. Hochbetagt begab sich Bertha Kipfmüller nach Berlin, um dort noch vier Jahre lang die chinesische Sprache und Kultur zu studieren.

Am 3. März 1948 starb die kämpferische Lehrerin und Gelehrte, auch „Frauenrechtlerin des Frankenlandes" genannt, in ihrem Geburtsort Pappenheim.   *map*

Dr. Rosa Kempf
(geb. 1874–?)
Nationalökonomin und Frauenforscherin

Lujo Brentano, Professor für Nationalökonomie in München, nahm 1897 Stellung zum heftig umstrittenen Frauenstudium. Nur mit Hilfe wissenschaftlich geschulter Frauen, so schrieb er, könne man zur genauen Kenntnis der Teile des Wirtschaftslebens gelangen, in denen die Frauenarbeit eine Rolle spiele. Frauen würden sich ebenso wie Männer für die sozialen Probleme interessieren und eine „höchst natürliche und äußerst wünschenswerte Sympathie" bewege sie dazu, sich an deren Lösung zu beteiligen. An die zehn Jahre später saßen vier Frauen in seinem Seminar, absolvierten das „Frauenstudium Nationalökonomie" und promovierten bei ihm mit Untersuchungen über die sogenannte Arbeiterinnenfrage. Rosa Kempf war eine von ihnen, sie wurde die bekannteste der ersten bayerischen Sozialwissenschaftlerinnen.

Die Tochter des Bezirksarztes Jakob Kempf und seiner Frau Emma Falciola kam am 8. Februar 1874 im niederbayerischen Dorf Birnbach zur Welt. Ihre Kindheit verbrachte sie hier, in Pfarrkirchen im Rottal, im oberbayerischen Trostberg und im oberpfälzischen Oberviechtach. Rosa Kempfs Bildungsweg entsprach dem etlicher Nationalökonominnen der ersten Generation, die erst nach abgeschlossenen Berufsausbildungen und längerer Berufspraxis zum Universitätsstudium gelangten. Sie besuchte zunächst eine Vorbereitungsschule, dann absolvierte sie 1892 das Lehrerinnenseminar in München. Anschließend unterrichtete sie vier Jahre lang als Hilfslehrerin an der Dorfschule in Wolfakirchen in Niederbayern. Darauf wurde sie nach München versetzt, legte dort ihre Staatsprüfung ab und erhielt im Jahr 1900 als Volksschullehrerin eine feste Anstellung.

Seit 1903 waren in Bayern Frauen zum ordentlichen Universitätsstudium zugelassen. Nachdem Rosa Kempf 1904 am Theresiengymnasium ihr Abitur gemacht hatte, konnte sie sich ein Jahr später für das Studium der Philologie und der Staatswissenschaften immatrikulieren. Sie war 36 Jahre alt und hatte 17 Jahre im Volksschuldienst hinter sich, als sie 1910 ihre Doktorarbeit einreichte. Ihre Dissertation über „Das Leben

der jungen Fabrikmädchen in München" war in das von den Soziologen Alfred und Max Weber angeregte Forschungsprojekt „Auslese und Anpassung der deutschen Arbeiter" eingebunden; die in diesem Rahmen ab 1906 erschienenen empirischen Studien wurden zur Hälfte von Frauen geschrieben. Rosa Kempf arbeitete für ihre Untersuchung selbst in der Fabrik, sie betrieb, würde man heute sagen, Feldforschung und teilnehmende Beobachtung. Detailliert analysierte und beschrieb sie die Familienverhältnisse von 270 jugendlichen Arbeiterinnen, ihre Arbeitsplätze und ihre innerbetriebliche Stellung, ihre Denkweisen und Zukunftsperspektiven. Brentano beurteilte die Arbeit, die 1911 im Druck erschien, als „wissenschaftlich und schriftstellerisch gleich hervorragend". Ein Jahr vor Rosa Kempf hatte seine erste Doktorandin Rose Otto ihre Dissertation „Über die Fabrikarbeit verheirateter Frauen" veröffentlicht. Elisabeth Hells Studie „Jugendliche Schneiderinnen und Näherinnen in München" kam 1911 heraus. 1912 schließlich erschien die Doktorarbeit der vierten Nationalökonomin aus Brentanos Seminar, Käthe Mendes Untersuchung über „Münchener jugendliche Ladnerinnen zu Hause und im Beruf".

Wie viele der ersten Sozialwissenschaftlerinnen engagierte sich auch Rosa Kempf in der bürgerlichen Frauenbewegung. Diese befaßte sich ihrerseits insbesondere seit den 1890er Jahren mit der „Arbeiterinnenfrage" und beteiligte sich an sozialreformerischen Initiativen wie dem 1906 in Berlin gegründeten „Ständigen Ausschuß zur Förderung der Arbeiterinnen-Interessen". Eine der Ursachen für die Notlage der städtischen Arbeiterinnen sah der Ausschuß in der weiblichen Landflucht; 1910 beschloß er deshalb auf der Basis von Fragebogenaktionen eine reichsweite Untersuchung über die Situation der Frauen in der Landwirtschaft. Rosa Kempf bearbeitete das zum Teil auch von ihr selbst erhobene bayerische Material. Ihr Forschungsinteresse war sicher auch biographisch durch ihre Kindheit auf dem Land motiviert, überdies kannte sie die Lage der ländlichen Frauen durch ihre Tätigkeit an der niederbayerischen Dorfschule. Nach mehreren Aufsätzen erschien erst 1918, verzögert durch den Ersten Weltkrieg, ihr Buch „Arbeits- und Lebensverhältnisse der Frauen in der Landwirtschaft Bayerns". Es würdigte den Anteil der Bäuerinnen und ihrer Töchter, der Mägde und der Taglöhnerinnen an der landwirtschaftlichen Produktion und hob die Rolle der Bäuerin in der Hofökonomie hervor.

Vermutlich in der Zeit um 1914 saß Rosa Kempf im Vorstand des „Ständigen Ausschusses zur Förderung der Arbeiterinnen – Interessen"; von daher reichen wohl auch Verbindungslinien zu ihrer Vorstandsmitgliedschaft in der 1917 gegründeten „Zentrale der deutschen Landfrauen". In ihren Aufsätzen hatte sie bereits die Vertretung der Bäuerinnen in den Genossenschaften und Standesorganisationen der Bauern und eine eigene Interessenorganisation der bayerischen Bäuerinnen gefordert. Weitere Schwerpunkte ihres Engagements lagen auf der landwirtschaftlichen und gewerblichen Frauenbildung sowie auf der beruflichen Qualifizierung von Frauen für die Sozialarbeit im kommunalen Fürsorgewesen. Sie gehörte nach 1910 dem wissenschaftlichen Beirat des „Instituts für soziale Arbeit" an, das der „Verein für Fraueninteressen" in München ins Leben gerufen hatte.

Selbst gründete und leitete sie zwischen 1914 und 1918 Ausbildungsanstalten für soziale Frauenberufe in Frankfurt a.M. und in Düsseldorf. Daneben setzte sich Rosa Kempf für das Frauenstimmrecht ein. Um 1908 leitete sie zusammen mit vier anderen Frauen, darunter Lida Gustava Heymann, die Münchner Ortsgruppe des „Bayerischen Vereins für Frauenstimmrecht". Die zunächst dem radikaleren Flügel der bürgerlichen Frauenbewegung zuneigende Rosa Kempf wechselte allerdings dann zum gemäßigten, ja eher konservativen Flügel über und ließ sich 1913 in den Vorstand des „Deutschen Verbandes für Frauenstimmrecht", 1916 in den Vorstand des „Deutschen Reichsverbandes für Frauenstimmrecht" wählen.

Nachdem die Revolution 1918 den Frauen das aktive und passive Wahlrecht gebracht hatte, konnte sie Fraueninteressen auch im bayerischen Parlament vertreten. Als Delegierte des „Hauptverbandes bayerischer Frauenvereine" saß sie im Provisorischen Nationalrat, der sich am 8. November 1918 konstituiert hatte. In ihrer Rede am 18. Dezember – der ersten einer Frau in dem Organ, das bis zur Wahl des Landtages die höchste politische Autorität darstellte – kritisierte sie die mangelnde gleichberechtigte Beteiligung der Frauen. Sie forderte einen mit Rechten und Funktionen ausgestatteten Frauenrat, blieb aber damit ohne Resonanz. 1919 wurde Rosa Kempf dann als Abgeordnete der liberalen Deutschen Demokratischen Partei für die Stimmkreise München IV und XI in den Landtag gewählt.

Vor dem Ersten Weltkrieg und als eine der ersten bayerischen Parlamentarierinnen setzte sich Rosa Kempf vehement für Fraueninteressen ein. Vor allem aber schlug mit ihr, Rose Otto, Elisabeth Hell und Käthe Mende auch die Geburtsstunde der bayerischen Frauenforschung. Rosa Kempfs empirische Untersuchungen über die Münchner Fabrikmädchen und über die Arbeits- und Lebensverhältnisse der Frauen in der bayerischen Landwirtschaft sind heute noch grundlegend.   *ep*

a. o. Prof. Dr. Emmy Noether
(1882–1935)
Mathematikerin

In einem südamerikanischen Nachruf auf Emmy Noether heißt es am Schluß: „Die Verehrung, die diese bewundernswerte Frau wegen ihres Verstandes erweckt, steht an Intensität der Hochachtung und Liebe ihrer Schüler nicht nach, die sie wegen ihrer Charaktereigenschaften für sie empfinden. Ein schönes Beispiel, das man jenen vorhalten soll, die mit mittelalterlichen Kriterien heute noch von der intellektuellen und psychologischen Inferiorität der Frau sprechen."

Emmy Noether, am 23. März 1882 in Erlangen geboren, hatte es auf ihrem beruflichen Weg zu einer der bedeutendsten Mathematikerinnen des 20. Jahrhunderts nicht leicht. Obwohl als erstes Kind von insgesamt vieren – drei Brüder folgten noch nach – des Mathematikprofessors Max Noether und seiner Gattin Ida, geb. Kaufmann, zur Welt gekommen, standen ihr doch von vornherein nicht alle Türen offen. Als Mädchen hatte sie damals nicht Teil an allen Bildungsmöglichkeiten. Daher konnte Emmy nur die höhere Töchterschule in Erlangen (1889–1897) besuchen und danach (1900) die Staatsprüfung für Lehrerinnen an weiblichen Erziehungs- und Unterrichtsanstalten in den Fächern Französisch und Englisch ablegen. Da sie jedoch an der Universität zu studieren wünschte, mußte sie erst noch als Externe auf privatem Wege das Abitur nachholen; dies geschah 1903 in Nürnberg.

Während dieser Zeit konnte sie allerdings schon als Hörerin (Hospitantin) an diversen Mathematikveranstaltungen der Universität Erlangen teilnehmen (1900–1902). Im Wintersemester 1903/04 besuchte Emmy Noether die Göttinger Universität und im Oktober 1904 wiederum die Universität Erlangen. Denn seit dem Wintersemester 1903/04 war es an den bayerischen Universitäten nunmehr auch für Frauen möglich geworden, sich offiziell als Studierende einzuschreiben. Emmy Noether war damals unter den Erlanger Mathematikstudenten die einzige Studentin.

1907 schloß Emmy Noether ihr Mathematikstudium mit einer Dissertation „Über die Bildung des Formensystems der tenären biquadratischen Form" ab. Obwohl ihre Arbeit mit „summa cum laude" bewertet wurde, bezeichnete Emmy Noether diese später als „Mist" und erklärte sie für verschollen. Damals hatte Emmy Noether ihr eigentliches mathematisches Forschungsgebiet, auf dem sie Herausragendes leisten sollte, noch nicht gefunden.

Die Schaffung ihrer „neuen" Algebra begann mit den Ideen von Ernst Fischer, als dieser 1911 nach Erlangen kam. Nun wandte sich Emmy Noether ab vom Rechnerischen und Formelhaften, hin zur Betonung des gedanklichen Schließens durch Ausschöpfung der Definitionen und der Herausarbeitung der abstrakten algebraischen Strukturen, wie Ring, Modul, Gruppe, Körper, Ideal, hyperkomplexes System. Emmy Noethers Auffassungen waren höchst folgenreich für den Fortschritt in der Algebra. Manche bezeichneten sie daher auch als „Mutter der Algebra".

1915 ging Emmy Noether nach Göttingen, das damals als weltweit führendes Zentrum der Mathematik galt. Hier übernahm sie David Hilberts Lehrveranstaltungen zur Invariantentheorie und beteiligte sich an seinen Forschungen. Sie veröffentlichte eine Reihe von bedeutenden Arbeiten über Differentialinvarianten und reichte ihre Habilitation ein, die jedoch aufgrund des weiblichen Geschlechts der Verfasserin von der ausschließlich männlich besetzten Fakultät abgelehnt wurde. Erst nach Änderung der Habilitationsordnung konnte sich Emmy Noether 1919 in Göttingen habilitieren. Damit war aber keine Professur verbunden. Seit dem 6. April 1922 hatte Emmy Noether zumindest eine „außerordentliche Professur" inne, allerdings ohne Bezahlung. Ab 1923 erhielt sie dann endlich einen mit geringem Einkommen ausgestatteten Lehrauftrag für Algebra. Trotz ihrer unbestritten herausragenden Arbeiten, die die Algebra grundsätzlich neu formten (z. B. „Idealtheorie in Ringbereichen", „Abstrakter Aufbau der Idealtheorie in algebraischen Zahl- und Funktionenkörpern", „Hyperkomplexe Größen und Darstellungstheorie in arithmetischer Auffassung" und „Hyperkomplexe Systeme in ihren Beziehungen zur kommutativen Algebra und zur Zahlentheorie"), ernannte man Emmy Noether auch in den Folgejahren nicht zur ordentlichen Professorin und berief sie auch nicht zum Akademiemitglied. Dennoch scharten sich um Emmy Noether eine Reihe begabter Studenten – selbst aus dem Ausland, wie Frankreich, China, der Sowjetunion und den USA –, die ironisch als „Trabanten" oder „Noether-Knaben" bezeichnet wurden, Emmy Noether galt inzwischen international als große Neugestalterin der Mathematik. 1928/29 lehrte sie kurz als Gastprofessorin in Moskau und 1930 in Frankfurt am Main. Ansonsten mußte Emmy Noether, die bedeutende Mathematikerin, ihren bescheidenen Lebensunterhalt überwiegend aus ihrem ererbten Vermögen bestreiten.

Als 1933 die Nationalsozialisten an die Macht kamen, war die Göttinger Zeit für Emmy Noether vorbei. Als Sozialdemokratin, Pazifistin und aufgrund ihrer jüdischen Herkunft bekam sie Berufsverbot und mußte 1933 in die USA emigrieren. Ihre Familie bestand nur mehr aus dem Bruder Fritz, der, ebenfalls Mathematiker, 1934 eine Professur an der Universität Tomsk in der Sowjetunion erhielt. Emmy Noethers Mutter war schon 1915 gestorben, der Vater 1921 und zwei ihrer Brüder 1918 und 1928.

Emmy Noether fand im Oktober 1933 als Gastprofessorin an der amerikanischen Frauenhochschule, dem Bryn Mawr College in Pennsylvania, eine neue Heimat. An der nicht allzuweit entfernten Universität von Princeton gelang es ihr zudem, einen neuen Kreis von Studierenden, eine neue „Noether-Schule", aufzubauen. Auch am Frauencollege fanden sich begabte Schülerinnen.

Emmy Noether hatte kaum ihr neues Leben und Forschen organisiert, als eine Tumorerkrankung sie zwang, sich einem operativen Eingriff zu unterziehen, an dessen Folgen sie kurz darauf am 14. April 1935 starb.

Viele nahmen in veröffentlichten Nachrufen Abschied von Emmy Noether, wie B. L. van der Waerden, einer ihrer ehemaligen Schüler: „Ein tragisches Geschick hat unserer Wissenschaft eine höchst bedeutungsvolle, völlig einzigartige Persönlichkeit entrissen ... Ihre absolute, sich jedem Vergleich entziehende Einzigartigkeit ist nicht in der Art ihres Auftretens nach außen hin zu erfassen, so charakteristisch dieses zweifellos war. Ihre Eigenart erschöpft sich auch keineswegs darin, daß es sich hier um eine Frau handelt, die zugleich eine hochbegabte Mathematikerin war, sondern liegt in der ganzen Struktur dieser schöpferischen Persönlichkeit, in dem Stil ihres Denkens und dem Ziel ihres Wollens."

Emmy Noether galt als frohgemut, bescheiden und frei von Eitelkeit, als uneigennützige Förderin und unbestechliche Richterin der Arbeiten ihrer Schüler und Schülerinnen; sie war gütig und gastfreundlich, burschikos und unsentimental; sie ging gerne spazieren, schwimmen und tauchen; sie diskutierte viel und gerne mit ihrer rauhen Stimme – und sie besaß eine unwiderstehliche Attraktivität aufgrund ihrer überragenden geistigen Ausstrahlungskraft.   *map "ich habe etwas zu sagen"*

Schriftstellerinnen und Künstlerinnen

Catharina Regina von Greiffenberg
(1633–1694)
Barock-Dichterin

Sigmund von Birken, der Nürnberger Poet, feierte die Verfasserin der „Geistlichen Sonette, Lieder und Gedichte", die 1662 im Druck vorlagen, als „Teutsche Uranie", die auf der „Himmlischen Dichterharffe" unvergleichlich spiele. Später veröffentlichte die Poetin noch ein national gefärbtes Epos mit dem Titel „Sieges-Seule der Buße und des Glaubens wider den Erbfeind christlichen Namens aufgestellt" (1675), das während der Türkenkriege 1663/64 entstanden war, sowie mehrere „Andachtsbücher". Alle Werke fanden höchste Anerkennung in den gelehrten Kreisen und literarischen Sprachgesellschaften der Zeit.

Die Poetin Catharina Regina von Greiffenberg war zu ihren Lebzeiten berühmt und hochgeachtet in der Zunft der Dichter und Dichterinnen. So wurde sie das erste weibliche Mitglied in Philipp von Zesens „Teutschgesinnter Genossenschaft", deren „Lilienzunft" sie unter dem Namen „die Tapfere" leitete. In ihrer österreichischen Heimat war sie ein bedeutendes Mitglied der Ister-Nymphen-Gesellschaft und wurde Clio genannt. Mit Birken, dem Präses des „Pegnesischen Blumenordens", verband Catharina Regina eine lebenslange „Innig-Freundschaft", der wir etwa 200 Briefe von ihrer Hand (als Coris an Silvano) verdanken, die heute eine einmalige literarhistorische Quelle darstellen.

Trotz der damaligen Bekanntheit ihrer Dichtungen, gerieten die Werke der Catharina Regina von Greiffenberg allmählich in Vergessenheit. Erst seit den siebziger Jahren unseres Jahrhunderts wurde wieder verstärkt auf ihre poetische Leistung und Bedeutung für die Dichtung des Barock, auf ihre Formvirtuosität, ihre schlichte, jedoch ausdrucksstarke Dichtung, auf ihre Erlebnistiefe hingewiesen. Mit der dichterischen Gestaltung ihrer Natureindrücke in ihrem Spätwerk eilte sie ihrer Zeit voraus. Im Gotteslob ihrer religiösen Dichtung erklang nochmals mystisches Gedankengut. Ihre Prosaschriften zu historischen und politischen Themen lassen nationale Anklänge erkennen.

Catharina Regina, die Vielgepriesene, entstammte dem protestantischen Landadel Niederösterreichs. Sie wurde 1633 auf Burg Seyssenegg bei Amstetten geboren. Erst ihr Großvater, Johann Baptist Linsmayr, war gesellschaftlich aufgestiegen und 1608 in den erblichen österreichischen Freiherrenstand erhoben worden. Aus

seiner ersten Ehe stammte Catharinas Vater Johann Gottfried, und aus seiner dritten Ehe Catharinas Onkel und Vormund (ihr Vater starb 1641) Hans Rudolph, der dreißig Jahre jünger als sein Halbbruder war.

Catharinas Mutter Anna, eine geborene Pranck, verlobte schon während ihrer Schwangerschaft ihr Kind Jesus Christus. Dies und der frühe Tod der einzigen Schwester Anna Regina († 1651) war für das weitere Leben der Dichterin prägend. Sie widmete ihr Leben dem „Deoglori-Licht", dem Lobpreis Jesu Christi.

Catharina Regina verlebte ein wohlbehütete Kindheit. Sie beschäftigte sich mit umfassenden Sprachstudien (Latein, Französisch, Spanisch, Italienisch) sowie mit Rechts- und Staatswissenschaften. Sie erlernte das Singen, Tanzen, Malen, Reiten und Jagen. Später widmete sie sich auch den Naturwissenschaften, der Philosophie und Theologie. Der Dichter Johann Wilhelm von Stubenberg (1619–1663), Gutsnachbar und Glaubensgenosse, führte die lesehungrige Catharina Regina in die Kunst des Dichtens, in die literarische Tradition und gelehrten Kreise der protestantischen Literaten in Österreich ein. Zudem vermittelte er den ersten Kontakt zu Sigmund von Birken (1626–1681) und dem „Löblichen Hirten- und Blumenorden an der Pegnitz".

In Nürnberg begann sich zu dieser Zeit gerade ein literarisches Zentrum herauszubilden.

Hierher zog Catharina Regina, nachdem ihr Onkel, den sie wegen des nahen Verwandtschaftsgrades nach längeren inneren Kämpfen schließlich doch zum Gatten genommen hatte (Heirat am 12. Oktober 1664 in Frauenaurach bei Erlangen), 1676 gestorben war. Im Kampf um ihre Güter unterlag sie dem katholischen Adeligen Franz von Riesenfels; sie konnte nur ihr mütterliches Erbe retten. Catharina Regina richtete sich zur Jahreswende 1679/80 in der Nähe ihres Freundes Birken einen bescheidenen Witwensitz im St. Egidienhof zu Nürnberg ein. Endlich besaß sie „ein ruhig Schäferhüttlein an der Pegnitz", das sie während ihrer Ehejahre auf Burg Seyssenegg so sehr vermißt hatte. Denn Catharina Regina konnte dort als Herrin, befaßt mit Repräsentationspflichten und der Leitung eines großen Haushalts, nur schwerlich Zeit finden, um sich dem Schreiben und der Kontemplation zu widmen. Außerdem engagierte sich Catharina Regina in diesen Jahren auch politisch. Sie versuchte mittels einer zwölfbogigen Schrift Kaiser Leopold und damit ganz Österreich für den Protestantismus zu gewinnen. Aus diesen Gründen weilte sie auch mehrmals in Wien bei Hofe und überreichte 1673 ihr Werk Kaiserin Claudia-Felicitas, ohne jedoch damit Erfolg zu haben.

Nürnberg kannte die Dichterin schon von vielen Besuchen her. Hier in der evangelischen Reichsstadt hatte sie oftmals am Gottesdienst und Abendmahl teilgenommen. Hier knüpfte und pflegte sie ihre literarischen Kontakte und persönlichen Freundschaften. Unter ihrem Einfluß nahm der „Pegnesische Blumenorden" nunmehr auch Frauen auf. Catharina Regina trat ihm selbst zwar nicht bei, aber beispielsweise ihre Dichterkollegin und Freundin Maria Catharina Stockfleth, genannt Dorilis. Die beiden kannten sich schon aus der Gesellschaft der Ister-Schäfer und -Nymphen. Maria Catharina Stockfleth (1633?–1692), geb. Helden (Heden), verwitwete Fritsch, verfaßte mit ihrem zweiten Ehemann Arnold Stockfleth, genannt Dorus, einen seinerzeit hochberühmten Roman „Die Kunst- und Tugendgezierte Macarie". Diese Tugendlehre stilisierte die Gemeinschaft von Frauen und Männern in der Sprachgesellschaft des „Pegnesischen Blumenordens" zum Idealbild für die gesamte Gesellschaft.

Der „Pegnesische Blumenorden" war 1644 von Georg Philipp Harsdörffer und Johann Klaj gegründet worden. Die Sprachgesellschaften der Barockzeit hatten zum Ziel, die deutsche Sprache von Grobheiten und Mundart zu reinigen und die allgemeinen Umgangsformen zu kultivieren. Der Nürnberger Dichter- und Dichterinnenklub bestand aus gelehrten Frauen und Männern, aus Beamten und Geistlichen. Um 1780 waren etwa 20 Prozent der Mitglieder im „Pegnesischen Blumenorden" Frauen.

Das war damals die Ausnahme, denn andere große Sprachgesellschaften nahmen zumeist keine Frauen auf.

Der „Pegnesische Blumenorden" besteht heute noch; er feierte 1994 seinen 350. Geburtstag mit einer Ausstellung im Germanischen Nationalmuseum.

Der Roman der Stockfleths, dessen zweiter Band wohl gänzlich von Maria Katharina Stockfleth stammt, wurde zum Vorläufer der Forderungen des 18. Jahrhunderts nach Gleichheit von Mann und Frau; außerdem betonte er die geistige Selbständigkeit der Frau. Auch Catharina Regina wies, entgegen der damals herrschenden wissenschaftlichen Auffassung und gesellschaftlichen Wirklichkeit, in ihren Werken und Schriften immer wieder auf die Gleichheit und Eigenständigkeit sowie auf die geistigen Fähigkeiten der Frau hin, dabei berief sie sich in alter Tradition auf Gottes Willen: „Hat er (Gott) ein Weib zum Werkzeug seiner Menschheit gebraucht: so wird er uns auch zu Werkzeugen seines Geistes würdigen."

Catharina Regina von Greiffenberg, die bedeutendste Dichterin des Barock, starb am 8. April 1694 in Nürnberg. Ihr Grab auf dem Johannisfriedhof ist nicht mehr erhalten.   *map*

Maria Electrine von Freyberg
(1797–1847)
Malerin, Lithographin und Radiererin

„Electrine Rediviva" betitelte die „Süddeutsche Zeitung" einen Artikel, in dem die Kunstkritikerin Doris Schmidt 1963 eine Ausstellung mit Werken der Künstlerin in einem Münchner Antiquariat besprach. Allerdings verhalf die Ausstellung Electrine nicht zu einer dauerhafteren Wiederkehr, sondern nur zu einer zeitweiligen Wiederbelebung. Doris Schmidt würdigte sie folgendermaßen: „Hochgestimmt hatte sie sich dem Vollendeten anvertraut und ausgeliefert – die Redlichkeit der Zeichnerin und Lithographin, die virtuose Sicherheit der Radiererin nötigen uns Bewunderung ab." Doch schien ihr Electrinens Kunst einer liebenswerten Vergangenheit anzugehören, als eine Kunst für die gebildeten Stände, die dem Edlen, Wahren und Guten huldigten. Zu ihrer Zeit war Electrine freilich eine gefeierte Begabung gewesen. Der Maler, Aka-

151

demiedirektor und damalige Kunstpapst Peter von Cornelius stufte sie sogar noch vor der Malerin Angelika Kauffmann (1741–1807) ein. Ihr Ruhm verblich aber schon Ende des 19. Jahrhunderts und im 20. Jahrhundert geriet sie mit Ausnahme ihres lithographischen Werkes weitgehend in Vergessenheit. „Electrine Rediviva" – eine Künstlerin mit Rang und Namen in der Münchner Kunstszene des frühen 19. Jahrhunderts und eine der ersten Frauen an der Kunstakademie wartet noch immer auf ihre Wiederentdeckung.

Electrine kam am 24. März 1797 in Straßburg zur Welt. Zwei Jahre zuvor waren ihre Eltern aus der Schweiz, dem Geburtsland ihrer Mutter Maria Franziska Ruedhard, hierher zugezogen. Der Vater Johann Baptist Stuntz, ein gebürtiger Badenser, betätigte sich als Landschaftsmaler, Kunsthändler und Musiker. In Straßburg betrieb er neben seinem Kunsthandel eine Zeichenschule. Unter den Stuntzschen Kindern fielen Electrine und ihre Brüder Joseph Hartmann – später als Opernkomponist und Musiker berühmt – und Johann Baptist bald durch ihre zeichnerische und musikalische Begabung auf. Im Jahr 1808 siedelte die Familie nach München über. Die Hauptstadt des frischgebackenen Königreichs Bayern war gerade dabei, zur Stadt der Kunst zu avancieren. Geschlossene Gemäldesammlungen kamen nach München. Der königliche Hof vergab Aufträge und Stipendien, nicht minder zog die soeben gegründete Akademie der Künste zahlreiche Künstler und Kunststudenten an. Electrines erste bekannte Zeichnungen entstanden. Eine von der kindlichen Künstlerin dem König gewidmete Tuschpinsel- und Federzeichnung zeigte die Beleuchtung des Rathausplatzes 1809 bei der Rückkehr des Königspaares aus Augsburg; Max I. Joseph, Electrine auch später wohlgewogen, ließ das Werk in das Handzeichnungskabinett aufnehmen.

Selbstporträt

Inzwischen hatte sich eine neue Drucktechnik, Aloys Senefelders Erfindung der „chemischen Lithographie", durchgesetzt. Zu den vielen

Anwendungsmöglichkeiten zählte die Künstlerlithographie. In Electrines Werk spielte die Lithographie eine gewichtige Rolle, sie stand mit bedeutenden Künstlern der Frühzeit dieser graphischen Technik und mit Senefelder selbst in Verbindung. Ihr Vater richtete 1809/10 am Unteren Anger eine Steindruckerei ein. Seine Geschäftspartner, die Künstler Johann Nepomuk Strixner und Ferdinand Piloty, schufen im Auftrag Johann Christian von Mannlichs, des Direktors der Münchner Kunstsammlungen, lithographische Wiedergaben von berühmten Kunstwerken – die „Œuvres lithographiques" zählen heute zu den Inkunabeln der deutschen Lithographie. Electrine erlernte in der Anstalt ihres Vaters das Lithographieren, Strixner und Piloty waren vielleicht auch ihre Lehrer. Strixner selbst lithographierte 1812 vier Federzeichnungen von Electrine mit Szenen aus der Nibelungensage. Ihr Vater ermutigte sie, eigene lithographische Werke herauszugeben.

Ebenfalls 1812 erschienen die ersten drei Hefte von „Mes leçons de Mythologie", in die ihre Beschäftigung mit der antiken Mythologie einging. Die vierzehnjährige Künstlerin erntete sofort hohes Lob im „Journal des Luxus und der Moden": „Auf die erste Ankündigung dieses Unternehmens mochte wohl Mancher tadelnd über dasselbe, als nicht vereinbar mit weiblichem Sinn und weiblicher Sitte, die Achseln gezuckt haben, zumal da die Jugend der Verfasserin eine Schwierigkeit mehr der wirklichen Ausführung ihrer schönen Idee, in den Weg legte. Sie besiegte mit ihrem ersten Heft die Ungläubigen auf glänzende Weise, und gab zugleich den Freunden und Schützern des aufblühenden Talentes Ansprüche auf die Erfüllung der schönen Hoffnung, in ihr der Kunst eine preiswürdige Schülerin reisen zu sehn." Electrine druckte 1814 die letzten Blätter der ersten Ausgabe in insgesamt 12 Lieferungen. Vier Jahre später erschien in München Senefelders Lehrbuch der Lithographie; unter die Mustertafeln im Anhang nahm der Erfinder Electrines Kreidelithographie „Madonna mit dem Kind auf Wolken" auf. 1819 – Senefelder, Electrine und ihr Vater waren zur gleichen Zeit in Paris – kopierte er dieses Werk selbst für die französische Ausgabe seines Lehrbuches und druckte zusätzlich Electrines in Paris entstandene „Heilige Cäcilie" als Mustertafel ab. Der Aufenthalt in Paris diente auch ihrer weiteren Ausbildung nach ihrem Akademiestudium.

Im Dezember 1813 war die sechzehnjährige Electrine als Elevin im Fach Historienmalerei in die Münchner Akademie der Bildenden Künste aufgenommen worden. Bei der Akademiegründung waren Frauen als Kunstschülerinnen allerdings nicht vorgesehen. Seit Juli 1813 studierte jedoch schon die Malerin Maria Ellenrieder (1791–1863) als erste Frau an der Akademie und stellte damit einen Präzedenzfall dar. Am gleichen Tag wie Electrine schrieb sich Louise Wolf aus Leipzig (1798–1859) ein; zu den ersten Frauen an der Akademie gehörte weiter Catharina von Predl (1790–1871). Bei Electrines Aufnahme mochte eine Rolle gespielt haben, daß sie sich bereits einen Ruf als Künstlerin verschafft hatte und daß ihr Vater mit dem Akademiedirektor Johann Peter von Langer und dessen Sohn, dem Professor Robert von Langer, befreundet war. Beide wurden ihre Lehrer. Sie beeinflußten Electrine dahingehend, daß sie sich nun Themen der religiösen Historienmalerei zuwandte und sich Raffael zu ihrem großen Vorbild nahm. Electrine beendete ihre Akademieausbildung vermutlich Anfang 1817. Noch während der Zeit an der Akademie entstanden 1815 ihre ersten nachweisbaren Gemälde, darunter „Der Englische Gruß", mit dem sie sich im Jahr 1820 an der Ausstellung der königlichen Akademie der Künste in Berlin beteiligte.

Inzwischen hatte Electrine auch ihren späteren Ehemann, den königlich bayerischen Stallmeister und Kammerherrn Wilhelm Freiherr von Freyberg, kennengelernt. Dessen Stiefvater und zugleich Vorgesetzter Ludwig von Kesling sträubte sich aufgrund des Standesunterschiedes gegen eine Ehe mit der Künstlerin. Nicht minder lehnte Johann Baptist Stuntz die Verbindung ab: Der ambitionierte Vater befürchtete eine Beeinträchtigung des Talents seiner Tochter, wenn nicht gleich das Ende ihrer Kunstausübung. Auch um die Beziehung zu hintertreiben und nicht nur im Interesse der Ausbildung brachen Vater und Tochter Stuntz 1821 zu einem längeren Aufenthalt nach Italien auf. Hier wurde Electrine zum Ehrenmitglied der Academia di San Luca ernannt. In Rom suchte sie vermutlich den Maler Johann Friedrich Overbeck auf, unter dessen Einfluß sie sich dem Kunstideal der Nazarener annäherte. Ein Jahr nach der Italienreise, am 19. März 1823, konnten sie und Wilhelm von Freyberg sich endlich das Ja-Wort geben. In den folgenden neun Jahren brachte Electrine sieben Kinder zur Welt; ihr erster Sohn wurde tot geboren, zwei weitere Kinder starben bald. Entgegen den Befürchtungen ihres Vaters gab sie die Kunst nicht auf. Wie sich zeitweilig ihre Kunstausübung gestaltete, beschrieb sie ihrem Mann in einem Brief 1825: „Vom Kind an die Staffelei und von der Staffelei wieder zum Kind, oder mit dem Kind in's Freie hinaus – bei allem an dich denkend – so wechselt, lieber, guter Wilhelm, mein Leben ..."

Die Familie hielt sich nun meistens in ihrer Villa in Thalkirchen auf – das Anwesen hatte Electrine bereits 1814 mit Geld, das sie sich durch ihre künstlerische Tätigkeit verdient hatte, gekauft. Hier traf sich der große Freundes- und Bekanntenkreis, zu dem etwa Peter von Cornelius, die Malerinnen Catharina von Predl, Louise Wolf, Louise Braun (1782–1848) und Emilie Linder (1797–1867) sowie auch der Dichter Clemens Brentano gehörten. In dieser Zeit malte Electrine vor allem christliche Historienbilder, wobei sie Darstellungen der Madonna bevorzugte. 1826 und 1829 nahm sie an den Kunstausstellungen der Münchner Akademie teil. Im „Kunstblatt", dem wichtigsten Organ der Kunstkritik zwischen 1818 und 1849, erhielt sie Ludwig Schorns Beifall. Er rühmte sie als Künstlerin ersten Ranges, die männlichen Verstand und weibliche Empfindung mit Gediegenheit des Studiums und eminenter Fertigkeit der Ausführung vereine. Mit ihrem Gemälde „Madonna mit Kind" war Electrine noch einmal im Jahr 1832 auf der Kunstausstellung der Akademie vertreten. In den folgenden Jahren beschäftigte sie sich vor allem mit Sujets aus ihrem Familienkreis, mit Genreszenen und mit der oberbayerischen Landschaft. Zunehmend interessierte sie sich für die ländliche Arbeitswelt. Ihre künstlerische Entwicklung führte sie nun zu der aufkommenden Richtung des Realismus – ihr Aquarell „Ausgemergelte Bäuerin im Greisenalter" zeigte den Weg, den sie seit ihren Madonnenbildern der 1820er Jahre zurückgelegt hatte. Ihr letztes nachweis- und datierbares Gemälde stammt aus der Zeit um 1840; nach 1842 sind nur noch drei Bleistiftzeichnungen überliefert.

Der Gesundheitszustand der Künstlerin verschlechterte sich zusehends. Electrine starb im Alter von 49 Jahren am 1. Januar 1847 in München an einer Unterleibserkrankung. Sie war die bedeutendste Lithographin in der Inkunabelzeit dieser Technik und neben der Konstanzer Malerin Maria Ellenrieder die angesehenste Künstlerin des frühen 19. Jahrhunderts. Ihr Biograph Pankraz Freiherr von Freyberg erfaßt in seinem ausführlichen Werkkatalog 58 Gemälde, 88 Lithographien, 4 Radierungen sowie 620 Zeichnungen und Aquarelle der Künstlerin. Die Mehrzahl der Werke befindet sich in Privatbesitz, nur wenige sind in öffentlichen Sammlungen zu sehen.   *ep*

Josefine Lang
(1815–1880)
Komponistin, Pianistin und Sängerin

Heinrich Anton Köstlin, Theologe und Musikschriftsteller, begründete die Veröffentlichung der „Lebensskizze" seiner Mutter 1881 damit, „daß in Josefine Lang die Künstlerin auf's Ergreifendste geeint ist mit der aufopfernden Mutter und musterhaften Dulderin, daß dieser Lebensgang so recht die verklärende und unverwüstliche Kraft des musikalischen Genius darthut und beweist, wie wenig die künstlerische Begabung die tiefste Frömmigkeit und zarteste Weiblichkeit ausschließt".

Die Komponistin, Pianistin und Sängerin Josefine Karoline Lang kam am 14. März 1815 in München zur Welt. Ihr Vater Theobald Lang (1783–

1839) wirkte als Hofmusiker in München, die Mutter Regina (1788–1827) entstammte der bekannten Würzburger Künstlerfamilie Hitzelberger. Josefines Großmutter Sabine Hitzelberger, geb. Renk, war eine berühmte Sopranistin und ihre Tochter Regina trat in ihre Fußstapfen. Sie avancierte zu einer der besten Sopranistinnen ihrer Zeit, debütierte erst 17jährig am Münchner Hoftheater und begeisterte mit ihrer Stimme sowohl Carl Maria von Weber und Beethoven als auch Napoleon, der sie nach Paris holen wollte. Nach der Eheschließung mit Theobald Lang entsagte Regina jedoch nach nur sechsjähriger Karriere der Bühne und widmete sich fortan der Familie sowie ihren zwei Kindern Ferdinand, dem nachmaligen berühmten Hofschauspieler, und dem kleinen „Pepperl", wie Josefine damals genannt wurde. Nur mehr selten trat Josefines Mutter als Konzert- und

Kirchensängerin öffentlich auf. Sie vermittelte aber die Liebe zur Musik schon frühzeitig ihrer kleinen Tochter. Diese erinnerte sich später: „Tagelang konnte ich zu Füßen der Mutter sitzen, wenn sie sang oder Klavier spielte. Meine größte Freude war es, wenn sie mich auf den Schoß nahm und unter tausend Liebkosungen meine kleinen Finger auf dem Klavier spazierengehen ließ, mich Kindermelodien oder gar kleine Stückchen spielen lehrte."

Josefine galt als zartes Kind. Mit Rücksicht auf ihre schwache körperliche Verfassung durfte sie nicht in die allgemeine Schule gehen, sondern wurde von einem Hauslehrer unterwiesen. Auch ihr Musiktalent wurde, nach anfänglichen Mißerfolgen mit einem unfähigen Klavierlehrer, durch den fachkundigen Unterricht der Pianistin Berlinghoff gezielt gefördert. Schon als 11jährige trat Josefine erstmals in einem Münchner Museumskonzert öffentlich auf. Bald war sie in München als Wunderkind bekannt und beliebt. Ihr wurde ein fast übergroßes Interesse entgegengebracht. Man lud sie zu zahlreichen gesellschaftlichen Anlässen, um dort auf dem Klavier zu spielen und eines ihrer selbst vertonten Lieder zu singen. In dem jungen Mädchen offenbarte sich schon früh sowohl ein reproduktives als auch ein kreatives Talent.

Im Hause des Hofmalers Joseph von Stieler, Josefines Patenonkel, begegnete die sechzehnjährige Josefine 1831 Felix Mendelssohn-Bartholdy, der zwar erst 22 Jahre alt, schon ein gefeierter Meister der Kunst des Komponierens war. Mendelssohn berichtete seiner Familie über diese Begegnung in einem Brief: „Sie ist mir eine der liebsten Erscheinungen, die ich je gesehn. Denkt Euch ein zartes, kleines, blasses Mädchen mit edeln, aber nicht schönen Zügen, so interessant und seltsam, daß schwer von ihr wegzusehen ist, und all' ihre Bewegungen und jedes Wort voll Genialität. Die hat nun die Gabe, Lieder zu componiren und sie zu singen, wie ich nie Etwas gehört habe; es ist die vollkommendste musikalische Freude, die mir bis jetzt wohl zu Theil geworden ist. Wenn sie sich an das Clavier setzt und solch ein Lied anfängt, so klingen die Töne anders, – die ganze Musik ist so sonderbar hin und her bewegt, und in jeder Note das tieffste, feinste Gefühl. Wenn sie dann mit ihrer zarten Stimme den ersten Ton singt, da wird es jedem Menschen still und nachdenklich zu Muthe, und jeder auf seine Weise durch und durch ergriffen. Könntet Ihr nur die Stimme hören! So unschuldig und unbewußt schön und so aus der innersten Seele heraus und doch so sehr ruhig!"

Mendelssohn-Bartholdy versuchte in der Folgezeit Josefine Lang zu fördern. Er unterrichtete das Naturtalent während seines Aufenthaltes in München. Er wirkte auf die junge Komponistin ein, ihr Talent nicht

in Gesellschaften zu verschleudern. Er versuchte Josefines Vater zu über-
zeugen, sie zum Studium nach Berlin zu schicken. Jedoch umsonst.
Theobald Lang wünschte seine Tochter bei sich zu behalten, mit dem
Hinweis auf ihre angegriffene Konstitution. Die Begegnung mit Mendelssohn war für Josefine Lang dennoch ein Wendepunkt: Sie „brachte in
meinem Wesen eine völlige Umwälzung hervor. Sein Geist brachte mir
Licht, sein Schaffen gab mir ein Ideal".

Josefine war nun zu einer angesehenen Künstlerin avanciert. Das Lob
Mendelssohns brachte ihr viele Schülerinnen und Schüler. Sie unterrichtete jetzt bis zu acht Stunden täglich Gesang und Klavier. 1835
wurde Josefine Lang auf ihre Bitte hin, „zu ihrer weitern Ausbildung im
Gesange" in die „K. Hof-Capelle bey der Parthie des Sopranes" aufgenommen. 1840 stieg sie zur „wirklichen königlichen Hofsängerin" auf
und erhielt eine Bezahlung von anfangs 100 Gulden und später 200 Gulden jährlich.

Josefine Lang trat in den Kreis bekannter Kulturschaffender ihrer Zeit
ein. Sie unterhielt Kontakte zu Franz Lachner, Ferdinand Hiller, Adolf
Henselt, Sigismund Thalberg, Vieuxtemps, Chopin, Anton Rubinstein,
Kaulbach, Thorwaldsen, Andersen, Rückert, Kerner, Lenau, Uhland und
anderen.

Im Juli 1839 starb Josefines Vater. Ihre Gesundheit litt unter dem Verlust. Ein Kuraufenthalt in Bad Kreuth brachte eine Neuorientierung in
ihrem Leben, denn hier lernte sie ihren zukünftigen Gatten, den Tübin-
ger Juristen und Dichter Christian Reinhold Köstlin, kennen. 1842 heirateten sie in Stuttgart und ließen sich anschließend in Tübingen nieder,
wo Christian Reinhold Köstlin eine Professur an der Universität innehatte. Die Ehe war Josefines Talenten nicht immer förderlich. Zwar vertonte und sang sie die Gedichte ihres Ehemannes, jedoch die Geburt der
sechs Kinder, vier Knaben und zwei Mädchen, die Haushaltsführung und
die gesellschaftlichen Verpflichtungen einer Professorengattin ließen ihr
kaum Zeit zum Komponieren.

1840, noch vor ihrer Heirat, hatte Josephine einige ihrer Lieder in
einem Sammelwerk des Münchner Musikverlags Falter & Söhne unter
dem Titel „Liederkranz – gewunden von den vorzüglichsten Tonset-
zern" veröffentlicht. Schon 1838 war eine Liedveröffentlichung (Verto-
nung des „Traumbilds" von Heinrich Heine) und eine Besprechung in
der angesehenen „Neuen Zeitschrift für Musik" von Robert Schumann
vorausgegangen. Nun folgten Jahre der Stille, bis 1856 ein Kehlkopflei-
den dem Leben ihres Gatten ein Ende setzte. Josefine, erst 40jährig,
mußte nun ihre schmale Witwenpension zu ihrem und ihrer Kinder

Unterhalt aufbessern. Wieder gab sie Musikunterricht und veröffentlichte nun ihre bislang geschaffenen und ihre neu komponierten Lieder. Über 130 Lieder und einige Klavierstücke, darunter die „Elegie auf den Tod Ludwig Uhlands", umfaßte ihr Gesamtwerk. Josefine Lang vertonte neben den Gedichten ihres Gatten vor allem Verse von Goethe, Heine, Platen, Scheffel und Uhland. Die zwei Hefte des Josefine-Lang-Liederbuches, erschienen bei Breitkopf und Härtel, enthalten 40 ihrer Liedkompositionen. Josefine Lang galt als eine der begabtesten Vertreterinnen der romantischen Liedlyrik. Man kann sie durchaus neben Größen wie Schubert, Schumann und Mendelssohn stellen, deren Einflüsse auf ihr Werk unverkennbar sind.

1868 würdigte Ferdinand Hiller, ein Freund und Förderer, Josefine Langs Kompositionen: „Josefine Langs Lieder geben in ihrer Folge das Bild einer steten Entwicklung. Die frühesten gehören der Zeit an, wo sie noch fast ein Kind, und tragen den Stempel der liebenswürdigsten Naivität. Aber schnell wächst die Breite der melodischen Anlage, die Eigentümlichkeit der Harmonie, die Tiefe der Auffassung, der Reichtum der Begleitformen. Was diese Gesänge auszeichnet, ist vor allem die Spontaneität der Erfindung – in denen einen und anderen mehr oder weniger bedeutend, findet man nie musikalische Mache oder interessante Reflexion. Ein anderer großer Vorzug der Lang'schen Lieder ist die Behandlung der Stimme – in jedem Takte zeigt sich die Sängerin im besten Sinne des Wortes ... Alles ist frisch einem echt musikalischen Gemüt entsprossen, ohne Ängstlichkeit, ohne Peinlichkeit, ohne Rücksichtnahme, welcher Art sie sei. ... Es ist aufrichtige Musik, und ihre Aufrichtigkeit entspringt einer edlen Seele. ... Durch alle Wechselfälle des Lebens ist ihr die Muse treu geblieben, und als produktive Tonkünstlerin wird sie wenige oder keine Rivalinnen haben."

Trotz des überschwenglichen Lobes, trotz der Förderung durch Mendelssohn, Schumann und andere fanden Josefine Langs Lieder keine allzu große Verbreitung. Eine komponierende Frau hatte es schwer, sich durchzusetzen und allgemein anerkannt zu werden. Gesellschaftliche Vorurteile und Rollenbilder verwiesen sie allzu oft auf die Rolle der Dilettantin, deren Zeitvertreib mit herablassendem Wohlwollen bedacht wurde. 1880 starb Josefine Lang plötzlich an Herzversagen. Ihr voraus waren schon drei ihrer Söhne gegangen. Die Verheiratung ihrer zwei Töchter hatte sie noch erlebt.

Josefine Lang kann als „Pionierin der Liedgeschichte" gelten, als Vertreterin einer Avantgarde, einer „neuen Gesangesart".   *map*

Isabella Braun
(1815–1886)
Jugendschriftstellerin

Seit der Mitte des 19. Jahrhunderts behaupteten sich Frauen wie Isabella Braun unübersehbar als Autorinnen auf dem Jugendbuchmarkt. Sie dominierten in der Kindergeschichte, die ihren Stoff aus dem Familienkreis nahm, sie schrieben die meisten Jugendmärchen und sie setzten sich als Verfasserinnen von Mädchenbüchern, der sogenannten „Backfischliteratur", durch. Die Jugendschriftstellerinnen mußten es sich aber auch gefallen lassen, daß man sie als „Blaustrümpfe" oder später sogar als „Jugendschriften-Schmiererinnen" titulierte und ihre Arbeiten als literarisch minderwertig einstufte. Die Autorinnen selbst waren fast ausnahmslos gut ausgebildete Frauen aus dem gehobenen Bürgertum. Unter ihnen bestanden Querverbindungen, sie schrieben gegenseitig in den von ihnen herausgegebenen Zeitschriften und Jahrbüchern. So verfaßte beispielsweise Ottilie Wildermuth (1817–1877) Beiträge für die „Jugendblätter" von Isabella Braun.

Am 12. Dezember 1815 geboren, verbrachte Isabella Braun eine sorglose Kinderzeit im ländlichen Jettingen in Bayerisch-Schwaben. Ihr Vater Bernhard Maria Braun stand als Rentamtmann in Gräflich Stauffenbergischen Diensten. Isabella Brauns Familie verkörperte schon den Typ der bürgerlichen Familie, wie er sich im 18. Jahrhundert herausgebildet hatte. In ihm war die Kindheit von der Erwachsenenwelt abgegrenzt und zum von Arbeit befreiten Schonraum geworden. Die Mutter Maria Euphemia Merklin widmete sich ihrem Hauswesen, ihren drei Kindern und sozialen Werken; am Abend gesellte sich der Vater zur Familie und nahm an deren Unterhaltungen teil. Isabella Braun selbst sah sich als „echtes Dorfkind". Nicht zur Freude ihrer Mutter, die sie lieber strickend und artig bei den Puppen in der Stube gesehen hätte, spielte sie im Freien mit ihrem Bruder und dessen Kameraden. Später dann machte sie ihre Abenteuer, Spiele und Streiche als eigensinniger Wildfang, das Leben in der Familie, die Liebe zwischen Eltern und Kindern und auch den ländlichen Jahreslauf mit seinen Festen und Freuden häufig zum Thema ihrer Erzählungen. Der Tod ihres Vaters 1827 beendete jäh die unbeschwerte Kinderzeit der „braunen Bill". Noch im gleichen Jahr zog die vermögenslose Familie nach Augsburg, Isabella Braun kam in die Höhere Töchterschule der Englischen Fräulein. Aus der schwärmerischen Verehrung für die Präfektin Katharina di Graccho heraus entstanden ihre ersten Gedichte und das Institutsleben erweckte wohl ihren Wunsch, Lehrerin zu werden.

Um 1835 begann Isabella Braun die zweijährige Lehrerinnenausbildung bei den Dominikanerinnen im Augsburger Kloster St. Ursula. Als 21jährige wurde sie dann als Lehrverweserin – als Hilfslehrerin – an die weibliche Elementar- und Feiertagsschule in Neuburg a. D. berufen.

Isabella Braun war nicht nur eine leidenschaftliche, sondern auch eine für ihre Zeit moderne Pädagogin. Dem Gedankengut Johann Heinrich Pestalozzis verpflichtet, setzte sie auf einen anschaulichen Unterricht und auf eine Erziehung, die auf Vertrauen, Liebe und Frömmigkeit gründete und den bildenden Wert der Arbeit betonte. Um so schwerer mußte es sie treffen, als ein Regierungserlaß von 1847 die weltlichen Lehrkräfte durch Englische Fräulein ersetzte. Als Hilfslehrerin besaß sie überdies keinen Pensionsanspruch. Erst nach langem Bitten und Ringen und auf Druck von höherer Stelle entschied der Neuburger Magistrat für eine Jahrespension von 175 Gulden, deren Verlängerung alle drei Jahre beantragt werden mußte. Auf zusätzlichen Verdienst angewiesen, fand sie dann im Haus des Gerichtspräsidenten Friedrich von Stengel eine Stelle als Privatleh-rerin für dessen Tochter Amanda. Ermutigt von dem Schulmann und berühmten Kinderbuchautor Christoph von Schmid entschloß sie sich aber bald, die Jugendschriftstellerei zu ihrem Beruf zu machen.

Isabellas erste Buchpublikationen seit 1849 waren Kleinkindergeschichten, die sie bereits in ihrer Zeit als Schullehrerin verfaßt hatte. Der Stuttgarter Verleger Scheitlin druckte nicht nur etliche Kinderbücher aus ihrer Feder, er machte ihr auch das Angebot, unter ihrer Redaktion eine Zeitschrift für die „kleine Welt" herauszugeben. Isabella Braun nahm an und gehörte damit zu den ersten, die sich dem noch neuen Genre der regelmäßig erscheinenden Jugendschriften widmeten. 1854 zog sie nach München um, knüpfte Beziehungen und warb Mitarbeiter. Der erste Jahrgang ihrer „Jugendblätter" erschien 1855. Ihre Publikation wollte „unterhalten und belehren", das vielseitige Konzept umfaßte Erzählungen unterschiedlichster Gattungen, Gedichte bekannter Autoren, Rätsel und Aufgaben, aber auch anspruchsvolle Illustrationen. Von anderen Jugendzeitschriften unterschieden sich die „Jugendblätter" darin, daß sie gleichermaßen Mädchen und Knaben ansprachen. Isabella Braun schrieb auch ihre Geschichten für beide Geschlechter, sie unterwarf sich damit nicht der zeitgenössischen Ansicht, daß Schriftstellerinnen ausschließlich für Mädchen zuständig seien.

Nach ersten Erfolgen stagnierte jedoch der Absatz der „Jugendblätter". Isabella Braun geriet nicht nur in finanzielle Not, sie mußte sich überdies gegen Eingriffe ihres Verlegers in die Textzusammenstellung und gegen männliche Mitarbeiter behaupten. So wollte Hermann Geiger ihren Namen vom Titelblatt der Zeitschrift absetzen, „weil ich", schrieb sie, „eine Frau bin". So sträubte sich anfangs Franz von Pocci, mit einem „Blaustrumpf" zusammenzuarbeiten. Er war es dann aber, der ihr eine Pension von jährlich zunächst 300 Gulden verschaffte und ihr somit die Weiterarbeit ermöglichte.

Allmählich errangen die „Jugendblätter" einen festen Platz auf dem Jugendschriftenmarkt. Neben etwa dem Wissenschaftler und Literaten Franz von Kobell schrieben auch Alexandra von Bayern, die Tochter König Ludwigs I., und die Naturwissenschaftlerin Therese von Bayern Beiträge. Dies verbesserte den Absatz der Publikation in Adelskreisen und verschaffte der Schriftstellerin den Zugang zum Hof. Ehrungen blieben nicht aus: 1868 zeichnete Herzog Max in Bayern Isabella Braun mit der goldenen Medaille zur Förderung von Kunst und Wissenschaft aus, und 1879 erhielt sie als eine der ersten die Ludwigsmedaille für Kunst und Wissenschaft. Nach der Reichsgründung 1871 konnte sich Isabella Braun allerdings nicht ganz einem Zug der Zeit entziehen: Wie andere Jugendbuchautoren schrieb auch sie einige Geschichten mit nationalistischen und militarisierenden Inhalten. Die seit längerem kränkelnde Schriftstellerin starb am 2. Mai 1886.

In ihrer Zeit in München hatte Isabella Braun neben der Redaktion der „Jugendblätter" rund 40 Kinder- und Jugendbücher, Theaterstücke und zahlreiche Erzählungen veröffentlicht. Ihre lebendige und humorvolle, am Verständnis und den Ausdrucksformen der Kinder orientierte Erzählweise überzeugte ihre jugendliche Leserschaft. Wie erfolgreich ihre Schriften und das Konzept ihrer Jugendzeitschrift waren, zeigt sich auch darin, daß ihre Bücher mit gesammelten Erzählungen bis 1917 immer wieder aufgelegt wurden. Die „Jugendblätter" hielten sich fast unverändert bis 1933; zwischen 1949 und 1951 wurden sie erneut, doch mit nur geringer Resonanz, aufgelegt. Heute gilt Isabella Braun neben Ottilie Wildermuth als bedeutendste süddeutsche Jugendschriftstellerin des 19. Jahrhunderts.   *ep*

Clara Ziegler
(1844–1909)
Schauspielerin und Gründerin des
Deutschen Theatermuseums

Im Februar 1862 gab ein Fräulein Herzfeld am Bamberger Stadttheater ihr Debüt, vor allem ihr zweiter Auftritt in Schillers „Jungfrau von Orleans" begeisterte das Publikum. Nach einem Gastspiel im August 1862 am Münchener Hof- und Nationaltheater bot man der jugendlichen Darstellerin ein festes Engagement an, das diese jedoch ablehnte.

Hinter dem Pseudonym dieser selbstbewußten Anfängerin verbarg sich Clara Ziegler, die als älteste Tochter des Seidenfärbers Wilhelm Ziegler und seiner Gattin Babette am 27. April 1844 in München geboren wurde. Nach dem frühen Tod des Vaters 1859 widmete sich Babette Ziegler den Geschäften in der Seidenfärberei, und die fünfzehnjährige Clara mußte für ihre sieben Geschwister die Haushaltsführung übernehmen. Kaum ein Jahr später jedoch sollte sie durch eine Heirat mit einem Verwandten versorgt werden, wie dies dem Rollenbild einer Tochter aus gutem Hause entsprach.

Diese Entwicklung versetzte Clara in eine innere Zwangslage, da sie den Wunsch verspürte, auf eigenen Beinen zu stehen und zur Bühne zu gehen. In ihrer handschriftlichen Autobiographie berichtet sie darüber: „Meine Gedanken und Wünsche hatten jedoch eine andere Richtung genommen. Wir hatten einen Logenplatz im königl. Hoftheater, und das ernste Schauspiel nahm meine Sinne gefangen. Der Entschluß zur Bühne zu gehen, hatte bisher keinen Raum in mir gefunden, doch die Absicht meiner Mutter mich vermählen zu sollen, brachte eine entscheidende Wendung in mir hervor, ich fühlte, daß ich eine Künstlerin, eine Schauspielerin, werden müsse, und der Vorsatz zur Bühne zu gehen, stellte sich klar in meinem Inneren fest."

Clara nahm sechs Monate lang Schauspielunterricht bei ihrem Vormund, dem Hofschauspieler Adolf Christen. Ihre Verlobung wurde gelöst. Jahre später, am 11. August 1876, heiratete sie den um 30 Jahre älteren Lehrer und Förderer. Ihr Mann starb jedoch schon nach wenigen Ehejahren am 13. Juli 1883. Da die Ehe kinderlos geblieben war, lebte sie bis zu ihrem Tode mit ihrer ledigen Stieftochter Elisabeth Christen zusammen.

Clara Ziegler als Lady Macbeth

Nach Clara Zieglers ersten Bühnenerfolgen in Bamberg und München, zerschlugen sich jedoch 1862 feste Engagements in Breslau und Berlin, wie 1864 auch in Linz, denn ihre „heldenhafte" Erscheinung paßte nicht so recht in die geltenden Bühnen-Konventionen. Clara überragte so manchen männlichen Schauspieler deutlich, und auch ihre volltönende Stimme – man verglich sie mit einer Orgel – setzte in Erstaunen.

Clara Zieglers unaufhaltsame Karriere begann, nach Gastspielen in Regensburg und Ansbach, am Ulmer Theater. Hier hatte sie am 20. September 1863 ein festes Engagement angetreten. Vor allem als Franz Grillparzers „Medea" wußte sie zu beeindrucken. Ansonsten spielte sie in der Provinz „alles", lernte viel und erweiterte somit ihr Rollen-Repertoire. Im November 1865 wechselte Clara Ziegler an das Münchener Aktien-Volkstheater. Hier spielte sie von Ende 1865 bis 1867 „Die Kameliendame", Mosenthals „Deborah" und in Vacanos „Ketten" die Ida Zamainska und begeisterte damit das Publikum. Einige Theaterdirektoren wurden nun auf Clara Ziegler aufmerksam. Sie entschied sich für ein Jahresengagement in Leipzig und trat dort erstmals in einer Heroinenrolle auf, für die sie später berühmt war: Sie spielte die Brunhild in Friedrich Hebbels „Nibelungen".

Ab Oktober 1868 war Clara Ziegler Mitglied des Königlichen Hof- und Nationaltheaters in München. Sie hatte einen lebenslangen Vertrag unterzeichnet. Vorausgegangen waren glänzende Auftritte in Leipzig. Der begeisterte König von Sachsen schenkte ihr zum Dank eine Diamantbrosche. Auch der bayerische König Ludwig II. verehrte die große

Darstellerin. Ihr Wunsch, den ihr lästigen Vertrag mit dem Münchner Hoftheater zu lösen, damit sie einem Ruf zum Wiener Burgtheater folgen könne, wurde ihr daher nicht erfüllt. Längere Gastspiele wurden ihr jedoch gewährt.

König Ludwig II. beschenkte Clara Ziegler für zehn Separatvorstellungen reich. Sie erhielt von ihm beispielsweise den Schreibtisch der Madame Pompadour. Als Anerkennung für die Darstellung der Phädra in Berlin 1870 erhielt Clara Ziegler von Prinz Georg von Preußen den sogenannten Phädra-Schmuck: ein goldenes Diadem samt Kollier, drei Medaillons und Ohrringen. Bei einem Auftritt in St. Petersburg 1878 feierte sie das Publikum enthusiastisch. Zar Alexander II. von Rußland überreichte ihr zum Dank ein diamantenes Armband. Auch andere Ehrungen erhielt die große Mimin: So wurde sie 1885 zum Ehrenmitglied des Königlichen Hof- und Nationaltheaters in München ernannt. Ihren 60. Geburtstag beging man mit einem Festakt und ließ ihr zu Ehren eine Clara-Ziegler-Medaille prägen. Im Jahre 2000 hielt ihre Büste Einzug in die Ruhmeshalle der Bavaria.

1902 sah man Clara Ziegler in München zum letzten Mal in der Rolle der Iphigenie. Ihren allerletzten Auftritt hatte sie jedoch 1903 in Prag als Klytämnestra. Danach zog sie sich von der Bühne zurück. Bis zu ihrem Tod am 19. Dezember 1909 lebte Clara Ziegler in ihrer Münchner Villa. Sie wurde, ihrem Wunsch gemäß, in Ulm feuerbestattet, ihre Urne jedoch auf dem Münchner Südlichen Friedhof neben dem Grab ihres Gatten Adolf Christen beigesetzt.

Clara Ziegler vermachte ihre Villa aus der Gründerzeit an der Königinstraße 25 samt ihrem Vermögen testamentarisch einer zu gründenden Clara-Ziegler-Stiftung. Sie hatte die Villa für sich und ihre Repräsentationszwecke bauen lassen. Als berühmte Schauspielerin war sie eine gutverdienende Frau gewesen. Allein für das Wiener Gastspiel im Mai/Juni 1873 erhielt sie als Gage 13 000 Gulden. 1872 hatte sie auf ihren Gastspielreisen vom März bis September 44 747 Gulden eingenommen. Schon zu Lebzeiten Clara Zieglers bestand in der Villa ein zentraler Raum, in dem sie ihre Ehrengeschenke, Medaillen und andere Erinnerungsstücke an ihr Bühnenschaffen zur Schau stellte und damit auch ihren gesellschaftlichen Rang als Schauspielerin demonstrierte. Dies war der Grundstock des geplanten Theatermuseums. Die Clara-Ziegler-Stiftung wurde am 19. Juni 1910 ins Leben gerufen und, gemäß Claras Testament, das Deutsche Theatermuseum am 24. Juni 1910 eröffnet. Heute befindet es sich in der Galeriestraße am Hofgarten zu München.

Als Künstlerin war Clara Ziegler nicht frei von Eitelkeit und Überheblichkeit. Ihre Schauspielkunst war zunehmend durch eine repräsentative Darstellungsform gekennzeichnet. Dies entsprach auch dem Zeitgeschmack und dem Lebensgefühl des reichgewordenen Bürgertums. Vor allem die Darstellung antiker Frauenrollen voll edler und stiller Größe, voller moralischer Integrität, wie dies beispielsweise die Iphigenie verkörpert, war damals ausgesprochen beliebt. Der große Stil, die große Geste wurde auch in anderen Heldinnen gesucht, wie bei der Brunhild, der Jungfrau von Orleans, der Sappho und Penthesilea. Weibliche Würde und bewahrte Jungfernschaft galten als Ideal der Zeit. Als „Jungfrau in Waffen" wurde die Heroine Clara Ziegler in einer Ausstellung des Theatermuseums 1993 charakterisiert.

Als Privatmensch zeigte sie sich aber eher bescheiden und machte wenig Aufhebens um ihre Person. Als Schauspielerin hatte sich der Tochter aus gutem Hause eine der wenigen Möglichkeiten in der damaligen Zeit (neben der Gouvernante und Lehrerin) geboten, einen Beruf zu ergreifen und unabhängig zu werden. *map*

Hedwig Lachmann-Landauer
(1865–1918)
Lyrikerin und literarische Übersetzerin

Still und scheu, das war der erste und beherrschende Eindruck, den Hedwig Lachmann machte. Besser still sein und schweigen, als leere Worte oder prätentiöse Phrasen zu gebrauchen, diese Haltung prägte auch ihren Umgang mit Sprache und ihr künstlerisches Verständnis. Ihre Gedichte erschlossen sich ähnlich schwer wie sie sich selbst als Person. Zeitgenössische Literaturkritiker charakterisierten ihre Lyrik als „Gedankengedichte", als herb, streng und keusch oder auch als eigentümlich und melancholisch. In ihren Gedichten fing Hedwig Lachmann kaum greifbare Stimmungen und Empfindungen ein, so in „Spaziergang": „Fühlst du den Hauch / Ein Zittern auf dem Grund / Des Sees. Die glatte Oberfläche bebt. / Wie Schatten weht es auch um unsern Mund – / Wir haben wahrhaft nur im Traum gelebt. –" (3. Strophe). Ihrer Zurückhaltung wohnte aber zugleich eine große Stärke inne, und für Verfolgte und Unrecht Leidende erhob Hedwig Lachmann sehr wohl ihre Stimme. „In dieser stillen Frau", schrieb der Schriftsteller Julius Bab, „lebte die ganze

Inbrunst der alten Propheten – das zürnende Leid um Gerechtigkeit und Menschlichkeit, das einst den Geist des Jesaja waffnete."

Hedwig wurde am 29. August 1865 als älteste Tochter von Wilhelmine und Isaak Lachmann in Stolp in Pommern geboren. 1873 zog die Familie nach Krumbach-Hürben, beantragte und erhielt die bayerische Staatsbürgerschaft aber erst im Jahr 1887. Hedwigs Vater war Kantor der Hürbener jüdischen Gemeinde und Gelehrter, der süddeutsche Synagogengesänge sammelte. Mit ihren fünf Geschwistern wuchs sie so in einer Atmosphäre jüdischer Religiosität und Geistigkeit auf. Nach der jüdischen Volksschule besuchte sie die Höhere Töchterschule von Julie Fernsemer in Krumbach. Die Ausbildung in Französisch und Englisch in diesem privaten Institut und ein Examen als Sprachlehrerin in Augsburg befähigten sie zum Beruf der Gouvernante, einer der qualifiziertesten Erwerbsmöglichkeiten für Frauen im 19. Jahrhundert. 1882 ging Hedwig Lachmann als Erzieherin nach England, 1885 nach Dresden und 1887 für zwei Jahre nach Budapest. Als 24jährige  wechselte sie dann nach Berlin über. Zunehmend aber behinderte sie das „trübe Lehrerinnenhandwerk" beim Schreiben und Übersetzen.

1891 veröffentlichte Hedwig Lachmann zwei Bände – „Ungarische Gedichte" und „Ausgewählte Gedichte von Edgar Allen Poe" – mit ihren Übersetzungen. Und sie schloß sich dem Kreis um Richard und Paula Dehmel an, in dem neue Formen der Kunst debattiert wurden. Der für sie entflammte Dichter drängte auf eine Ehe zu Dritt, Hedwig Lachmann bevorzugte jedoch einen freundschaftlichen künstlerischen Austausch. Sie unterstellte sich zwar seiner Kritik, beharrte aber auf ihrer Art des Schreibens. So antwortete sie Dehmel, als er ihr anläßlich ihres Essays über ein Stück von Ibsen „Frauenlogik" vorwarf, daß sie nicht anders schreiben wolle „wie eine Frau. Warum soll es nicht auch eine weibliche Eigenart des Stiles geben, die Achtung verdient."

Im Februar 1899 lernte Hedwig Lachmann den Schriftsteller, Philosophen und Politiker Gustav Landauer (1870–1919) kennen, der 1919 eine führende Rolle in der ersten Münchner Räterepublik spielen sollte. Nach anfänglichem Zögern Hedwig Lachmanns – Landauer war noch verheiratet, beide konnten erst 1903 ihre Verbindung legitimieren – entstand eine tiefe Liebe und geistige Verbundenheit. So äußerte Landauer: „Was ich schrieb, war alles zu Hedwig gesagt", und sie selbst widmete ihm das Gedicht „Für meinen Liebsten". Nach einem Englandaufenthalt zogen beide 1902 nach Hermsdorf bei Berlin. Im gleichen Jahr veröffentlichte Hedwig Lachmann den Band „Im Bilde" mit eigener Lyrik und Übersetzungen. Mit ihren Übertragungen aus der Lyrik Rossettis, Swinburnes, Verlaines und vor allem Oscar Wildes gehörte sie zu den ersten, die Dichtungen des englischen und französischen Symbolismus in Deutschland vermittelten. Ihre bedeutendste Übersetzung, die „Salome" Wildes, die 1903 als Buch erschien, nahm Richard Strauss zur Textgrundlage für seine gleichnamige Oper.

Die Familie Lachmann-Landauer mit den 1902 und 1906 geborenen Töchtern Gudula und Brigitte lebte zumeist in sehr bedrängten finanziellen Verhältnissen. Nun beeinträchtigte auch die Sorge um Kinder und Haushalt Hedwigs schriftstellerische Tätigkeit. Als sie an ihrer Wilde-Monographie schrieb, klagte sie, daß sie, die „schwerfällige Arbeiterin, die alles mühselig aus sich herausgraben muß", täglich nur etwa drei Stunden ungestört arbeiten könne. Hedwig Lachmann und Landauer übersetzten gemeinsam Romane und Theaterstücke, und sie stimmten auch politisch überein. Beide waren Mitglieder in der Gruppe „Gemeinschaft" im „Sozialistischen Bund"; in dessen Zeitschrift „Der Sozialist" publizierte Hedwig Lachmann verschiedentlich literarische Beiträge. Beim Ausbruch des Ersten Weltkrieges verfiel sie nicht der allgemeinen Kriegsbegeisterung. Sie konnte nur Trauer empfinden und Abscheu gegenüber den Schriftstellern, die sich dem nationalistischen Taumel ergaben. Ihr Gedicht „Marcia Funebre" führte bereits 1914 Bilder der Leichenfelder vor Augen, und im Gedicht „Mit den Besiegten" sprach sie über ihren Schmerz und den der Menschheit über diesen Krieg.

Hedwig Lachmann, die 1917 mit ihrer Familie nach Krumbach umgezogen war, wurde indirekt selbst ein Opfer des Krieges. Sie starb am 21. Februar 1918 an der „spanischen Grippe", mit der sie sich bei der Verabschiedung eines eingezogenen Neffen Landauers infiziert hatte. Landauer gab nach ihrem Tod ihre Gedichte und Übertragungen unter dem Titel „Gesammelte Gedichte" heraus; das Erscheinen erlebte er nicht mehr, er wurde am 2. Mai 1919 von gegenrevolutionären Truppen in Stadelheim ermordet.

Die heute zu Unrecht nahezu vergessene Lyrikerin Hedwig Lachmann hinterließ nur ein schmales Werk. Es umfaßt an die 80 Gedichte, daneben ihre Übersetzungen und Nachdichtungen vor allem englischsprachiger und französischer Autoren. Über ihr Schreiben und Sprechen hatte sie selbst gesagt: „Still sein kann ich ja, aber zu Wunsch reden nicht."   *ep*

Annette Kolb
(1870–1967)
Schriftstellerin und Europäerin

Annette Kolb, die „femme de lettres", die unerschrockene Pazifistin, die scharfsinnige Essayistin, die eigenwillige Literatin, die Grande-Dame der deutsch-französischen Verständigung, starb hochbetagt am 3. Dezember 1967 in München.

Das lange Leben dieser großen Europäerin war gekennzeichnet von Widersprüchen und Widerständen, die sie jedoch mit größter Souveränität und Tatkraft zu überwinden wußte.

Die berühmte Wiener Kritikerin Bertha Zuckerkandl (1864–1945) beschrieb ihre erste Begegnung mit Annette Kolb folgendermaßen: „Sie hat die Allüren einer Grande-Dame. Eine lange, hagere, vornehme Gestalt. Ein knochiges, wie von einem Holzschnitzer des Mittelalters geformtes, ungewöhnliches und kühnes Gesicht! Dabei eine legere Art, die vorgeschriebene gesellschaftliche Riten verachtet." Franz Blei verfremdete mit Hilfe der Zeichnungen von Olaf Gulbransson in seinem „Großen Bestiarium", einer Satire auf bekannte Schriftsteller und Schriftstellerinnen, „Die Kolbannette" als vornehme, graziöse und außerordentlich soigniert auftretende Edelziege. Und in die Weltliteratur ging Annette Kolb, sehr zu ihrem eigenen Mißfallen, als intelligentes altes Mädchen namens Jeanette Scheurl in Thomas Manns Roman „Doktor Faustus" ein: Sie war „von mondäner Häßlichkeit, mit elegantem Schafsgesicht, darin sich das Bäuerliche mit dem Aristokratischen mischte, ganz ähnlich wie in ihrer Rede das bayerisch Dialekthafte mit dem Französischen." Annette Kolb hatte von der Mutter die französische Sprache, vom Vater und ihrem Kindermädchen Anna Knörr die bayerisch-münchnerische Färbung der deutschen Sprache erlernt.

Annette wurde am 3. Februar 1870, auch wenn sie später ihren Geburtstag immer um einen Tag auf den Lichtmeßtag vorverlegte, als 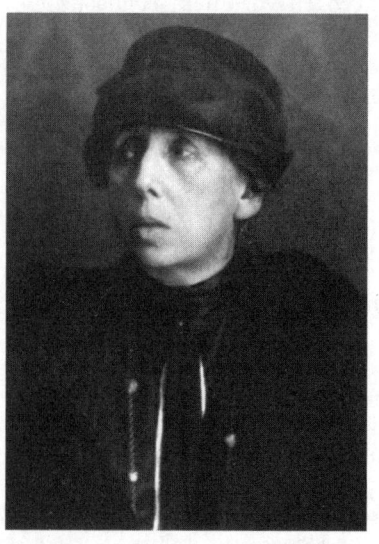 Anna Mathilde in München geboren. Ebenso nahm sie es mit ihrem Geburtsjahr, das sie häufig mit 1875 oder 1879 angab, nicht so genau. Ihre Mutter Sophie Danvin (1840–1915) entstammte einer französischen Künstlerehe und war eine fähige Pianistin. Annettes Vater Max Kolb avancierte vom unehelich geborenen Sohn einer Zofe der bayerischen Königin Therese zu einem bekannten Gartenarchitekten. Seine Arbeiten in München, Berlin, Paris und Rom trugen ihm viele Auszeichnungen ein. Annette hatte noch fünf Geschwister, drei Schwestern – Louise, Germaine und Franziska – sowie zwei Brüder namens Emil und Paul. Diesem deutsch-französischen Elternhaus setzte sie in ihrem Roman „Die Schaukel" ein literarisches Denkmal.

Annette hatte vom 6. bis zum 12. Lebensjahr eine Freistelle in der Klosterschule der Salesianerinnen in Thurnfeld bei Hall in Tirol inne. Vor allem profitierte sie dort vom Fremdsprachenunterricht in Französisch und Italienisch. Ansonsten empfand sie die Klosterjahre als eine Leidenszeit. Sie blieb dennoch der katholischen Konfession durchaus verbunden. Hermann Kesten meinte dazu: „Sie war erzkatholisch und antiklerikal." Um ihre Schulbildung für höhere Töchter zu vervollkommnen, besuchte Annette anschließend das Institut Ascher in München. Später beklagte Annette in ihren Romanen, Essays und Artikeln oftmals die den Mädchen und Frauen vorenthaltenen Bildungsmöglichkeiten und trat für die unabhängige und selbständige Frau ein. Sie selbst wurde jedoch von der Universität München abgewiesen, als sie 1902 die berühmten Vorlesungen von Prof. Furtwängler in der königlichen Glyptothek besuchen wollte. Die bayerischen Universitäten ließen erst ab dem Wintersemester 1903/04 Frauen als vollgültige Studentinnen zu.

Ausnahmen für Gasthörerinnen wurden jedoch schon seit Mitte der 1890er Jahre gemacht.

Annette Kolb wollte, obwohl auch musikalisch hochbegabt – sie spielte hervorragend Klavier –, Schriftstellerin werden. Sie erzählte selbst von ihrer Kindheit: „Bücher waren meine Puppen". Das erste Buch, gesammelte Aufsätze, die sie in einer Zeitschrift veröffentlicht hatte, ließ sie 1899 auf eigene Kosten in München drucken. Trotzig soll Annette ausgerufen haben, als die Vermittlung durch eine Bekannte an einen renommierten Verlag mißlang: „Ich habe etwas zu sagen. Was ich zu sagen habe ist wichtig."

Annette Kolb war aber vor allem auch ein politischer Mensch. Zeit ihres Lebens galten ihre intellektuellen Bemühungen der Vermittlung zwischen ihrem Vaterland Deutschland und ihrem Mutterland Frankreich. Sie veröffentlichte zahlreiche Essays und Artikel über Diplomaten, Intellektuelle und Künstler beider Länder. Aufgrund ihrer liberalen Einstellung – „Je mehr einer sein Land liebt, umso weniger patriotisch wird er sein" – wandte sie sich während des Ersten Weltkrieges dem radikalen Pazifismus zu. Zusammen mit ihrem Freund und Vertrauten, dem Elsässer Schriftsteller René Schickele (1883–1940), stellte sie ihre literarische Tätigkeit in den Dienst der deutsch-französischen Verständigung. Schickele forderte Annette 1915 zur Mitarbeit in den „Weißen Blättern" auf. Hier veröffentlichte sie ihre pazifistischen Aufsätze. Alarmiert verhängten die bayerischen Behörden über Annette Kolb, aufgrund ihres Engagements für die Friedensbewegung, am 30. 3. 1916 eine Brief- und Reisesperre.

Annette folgte Schickele daher 1916 ins Schweizer Exil. Dort lernte sie viele Kulturschaffende und Gleichgesinnte kennen, z. B. die Wiener Kritikerin Bertha Zuckerkandl. Annette veröffentlichte in ihrem Werk „Zarastro" ihre Eindrücke und Gedanken aus jenen Exiltagen in einer Art Tagebuch. Ihr Verständigungswerk zwischen Deutschland und Frankreich erstreckte sich über 50 Jahre, bis Konrad Adenauer und Charles de Gaulle die deutsch-französische Versöhnung 1963 politisch besiegelten.

Seit 1923 bewohnte Annette Kolb neben René Schickele und dessen Gattin ein Haus in Badenweiler. Hier sollte nach ihren Wünschen eine Künstlerkolonie entstehen. Dieser Plan gelang jedoch nicht.

Mit dem Aufkommen des Nationalsozialismus und dessen Machtübernahme mußte Annette Kolb, die die Meinungsfreiheit über alles schätzte – „Lieber 'gekillt' oder 'liquidiert', als ohne Recht auf freie Meinungsäußerung leben" –, zum zweiten Mal in ihrem Leben – nunmehr als 63jährige – alles verlassen und ins Exil gehen. Im Februar 1933 war sie auf Schloß Colpach in Luxemburg zu Gast, dann ging sie in die Schweiz, nach England und Irland, wo sie bei ihrer Schwester Germaine einige Zeit lebte. Germaine, eine große Schönheit und begabte Zeichnerin, stand Annette sehr nahe. Sie hatte 1908 William Stockley, Professor für englische Literatur an der Dubliner Universität, geehelicht. Obwohl Annette 1936 die französische Staatsangehörigkeit erhielt, konnte sie nach dem Einmarsch der deutschen Truppen 1940 nicht mehr in Paris, wo sie sich inzwischen aufhielt, bleiben. Sie flüchtete nunmehr als 70jährige erneut ins Exil, diesmal über Spanien und Portugal in die USA.

Von 1941 bis zum Kriegsende lebte Annette Kolb überwiegend in New York im Kreis deutscher Emigranten. Schon 1939 war sie einmal in die USA zu einer Tagung des Internationalen PEN-Clubs gereist und hatte auch an einem Empfang im Weißen Haus teilgenommen. Annette Kolb fühlte sich in den USA jedoch nicht wohl. Sie sei „dankbar, aber unglücklich", sagte sie. Am 25. Oktober 1945 verließ Annette Kolb mit dem ersten Passagierflugzeug, das auf dem heutigen Flughafen Shannon in Irland landete, New York. Da sie ohne festes Zuhause war, blieb sie zunächst bei ihrer Schwester in Irland, dann bei Schweizer Freunden und schließlich ließ sie sich wieder in Frankreich nieder. Im September 1946 besuchte sie vier Tage lang Bayern. 1949 konnte sie mit ihrer Schwester wieder ihr Badenweiler Haus beziehen. Dort hielt sie aber nach dem baldigen Tod der Schwester nichts mehr und so lebte sie wieder in Paris, bis sie „umgezogen wurde", wie sie es selbst ausdrückte.

Seit 1961 bewohnte Annette Kolb zusammen mit ihrer Haushälterin und Pflegerin Marie José Gräfin Dürckheim auf Veranlassung ihres Münchner Freundeskreises eine Wohnung in der Händelstraße 1 im Münchner Stadtteil Bogenhausen. Dort empfing sie häufig Besuch, und auch ihr Bruder Paul hielt sich in der Nähe auf.

In den letzten Lebensjahren widmete sich Annette Kolb den Beziehungen zu Israel. Im Oktober 1966 unternahm sie, die zeit ihres Lebens gerne und ausgiebig reiste, eine erste und letzte Reise als 94jährige nach Israel. Ein Jahr später starb Annette Kolb in ihrer Münchner Wohnung.

Noch zu Lebzeiten wurde ihr Lebenswerk geehrt und preisgekrönt. Sie wurde 1949 Mitglied der Akademie der Wissenschaften und Literatur zu Mainz sowie 1950 Mitglied der Bayerischen Akademie der Schönen Künste. Sie erhielt, neben vielen anderen Preisen, 1950 den Kunstpreis für Literatur der Stadt München und 1955 den Goethe-Preis der Stadt Frankfurt am Main. 1955 wurde ihr die Ehrenbürgerschaft der Gemeinde Badenweiler verliehen und 1959 das Große Verdienstkreuz der Bundesrepublik Deutschland. 1961 ernannte man Annette Kolb zum Chevalier de la légion d'honneur, überreichte ihr 1961 den Bayerischen Verdienstorden sowie 1966 den Pour le mérite.

Die Vielgeehrte ruht auf dem Münchner Prominentenfriedhof in Bogenhausen. *map*

Emerenz Meier
(1874–1928)
Dichterin und Erzählerin

„Man konnte nicht fraulich sanfter und verträumter aussehen als die Senz; dennoch wurde sie von allem unbändig Aufrührerischen hingerissen", so beschrieb Hans Carossa die Doppelnatur der Volksdichterin Emerenz Meier, als er diese in ihrer Heimat zum ersten Mal traf. Er bewunderte ihre Belesenheit, trotz der vermeintlichen Abgeschiedenheit des Bayerischen Waldes, des einfachen Elternhauses und ihrer bäuerlichen Herkunft.

Emerenz Meier wurde im kleinen Dorf Schiefweg nahe bei Waldkirchen im Unteren Bayerischen Wald am 3. Oktober 1874 geboren. Ihre Eltern Josef Meier und Emerenz, geb. Raab, betrieben dort eine Land- und Gastwirtschaft. Der Vater war ein trink- und handfester Bauer, die Mutter eher eine in sich gekehrte Frau. Die kleine Emerenz, Senz gerufen, war lebhaft und hochbegabt. Ihre ältere Schwester Petronilla förderte die Leselust der Jüngeren, zumal sie selbst eine leidenschaftliche Leserin war. So lernte Emerenz schon als 10jährige die deutsche klassische Literatur kennen, las Homer und Dante, daneben aber auch Unterhaltungsromane, Sagen und Prophezeiungen.

Emerenz besuchte mit ihren fünf Schwestern die Volksschule bei den Englischen Fräulein in Waldkirchen. Sie avancierte dort bald zur besten Schülerin. Die „Wirtssenz" war bekannt wegen ihrer „narrischen Verslmacherei", wie dies der Vater rügte, da sie zu allen möglichen Gelegenheiten auf Bestellung Gedichte verfaßte. Obwohl sie gerne eine höhere Schule besucht hätte, scheiterte dieser Wunsch am Geldmangel und an der Uneinsichtigkeit der bäuerlichen Eltern. Erst Jahre später konnte sie auf Einladung einer Familie, die ihre Sommerfrische im Bayerischen Wald verbrachte, für einige Zeit nach Würzburg gehen. Dort absolvierte sie einen Buchführungskurs, nahm Zeichenunterricht und hörte Vorlesungen an der Universität über Literatur, Philosophie und Theologie.

Neben dem Schulunterricht mußte Emerenz, wie damals üblich, auf dem Bauernhof und im Wirtshaus mithelfen. Als ihre Schwester Petronilla 1891 heiratete, überließen die Eltern ihrer Tochter das Anwesen in Schiefweg und zogen mit der restlichen Familie auf einen Bauernhof mit 52 Tagwerk Grund und 10 Stück Vieh nach Oberndorf. Hier erhielt Emerenz im kleinen Austragshäusl einen Raum als „Dichterstübl". Jetzt konnte sie ungestört lesen und schreiben – selbstverständlich erst nach getaner Arbeit in der elterlichen Landwirtschaft.

1893 veröffentlichte Emerenz Meier, 19jährig, erstmals eines ihrer Werke. Die Passauer „Donau-Zeitung" druckte den „Juhschroa", eine ergreifende Schilderung des Sterbens einer ungewöhnlichen Frau, die sich mit einem Juchzer vom elenden Erdendasein verabschiedete. Emerenz Meiers Erzählungen hatten großen Erfolg. Jetzt hieß es beim Vater plötzlich: „Schreib, Senzl, schreib!", zumal Emerenz alle Einnahmen aus den Veröffentlichungen der Familie zukommen ließ.

Gefördert wurde die junge Dichterin von ihrer Freundin Auguste Unertl (1864–1941). Die gebildete „Frau Rat" entstammte einer wohlhabenden Fabrikantenfamilie aus Mering bei Augsburg und unterhielt als Gattin eines Magistratsbeamten einen geselligen Kreis, eine Art kunstsinnigen Salon, in Waldkirchen. Selbst kinderlos geblieben, nahm sich die „Tante Gusti", die Herausgeberin der „Chronik von Waldkirchen" (1902), der jungen Emerenz an. So wurde die „Wirtssenz" von Oberndorf bald recht bekannt. Verehrerinnen und Verehrer aus Norddeutschland, Österreich und Ungarn kamen, um sie zu sehen. So auch der Literaturprofessor Karl Weiß-Schrattenthal aus Preßburg. Er hatte schon Werke der niederbayerischen Volksdichterin Katharina Koch (1811–1892) aus Ortenburg herausgegeben und veröffentlichte nun 1897 in der Sammlung „Dichterstimmen aus dem Volke" vier Erzählungen von Emerenz Meier: „Aus dem Elend", „Ein lustiges Weib" (= Juhschroa), „Der Brechelbrei" und „Die Madlhüttler".

Die talentierte und schöne Dichterin aus dem Bayerischen Wald erhielt viele ermutigende Worte von Kollegen der schreibenden Zunft, wie Peter Rosegger aus der Steiermark und dem Münchner Naturalisten Michael Georg Conrad. Hans Carossa machte sich 1899 zu Fuß auf, um die Dichterin zu besuchen und freundschaftliche Bande zu knüpfen.

So viel Erfolg Emerenz Meier auch anderswo zuteil wurde – z. B. dramatisierte Franz Baudrexler, der Leiter des Passauer Stadttheaters, zwei ihrer Erzählungen, „Itta aus dem Elend" und „der Gschlößlbauer", und führte sie erfolgreich auf –, in ihrer näheren Umgebung erntete sie wenig Anerkennung. Man schätzte ihr Schreiben eher gering. Die Zeitschriften, in denen sie veröffentlichte, wie Bayerland, Jugend, Fliegende Blätter, Simplicissimus, Meggendorfer Blätter, wurden von den einfachen Menschen ihrer Heimat nicht gelesen. Hans Carossa meinte dazu: „Sie gestand sich die furchtbare Einsamkeit nicht ein, von der sie doch gezeichnet war."

Einen Ausbruchversuch aus der geistigen Enge des heimatlichen Bauernhofes und Wirtshauses machte Emerenz im Juli 1902. Sie übernahm auf Betreiben des Passauer Oberamtsrichters Anton Niederleuthner und des Straßkircher Brauereibesitzers Karl Hellmannsberger die kleine Schifferkneipe „Zum Koppenjäger" in der Passauer Altstadt. Der Versuch, daraus ein Künstlerlokal mit einer feschen Dichterwirtin zu machen, mißlang schon im Oktober 1903.

Der reiche Brauer Hellmannsberger finanzierte der Dichterin daraufhin einen längeren Aufenthalt in München. Hier besuchte sie mit ihrer Freundin und Begleiterin Auguste Unertl Theater, Opern, Konzerte, Galerien. Sie zeichnete ihre Münchner Erlebnisse in Kurzschrift auf und veröffentlichte später in den „Münchner Neuesten Nachrichten" ein humorvolles Feuilleton über eine Richard-Wagner-Aufführung.

Auguste Unertl hatte als Rotkreuz-Dame Beziehungen bis in die höchsten Kreise. Sie verschaffte Emerenz Meier Audienzen bei der Naturwissenschaftlerin und Reiseschriftstellerin Prinzessin Therese von Bayern und beim leutseligen Arzt Prinz Ludwig Ferdinand von Bayern. Die schöne Volksdichterin war dort in ihrer alten malerischen Tracht ein gern gesehener Gast. Als sie einmal gefragt wurde, wann sie denn am besten schreiben könne, antwortete sie treuherzig: „Wann ich eine Maß Bier trunken hab", worüber die illustre Gesellschaft sich köstlich amüsierte. Die erhoffte künstlerische Förderung jedoch blieb aus. Man bot ihr zwar eine Stelle im prinzlichen Haushalt an, aber auf ein Stipendium, das ihr eine freie schriftstellerische Existenz sichern sollte, wartete die Dichterin vergebens.

Einige Zeit später bewirtschaftete Emerenz Meier einen Bauernhof in Simpoln bei Fürsteneck, den ihr Vater erworben hatte. Hier in der Einsamkeit entstanden neue Geschichten und Erzählungen. Aber der finanzielle Niedergang der Familie hatte sich schon zur Jahrhundertwende angekündigt. Nunmehr verschlechterte sich die Lage dramatisch. Die Anwesen der Eltern mußten verkauft werden. Der Vater und einige Schwestern wanderten nach Amerika aus, um dort für den Lebensunterhalt zu sorgen. Emerenz Meier blieb zunächst, ohne regelmäßiges Einkommen, mit ihrer Mutter im Bayerischen Wald zurück. Im März 1906 verließen auch sie zusammen ihre Heimat und zogen zum Vater nach Chicago. Die Freundin Auguste Unertl hatte die Dichterin zurückhalten wollen, da sie ein Verstummen der innerlich stark an ihre Waldheimat gebundenen Erzählerin befürchtete.

Tatsächlich vergingen auch Jahre, bis Emerenz Meier in ihrer neuen Heimat intellektuellen Anschluß gefunden hatte. Sie setzte sich geistreich in ihren Briefen an Auguste Unertl mit den literarischen Strömungen und politischen Fragen der Zeit auseinander. In Chicago veröffentlichte sie kleine Beiträge in deutschsprachigen Zeitungen und hielt Vorträge in deutschen Vereinen. Während des Ersten Weltkrieges entwickelte sie sich zur engagierten Sozialistin und Pazifistin. Sie sorgte sich um die schlimmen Verhältnisse in der Heimat und sandte Geld, um das Elend zu mildern, obwohl sie selbst in dürftigen Verhältnissen lebte.

Emerenz Meier ging zwei Ehen ein. Zunächst heiratete sie, bald nach ihrer Auswanderung, Josef Schmöller aus Wotzmannsreut bei Waldkirchen, der jedoch früh verstarb. Mit ihm hatte sie einen Sohn namens Josef. Der zweite Ehemann John Lindgren war ein gebildeter Schwede, der vier Sprachen beherrschte und als Expedient in einer Fabrik beschäftigt war. John Lindgren starb allerdings bereits 1925. Der noch jugendliche Sohn Josef mußte nun weitgehend für seine Mutter aufkommen, denn Emerenz Meiers Gesundheit war inzwischen stark angegriffen. Sie litt unter Wassersucht, dazu kamen noch Herz-, Lungen- und Leberbeschwerden. Am 28. Februar 1928 verschied die volksnahe Erzählerin und Dichterin aus dem Bayerischen Wald, Emerenz Meier, in Chicago. Ihre Heimat hatte sie nie wiedergesehen. Ihr umfangreicher literarischer Nachlaß kam jedoch zurück, zunächst an ihre Freundin Auguste Unertl, dann in die Hände von Max Peinkofer, und seit 1962 befindet er sich in der Staatlichen Bibliothek zu Passau.

Emerenz Meier schildert in ihren Erzählungen die dramatischen Geschehnisse ihrer bäuerlichen Umgebung. Sie benutzt dabei eine lebensnahe Mundart mit kraftvollen Bildern. Ihre humorvolle „Heirats-

Geschichte" erinnert an Ludwig Thoma, und die Schilderungen über die Schattenseiten des Lebens stellen sie mit der oberbayerischen Schriftstellerin Lena Christ (1881–1920), „Erinnerungen einer Überflüssigen", auf eine Stufe. Emerenz Meier ist nicht die einzige schreibende Frau aus dem Bayerischen Wald: So erregte Klara Hackelsberger-Rötzer (1877–1959) aus Neukirchen bei Hl. Blut mit ihrem Bauernroman „Die Sonnleitnerin" über Bayern hinaus Aufsehen, und die Lyrikerin Mathilde Baumann (1905–1980), ebenfalls aus Neukirchen bei Hl. Blut stammend, wußte mit ihren Gedichten „Hoher Bogen" zu beeindrucken.

Max Peinkofer, der Biograph der Emerenz Meier, würdigt ihr Werk mit folgenden, für seine Begriffe wohl höchst lobenden Worten: „Schon die ersten Erzählungen unserer Emerenz verraten eine starke, fast männliche Begabung." *map*

Emy Roeder
(1890–1971)
Bildhauerin und Graphikerin

„Würzburg ist mein Geburtsort. Die Familien meines Vaters und meiner Mutter waren seit Jahrhunderten dort als Kaufleute ansässig. Auch mein Vater war Kaufmann … Ich denke zurück an meine sonnige Jugend in unserem alten Haus am Markt, an den Garten und den Weinberg vor der Stadt", so schrieb Emy Roeder später einmal über ihre Heimat. In Würzburg wurde sie am 30. Januar 1890 geboren. Hier verlebte sie eine unbeschwerte Jugend im stattlichen, barocken Wohnhaus an der Ecke Schustergasse/Marktplatz. Der Vater Karl Roeder (1860–1909) und die Mutter Sofie, geb. Geys (1868–1958), kamen aus wohlhabenden Würzburger Bürgerfamilien. Die Liebe zur Kunst hatte wohl der Vater, der sich selbst mit altfränkischem Kunstschaffen beschäftigte, schon dem kleinen Mädchen eingegeben. Denn bereits die Aquarelle der jugendlichen Emy verraten eine große malerische Begabung.

1908 entschied sich Emy Roeder, den Weg einer Künstlerin einzuschlagen. Sie besuchte die Zeichenklasse des Polytechnischen Zentralvereins und begann gleichzeitig eine Lehre in der Werkstatt des Würzburger Bildhauers Arthur Schleglmünig, der als Kopist alter Plastiken und als Restaurator noch gänzlich einer traditionellen handwerklichen

Auffassung der Bildhauerei verbunden war. Hier erlernte Emy Roeder den „fachmännischen" Umgang mit Holz und Stein. 1910 ging sie nach München auf die Kunstakademie. „München, wo ich hoffte weiter zu lernen, wurde mir zur Enttäuschung", erinnerte sie sich. Sie vertraute daher ihr Talent als Bildhauerin Bernhard Hoetger an und folgte ihrem Lehrer 1911 nach Darmstadt, wohin der Bildhauer-Architekt in die Künstlerkolonie „Mathildenhöhe" berufen worden war. Emy Roeder mietete ein Atelier, und Hoetger kam gegen Bezahlung eines goldenen Zwanzigmarkstücks jeweils zur Besprechung ihrer Arbeiten.

Emy Roeder mit einer ihrer Plastiken, 1970

1914 folgte sie ihrem Lehrer nach Fischerhude bei Bremen und 1915 übersiedelte sie nach Berlin. Hier fand sie einen anregenden Freundeskreis, hier wurde sie mit der neuen Malerei, mit dem künstlerischen Umsturz dieser Zeit konfrontiert. Emy Roeder wurde 1918 Mitglied der „Freien Sezession" und der „November-Gruppe". Das Jahr 1919 verbrachte sie wieder in Fischerhude, zurückgezogen auf dem Lande. Sie erinnerte sich später: „In Berlin suchte ich meinen eigenen Weg; dort lebte die Sehnsucht neu und stark auf nach diesem Lande; das Jahr 1919 verlebte ich ganz einsam in Fischerhude. In schwangeren Frauen, die im tiefen Winter fest in schwarze Tücher gehüllt, über die endlosen Flächen des Moores schritten, in Tieren, die voll Mütterlichkeit ihr Junges nährten, erlebte ich zuerst das Kosmische allen Seins."

Als Künstlerin gereift, kehrte Emy Roeder vom Lande in die Großstadt Berlin und deren Kunstszene zurück. Hier heiratete sie 1920 Herbert Garbe (1888–1945) und arbeitete mit ihm eng in einer Arbeits-, Werkstatt- und Lebensgemeinschaft zusammen. 1937 gingen sie jedoch wieder getrennte Wege. Emy Roeder entschloß sich, ihre Ehe für ein künstlerisch-erfülltes Arbeitsleben aufzugeben. Von 1920 bis 1925 wurde sie Meisterschülerin bei Hugo Lederer und unternahm Studienreisen nach Oberammergau (Bildschnitzerei), Paris (Malerei), Belgien und Dänemark.

Schon in den 20er Jahren hatte Emy Roeder zu ihrem eigenen strengen und unpathetischen Stil gefunden. Sie erzielte erste Erfolge mit Ausstellungen und bekam erste Preise verliehen, wie 1920 den Preis der Preußischen Akademie und 1929 den Preis der Stadt Köln. Neben der Bildhauerei brach sich ab 1926 auch Emy Roeders graphisches Talent Bahn. Ihre zeichnerischen Blätter in Rötel oder Kreide gelten durchaus als eigenständiges Werk neben der Bildhauerei.

Auch in den 30er Jahren reiste Emy Roeder viel, z. B. in die Bretagne, nach Tirol, Paris und Rom. Schließlich ließ sie sich 1936, ausgestattet mit dem Villa-Romana-Preis, in Florenz nieder. Nicht ganz freiwillig: Die Nationalsozialisten brandmarkten ihr Werk als „entartete Kunst" und belegten sie mit einem Ausstellungsverbot. Ihre schon von einigen staatlichen Museen angekauften Kunstwerke wurden beschlagnahmt und gelten seither als verschollen. In Florenz schuf sich Emy Roeder einen neuen Freundeskreis. Sie erlernte die Technik des italienischen Bronzegusses nach dem Wachsausschmelzverfahren und war äußerst produktiv. Im August 1944, nach der Einnahme der Stadt durch die alliierten Truppen, wurde Emy Roeder als deutsche Staatsangehörige in ein Lager nach Padula (Provinz Salerno) gebracht, das sie erst im Spätsommer 1945 wieder verlassen durfte. Sie blieb jedoch in Italien, mietete ein Atelier in Rom, und kehrte erst im Juli 1949 nach Deutschland zurück. Ihr Berliner Atelier und ihre dortigen Werke waren durch Bomben zerstört worden. Nur mehr wenige berufliche und freundschaftliche Kontakte bestanden. So mußte Emy Roeder einen Neuanfang wagen.

1950 erhielt sie einen Lehrauftrag für Bildhauerei und Graphik an der Landeskunstschule in Mainz. Daneben übernahm Emy Roeder auch Auftragsarbeiten (1950–1970), wie beispielsweise das Denkmal des Friedens im Schloß zu Koblenz 1950/51 oder 1959 das Porträt der Wissenschaftlerin Lise Meitner für das Berliner Hahn-Meitner-Forschungsinstitut, und stellte in vielen Städten ihre neuen Plastiken aus. Wieder unternahm sie ausgedehnte Reisen vor allem in die Mittelmeerländer und nach Nordafrika.

Emy Roeder erfuhr noch zu ihren Lebzeiten vielfältige Ehrungen: 1953 Kunstpreis der Stadt Berlin, 1956 Kunstpreis des Landes Rheinland-Pfalz und Cornelius-Preis der Stadt Düsseldorf, 1958 Ehrengast der deutschen Akademie in der Villa Massimo zu Rom, 1960 Verleihung des Großen Bundesverdienstkreuzes der Bundesrepublik Deutschland und Silberne Stadtplakette ihrer Heimatstadt Würzburg, 1962 Kunstpreis der Stadt Mainz und Ehrenbürgerschaft der Universität Mainz, 1963 Kunstpreis des Landes Nordrhein-Westfalen und Zuerkennung des Professorentitels, 1966 Kulturpreis der Stadt Würzburg und 1970 Ehrenring der Stadt Würzburg.

Am 7. Februar 1971 starb Emy Roeder in Mainz. Sie wurde, gemäß ihrem Wunsche, im elterlichen Grab zu Würzburg beigesetzt. Emy Roeder bedachte ihre Heimatstadt Würzburg, mit der sie innerlich immer stark verbunden geblieben war, mit ihrem künstlerischen Nachlaß. Die Hälfte ihrer insgesamt etwa 130 bildhauerischen Arbeiten in Stein, Holz, Bronze und Gips sowie ihr gesamtes graphisches Werk sind daher in der Städtischen Galerie Würzburg zu sehen. Emy Roeder gilt als Künstlerin europäischen Formats mit ihrem charakteristischen, auf das Wesentliche reduzierten Zeichenstil und den ausdrucksstarken, formreduzierten Plastiken. Sie wird kunsthistorisch dem Expressionismus zugeordnet, obwohl es in einer Grabrede für Emy Roeder hieß: „Stilgebahren war ihr fremd, sie war modern, in unserer Zeit, aber über den Tag hinaus." *map*

Liesl Karlstadt
(1892–1960)
Volksschauspielerin und Komikerin

Am 12. Dezember 1892 wurde Liesl Karlstadt als Elisabeth Wellano in der Schwabinger Zieblandstraße 11 geboren. Ihre Eltern Ignaz Wellano und Agathe, geb. Edenhofer, kamen aus den niederbayerischen Orten Osterhofen und Regen. Elisabeth hatte noch acht Geschwister, von denen vier bereits im Kindesalter starben. Vater Wellano arbeitete als unselbständiger Bäcker, und die Mutter führte einen Milchladen auf der Schwanthaler Höh mit jedoch nur mäßigem Erfolg.

Elisabeth war ein Kind aus der Münchner Unterschicht. Sie wuchs mit ihrer Familie in recht engen und äußerst bescheidenen Verhältnissen auf. Sie war eine begabte Schülerin und wollte einmal Lehrerin werden. Die geringen Finanzen der Eltern ließen dies jedoch nicht zu, und so nahm Elisabeth nach der 8. Volksschulklasse eine Tätigkeit als Lehrmädchen bei der Textilfirma Eder am Viktualienmarkt auf. Hier verdiente sie 10 Mark im Monat und, nachdem sie ausgelernt hatte, als Anfangsverkäuferin 45 Mark. Zudem bewohnte sie bei ihrem Arbeitgeber ein Zimmer, so daß die Wohn- und Lebensverhältnisse ihrer Familie entlastet wurden.

Anfang 1909 starb Elisabeths Bruder, der 15jährige Hermann, und ihre geliebte Mutter folgte ihm schon am 22. Juni nach. Vater Ignaz Wellano starb fünf Jahre darauf am 13. Dezember 1914. Somit war Elisabeth mit 22 Jahren gänzlich auf sich selbst gestellt. Sie übernahm familiäre Verantwortung und sorgte für ihre 10 Jahre jüngere Schwester Amalie. Zwischen den Schwestern entstand daher eine lebenslange enge Bindung.

Elisabeths Bühnenlaufbahn begann im Jahre 1911. Am 15. Februar kündigte sie ihre Verkaufstätigkeit bei der Firma Tietz, wo sie inzwischen arbeitete, und unterzeichnete im Mai einen Vertrag bei der Theatergruppe Adalbert Meier. Elise Wellano, so ihr Künstlername, sang nun Couplets und Lieder als „flottes Mäderl" oder „Waschermadl". Damals trat sie vom 1. Juni 1911 bis zum 1. Juli 1912 für eine Gage von 90 Mark im Monat auf. Elise Wellano spielte, da vielseitig begabt, gastweise auch bei anderen Volkssängergruppen in Schwänken und Schauerdramen wie „Der Wilderer oder Aus Liebe zum Mörder". Vor allem ihre Darstellung der Kameliendame in einer volkstümlichen Fassung, genannt „Am Glück vorbei", rührte das Publikum zu Tränen.

1911 lernten sich Elise Wellano und Karl Valentin im Frankfurter Hof kennen. Laut Liesl Karlstadts Erinnerungen sagte Karl Valentin nach ihrem Bühnenauftritt zu ihr: „Sie, Fräulein, Sie sind als Soubrette aufge-

treten, heut hab ich Sie zum erstenmal gesehen. Des is nix. Wissen s', Sie san so schüchtern, und so brav schaun Sie aus ... Aber Sie sind sehr komisch, Sie müssen sich aufs Komische verlegen." Und das tat Elise Wellano dann auch. Schon ab 1912 trat sie solo als „Blödsinnskönigin Frl. Lisi" auf. Im Juli 1913 stand sie dann erstmals, allerdings in einer Solonummer als Lisl Macstadt, zusammen mit Karl Valentin auf der Bühne. Zwischen 1913 und 1915 wurde schließlich aus Elise Wellano Karl Valentins Partnerin Liesl Karlstadt, benannt nach dem berühmten Komiker Karl Maxstadt (1853–1930).

Zwei Jahrzehnte währte diese erstaunliche gemeinsame Bühnenkarriere mit Auftritten in München, Wien, Berlin und Zürich. (Eine Einladung in die USA schlug der reiseunlustige Karl Valentin allerdings aus.) Ihre mitternächtlichen Premierenparodien in den Münchner Kammerspielen 1922 wurden legendär. Liesl Karlstadt und Karl Valentin spielten in allen bekannten deutschsprachigen Kabaretts, auf allen Münchner Volksbühnen und Wirtshausbrettln, auf Weihnachts- und Vereinsfeiern, auf Wohltätigkeitsveranstaltungen und während des Ersten Weltkrieges für die Kriegsfürsorge sowie später für die Heimkehrer. Für diese „erspriessliche Tätigkeit im Dienst des Roten Kreuzes" erhielt Liesl Karlstadt im Oktober 1918 das König-Ludwig-Kreuz verliehen.

Liesl Karlstadt war eine der ersten Frauen, die das komische Fach eroberten. Sie zeigte eine große Begabung für Hosenrollen. Sie brillierte als „chinesischer Komiker" (1916), als „Lucke von der Au", sogenannter Stenz und Vorstadtcasanova, sowie in Knabenrollen als „Firmling", Schusterbub oder Piccolo. Daneben schuf sie aber auch den komischen Frauentyp und wurde zur unübertroffenen Darstellerin von Münchner Frauengestalten, z. B. als „Frau Magistratsfunktionärin Huber", als

„Hausmoasterin", als „Kreszenzia Hiagelgwimpft", als wortgewaltige Obsthändlerin vom Viktualienmarkt. 1919 nahm Liesl Karlstadt ihre erste Schallplatte bei Polyphon mit diesen Frauencharakteren auf, und 1926 erschien bei Max Hieber das erste Buch mit ihren Solostücken.

Mit der Anerkennung des Gespannes Valentin-Karlstadt durch das intellektuelle Publikum und die damaligen Großkritiker – Kurt Tucholsky, Franz Blei, Alfred Kerr, Max Halbe – ging eine betonte Aufwertung Karl Valentins als genialer Links- und Querdenker einher, leider aber damit auch eine Abwertung Liesl Karlstadts als seine kongeniale Partnerin und Stichwortgeberin. Sie sagte dazu selbst 1929: „Die Zeitungen haben bis dato nur über ihn geschrieben und mich total vergessen." Dabei war Liesl Karlstadt an den gemeinsamen Produktionen der Stücke ausschlaggebend beteiligt. Sie und Valentin waren eine enge Arbeitsgemeinschaft. Liesl Karlstadt fungierte nicht nur als Ideenlieferantin, Improvisationskünstlerin und Mitautorin, sondern hielt auch die sich auf der (Probe-)Bühne entwickelnden Einfälle anschließend schriftlich fest. Sie betätigte sich zudem als Regieassistentin, Dramaturgin, Maskenbildnerin, Souffleuse für den vergeßlichen und immer aufgeregten Karl Valentin, Sekretärin und Managerin.

Die Partnerschaft von Liesl Karlstadt und Karl Valentin, auf der Bühne wie im Leben, gestaltete sich nicht unkompliziert. Unter der Weltwirtschaftskrise von 1929 litt auch die Unterhaltungsbranche. Liesl Karlstadt bekam Existenzängste und schuf sich ein zweites Standbein: Sie nahm Schauspielunterricht. In der Folgezeit glänzte sie in einigen Rollen, die vor ihr Therese Giehse gespielt hatte. Vor allem Wilhelm Hausensteins Kritiken priesen Liesl Karlstadt als große Bühnenkünstlerin. Man empfahl ihr jetzt, Stücke von Thoma und Anzengruber zu spielen.

Aber auch beim Rundfunk war Liesl Karlstadt zu einer anerkannten Größe geworden. Zugleich übernahm sie Filmrollen, wie 1932 mit Karl Valentin in Max Ophüls' „Die verkaufte Braut". Karl Valentin war von den Alleingängen seiner Partnerin und von ihren Erfolgen nicht gerade begeistert. Schwierige Zeiten folgten. Karl Valentins Museumsprojekt, in das Liesl Karlstadt ihre gesamten Ersparnisse gesteckt hatte, scheiterte: 1935 mußte das Kuriositäten- und Schaukeller-Panoptikum unter großen Verlusten wieder geschlossen werden. Auch gemeinsame Bühnenauftritte und Filmaufnahmen in den Jahren 1933/34 konnten den Mißerfolg nicht ausgleichen. Wohl aufgrund von Zukunftsangst, Überarbeitung und Depressionen versuchte sich Liesl Karlstadt am 6. April 1935 in der Isar das Leben zu nehmen. Der Suizid mißlang, und Liesl Karlstadt verbrachte viele Monate in der Psychiatrischen Klinik.

1937 bis 1939 spielten Liesl Karlstadt und Karl Valentin im Kabarett Benz wieder kontinuierlich. Es entstanden Schallplattenaufnahmen, Rundfunkübertragungen, Filmaufnahmen ihrer Stücke. Im August und November 1940 traten sie im Deutschen Theater letztmals gemeinsam auf. Karl Valentin zog sich anschließend mit seiner Familie in sein Haus nach Planegg zurück. Liesl Karlstadt, noch immer gesundheitlich labil, fand als Mulipflegerin bei den Gebirgsjägern auf einer Alm im Tiroler Ehrwald für zwei Jahre eine Rückzugsmöglichkeit. Während der Kriegsjahre trat Liesl Karlstadt immer wieder im Münchner Volkstheater und im Deutschen Theater auf. Relativ wahllos wirkte sie auch in einigen Filmen mit.

Nach dem Kriegsende standen Liesl Karlstadt und Karl Valentin 1947/48 wieder gemeinsam auf der Bühne. Am 9. Februar 1948 jedoch starb Karl Valentin. Der Verlust des Partners traf Liesl Karlstadt schwer. Sie sorgte sich um ihre Zukunftsaussichten.

1950/51 spielte sie in den Münchner Kammerspielen in Marieluise Fleißers Stück „Der starke Stamm". Eine Fülle von Bühnen- und Filmrollen folgten diesem Wiederbeginn. Höchst populär wurde sie durch die Rundfunksendungen „Brummelgschichten" und „Familie Brandl". Sie avancierte zu einem Publikumsliebling. In den Nachkriegsjahren verkörperte Liesl Karlstadt wie keine andere den schlagfertigen und resoluten Frauentyp der Trümmer- und Aufbauzeit.

Liesl Karlstadt hatte sich die Liebe zur Natur immer bewahrt. Mit ihrer Schwester Amalie Wellano fuhr sie oftmals in die nahen Berge. So besuchte sie noch Erika Manns Häuschen „Pfeffermühle" in Ehrwald und schrieb ihr von dort eine Postkarte mit dem Poststempel 27. Juli 1960. Am selben Tag starb Liesl Karlstadt, die große Volksschauspielerin und Komikerin, an einem Gehirnschlag in den Armen ihrer Schwester.

Liesl Karlstadts Grabstätte befindet sich auf dem Bogenhauser Prominentenfriedhof zu München. In Nachbarschaft zu ihrem Partner Karl Valentin ziert Liesl Karlstadt als Brunnenfigur den Münchner Viktualienmarkt.   *map*

Therese Giehse
(1898–1975)
Schauspielerin und Kabarettistin

Die Münchnerin Therese Giehse sagte einmal über ihre Kindheit: „Ich war dick und rothaarig und hatt' den Herrn Jesus umgebracht." Diese Worte weisen auf die frühzeitige Abgrenzung der Arier von den Nichtariern hin, auf den latenten Antisemitismus schon in der Zeit vor dem Ersten Weltkrieg.

Therese wurde am 6. März 1898 in München geboren und wuchs in der Herzog-Rudolph-Straße auf. Sie hatte vier Geschwister. Der herzkranke Vater, der Kaufmann Salomon Gift, starb, als Therese dreizehn Jahre alt war. Ihr ältester Bruder Max und die Mutter führten das Tuchgeschäft weiter.

Die junge Therese Gift galt als faule und wenig zugängliche Schülerin, als Einzelgängerin, die am liebsten heimlich Balladen deklamierte. Sie besuchte vier Jahre lang die Volksschule am St.-Anna-Platz und anschließend die Kerschensteiner-Schule in Schwabing. 1914 beendete Therese ihre Schulzeit und half dann im Familienbetrieb für „Seiden und Posamentierwaren" mit. Abends jedoch entdeckte Therese die Münchner Welt des Theaters, der Kunst und der politischen Ideen. Vor allem ein Schauspieler, Albert Steinrück, am Residenztheater machte aufgrund seiner realistischen Spielweise großen Eindruck auf Therese, so daß sie beschloß, Schauspielerin zu werden. Sie sprach beim gefeierten Steinrück vor und führte sich mit den Worten ein: „Ich weiß, ich bin zu dick, aber das Gretchen will ich ja gar nicht spielen." Steinrück vermittelte Therese an die Schauspiellehrerin Toni Wittels-Stury, und nach zwei Jahren Unterricht erhielt Therese Giehse,

Ölgemälde von Edith Kramer, 1969

wie sie sich inzwischen nannte, die ersten Engagements auf deutschen Bühnen.

Obwohl Therese Giehse schon im Januar 1920 ihr Münchner Debüt gab, wurden die Münchner Kammerspiele erst zur Zeit Otto Falckenbergs zu ihrer künstlerischen Heimat. Hier standen Büchner, Brecht, Wedekind, Shakespeare und Schiller auf dem Spielplan, daneben aber auch Schwänke und Boulevardkomödien. Aus der unbekannten rotblonden Schauspielerin entwickelte sich schnell die resolute Charakterdarstellerin Therese Giehse. Jedoch das Aufkommen der nationalsozialistischen Bewegung setzte dem Erfolg rasch ein Ende, obwohl der „Völkische Beobachter", in Verkennung der Tatsachen, die Künstlerin Therese Giehse mit dem zweifelhaften Lob bedachte: „Endlich ein deutsches Weib in diesem verjudeten Haus." In dieser explosiven Lage kehrten die finanzkräftigen Sponsoren des Theaters, aus jüdischen Kreisen stammend, München den Rücken, und die Kammerspiele mußten im Oktober 1932 wegen Überschuldung schließen.

Dies war ein tiefer Einschnitt in Thereses Leben. Sie gab jedoch nicht auf. Im Januar 1933 eröffnete sie das politische Kabarett „Die Pfeffermühle" zusammen mit Erika Mann, von der die Idee dazu stammte. Erika Mann, am 9. November 1905 als erstes Kind des Schriftstellers Thomas Mann und seiner Frau Katia in München geboren, hatte nach dem Abitur am Luisengymnasium 1924 Schauspielunterricht in Berlin genommen und danach mehrere Engagements an verschiedenen deutschen Bühnen erhalten. An den Münchner Kammerspielen hatte sie Therese Giehse kennengelernt.

Therese Giehse trug im Kabarett „Die Pfeffermühle" als Diseuse Texte und Lieder vor, die den Nationalsozialismus der Lächerlichkeit preisgaben. Erika Mann erinnerte sich später an diese Auftritte: „Unleugbar standen wir 'im Einsatz', allen voran die Giehse. Denn während der Zündstoff von mir kam (...), war doch besonders sie es, die zündete (...) Wer Zeuge ihrer Darbietungen war in jener Zeit, dem läuft es – dies ist dutzendfach erwiesen – noch heute kalt und heiß den Rücken hinunter."

Der große Erfolg ihres politischen und antifaschistischen Programmes zwang Therese Giehse, Erika Mann und die anderen Mitglieder des Kabaretts im März 1933 ins Exil in die Schweiz. In den Jahren 1933–36 fanden dort und in der Tschechoslowakei, in Holland, Belgien und Luxemburg umstrittene und umjubelte Vorstellungen der „Pfeffermühle" statt. Auf einer wenig erfolgreichen Tournee in den USA löste sich 1937 das Kabarett „Die Pfeffermühle" auf.

Erika Mann wanderte im gleichen Jahr – sie hatte inzwischen durch Eheschließung mit dem englischen Dichter Wystan H. Auden die britische Staatsangehörigkeit – offiziell in den USA ein und betätigte sich dort ab 1938 als Vortragsreisende, als Journalistin für die BBC sowie als Kriegsberichterstatterin. Die Jüdin Therese Giehse heiratete am 20. Mai 1936 pro forma den Schriftsteller John Hampson († 1955) und erhielt damit einen englischen Paß, mit dem sie am 27. Mai wieder in die Schweiz zurückkehrte. 1939 gelang es Therese Giehse, ihre Schwester Irma und ihren geliebten Hund Daisy ebenfalls in die Schweiz zu holen.

Das Schweizer Exil wurde für Therese Giehse zu einer Zeit des beruflichen Erfolgs auf der Bühne des Zürcher Schauspielhauses. Hier spielte sie viele große Rollen, z. B. in Stücken von Bert Brecht und anderen berühmten Schriftstellern. Manche Rollen waren ihr auf den Leib geschrieben, wie Brechts „Mutter Courage", die dort uraufgeführt wurde. Mit Bert Brecht verband Therese Giehse eine enge künstlerische Freundschaft und später ab 1950 an den Münchner Kammerspielen und im Berliner Ensemble auch eine fruchtbringende Zusammenarbeit.

Nach dem Ende des Zweiten Weltkrieges und dem Zusammenbruch des Dritten Reiches kehrte Therese Giehse nicht sofort nach München zurück. Zwar spielte sie wieder an den Kammerspielen, ihr Wohnort blieb aber zunächst weiterhin Zürich.

Ihre ehemalige Mitstreiterin Erika Mann ließ sich mit ihren Eltern 1951 ebenfalls in der Schweiz nieder. Sie arbeitete seit 1947 eng mit ihrem Vater Thomas Mann zusammen und beteiligte sich an den Verfilmungen seiner Romane. 1955 besuchte sie mit ihrem Vater beide deutsche Staaten.

Therese Giehse kehrte in den fünfziger Jahren nach München zurück und wohnte, nach dem Tod ihrer Schwester, als „alleiniger Mensch" – wie sie es ausdrückte – in der Wurzerstraße. Die vielgefragte Schauspielerin reiste von Bühne zu Bühne. In Zürich wurde 1956 Friedrich Dürrenmatts „Der Besuch der alten Dame" mit Therese Giehse als Claire Zachanassian uraufgeführt. Zudem brillierte sie in der Rolle der Oberärztin Mathilde von Zahnd, die Dürrenmatt für Therese Giehse umgeschrieben hatte, in „Die Physiker". Auch Film und Fernsehen wurden auf Therese Giehse aufmerksam.

Aber erst das erneuerte Theater der 68er Jahre, mit Peter Stein vom Berliner Schaubühnen-Kollektiv, mit Martin Sperr und Franz Xaver Kroetz, gab Therese Giehse wieder neuen Auftrieb. Sie wurde ihnen zur großen Lehrmeisterin. Ihre Sprechweise, ihre sparsame Gestik, ihre Fähigkeit zur Rollendistanz, ihre intellektuelle Volkstümlichkeit, ihre kultivierte Bodenständigkeit – all das machte die Giehse zur unerreichten Brecht-Darstellerin, zur unvergeßlichen Schauspielerin und Diseuse.

Therese Giehse starb am 3. März 1975 im Münchner Rotkreuz-Krankenhaus, drei Tage vor ihrem 77. Geburtstag. Ihre „Pfeffermühlen-Kollegin", Erika Mann, war ihr schon 1969 vorausgegangen.   *map*

Berta (Maria Innocentia) Hummel
(1909–1946)
Malerin, Zeichnerin und Schöpferin der Hummel-Figuren

Als dritte Tochter von insgesamt sechs Kindern wurde Berta Hummel am 21. Mai 1909 im niederbayerischen Massing an der Rott geboren.

Selbstporträt

Bertas Eltern betrieben ein Gemischtwarengeschäft, das Kaufhaus Hummel. Schon Großvater Jakob, der aus Württemberg kam, konnte gut zeichnen und gab dieses Talent an seinen Sohn Adolf weiter, der zunächst Bildhauer oder Holzschnitzer werden wollte. Bertas Mutter, Viktoria, eine geborene Anglsperger (1885–1983), entstammte einem Bauernhof in Massing. Sie war stark dem heimischen Brauchtum und der Religion verbunden. Berta verlebte eine glückliche Kindheit im „Hummel-Nest", wie sie ihr elterliches Zuhause später einmal bezeichnete.

Berta besuchte ab 1. Mai 1915 sechs Jahre lang die Massinger Volksschule und anschließend die höhere Töchterschule mit Internat der „Englischen Fräulein" in Simbach am Inn. Schon früh zeigte sich Bertas zeichnerisches Talent. Ihre Lehrerin Schwester Theresilla berichtet darüber: „Welch lustige Aufregung herrschte in der Klasse, wenn die kleine Zehnjährige mit kecken und sicheren Strichen etwas Nettes gezeichnet hatte, eine

Blume oder einen buntgefiederten Vogel. Durch ihre technische Fertigkeit, ihre Erfindungsgabe und ihren künstlerischen Geschmack versetzte sie ihre Klasse in staunende Bewunderung. Sie können sich den Jubel vorstellen, wenn eine Klassenkameradin in dem gekonnt hingeworfenen Profil ihre eigenen Züge erkannte. 'Hummel Bertl, zeichne mich!' rief oft eine Mitschülerin und gewöhnlich tat Berta ihr dann den Gefallen." Bertas frisches humoristisches Zeichentalent, ihr Gespür für Formen, ihr witziger Geist und ihr untrügliches Auge wurden ergänzt durch ein „äußerst empfindsames Gemüt" sowie durch Energie und Willenskraft, wie es ihr Abschlußzeugnis ausdrückt.

An der Staatsschule für Angewandte Kunst in München begann Berta im Frühling 1927 ihr achtsemestriges Studium, das sie mit der Lehramtsprüfung für Zeichenlehrerinnen am 18. März 1931 mit der Note 1, „sehr gut befähigt", abschloß. Später studierte Berta noch vier weitere Semester an der Akademie für Angewandte Kunst in München und beendete am 24. April 1937 mit 28 Jahren ihr umfangreiches Kunststudium. Professorin Else Brauneis – bei ihr belegte Berta die Fächer Darstellende Geometrie, Perspektive, Schattenlehre und Aquarellieren – erinnert sich: „Berta stand mir sehr nahe ... Überaus intelligent und außerordentlich talentiert, war es für das Mädchen Verpflichtung, eifriger und intensiver zu arbeiten als die Übrigen."

Berta trat nach bestandenem ersten Examen 1931 in das Franziskanerinnenkloster Sießen bei Saulgau ein. Die Familie und viele aus ihrem Freundeskreis bedauerten zunächst ihren Entschluß, da sie befürchteten, Berta könne dort ihre Kunst nicht ausüben. Jedoch schon am Beispiel zweier Kommilitoninnen, Schwester Laura und Schwester Kostka, hatte Berta erfahren, daß das Dasein einer Klosterschwester mit der Aufgabe einer Künstlerin durchaus zu vereinbaren war. Berta nahm den Namen Maria Innocentia an und legte am 30. August 1934 die erste Profeß ab. Im Kloster Sießen, das eine Bildungsstätte für Mädchen unterhielt, konnte nun Schwester Maria Innocentia als Zeichenlehrerin unterrichten, und auch an der St.-Anna-Schule in Saulgau war sie tätig. Zudem übernahm sie 1934 die künstlerische Leitung der Paramentenabteilung des Klosters.

Schwester Maria Innocentia widmete sich aber auch weiterhin ihrer Vorliebe, den Kinderzeichnungen. Sie stellte nun erstmals aus und hatte damit großen Erfolg. Ihre ersten religiösen Bildchen für Kinder erschienen bald in unterschiedlichen Verlagen. Der Emil Fink-Verlag, Stuttgart, druckte als erster eine Sammlung dieser frühen Bilder unter dem Titel „Das Hummelbuch" 1934. Vor allem aber die Zusammenarbeit mit dem

Münchner Verlag Ars Sacra und seiner Verlegerin Maximiliane Müller war für beide Seiten recht gedeihlich. Von größter Bedeutung jedoch war für Schwester Maria Innocentia die künstlerische Zusammenarbeit mit der Porzellanfabrik Goebel in Oeslau (Rödental). Hier setzten auf Anregung von Franz Goebel die Modelleure Arthur Möller (1885–1972) und Reinhold Unger (1880–1974) die Hummelschen Entwürfe zu Kinderfiguren in Kleinplastiken aus Keramik um. Die „M.I.Hummel"-Figuren waren geschaffen und damit Schwester Maria Innocentias internationaler Ruhm begründet.

Die Hummel-Figur avancierte von einem kleinen Postkartenmotiv zu einer international erfolgreichen Kleinplastik. 1935 wurden die ersten Hummel-Figuren auf der Leipziger Frühjahrsmesse vorgestellt.

Das Gesamtwerk der Künstlerin Maria Innocentia Hummel umfaßt etwa 1200 religiöse und Landschaftsdarstellungen, Porträts und Kinderbilder. Sie schuf eine Vielzahl von religiösen Bildern in Kleinformaten, aber auch großformatige für Kirchen wie für Kötzding, Massing, Tuntenhausen, Tuttlingen und Rathmannsdorf. Die vierzehn Bilder eines Kreuzweges blieben lange unbekannt wie auch ihre Landschaftsmalerei. Vieles ist heute im Museum, das 1994 in ihrem Geburtshaus zu Massing eingerichtet wurde, zu sehen. Der expressionistische, jedoch unvollendete Kreuzwegzyklus befindet sich in der Klosterkapelle von Sießen. Schwester Maria Innocentias gestalterisches Hauptthema blieben jedoch die Kinderdarstellungen. „Die große Vorliebe der Künstlerin sind kleine Kinder, spielende, glückliche, sorglose, schelmisch-unschuldige Kinder, mit meist schweren Köpfen, mit großen sprechenden Augen, mit fliegenden Haaren, Zöpfen und Halstüchern; mit Schuhen, Strümpfen und der Kleidung ihrer niederbayerischen Heimat."

In der Zeit des Nationalsozialismus erregten religiöse Bilder manches Mißfallen, in noch höherem Maße jedoch Maria Innocentias Kinderdarstellungen. Nach der nationalsozialistischen Ideologie sollte der Mensch äußerlich hochgewachsen, blond und blauäugig sein. Auch die Kunst sollte dieses Ideal vom Schönen und Erhabenen, diese hehren Lichtgestalten, darstellen. Regimenahe Kritiker brandmarkten daher die kleinen Hummel-Figuren als wasserköpfige Wichtel und klumpfüßige Dreckspatzen. Sie entsprachen eben nicht dem geforderten rassischen Menschenideal.

Aufgrund von staatlichen Repressionen mußte die Produktion der Hummelfiguren, da Luxusartikel, während des Zweiten Weltkrieges eingeschränkt werden. Im Inland durfte nichts mehr verkauft werden. Die Hummel-Karten und Hummel-Figuren wurden wegen der Devisen nur

mehr für den Auslandsmarkt produziert. 1935 mußte das private Sießener Lehrerinnenseminar schließen und 1937 auch die dortige Schule.
Die Schwestern wurden aus dem staatlichen Schuldienst entlassen.
1940 waren die Schwestern gezwungen, Kloster Sießen zu verlassen, da
dort ein Umsiedlerlager eingerichtet wurde. Maria Innocentia lebte nun
etwa vier Wochen in ihrem Elternhaus, bis sie zusammen mit einigen
Schwestern in einen Teil des Sießener Klostergebäudes, ins sogenannte
„Pfarreck", zurückkehren durfte.

Maria Innocentia Hummel erkrankte, nach mehreren Krankheitspha-
sen in den Jahren zuvor, 1944 ernstlich. Nahrungsmangel und das unge-
heizte Atelier führten zu einer Rippenfellentzündung, die sich ver-
schlimmerte, so daß sie im Winter 1944/45 ins Sanatorium Wilhelmstift
zu Isny/Allgäu mit Lungentuberkulose und Lungenblutung eingeliefert
werden mußte. Eine kurze Besserungszeit ließ sie nach Sießen zurückkehren. Ein neuerlicher Sanatoriumsaufenthalt und wiederum Besse-
rung folgten. Doch am 6. November 1946 starb Schwester Maria Innocentia (Berta) Hummel, erst 37jährig, in Sießen, wo sie auch begraben
liegt.

Die schlichten, keineswegs aber anspruchslosen Hummel-Figuren
erlangten bis heute weltweiten Zuspruch. Jährlich werden über 1 Million verkauft. Ihre bildhaft-naturalistische Plastizität, ihre unverwech-
selbare Farbgebung, ihr Liebreiz und ihre Poesie sprachen und sprechen
Menschen in aller Welt an. Rudolf Lunghard, der Direktor der Meister-
schule für Porzellan in Selb, charakterisierte 1949 die Hummel-Figuren
so: „Wenn man den Typus der 'Hummel-Figuren' mit Worten ausdrücken will, so bereitet es Schwierigkeiten, eine einheitliche Formu-
lierung für diesen Hummel-Typus zu finden. Im Ganzen gesehen ist es
eine liebevolle Übertreibung der kindlichen Tätigkeit, des Anzuges und
des Ausdruckes, die die 'Hummel-Figuren' aus der Gesamtzahl heraus-
hebt." Die Hummel-Figuren zeigen jedoch keine anachronistische ländliche Kinderzeit-Idylle, sondern sie zeigen eher auf belustigende Weise
die realistische, wenn auch typisierte Kinder-Welt der Niederbayerin
Berta Hummel, eine Vision vom verlorenen Glück der Kindheit. Inzwischen gibt es mehr als 460 verschiedene Figuren aus glasiertem Fein-
steingut nach den Motiven der Künstlerin Maria Innocentia (Berta)
Hummel. Ihr künstlerisches Erbe verwalten die Modelleure der Porzellanfabrik Goebel sowie die Schwestern des Klosters Sießen. *map*

Tänzerinnen und Sportlerinnen

Lucile Grahn
(1819–1907)
Primaballerina und Choreographin

In der ersten Hälfte des 19. Jahrhunderts suchte die Tanzkunst nach anderen Ausdrucksmitteln. Die Romantik brachte neue Inhalte und diese verlangten nach einem neuen Ballettstil. Nunmehr wurden die folkloristisch orientierten Tänze zurückgedrängt, und der Tanzstil änderte sich. Die Ballerina tanzte jetzt „auf Spitze" und wurde zum Mittelpunkt der Ballettaufführungen. Weltberühmte Tänzerinnen eroberten die Bühnen Europas und begeisterten das Publikum. Eine dieser gefeierten Primaballerinen war Lucile Grahn.

Als 10jähriges Mädchen wurde Lucile Grahn bereits in die Ballettschule des königlichen Theaters ihrer Heimatstadt Kopenhagen aufgenommen, und mit fünfzehn Jahren galt sie schon als „ein einzigartiger Stern im Aufstieg". Im Hafenviertel Kopenhagens hatte Lucile am 30. Juni 1819 das Licht der Welt erblickt. Schon von Kindesbeinen an zeigte sich ihr „Genie des Tanzes".

August Bournonville, einer der größten Künstler in der Geschichte des Tanzes, wurde Lucile Grahns eigentlicher Entdecker und Förderer. Er tanzte mit ihr auf der Bühne, er nahm sie 1834 mit zu einer Gastspielreise nach Paris, wo sie in eigens für sie komponierten Ballettstücken auftrat. Lucile Grahn war bereits mit 18 Jahren Solotänzerin am Kopenhagener Hoftheater und ein gefeierter Star. 1839 jedoch entfloh die Ballerina ihrem allzu herrschsüchtigen Ballettmeister und provozierte damit einen veritablen Theaterskandal in Kopenhagen.

Paris war damals das europäische Zentrum der Tanzkunst. Hier blieb Lucile Grahn drei Jahre lang. Auf Gastspielen tanzte sie sowohl in Hamburg wie auch in Mailand, in Brüssel und in St. Petersburg. 1845 trat sie in London in einem „Pas de Quatre" zusammen mit den drei berühmtesten Primaballerinen ihrer Zeit auf. „Es war mein größter Abend", freute sich Lucile Grahn über dieses außergewöhnliche Bühnenerlebnis.

Lucile Grahns Tanzkunst, ihr „auserlesenes Geschick" und ihre „seltene Grazie" begeisterten auch den bayerischen König Ludwig II., der ihr nach einigen Separatvorstellungen ein prächtiges Brillantmedaillon verehrte. Das Münchner Hoftheater bemühte sich jahrelang vergebens um Lucile Grahn, die zwar in Gastspielen 1851, 1852 und 1856 hier auftrat, aber nicht beständig bleiben wollte. Erst als Lucile Grahn sich von der Karriere einer Primaballerina zurückzog, gelang es, sie als Hofballettmeisterin für die königliche Bühne in München zu gewinnen. Von 1858 bis 1861 hatte Lucile Grahn bereits als Ballettmeisterin in Leipzig gearbeitet, und von 1869 bis 1875 wirkte sie nun als „Königliche Hoftheater-Ballettdirectrice" sowie als Choreographin in München. Lucile Grahn entwarf hier alle Tanz-Szenen zu den Erstaufführungen von Richard Wagners Opern, sehr zum Gefallen des großen Meisters und des bayerischen Königs.

Lucile Grahn als Esmeralda

München wurde Lucile Grahn zur zweiten Heimat. Sie lebte mit ihrer Mutter Christine Grahn (1799–1883) und ihrem Ehemann in einer Villa am Englischen Garten, deren „zauberhafte Salons" mit Erinnerungsstücken aus ihrer großen Künstlerinnenkarriere geschmückt waren. Lucile Grahn hatte 1856 den Operntenor Edward Friedrich Young geheiratet. Ihr Gatte verunglückte jedoch bei einem Bühnenauftritt in Würzburg so schwer, daß er fortan, zwanzig Jahre lang, an den Rollstuhl gefesselt war und 1884, dem Wahnsinn verfallen, in der Heilanstalt zu Kennering starb.

Als Ballettmeisterin zeigte Lucile Grahn ein großes pädagogisches Können. Schon zu Lebzeiten soll sie den minimal bezahlten Ballettelevinnen finanziell beigestanden haben. Im Jahre 1900 gründete Lucile Grahn einen Stipendienfonds von 298 515 Goldmark für bedürftige Kinder, um ihnen eine Berufsausbildung zu ermöglichen. Die Zeitungen schrieben damals, daß „in den Annalen der Charitas und Geschichte der Kunst seinesgleichen nicht leicht anzutreffen sei". Als Lucile Grahn hochbetagt am 4. April 1907 in München starb, hatte sie ihr Vermögen und diese Stiftung testamentarisch der Stadt München vermacht.

München bewahrte das Andenken der großen Künstlerin und Wohltäterin durch eine Straßenbenennung und ein Monument, das an der Westseite unter den Arkaden des Alten Nördlichen Friedhofs (an der Arcisstraße) noch heute zu sehen ist. Ihre Heimatstadt Kopenhagen errichtete Lucile Grahn zu Ehren vor ihrem Geburtshaus am Christianshavn ein lebensgroßes Mosaik, das sie nach einer zeitgenössischen Lithographie bei dem berühmten „Pas de Quatre" in London darstellt.   *map*

Annie Horn
(1885–1976)
Olympiasiegerin im Eiskunstlauf der Paare

Noch im hohen Alter wurde Annie Horn als eine grazile, blonde Dame mit viel Humor und Charme beschrieben. Als Geheimnis ihrer Jugendlichkeit gab sie ihre Devise „Arbeit und Sport" preis. Für die Frauen hatte Annie Horn jedoch noch weitere Ratschläge parat: „Achten Sie aufs Gewicht – regelmäßig rauf auf die Waage. Laufen Sie nicht wie eine graue Maus herum. Ältere Frauen müssen helle und freundliche, nicht zu lange Kleider tragen. Die Haare sollten sie nicht färben, sondern nur tönen, und regelmäßig zum Friseur gehen. Und bitte – keine Scheu auch mit 80, vor ein bißchen Lippenstift und Nagellack."

So resolut und selbstbewußt kann nur eine lebenserfahrene und erfolgreiche Frau sprechen. Beides war Annie Horn in hohem Maße. Sie hatte zu dieser Zeit schon zwei Karrieren – im sportlichen und musikalischen Bereich – hinter sich und die dritte Karriere als Chefin großer Kaufhäuser in München dauerte trotz ihres fortgeschrittenen Alters noch an. Denn sie sagte von sich selbst: „Die Arbeit ist mein Lebens-Elixier" und „das Geschäft ist nicht nur mein Hobby, sondern mein ein und alles".

Annie Horn wurde 1885 in München als Annie Hübler geboren. Schon während ihrer Schulzeit kamen einige ihrer Talente zum Vorschein. So wurde sie wegen ihrer permanenten Sangesfreudigkeit vom Vater „die Lerche" genannt, und von Kindesbeinen an widmete sich Annie in ihrer Freizeit dem Eislauf.

Anni Hübler, später verh. Horn, mit ihrem Eislaufpartner Heinrich Burger

Damals liefen die Eissportbegeisterten Münchens auf der Eisbahn an der Galeriestraße, genannt das „Schachterleis", oder auf der vereisten Theresienwiese Schlittschuh. Hier lernte Annie, nunmehr schon aus der Schule entlassen, ihren zukünftigen Partner Heinrich Burger kennen. Er fragte sie, ob sie nicht mit ihm zusammen laufen wolle. Annie stimmte zu, und so bereiteten sich beide ohne Unterweisung, „weil's damals noch keinen Trainer gab", auf kommende Wettkämpfe vor. Die deutsche

Paarlaufpremiere soll auf dem Eis des Kleinhesseloher Sees in München stattgefunden haben.

Von da an ging es steil aufwärts: 1907 gewannen Annie Hübler und Heinrich Burger die deutsche Meisterschaft in Hamburg-Altona und 1909 in München. 1909 wurden sie zugleich Weltmeister in St. Petersburg und 1910 in Berlin.

Von Berlin erzählte Annie Horn später eine amüsante Anekdote: Bei ihrem Training auf der Berliner Eisbahn stieß sie einmal mit einem Herrn zusammen, der ihr daraufhin zur Entschuldigung einen Straf-Walzer abverlangte. Annie unterhielt sich prächtig mit dem Unbekannen. Erst hinterher erfuhr sie, daß sie mit Kronprinz Wilhelm getanzt hatte.

Der größte Erfolg des Eislaufpaares war aber der Olympiasieg 1908 in London. Hier war Paarlauf erstmals olympische Disziplin. Annie Hübler und Heinrich Burger gelten als die Begründer der deutschen Eiskunsttradition im Paarlauf.

Annie Hübler war jedoch ein Multitalent. Neben dem Eissport betrieb sie auch ernsthafte Gesangsstudien, nahm Schauspielunterricht und ließ sich auf der Konzertzither ausbilden. 1913 gab sie ihre Eislaufkarriere auf und nahm für drei Jahre ein Engagement als Opernsängerin am Bremer Theater an. Es folgten weitere Engagements, schließlich auch als Shakespeare-Darstellerin bei den Münchner Kammerspielen 1914. Zudem trat sie öffentlich mit der Konzertzither auf. 1918 endete diese zweite Karriere mit der Eheschließung. Annie Hübler heiratete Ernst Horn, einen Münchner Großkaufmann, den sie schon seit ihren Kinderjahren kannte. Mit ihm hatte sie zwei Söhne namens Ernst-Johann und Karl-Heinz.

Annie Horn arbeitete von Anfang an in den Geschäften ihres Gatten mit, der Kaufhäuser in München und Magdeburg sowie einen Versandhandel besaß. Sie lernte von der Pike auf: „Ich bin regelrecht in die Lehre gegangen, ich habe mich um alle Dinge von Grund auf bemüht." Annie Horn war bald für das gesamte Personalwesen, etwa 1000 Angestellte, zuständig. Vor allem unter den schwierigen Bedingungen der Kriegs- und Nachkriegszeit war sie ihrem Ehemann eine unentbehrliche Stütze. Das Magdeburger Kaufhaus war zwar enteignet worden, jedoch hatten die Eheleute in München am Ostbahnhof und in der Umgebung des Hauptbahnhofs die zerstörten Kaufhäuser wiedererrichtet, denn das Kaufhaus Horn am Stachus war völlig ausgebombt worden.

1953 starb Ernst Horn, seine Witwe führte nunmehr die Geschäfte allein weiter. Annie Horn verkörperte jetzt die erfolgreiche Unternehmerin der deutschen Wirtschaftswunderzeit. Sie arbeitete mehr als 12 Stunden am Tag und hatte Ende der 50er Jahre 700 Angestellte. „Das Geschäft ist nicht nur mein Hobby, es ist mein ein und alles", sagte sie in einem Interview 1964. Zeitgenossen rühmten ihren Fleiß und ihre Bescheidenheit sowie ihr soziales Engagement als „stille Wohltäterin" alter Menschen und armer Kinder.

Annie Horn erhielt neben einer Vielzahl sportlicher Medaillen auch andere Ehrungen. So saß sie bei der Olympiade 1972 in München als hochbetagter Ehrengast auf der Ehrentribüne. Ihr wurden die Goldene Ehrennadel des Olympischen Komitees, die Ehrennadel der Deutschen Eislauf-Union und das Bundesverdienstkreuz Erster Klasse verliehen. Zu ihren Geburtstagen drängte sich die Prominenz aus Sport, Wirtschaft und Politik im Büro am Orléansplatz im Münchner Stadtteil Haidhausen, um Annie Horn zu gratulieren.

Im Juli 1976 starb Annie Horn nach zwei Schlaganfällen im Alter von 90 Jahren. Die Trauerfeier fand im Krematorium des Münchner Ostfriedhofs statt; die Urne wurde im alten Teil des Waldfriedhofs beigesetzt.

Annie Horn war nicht nur die erste Frau in Deutschland im Paarlauf auf dem Eis, sie war eine der ersten Sportlerinnen überhaupt, die bei einer Olympiade mitmachen durfte. Denn erst seit dem Jahre 1900 war es den Frauen, wenn auch nur in wenigen Disziplinen, gestattet, sich an den olympischen Spielen zu beteiligen. 1928 wurden die ersten Leichtathletinnen zugelassen, und noch heute sind Frauen nicht bei allen olympischen Sportarten vertreten, wie beispielsweise beim Skispringen und Eishockey.   *map*

"hab mich dareyn gesetzt, alles zu verlieren"
Rebellinnen und Widerstandskämpferinnen

Argula von Grumbach
(um 1492–1554/63)
Publizistin und Agitatorin der Reformation

1522 kehrte der Magister Arsacius Seehofer von seinen Studien aus Wittenberg nach Ingolstadt zurück. Im Sommer 1523 wurde er auf Veranlassung der Ingolstädter Universität verhaftet, weil er lutherisches Gedankengut in seinen Vorlesungen verbreitet habe. Leonhard von Eck (1480–1550), Jurist und herzoglicher Rat, tat sich hierbei besonders hervor. Er wünschte, mit der Bestrafung Seehofers ein Exempel zu statuieren, da sonst „ein sinagog der lutherischn posheytn alda unter den jung leutn" entstehe. Seehofer leistete den geforderten öffentlichen Widerruf und mußte sich ins Kloster Ettal zurückziehen.

Diese Verurteilung Seehofers erregte großes Aufsehen. Vor allem eine Frau, Argula von Grumbach, verteidigte ihn schriftlich mit beherzten Worten. Sie rief die Universität Ingolstadt zu einer öffentlichen Disputation in deutscher Sprache über die reformatorische Lehre auf. Der bayerische Herzog Wilhelm wollte die Sache auf sich beruhen lassen und nicht gegen Argula von Grumbach, deren Vormund er einmal war, vorgehen.

Jedoch Leonhard von Eck ließ nicht locker und bezeichnete Argula als „teuflin". Argulas Eintreten für den jungen Ingolstädter Theologen Seehofer wurde inzwischen allgemein bekannt: „Davon man in gespot und hon uberall redt", heißt es in der Sprache der Zeit. Leonhard von Eck drängte deshalb den bayerischen Herzog, schnell entsprechende Maßnahmen zu ergreifen, zumal Argula schon öffentlich vor den Dietfurter Untertanen als Luthers Schülerin spreche und damit gegen das herzogliche Mandat und den christlichen Grundsatz, nach dem Frauen in kirchlichen Dingen zu schweigen haben, verstoße.

Argula wurde wegen dieses unangemessenen Verhaltens daraufhin des Landes verwiesen und zog sich im Frühjahr 1524 mit ihrem Ehemann und ihren vier Kindern nach Burggrumbach in Franken, das nicht zum bayerischen Herzogtum gehörte, zurück. Dort führte Argula die Wirtschaft auf den verschuldeten Gütern ihres Mannes, da dieser aus Gram und Enttäuschung über den Verlust des Dietfurter Pflegamts sich um nichts mehr kümmerte.

Die Ingolstädter Angelegenheit war für Argula jedoch noch nicht beendet. 1523/24 publizierte Argula von Grumbach eine Reihe von Schriften zu religiösen Streitfragen. Diese erhaltenen Traktate richtete sie an die Universität Ingolstadt, an Herzog Wilhelm

Darstellung der Aufforderung Argula von Grumbachs zur Disputation an die Ingolstädter Hohe Schule

von Bayern, an den Rat von Ingolstadt, an Adam von Törring, an Kurfürst Friedrich den Weisen und an Pfalzgraf Johann von Simmern. 1524 wurde sie von einem Studenten in einem Spottgedicht verhöhnt. Argula beantwortete diese Schmähung ebenfalls mit Versen und schrieb selbstbewußt, daß auch „Bauern und Frauen" nicht von der göttlichen Lehre ausgeschlossen seien. Ihre Schriften wurden bis 1845 in mehreren Auflagen gedruckt.

Argula eröffnete bereits 1522 einen Briefwechsel mit Luther und mit Spalatin. Davor hatte sie schon mit Andreas Osiander, dem Nürnberger Reformator, in schriftlichem Kontakt gestanden. Dieser bemerkte zu Argulas Schriften, daß er „vormals vom weyblichen geschlecht der gleichen gar wenig und auch in unseren zeytten nit gehört" habe. 1530 besuchte Argula Luther während seines Aufenthalts in Coburg. Sie scheint zu jener Zeit nur noch Privatbriefe, die leider nicht mehr erhalten sind, wegen ihrer und ihrer Familie „Verfolgung" geschrieben zu haben.

Argula, um 1492 geboren, entstammte der alten bayerischen Adelsfamilie Stauff. Sie hatte noch vier Brüder und zwei Schwestern. 1509 starben die Eltern, Bernhardin Freiherr zu Stauff und Katharina, geb. von

Törring zu Seefeld, an der Pest, und 1516 wurde ihr Onkel, der herzogliche Hofmeister Hieronymus von Stauff, wegen angeblichen Hochverrats in Ingolstadt öffentlich enthauptet. Die Herzoginmutter Kunigunde nahm Argula zu sich an den Münchner Hof. Später verheiratete man Argula mit Friedrich von Grumbach, einem unbedeutenden fränkischen Adeligen aus Burggrumbach und Zeilitzheim, der seit 1515 in Bayern das Pflegamt von Dietfurt innehatte und dem auch die Hofmark Lenting bei Ingolstadt gehörte.

Argula beschäftigte sich in Dietfurt selbständig mit religiösen Fragen der Zeit und mit der neuen lutherischen Lehre. Argulas religiöses Engagement wurde jedoch nicht von ihrem Gatten, wohl aber von ihrem Bruder Bernhard von Stauff unterstützt. In dessen Schloß zu Beratzhausen bei Regensburg unterhielten er und seine Gattin Margaretha, geb. Schlick, schon seit 1524 einen evangelischen Prediger, der die nahewohnenden Regensburger Bürger und Bürgerinnen anzog. In ihrem Freihaus zu Regensburg, dem sogenannten Stauffer Hof, ließ Bernhard von Stauff am 17. April 1542 erstmals durch den evangelischen Prediger Leopold Moser einen Gottesdienst nach der Neuen Lehre halten und das Abendmahl in beiderlei Gestalt reichen. Dem Regensburger Rat gelang es nur unter Schwierigkeiten, dieses Vorgehen weiterhin zu unterbinden, bis die Reichsstadt dann offiziell am 15. Oktober 1542 in der Neupfarrkirche ihren ersten evangelischen Gottesdienst stattfinden ließ. Schon 1524 hatte Argula sich mit einem Sendschreiben an den Regensburger Rat gewandt, um die dortige evangelische Bewegung zu fördern, und ihre Cousine Sidonie war 1525 aus dem Regensburger Kloster Obermünster ausgetreten, um den lutherisch gesinnten Georg von Parsberg auf Luppurg bei Regensburg zu heiraten.

1529 verstarb Argulas Gatte Friedrich von Grumbach. 1533 heiratete sie den böhmischen Grafen Schlick, der Protestant war, verwitwete jedoch schon 1535 zum zweiten Mal. Zwischen den Familien Stauff und Schlick bestanden zahlreiche eheliche Verbindungen. So hatte Argulas Schwester Sekundilla den Grafen Viktorin von Schlick geheiratet. Mit dieser nunmehr ebenfalls verwitweten Schwester scheint Argula ab 1548 die staufferische Burg Ehrenfels bewohnt zu haben. Andere meinen, daß Argula die meiste Zeit ihres Witwendaseins mit der Verwaltung ihrer Güter in Lenting und Zeilitzheim sowie mit der Erziehung ihrer Kinder zugebracht habe. Argulas ältester Sohn Georg und ihre Tochter Apollonia starben beide im Jahr 1539, ihr zweiter Sohn Hans Georg starb 1543/44, und nur ihr dritter Sohn Gottfried scheint die Mutter überlebt zu haben.

Über das Todesdatum Argulas besteht bislang Uneinigkeit. Einige viel später entstandene Dorfchroniken und das „Bayerische Stammenbuch" von Wigulaeus Hund verzeichnen 1554 als das Sterbejahr der Argula von Grumbach. Sie soll in der Kirche von Zeilitzheim bei Schweinfurt im Grabe ihres ersten Mannes und ihrer Tochter beigesetzt sein, ohne daß eine Inschrift auf dem noch erhaltenen Grabstein angebracht worden wäre. Argula von Grumbach soll auch die Gründung der evangelischen Gemeinden in den dortigen Ortschaften Gerolzhofen, Schallfeld, Krautheim und Brünnstadt mitveranlaßt haben.

Andere wiederum weisen daraufhin, daß eine „alte Staufferin", womit Argula, geb. Stauff, gemeint sein könnte, der lutherischen Sache streitbar zugetan war. 1563 soll die bereits über 70jährige in Straubing gefangengesetzt worden sein. Die Klageschrift vermerkte, daß sie „die einfältigen und unverständigen Untertanen von Köfering und anderen Orten zum Abfall verursacht und zum Ungehorsam angereizt, unserer alten wahren katholischen Religion widerwärtige und aufrührerische Bücher vorgelesen, sie vom christlichen Gottesdienst abwendig gemacht und zu sich in ihre sektische Winkelschul" gezogen habe. Wegen ähnlicher „Vergehen" sei die „Staufferin" schon einmal unter Anklage gestanden: 1523 habe sie vor den Dietfurter Bauern gepredigt, die dann 1525 zu den aufständischen Bauern überliefen. Einflußreiche Verwandte legten für die inhaftierte alte Frau Fürsprache ein, so daß man die mutige Streiterin für den evangelischen Glauben daraufhin freiließ.

Nach dieser Version, für die einiges spricht, starb Argula von Grumbach, die in einer Zeit des religiösen und sozialen Aufbegrehens als Frau sich radikal für die „Neue Lehre" und eine bessere Welt einsetzte, 1563 in Köfering. *map*

Therese von Sternbach
(1775–1829)
Tiroler Freiheitskämpferin

Von 1806 bis 1814 erstreckte sich die bayerische Zeit Tirols. Seit dem 1. Januar 1806 war Bayern nun ein Königtum von Napoleons Gnaden mit Max I. Joseph an der Spitze. Dieses Königreich Bayern war kein Jahrhunderte hindurch zusammengewachsenes Staatsterritorium, sondern ein aus über hundert Neuerwerbungen zusammengesetztes Gebiet. Zu diesen Neuerwerbungen gehörte auch Deutsch- und Welschtirol. Mit Tirol hatte Bayern jedoch ein Land mit vielen Sonderrechten erhalten, das daher nur schwer in den erstrebten bayerischen Gesamtstaat einzugliedern war. Zwei Gegensätze prallten hart aufeinander. Zum einen die moderne, jedoch zentralistisch orientierte Verwaltungs- und Staatsreform des leitenden Ministers Maximilian von Montgelas und zum andern die auf ihrer Sonderstellung beharrende, habsburgtreue „Tiroler Nation", die nicht in einem bayerischen Einheitsstaat aufgehen wollte. Die daraus resultierenden Spannungen entluden sich im Tiroler Aufstand von 1809. Anlaß zu ersten Unruhen bot die im März 1809 beginnende Konskription, das heißt die Heranziehung der Tiroler zum Militärdienst. Bei den Erhebungen kam dem Sandwirt Andreas Hofer, dem Bauernführer Josef Speckbacher sowie dem Kapuzinerpater Joachim Haspinger eine besondere Rolle zu. Aber nicht nur Wirte und Bauern, auch die Geistlichkeit und der Adel trugen diese Widerstandsbewegung in Tirol mit.

Illustration zum Tagebuch der Baronin Sternbach

Vor allem der niedere Landadel engagierte sich für die patriotische Sache. Neben den Männern nahmen auch Frauen an den Freiheitskämpfen teil. Eine herausragende Rolle spielte hierbei eine besonders mutige Frau, die Baronin Therese von Sternbach aus Mühlau in Tirol. Therese, 1775 als Maria Theresia Obholzer in Bruneck geboren, war die Witwe des Reichsfreiherrn Franz Andreas von Sternbach. Sie machte in den ersten

Monaten des Aufstandes durch couragiertes Auftreten auf sich aufmerksam: Sie feuerte die Landesverteidiger in ihrem Widerstand gegen die Bayern und Franzosen an, bewahrte einen österreichischen Offizier vor der Erschießung, errettete ihre Pferde vor der Requirierung und versorgte die Freiheitskämpfer mit Waffen und Munition. Als man das Waffendepot in ihrem Schloß entdeckte, wurde Therese von Sternbach am 3. August 1809 verhaftet. Noch in derselben Nacht mußte sie sich von ihrem schlafenden Sohn verabschieden und ihn allein in der Obhut des Kaplans und ihres Gesindes zurücklassen.

Die patriotische Baronin stand beständig unter schwerer Bewachung. Man meldete ihr sogar, daß sie erschossen werden solle. Daraufhin schrieb sie ihr Testament nieder. In ihrem überlieferten Tagebuch klagt sie, daß sie sogar bei dieser Beschäftigung beobachtet wurde und die Bewacher „bey jeder Zeile in die Schrift sahen".

Am 18. August 1809 brachte man Therese von Sternbach mit anderen Gefangenen nach München ins „Korrektionshaus". Sie berichtet: „Als wir nach Aibling kamen, näherte sich ein Mensch dem Wagen, zeigte auf mich und sagte: Dies ist jene Baronin welche 40 todte Baiern im Keller hatte; wenn ich König wäre, würde ich ihr die Brüste mit glühenden Zangen abzwicken und jedes Haar einzeln ausreißen lassen. Bey dieser Gelegenheit wurde ich auch angespieen." Während dieser Haftzeit in München meldete ihr ein boshafter Kerkermeister eines Abends, daß sie im Morgengrauen hingerichtet werde. Die Baronin antwortete ihm forsch: „Das wäre ein kurzer Prozeß einen Menschen ohne Verhör zu hängen, und wäre auch wider alles Völkerrecht; sollte es aber wirklich so beschlossen seyn, so sollen sie mich mit dem Angesicht gegen Österreich und mit dem Rücken gegen Baiern und Frankreich hängen."

Zur Hinrichtung kam es nicht. Therese von Sternbach wurde im September 1809 in die Zitadelle von Straßburg gebracht und verblieb dort in Gefangenschaft noch ein halbes Jahr lang. Während ihrer Inhaftierung mußte die Baronin selbst für ihren Unterhalt aufkommen, denn sie erhielt täglich nur einen halben Laib Kommißbrot zugeteilt.

Am 14. Februar 1810 erfuhr Therese von Sternbach von einem Mitgefangenen, daß ihre Freilassung bevorstehe. Sie kehrte am 5. März 1810 ins heimische Mühlau zurück. Durch Einquartierungen und Plünderungen war ihr Besitz jedoch völlig verwüstet worden. Die tapfere Baronin erhielt, trotz mehrerer Gesuche, vom Kaiser in Wien nur wenig Entschädigung. Selbst ihr mutiges Eintreten für die Habsburger Monarchie wurde erst 1820 mit der Verleihung der goldenen Verdienstmedaille gewürdigt.

Die Illustrationen im überlieferten Tagebuch der Baronin Therese von Sternbach – 1823 von Franz Spitzner gemalt – zeigen sie als eine unkonventionelle Frau, die nicht nur durch das zeitweilige Tragen von Männerkleidern und das Rauchen einer großen Pfeife dem vorherrschenden Bild einer adeligen Dame widersprach. Ihr „männlich" beherztes Auftreten, ihre Unbeugsamkeit in der Haft, ihr politisches Engagement standen einer Frau in den Augen der Öffentlichkeit nicht zu.

Das Schicksal Tirols war aber noch längst nicht entschieden. Im Pariser Vertrag von 1810 wurde Tirol dreigeteilt. Der Süden kam zum Königreich Italien, der östliche Teil zu den illyrischen Provinzen Frankreichs und der sogenannte Innkreis verblieb bei Bayern. 1813 gingen Rußland und Preußen sowie später auch Österreich und Bayern ein Bündnis gegen das napoleonische Frankreich ein. Man wollte die französische Vorherrschaft in Europa in einem allgemeinen Befreiungskampf abschütteln. Napoleons Niederlage in Rußland und seine Niederlage in der sogenannten Völkerschlacht bei Leipzig ließen die Tiroler auf eine baldige Rückkehr nach Österreich hoffen. Die Pariser Friedensverträge vom 30. Mai 1814 zwischen Österreich und Frankreich und am 3. Juni 1814 zwischen Österreich und Bayern gaben Tirol als Ganzes wieder an das Haus Habsburg zurück.

Die Baronin von Sternbach trat in diesen Jahren jedoch nicht mehr als patriotische Kämpferin in Erscheinung. Sie starb mit 54 Jahren 1829 auf ihren Besitzungen in Mühlau. *map*

Anna Mathilde Hitzfeld
(1826–1905)
Pfälzische Demokratin und Freiheitskämpferin

Mit einem Hoch auf das große, freie und einige deutsche Vaterland beendete die Festrednerin ihre feurige Ansprache. Zuvor hatte sie im Namen der Kirchheimbolander Jungfrauen die von diesen gestiftete Fahne der Donnersberger Freischar überreicht. Am 12. Juni 1848 interessierten sich die zahlreichen Festteilnehmerinnen und Festteilnehmer allerdings nicht nur für die Fahnenweihe, sondern vor allem für Mathilde Hitzfeld – eine Frau als Festrednerin stellte eine bisher noch nicht erlebte Sensation dar. Die junge Pfälzerin und bayerische Untertanin – seit 1816 gehörte die linksrheinische Pfalz zum Königreich Bayern – bekannte sich überdies in öffentlicher Rede zu den Forderungen der Revolution von 1848. Ihre politische Gesinnung demonstrierte sie auch in ihrer äußeren Erscheinung. Mathildes weißes Kleid bedeutete nicht nur Reinheit, sondern erinnerte an französische Revolutionsfeiern, bei denen Frauen als Sinnbild der Göttin der Freiheit und der Vernunft in weißen Gewändern auftraten. Die Farben schwarz-rot-gold ihrer Schärpe und ihrer Kokarde waren die Farben des Lützowschen Freikorps in den Befreiungskriegen gegen Napoleon, die 1848 von der liberalen und demokratischen Bewegung als Zeichen nationaler Einheit und politischer Freiheit wieder aufgegriffen worden waren.

Nach dem Zusammenbruch der französischen Monarchie im Februar 1848 gewann die Opposition in den deutschen Fürstenstaaten Aufwind. Sie präsentierte auch in Bayern ihre Forderungen: Pressefreiheit, Ministerverantwortlichkeit, militärischer Eid auf die Verfassung und nicht auf die Person des Königs, allgemeine Volksbewaffnung und vor allem eine Volksrepräsentation in Frankfurt anstelle des Bundestages, in dem Regierungsbeauftragte die deutschen Einzelstaaten vertraten. Unter dem Druck des „Märzsturmes" konstituierte sich am 18. Mai 1848 die Frankfurter Nationalversammlung. Die Münchner Regierung gestattete unter anderem die Aufstellung von Freikorps; daraufhin wurden in der Pfalz Bürgerwehren und Freischaren wie die Donnersberger aufgestellt. Mathildes weißes Kleid bei der Fahnenweihe und die Überreichung der Fahne besaßen auch eine bräutliche Symbolik: sie verlobte sich der revolutionären Bewegung. Dies brachten ihre Worte an den Fahnenträger Philipp Berch zum Ausdruck: „Kehrst Du mit dieser Fahne und mit einem einigen und freien Vaterland zurück, so reiche ich Dir diese Hand!"

Zumeist weniger dramatisch und exponiert als Mathilde Hitzfeld traten Frauen in der Revolution 1848 erstmals in der bisher männlich definierten politischen Öffentlichkeit auf. Sie entwickelten ein neues

Selbstbewußtsein und waren in vielfältiger Weise in das Revolutionsgeschehen eingebunden. 1849 schließlich nahmen etliche Frauen aktiv am pfälzisch-badischen Freiheitskampf teil. Größte Bekanntheit erlangten die „Amazonen" Mathilde Franziska Anneke (1817–1884) aus Köln und die gebürtige Sächsin Elise Blenker (1824–1908). Beide begleiteten hoch zu Roß ihre Ehemänner ins Gefecht, und beide wagten es dabei, den weiblichen Rock mit der männlichen Hose zu vertauschen. Zu den Freiheitskämpferinnen gehörte auch Mathilde Hitzfeld, die Heldin der Kirchheimbolander Barrikade.

Anna Mathilde wurde am 31. August 1826 in Kirchheimbolanden als Tochter der Anna Maria Weinkauf und des Bezirksarztes Johann Ludwig Hitzfeld geboren. Sie wuchs in einer liberalen und demokratischen Umgebung auf, das Politisieren lag schon in ihrer Familie. Bereits 1832 hatten Kirchheimbolander Demokraten mit der schwarz-rot-goldenen Fahne am Hambacher Fest teilgenommen, und es war den bayerischen Behörden in der Folgezeit nie ganz gelungen, die „liberalen Umtriebe" im Ort zu unterdrücken. Ihr Vater insbesondere machte Mathilde mit den Ideen der Freiheitsbewegung vertraut. Vermittelt durch den aktiven Demokraten und Kirchheimbolander Gemeinderat, erlebte sie von Anfang an die Aufstandsbewegung für die Reichsverfassung mit.

Nachdem die am 28. März 1849 von der Frankfurter Nationalversammlung verabschiedete Reichsverfassung von Bayern abgelehnt worden war, kam es in der Pfalz zu Unruhen. Ein Antrag des Volkswehrausschusses zur Vereidigung der Kirchheimbolander Volkswehr auf die Reichsverfassung trug die Unterschrift Johann Ludwig Hitzfelds. Als einer der Kirchheimbolander Repräsentanten nahm er an den großen Volksversammlungen am 1. und 2. Mai 1849 in Kaiserslautern teil, die den Widerstand gegen die „rebellische" bayerische Regierung beschlossen, einen provisorischen Landesverteidigungsausschuß für die Pfalz konstituierten und die Volksbewaffnung in die Wege leiteten. Mit Ausnahme der Festungen Landau und Germersheim beherrschte der provisorische Landesverteidigungsausschuß bald ganz Rheinbayern. Am 17. Mai schließlich befand sich Johann Ludwig Hitzfeld unter den Vertrauensmännern der pfälzischen Kantone, die eine provisorische Regierung wählten und damit die Pfalz vom Königreich Bayern abtrennten; die Pfalz beanspruchte nun, als selbständiger republikanischer Staat zu gelten. In der Folge verhängten Preußen und kurz darauf Bayern den Kriegszustand über die Pfalz. Ohne das bayerische Hilfeersuchen abzuwarten, marschierten preußische Truppen im Juni in die Pfalz ein. Die Aufständischen waren ihnen weder an Zahl noch an Bewaffnung gewachsen.

In Kirchheimbolanden lag seit dem 13. Mai das rheinhessische Freikorps. Für dessen Versorgung mit Kleidung und Lebensmitteln sorgte unter anderem ein Frauenkomitee, dem Mathildes Mutter angehörte; auch Mathilde wird wohl beim Nähen von Kleidungsstücken, Charpie – Verbandsstoff – zupfen und ähnlichen Hilfeleistungen der Frauen für die Freischaren teilgenommen haben. Am 13. Juni rückten preußische Truppenteile gegen das Kirchheimbolanden benachbarte Morschheim vor. Freischärler und Bürgerwehr zogen ihnen entgegen, begleitet und angefeuert – so eine Überlieferung – von Mathilde Hitzfeld. Am frühen Morgen des 14. Juni griffen die mit Kanonen ausgerüsteten Preußen dann aus drei Richtungen Kirchheimbolanden an. Eine Umzingelung fürchtend, verließen die Freischärler die Stadt, zurück blieben etwa 40 hessische Schützen; 17 von ihnen wurden von den Preußen überrumpelt und niedergeschossen. In Kirchheimbolanden waren Barrikaden aus Bäumen, Steinen, Fässern und Karren errichtet worden. Mathilde soll den Anmarsch der Preußen vom Kirchturm aus beobachtet und die Freischärler gewarnt haben. Inwieweit sie in den Barrikadenkampf involviert war, während die Kirchheimbolander Bürger sich in ihren Kellern versteckt hielten, bleibt im dunkeln. Die Legende machte sie später zur Jeanne d'Arc Kirchheimbolandens, die mit roter Fahne auf der Barrikade stand, sich sogar allein dem Feind entgegenstellte. Jedenfalls half sie wohl beim Bau der Barrikade mit. In der Anklage gegen sie hieß es dann: Sie „soll, abgesehen von ihrer Aufforderung zum Kampf gegen die preuß. Truppen nicht nur die Tür des Kellers des Weinhändler Levi dahier aufgebrochen oder wenigstens dabei mitgewirkt, sondern zum Barrikadenbau auch Fässer aus dem besagten Keller geholt haben –". Mathilde soll dann an der verlassenen Barrikade von einem preußischen Offizier angetroffen worden sein. Dieser bot ihr seinen Arm und sein Geleit zu ihrem Haus, „da für eine zarte Dame eine Barrikade kein geeigneter Aufenthalt sei!"

Am Nachmittag des 14. Juni wurde Kirchheimbolanden den Preußen übergeben; am gleichen Tag mußte die provisorische pfälzische Regierung fliehen. Der Feldzug gegen die aufständische Pfalz endete am 18. Juni, und die bayerische Regierung schickte sich nun an, die Revolution zu liquidieren. Im Unterschied zu den preußischen Kriegs- und Standgerichten in Baden ging sie jedoch mit ordentlichen Gerichtsverfahren vor. Gegen Mathildes Vater wurde eine Untersuchung eingeleitet, aufgrund des Amnestiegesetzes vom 22. Dezember 1849 aber eingestellt. Mathilde selbst gehörte zu denjenigen, die der Teilnahme an den im Mai und im Juni „im Kreise Pfalz stattgehabten hochverräterischen Unternehmungen" beschuldigt wurden. Vermutlich fiel auch sie unter das Amnestiegesetz. Sie ist wohl kaum identisch mit der im „Anzeiger für die politische Polizei Deutschlands" geführten „Hitzfeld, ledige Frauensperson aus Landau in der Pfalz, exaltierte Republikanerin, betätigte sich bei der Pfälzer Revolution, entfloh nach Amerika, kam 1853 nach Deutschland zurück, wurde in Heidelberg erkannt und verhaftet." Allerdings soll auch Mathilde nach Heidelberg gegangen sein, um Medizin zu studieren. Da sie, so die Überlieferung, mit ihren politischen Ansichten nicht hinter dem Berg hielt, sei sie erneut demokratischer Umtriebe verdächtigt worden. Jedenfalls emigrierte sie, nicht anders als Mathilde Franziska Anneke und Elise Blenker, nach Amerika und heiratete dort 1853 in New York den Maler Theodor Kaufmann. Dieser, ein politischer Gesinnungsgenosse, hatte im Mai 1849 am Aufstand in Dresden teilgenommen und war dann nach Amerika geflohen.

Mathilde brachte zwei Töchter zur Welt. Die älteste starb 1855 im Alter von elf Monaten, die zweite wurde 1857 geboren. Anfänglich lebte die Familie häufig in finanzieller Not, bis Kaufmann sich schließlich einen Namen als Historienmaler machen konnte. Mathilde besuchte noch mehrmals ihre Heimatstadt Kirchheimbolanden. 1899, als sie zur Einweihung des Denkmals für die 1849 gefallenen 17 hessischen Freischärler eingeladen wurde, lehnte sie jedoch ab. In ihrem Brief äußerte sie Befürchtungen, anläßlich einer solchen Gelegenheit von der Polizei verfolgt zu werden, versicherte aber auch, daß ihre Gesinnung gleich geblieben sei: „Dieselbe Begeisterung für Recht und Freiheit glüht heute gerade noch so lebendig in mir wie vor 50 Jahren und mein Haß gegen Unterdrückung ist stärker als je." Sie versäumte es aber nicht, alljährlich am Denkmal Kränze und Blumen niederlegen zu lassen. Die pfälzische Freiheitskämpferin starb im Jahr 1905 in Amerika.

Ob und in welchen Formen Frauen im rechtsrheinischen Bayern an der Revolution 1848/49 Anteil nahmen, ist noch nicht erforscht worden. Zu den großen Volksversammlungen, die von den Volksvereinen nach der Ablehnung der Reichsverfassung durch Bayern in München, Erlangen, Nürnberg, Würzburg, Füssen und Lindau abgehalten wurden, kamen sicher nicht nur Männer. So manche Frau nahm vielleicht ihr neues Recht wahr, von der Galerie aus Parlamentssitzungen zu verfolgen oder gab ihre Sympathie für die demokratische Bewegung durch Farben und Abzeichen kund. Es ist auch nicht bekannt, ob im Königreich Bayern eigenständige demokratische Frauenvereine entstanden. Fraueninteressen wie etwa die politische Gleichberechtigung, für die sich vor allem Louise Otto Peters (1819–1895) eingesetzt hatte, wurden allerdings in die Forderungen der bürgerlichen Revolution nicht miteinbezogen. Die vielgestaltige Teilnahme der Frauen 1848/49 und das Selbstbewußtsein, das sie entwickelten, lehrte aber offenbar die Regierungen das Fürchten. Nicht anders als in den meisten deutschen Staaten verbot das bayerische Vereinsgesetz vom 26. Februar 1850 den Frauen, Mitglieder in politischen Vereinen zu werden und an politischen Versammlungen teilzunehmen.   *ep*

Lotte Branz
(1903–1987)
Widerstandskämpferin

Die 1903 in Regensburg geborene Lotte Branz verbrachte keine wohlbehütete Kindheit. Ihr Vater starb, als sie erst acht Jahre alt war. So mußte ihre Mutter für die beiden Töchter allein sorgen. Als die Mutter zum zweiten Male heiratete, konnte Lotte Branz jedoch die Luisenschule in München, das Mädchenlyzeum, besuchen und erhielt somit eine bürgerliche Bildung.

Mit 18 Jahren schloß sich Lotte Branz der SAJ (Sozialistische Arbeiterjugend) an. Dort lernte sie 1922 ihren späteren Ehemann, den Gewerkschaftsbibliothekar und Sozialdemokraten Gottlieb Branz, kennen. Lotte Branz war seit 1926 Mitglied der SPD. Auch als Ehefrau und Mutter nahm sie weiterhin aktiv am Parteileben teil.

Im März 1933 wurde das Gewerkschaftshaus von den Nationalsozialisten gestürmt und Gottlieb Branz im Juni 1933 ins KZ Dachau gebracht. Nun stand Lotte Branz mit ihrem kleinen Sohn Julian völlig mittellos da und mußte sich den Lebensunterhalt mit Gelegenheitsarbeiten verdienen. Ihr Mann, Ende des Jahres 1933 gegen Auflagen wieder auf freien Fuß gesetzt, war arbeitslos.

In den Jahren 1935 bis 1939 unternahm Lotte Branz zusammen mit Gottlieb Branz, aber oftmals auch allein, illegale Grenzübertritte von Bayern in die Tschechoslowakei zur Rettung von jüdischen Familien und zur Aufrechterhaltung der Kontakte zwischen der Exil-SPD sowie den zurückgebliebenen Genoss(inn)en.

1939 wurde Gottlieb Branz wegen „illegalen Grenzübertritts" verhaftet und ins KZ Buchenwald gebracht. Lotte Branz entging dabei nur knapp der Entdeckung. Der Münchner Schriftsteller Oskar Maria Graf beschreibt in seinem Buch „Gelächter von außen" die damalige Lotte Branz: „Sie war eine lebhafte Anfangsdreißigerin mit einem wachen

Gesicht, aus dem zwei sprechend-lebendige Augen schauten. Sie begriff schnell und dachte exact. (...) Lotte erwies sich als ungemein mutige illegale Grenzgängerin der Sozialdemokratie während der Jahre, da ihre Genossen noch in Österreich und in der Tschechoslowakei bleiben konnten."

Lotte Branz lebte nach der Verhaftung ihres Mannes wieder einmal allein mit ihrem Sohn: „Ich mußte mich derweil mit meinem Sohn durchbringen. Das Arbeitsamt hat mir alle möglichen Stellen vermitteln wollen, aber ich lehnte es trotz unserer miserablen Lage ab, in einer Munitionsfabrik zu arbeiten. In einer Gärtnereigenossenschaft fand ich dann endlich eine Anstellung und arbeitete dort bis Kriegsende", berichtete sie später über diese schwere Zeit. Erst im August 1945 war die Familie wieder vereint. Die Amerikaner hatten Gottlieb Branz aus dem KZ befreit, und auch Lottes nunmehr erwachsener Sohn, der fast ein Jahr lang als Soldat in Italien gewesen war, kehrte heim.

In den Nachkriegsjahren profilierte sich Gottlieb Branz als Mitglied der SPD-Stadtratsfraktion in München, während Lotte Branz als Landesvorsitzende der sozialdemokratischen Frauen (AsF) aktiv in der bayerischen SPD mitarbeitete. Zudem war sie von 1948 bis 1968 stellvertretende Vorsitzende der Georg-von-Vollmar-Schule in München und engagierte sich außerdem als Vorstandsmitglied in der Arbeitsgemeinschaft verfolgter Sozialdemokraten, die 1975 neu belebt worden war.

Am 16. Juli 1987 starb Lotte Branz in München. Der SPD-Unterbezirk München veranstaltete im Dezember 1987 für sie eine Gedenkfeier. Man wollte damit an eine „liebenswerte, kluge und mutige Frau" erinnern, „an ihren beispielhaften Widerstand gegen den Nationalsozialismus."

Auch andere Sozialdemokratinnen, ebenso wie Kommunistinnen und Christinnen engagierten sich in Widerstandsorganisationen gegen die NS-Diktatur. Frauen aus allen sozialen Schichten beteiligten sich am Widerstand, wenn auch aus unterschiedlichen Motivationen und mit unterschiedlichen Mitteln. Weiblicher Protest erwuchs nicht nur aus politischen Gründen, sondern auch aus den Geschehnissen des Alltags, aus persönlicher Betroffenheit, aus Mitleid und aus einem Gefühl heraus, daß hier Unrecht geschah. So protestierten Arbeiterinnen mit den Mitteln des Arbeitskampfes in den Fabriken. Beispielsweise setzten sich Münchner Lebensmittelarbeiterinnen 1938 für bessere Bezahlung ein und andere verteilten Kampfschriften in den Betrieben. Paula Frieb, die mit ihrem Sohn in der sozialdemokratischen Widerstandsgruppe „Neu Beginnen" in München arbeitete, sowie die Münchner Kommunistinnen Else Gebel, Viktoria Hösl, Kreszenz Beimler, Anna Kemeter, Amalie Gillmann, Magdalena Huber, Maria Reichenwallner, die Schwestern Katharina und Josefine Haag, desgleichen die jungen Sozialdemokratinnen Hedwig Ehholzer und Rosa Fichtner, die christlich motivierte Emma Hutzelmann, die monarchisch gesinnte Margarethe von Stengel, die kommunistisch orientierten Augsburgerinnen Anna Walch und Anni Pröll, geb. Nolan – alle seien hier stellvertretend für viele Frauen in Bayern genannt, von deren Protest und Widerstand gegen den Nationalsozialismus die historische Forschung oftmals noch keine Kenntnis erlangt hat.

Auf Sophie Scholl (1921–1943) sei noch besonders hingewiesen. Sie wurde bei der Verbreitung von Flugblättern der Widerstandsgruppe „Weiße Rose" im Lichthof der Münchner Universität beobachtet, inhaftiert und am 22. Februar 1943 zusammen mit ihrem Bruder Hans und mit ihrem Freund Christoph Probst zum Tode verurteilt und wenige Stunden später hingerichtet. Im Umfeld der „Weißen Rose" waren außerdem tätig: die Studentinnen Gisela Schertling, Katharina Schüddekopf, Traute Lafrenz und die Malerin Lilo Ramdohr sowie am chemischen Institut – um Hans Leipelt geschart – die Studentinnen Mirjam David, Marie-Luise Jahn, Hedwig Schulz und Susanne Hirzel.

Sophie Scholl ging furchtlos und hoffnungsvoll in den Tod. Sie schrieb: „Was liegt an meinem Tod, wenn durch unser Handeln Tausende von Menschen aufgerüttelt und geweckt werden."

Sophie Scholls Büste steht seit kurzem – wohl stellvetetend für den gesamten Widerstand gegen das NS-Regime – in der Walhalla bei Regensburg. *map*

211

"zum abscheulichen Exempel"

Ausgegrenzte und straffällige Frauen

Anna Laminit
(um 1480–1518)
Geistliche Betrügerin

Zu Beginn des 16. Jahrhunderts befand sich die um 1480 geborene, aus einer Handwerkerfamilie stammende Anna Laminit im Zenit ihrer Laufbahn. Sie wurde nicht nur in ihrer Geburtsstadt Augsburg als lebende Heilige verehrt. Höchste Kreise, sogar Kaiser Maximilian I., interessierten sich für sie, aber auch Persönlichkeiten wie Martin Luther. Zeitgenössische Theologen beriefen sich auf ihre Visionen und Offenbarungen. Nach ihrer Entlarvung als Betrügerin hieß es dann, sie habe der Reformation den Weg bereitet, da sich der Heiligenkult als Aberglaube erwiesen habe.

In Anna Laminits Aufstieg und Fall verknüpften sich eng und austauschbar die Extreme der weiblichen Existenz: Jungfrau und Heilige, Hure und Betrügerin. Ihr anstößiges Vorleben am Rand der städtischen Gesellschaft behinderte zunächst nicht ihre Karriere als Heilige: 1495 oder 1496 war sie als Kupplerin und wegen anderer „Bübereien" an den Pranger gestellt und mit Ruten aus der Stadt gehauen worden. Bald darauf lebte sie wieder in Augsburg und legte nun eine auffallende Frömmigkeit an den Tag. Dabei bediente sie sich der anerkannten Formen der weiblichen mystischen Heiligkeit. Als Zeichen fleischlicher Abtötung trug sie ein härenes Bußhemd unter ihrer stets dunklen Kleidung. Sie empfing Visionen, Engel und insbesondere die heilige Anna erschienen ihr. Heilkräfte und angebliche prophetische Gaben förderten ihren Ruf und verschafften ihr hochgestellte Gönner.

Natürlich vollbrachte Laminit auch „Wunder", so fiel in der Hl. Kreuzkirche angeblich ein blutendes Tüchlein vom Himmel auf sie herab. Als sichtbare und berührbare Beweise ihrer Heiligkeit besaß sie ein von

Gott mit Blut bespritztes Jesulein in der Wiege und ein Blut schwitzendes Kreuz. Auch Luther bewunderte dieses Kruzifix im Jahr 1511, später verdammte er es dann als „Bescheißerei"; Anna Laminit selbst gestand, das Wunder mit ihrem Nasenblut erzeugt zu haben. Ihre göttliche Berufung bezeugte sie weiter im Aufruf zu Bußprozessionen, um Gottes Zorn zu beschwichtigen. Die wichtigste Manifestation ihrer Heiligkeit und Hauptquelle ihrer charismatischen Anziehungskraft bestand jedoch in der vollkommenen Nahrungslosigkeit Anna Laminits seit 1498. Sie vertrug angeblich keine Speise und selbst die Hostie nur in zerkleinertem Zustand und sie hatte, wie sie selbst schrieb,„kain stul in 14 Jahren nie gehabt".

Porträt von Hans Burgkmair, 1503/05

Allmählich regte sich aber aber Mißtrauen gegenüber der von Kaiser Maximilian so genannten „jungfraw eines hailigen Lebens". Um Anna Laminit auf die Probe zu stellen, lud die bayerische Herzoginwitwe Kunigunde sie im Jahr 1512 nach München in das Pütrichkloster ein. Durch eine mit Löchern präparierte Türe beobachteten Kunigunde und nach ihr mehrere Nonnen, wie Anna Laminit, als sie sich allein glaubte, mitgebrachtes Gebäck und Obst aß. Die entlarvte Schwindlerin wurde nun scharf überwacht, schließlich aber mit der Aufforderung, sich zu bessern, entlassen. Als sich Anna Laminit von Augsburg aus brieflich rechtfertigte, schaltete die empörte Kunigunde ihren Bruder Kaiser Maximilian ein und die Betrügerin wurde auf Lebenszeit aus Augsburg verbannt. Daß ihre Strafe so mild ausfiel, verdankte Anna Laminit wohl hochgestellten Persönlichkeiten in ihrer Anhängerschaft. Ihre Verehrer fielen endgültig von ihr ab, nachdem sie zusätzlich sexueller Skandale bezichtigt worden war; beispielsweise lastete man ihr mehrere illegitime Kinder auch von Geistlichen an. Erwiesenermaßen hatte sie aber mit dem Augsburger Patrizier Anton Welser einen unehelichen Sohn – dieses Kind sollte ihr schließlich zum Verhängnis werden.

Zunächst versuchte sich Anna Laminit noch einmal ohne Erfolg in einem Kemptener Frauenkloster als hungernde Heilige. Dann lernte sie den Armbrustmacher Hans Bachmann kennen und heiratete ihn 1514 in Freiburg im Uechtland (Schweiz). Hier bezog sie für Welsers Sohn alljährlich 30 Gulden Kostgeld. Um diesen Betrag nicht zu verlieren, verheimlichte sie den Tod des Kindes und unterschob, als es nach Augsburg zur Schule geschickt werden sollte, ihren Stiefsohn. Man entdeckte den Schwindel und stellte Anna Laminit vor Gericht. In drei Verhören gestand sie überdies ihre früheren Betrügereien in Augsburg und neue Vergehen in Freiburg. Hier munkelte man sogar von Giftmischerei und einem Giftmord. Ihr Prozeß vom 24. bis zum 30. April 1518 vor dem Freiburger Kriminalgericht endete mit dem Todesurteil. Einer Augsburger Chronik zufolge sollte sie verbrannt werden; nach Fürsprachen wurde das Urteil aber in die Strafe des Ertränkens umgewandelt.

Der Scharfrichter beschloß somit eine Karriere, die nach trüben Anfängen ihren Gipfel in der Jungfrau und lebenden Heiligen mit hochrangiger Anhängerschaft erreicht hatte. Nach dem Sturz Laminits war auch nicht versäumt worden, sie noch der Hexerei zu verdächtigen; ihre Anziehungskraft sollte nun nicht mehr aus göttlichen, sondern aus satanischen Quellen stammen. In Augsburg sorgte der berühmte Humanist und Stadtschreiber Konrad Peutinger dafür, daß Anna Laminits Bekenntnisse unterdrückt wurden. Schließlich standen Ansehen und Ruf seines Schwiegervaters, des Patriziers Anton Welser, auf dem Spiel.   *ep*

Maria Anna Schwegele
(1734–1781)
Verurteilte im letzten Hexenprozeß
auf deutschem Boden

Maria Anna Schwegele sagte aus, daß sie aus Armut und Verlassenheit an den Teufel geraten war. Dieser verlangte aber nur Unzucht von ihr, Leuten und Vieh fügte er durch sie keinen Schaden zu. Weiter gestand sie, zweimal den Pakt mit dem Teufel geschlossen zu haben. Das erste Bündnis ging sie ein, als sie auf dem Hardt nahe bei Memmingen im Heu übernachtete. Dabei schwor sie Gott und allen Heiligen ab und übereignete sich dem Teufel. Nach seinem Willen wollte sie leben und mit ihm

Unzucht treiben, dafür versprach er, ihr „Zeig genug" zu geben. Nach der Erneuerung des Paktes versündigte sie sich mit dem Bösen so oft sie nachts allein war, wobei ihr Glied und Samen des Teufels kalt vorkamen. Der Teufel verlangte auch von ihr, daß sie ihn – in Verspottung der Taufe – „Hans" nannte. Er kam zu ihr als „Männlein" von 16 oder 17 Jahren oder auch als Jäger, manchmal war er grün gekleidet, manchmal trug er rote Hosen oder nur Stiefeletten. Die Richter, Beamte des Kemptener Fürstabts Honorius Roth von Schreckenstein, befielen keine Zweifel angesichts der Bekenntnisse, die sie aus der Schwegelin herausgefragt hatten. In seinem Rechtsgutachten vom 30. März 1775 befand der Landrichter und Hofrat Treichtlinger, daß der Teufelspakt erwiesen sei. Gemäß der Peinlichen Halsgerichtsordnung Karls V. lautete sein Urteil auf den Tod der Malefikantin durch das Schwert und das Verbrennen des Kadavers.

Maria Anna Schwegele wurde am 10. Dezember 1734 in Lachen geboren. Ihre Eltern Anna Blankin und Johann Schwegele gehörten zur ländlichen Unterschicht. Als sie sieben oder acht Jahre alt war, starb ihr Vater, als Jugendliche verlor sie ihre Mutter. Ein Bruder ließ sich vermutlich als Soldat anwerben, der andere war Dienstbote – wo, wußte die Schwegelin nicht. Sie selbst verdingte sich als Magd in wechselnden Dienstverhältnissen. Das Gesinde gehörte zu den mobilsten gesellschaftlichen Gruppen. Mit dieser Mobilität verbanden sich jedoch Unsicherheiten, die eine Magd, gerade wenn sie keinen familiären oder verwandtschaftlichen Rückhalt besaß, schnell auf die Bahn einer Außenseiterin führen und an den Bettelstab bringen konnten. Im Fall der Schwegelin verketteten sich die Gefährdungen der Dienstbotenexistenz mit einem Bruch in ihrem Leben, den sie nie mehr verwinden sollte. Ein protestantischer Knecht versprach ihr die Ehe, ließ sie aber dann sitzen. Damit war nicht nur ihr Lebensplan zerstört. Seinetwillen legte die katholische Schwegelin das lutheranische Glaubensbekenntnis in Memmingen ab, ein Schritt, der in ihren Augen dem Abfall von Gott gleichkam und sie der ewigen Verdammnis überlieferte.

Nach einem zeitweiligen Aufenthalt im Leprosenhaus in Obergünzburg wurde sie schließlich – vielleicht um 1770 – auf dem Territorium des Fürststifts Kempten als Bettlerin aufgegriffen und in das Armen- und Zuchthaus in Langenegg eingeliefert. Damit trug sie nun auch das Stigma einer gesellschaftsschädlichen und verächtlichen Asozialen, Vagabundin und Müßiggängerin, die notfalls mit Gewalt zur Arbeit zu erziehen war. In diesem Armenhaus erkrankte sie so schwer, daß sie nicht mehr gehen und stehen konnte. Vor allem aber war sie ihrer Mitinsassin Maria Anna Kühstaller ausgeliefert, an die man Aufseherinnenbefugnisse delegiert hatte. Die Kühstallerin schlug sie und entzog ihr die Kost. Umgekehrt sagten diese und der Zuchtmeister Johann Georg Klingensteiner im Prozeß dann aus, daß die Schwegelin Arbeitsleistungen verweigert, sich krank gestellt und widerspenstig benommen hätte. Mißhandlungen und Essensentzug brachten die Schwegelin endlich soweit, daß sie laut Prozeßprotokoll zur Kühstaller sagte, „es solle einer lieber dem Teufel dienen, als ihr unterthänig seyn, indem Leib und Seel bei ihr, jnquisitin, ohne dem schon hin seye". In einem Akt der Rache – nicht selten der Anstoß zu Hexenprozessen – zeigte die Kühstallerin am 16. Februar 1775 beim Kriminalamt an, daß die Schwegelin bekannt habe, sich mit dem Teufel versündigt zu haben. Auf die Denunziation folgte die schriftliche Anzeige durch den Zuchtmeister Klingensteiner, die das Verfahren einleitete.

Der Prozeß gegen Maria Anna Schwegele fügte sich in die staatliche Ordnungspolitik des Fürstabts Honorius von Schreckenstein. Wie andere geistliche und weltliche Landesherren ging er gegen die stets anwachsenden Bettlerscharen vor. Landstreicher und Bettler entzogen sich durch ihre unstete Lebensweise der Kontrolle und bedrohten damit die Staatssicherheit. Sie mußten, nun als Inbegriff verfehlter und nutzloser Leben betrachtet, mit allen Mitteln verfolgt werden. 1767 erließ der Fürstabt die „Bettel-Ordnung und Armen Cassae"; sie sah für anerkannte Arme Versorgung vor, für aufgegriffene Bettler dagegen im Zucht- und Armenhaus Langenegg erzwungene Seßhaftigkeit und erzwungene Arbeit. Im Fall Schwegelin kam ein älteres, seit dem 16. Jahrhundert zunehmend praktiziertes Verfahren zum Tragen: die Verfolgung nicht integrierbarer Bevölkerungsgruppen als Hexen. Der spektakulärste Prozeß dieser Art, der Salzburgische Zaubererjackl-Prozeß mit etwa 200 Opfern fast ausschließlich aus Bettler- und Landstreicherkreisen, fand 1675–1690 statt. Honorius von Schreckenstein, der zwischen 1748 und 1750 in Salzburg Rechtswissenschaft studiert hatte, dürfte dieser Prozeß kaum unbekannt geblieben sein. Ähnlich waren beim Hexenprozeß gegen Maria Anna Schwegele wohl nicht nur Interessen an sozialpolitischer, sondern auch an religionspolitischer Disziplinierung, am Einwirken auf Glaubensvorstellungen der Untertanen, im Spiel.

Am 20. Februar 1775 wurde die Schwegelin in die Stiftstadt Kempten in Haft verbracht und dort zunächst vom Eisenmeister beobachtet. Dieser wollte – wie auch der Zuchtmeister Klingensteiner in Langenegg – dämonische Vorkommnisse im Zusammenhang mit ihr wahrgenommen haben. Anfang März begannen die Verhöre nach einem weitgehend normierten Fragen-Antwort-Schema. Die Schwegelin hatte keine Chance. Sie sprach weder die Sprache ihrer Inquisitoren, noch besaß die körperlich und seelisch gebrochene Angeklagte die Kraft, ihren anfänglichen Widerstand aufrecht zu erhalten. Ihre Aussagen, daß ihre Bekenntnisse über die Teufelsbuhlschaft durch Drohungen und Mißhandlungen der Kühstaller erpreßt worden waren, dann, daß ihr alles nur im Traum widerfahren sei, bogen ihre Richter leicht zum Geständnis um. Das Todesurteil für das schrecklichste aller Verbrechen, die Beleidigung der Majestät Gottes durch den Teufelspakt, wurde Maria Anna Schwegele am 8. April verkündet.

Das Urteil wurde jedoch nicht vollstreckt. Die vermeintliche Hexe wurde begnadigt und starb sechs Jahre nach dem Prozeß am 7. Februar 1781 im Kemptener Gefängnis.

In ihrem Prozeß, dem letzten Hexenprozeß auf deutschem Boden, konnten sich die Richter auf nach wie vor gültige Rechtsnormen berufen. Obwohl die Hexenverfolger seit 1700 zunehmend unter Legitimationsdruck geraten waren, erneuerte auch im Kurfürstentum Bayern der „Codex Juris Bavarici Criminalis" des Kanzlers Kreittmayr 1751 noch einmal die Strafgesetzgebung gegen Zauberei und hielt an der Feuerstrafe für Hexen fest. Innerhalb einer kleineren Prozeßwelle seit 1749 wurde 1751 eine 14jährige in Burghausen als Hexe hingerichtet. Als letzte Hexe in Bayern erlitt die ebenfalls noch kindliche Victoria Zeritschin 1756 in Landshut das auch der Schwegelin zugedachte Schicksal, den Tod durch das Schwert und das anschließende Verbrennen des Körpers.

Das Modell des „Anna-Schwegelin-Brunnens", 1996 von den Bildhauerinnen Andrea Ziereis und Waltraud Funk vorgestellt, zeigt einen aufsteigenden Flügel mit dem Titel:
„Als die Verblendung zerriß um Anna Schwegelin."

Nachtrag 2004:
Forschungen des Historikers Wolfgang Petz legen es inzwischen nahe, den Fall Schwegele innerhalb der Kontroversen zwischen den Aufklärern und den Verfechtern der Möglichkeit des Teufelspaktes und der leiblichen Existenz Satans zu sehen. Für die gegenaufklärerische Partei im Fürststift Kempten war der Prozeß wohl ein willkommener Anlaß, ein Exempel in ihrem Sinn zu statuieren. Der fürstäbtliche Beichtvater, Pater Anton Kramer, der die Begnadigung der Schwegelin erwirken konnte, war ein Exponent der Aufklärung. *ep*

Elisabeth Gaßner
(um 1743–1788)
Diebin und Landstreicherin

In seiner Liste „... Waß ich zu oberdischingen hingerichtet habe" verzeichnete Xaveri Vollmer unter dem Jahr 1788 „ElisaBetta gasnerin köpft". Die als „Schwarze Liß" (Liesel) oder auch „Gaßners Liß" bekannt-berüchtigte Diebin und Vagabundin überlebte ihren Ehemann Johannes nur um wenige Monate. Ihn hatte Vollmer bereits im Januar 1788 gehängt.

Nach längerer Hetzjagd war es den Häschern des Reichsgrafen Franz Ludwig Schenk zu Castell gelungen, die Gaßnerin in Harburg im Ries zu greifen und in der Fronfeste des Grafen zu Oberdischingen in Württemberg einzuliefern. Der „Malefizschenk" ging im Einverständnis mit fast allen benachbarten Herrschaften, darunter dem für die „Schwarze Liesel" zuständigen Reichsstift Kaisheim bei Donauwörth, kriminalpolizeilich und strafrichterlich gegen das Gaunerunwesen vor. Eingefangene Malefikanten entließ er entweder als schließlich gebessert aus seinem Zuchthaus, oder er ließ an ihnen mit Strick und Schwert das Todesurteil vollstrecken.

Für Elisabeth Gaßner gab es keinen Pardon. Mehrere schwere Eigentumsdelikte mit einer Schadenssumme von insgesamt 6000 Gulden galten als klar erwiesen. Sie selbst wurde im Rechtsgutachten des württembergischen Oberamtmanns Klein als unverbesserliche, von ihrer Raubbegierde angetriebene Diebin beurteilt, die sich auch nach ihrer Heirat nicht zu ehrlicher und fleißiger Arbeit bekehren wollte. Klein gelangte zu dem Schluß, daß die Gaßnerin „als eine in allen Gattungen der Diebereyen habituirte, mehrmalen fruchtlos corrigirte, und in consortio der verrufensten Jauner gestanden, folglich dem publico äußerst gefährliche Landstreicherin, wegen der ihro zu Schulden gekommenen

Höchstbeschwehrenden Missethaten Ihr zu wolverdienter Strafe, andern ihres gleichen aber zum abscheulichen Exempel mit dem Strang hinzurichten seye." Gnadenhalber wurde das Urteil zum Tod durch das Schwert gemildert und am 16. Juli 1788 vollstreckt.

Elisabeth Gaßner wurde 45 oder 46 Jahre alt. In ihren Verhören hatte sie es verstanden, ihre Herkunft und Identität zu verschleiern und nur angegeben, daß ihr Vater ein abgedankter Soldat zu Hirschbach bei Wertingen (Lkr. Dillingen a. D.) gewesen sei. Vermutlich wuchs sie in ärmlichen und unsicheren Verhältnissen auf, die wohl das ihre dazu beitrugen, daß sie bald auf die schiefe Bahn geriet. Bereits in früher Jugend trieb sie sich, so eine spätere Überlieferung, als „Bettlerin, Beutelschneiderin und Lustdirne" herum. Sehr mobil blieb sie auch nach ihrer Heirat 1772 oder 1774 mit dem Gauner Johannes Gaßner; in dessen Herkunftsort Biberberg (Lkr. Neu-Ulm) war das Paar dann ansässig. Die „Schwarze Liesel" hatte vier Kinder, die sie bei ihren Diebestouren nicht weiter zu behindern schienen. Sie kam bis nach Tirol, unter anderem nach Innsbruck und Bozen. Ihre Streifzüge führten sie in die Schweiz, vor allem in das Herzogtum Württemberg und in die Reichsstadt Ulm. Im heutigen Bayerisch-Schwaben stahl sie beispielsweise in Füssen, Memmingen, Weißenhorn, Krumbach, Günzburg, Lauingen und Nördlingen. Die Gaßnerin war auf Markt- und Taschendiebstähle spezialisiert und sie erbeutete vor allem Taschenuhren und Geld, daneben aber auch Stoffe, Kleidungsstücke und Lebensmittel. Zeitweilig war Gaßner mit ihr unterwegs und bildete mit ihr ein Team beim Sackgreifen; so lenkte er etwa 1774 beim Hl. Blut-Fest in Weingarten das Opfer ab, während die „Schwarze Liesel" dessen Sackuhr zog. Vermutlich betätigte er sich auch als ihr Hehler. In diesem Sinn ist wohl zu verstehen, wenn es im

„Abschied der Elisabetha Gaßnerin", einem Druck anläßlich ihrer Hinrichtung, hieß: „Wie viele schöne Uhren wußte ich durch meine gewiß aus dem Grunde gut erlernte Diebeskunst denen Mannspersonen aus der Tasche heraus zu spielen, die ich dann mit großer Freude als Siegeszeichen meinem Manne einhändigte." Gaßners Rolle ihres – so der Oberamtmann Klein – „nichtswürdigen Gehülfen" und Beschützers übernahm dann der „Rieser Matthes". Mit ihm lebte sie im Ehebruch und mit ihm streifte sie durch die Schweiz und Schwaben.

Die „Schwarze Liesel" plante und handelte aber auch allein oder zusammen mit anderen Frauen. In ihren Anfängen zog sie mit der Landstreicherin und späteren Augsburger Zuchthäuslerin Annami auf Märkten umher und plünderte mit ihr auch Opferstöcke. Zu ihren „Gesparinnen" zählten Marian, die Breyurschel, Margareth und Elisabetha. Mit ihrer Namenskollegin erleichterte sie 1782 in Ludwigsburg auf einem Fest des württembergischen Herzogs den „Malefizschenk" um 1400 oder 1700 Gulden, was ihr der in seiner Ehre gekränkte Graf nie verzeihen sollte. Neben etlichen kleineren Einbrüchen wurde die Gaßnerin durch ihre Mittäterschaft bei nächtlichen gewaltsamen Einbrüchen in Willatz, Großkötz und im Billenhausener Pfarrhof (Lkr. Günzburg wie Großkötz) besonders schwer belastet. In Willatz war eine Witwe gefesselt, mit der Pistole bedroht und beraubt worden, in Großkötz büßte der Krämer Josef Remele Ware im Wert von 1000 Gulden ein. Gewaltanwendung beim Einbruch in die Häuser und gegenüber Personen ging dabei aber stets auf das Konto der beteiligten Männer. Die „Schwarze Liesel" und andere Frauen standen bei den Überfällen Wache.

Im Dunkeln bleibt, ob die Gaßnerin Mitglied einer Bande war, ob sie, wie es im „Abschied" hieß, als „Meisterinn unserer ruchlosen Rotte" galt und verehrt wurde. Die Diebesbanden des 18. Jahrhunderts bildeten eher lose, am jeweiligen Vorhaben oder Zweck orientierte Zusammenschlüsse. Frauen spielten in ihnen aber durchaus auch führende Rollen, je nachdem, wie ihr Anteil am wirtschaftlichen Fortkommen der Gruppe beschaffen war. Die „Schwarze Liesel" betrieb ihr Handwerk jedenfalls über 20 Jahre lang. Mehrmals gefaßt, gelang es ihr aber immer wieder, sich geschickt herauszuleugnen, einmal auch auf dem Transport ins Buchloer Zuchthaus zu entspringen, oder mit Stockschlägen als Strafe davonzukommen. Ihre letzte, tödlich endende Verhaftung führte sie selbst auf ihre Schwangerschaft vom „Rieser Matthes" zurück.

Im 18. Jahrhundert konzentrierte sich die weibliche Kriminalität auf Eigentums- und Sittlichkeitsdelikte sowie Tötungsdelikte wie vor allem Kindsmord und Giftmord. Vor den Sittlichkeitsvergehen, hauptsächlich der sogenannten Unzucht, nahmen Eigentumsdelikte den ersten Platz ein. Insbesondere Marktdiebstähle sah man als typisch weibliches Vergehen an. Vielleicht überschritt die „Schwarze Liesel" tatsächlich die Grenzen ihres Geschlechtes, zumindest aber in der Sicht ihrer Zeitgenossen. Den ihr zunächst zugedachten Tod am Galgen behielt die Peinliche Halsgerichtsordnung Karls V. den Männern für gefährlichen Diebstahl vor. Für das gleiche Delikt sollten Frauen mit dem Schwert bestraft werden. Elisabeth Gaßner aber machte man noch während ihres Prozesses zum Ungeheuer, dem – als Exempel und im Zug der allgemeinen Strafverschärfung gegen Diebe, Bandenmitglieder und Landstreicher – ein Ende am Strang angemessen schien.

Zur Legende gehört wohl, daß sie in Männerkleidung, mit großem Bart und bewaffnet Raubüberfälle verübte. Jedenfalls erschien diese strafwürdige Travestie nicht im Rechtsgutachten des Oberamtmanns Klein. Mit weiteren hinzugedichteten Untaten konnte die „Schwarze Liesel" so bald zum „Ausbund aller verruchten Weiber" und zu einer Gestalt werden, die in einem Atemzug mit dem schwäbischen Räuberhauptmann Hannikel und dem Bayerischen Hiasl genannt wurde.

ep

Ursula Brandmüller
(1809–1834)

und

Anna Margaretha Zwanziger
(1760–1811)
Giftmörderinnen

Ursula Brandmüllers Verbrechen wäre wohl nie an den Tag gekommen, hätte nicht der Bauer Michael Rabus aus Dickenreishausen die Macht des Geredes und das lange Gedächtnis im Dorf mißachtet.

Nach heftigem Erbrechen starb plötzlich am 4. September 1833 in Dickenreishausen Rosina, die Frau des Rabus. Am Abend zuvor hatte sie eine Suppe gegessen, die Rabus selbst unter dem Vorwand, er habe keinen Hunger, abgelehnt hatte. Im Dorf erhob sich sofort Gerede, man wußte, daß Rabus ein Verhältnis mit seiner jungen Magd gehabt und seither Rosina schikaniert und gedroht hatte, sie umzubringen. Diese Magd war die soeben verwitwete Ursula Brandmüller; ihr Mann David war in Memmingen am 28. August ebenso plötzlich wie Rosina verstorben. Man zog Verbindungen und Rabus sah sich bald so in die Enge getrieben, daß er sich am 6. September erhängte. Eine Untersuchungskommission des Landgerichts Grönenbach befaßte sich mit dem Fall, die gerichtliche Leichenschau deutete darauf hin, daß Rosina Rabus vergiftet worden war. Noch an Rabus' Todestag erschien der Dickenreishausener Taglöhner Johann Rabus beim Memminger Magistrat und sagte aus, daß Michael Rabus mit Ursula Brandmüller auch nach deren Heirat unerlaubten Umgang gepflogen und daraufhin Ehestreit gehabt habe. Der Magistrat ließ Ursula Brandmüller verhaften und in die Fronveste bringen. Am 9. September wurde die Leiche David Brandmüllers exhumiert, um sie chemisch untersuchen zu lassen. Brandmüller hatte am 28. August noch am Morgen gearbeitet, danach seine Morgensuppe gegessen und sich schließlich aufgemacht, um wie jedes Jahr am Fischertag – einer Vergnügung, bei der man im Stadtbach fischte – teilzunehmen. Bald befiel ihn große Übelkeit, er mußte sich mehrfach erbrechen, sich dann zu Bett legen und den Arzt holen lassen; Dr. Herberger diagnostizierte zunächst eine sporadische Cholera. Gegen fünf Uhr nachmittags starb Brandmüller. Weder der Totenbeschauer noch die Totenfrau konnten etwas Verdächtiges bemerken; Dr. Herberger stellte als Todesursache dann eine Erkältung, die sich Brandmüller im Stadtbach zugezogen habe, fest.

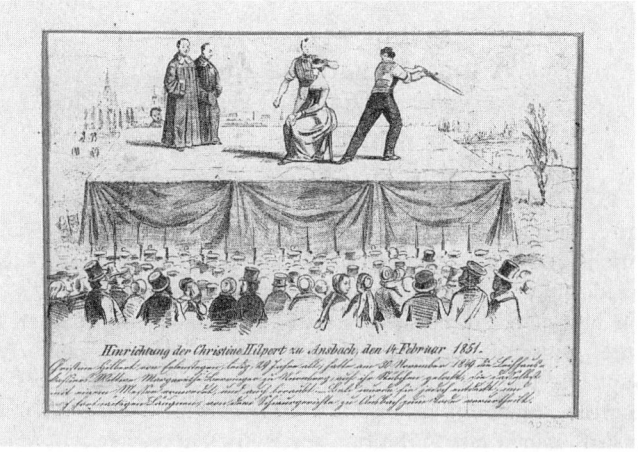

Hinrichtung der Christine Hilpert zu Ansbach, den 14. Februar 1851.

Dem Untersuchungsrichter Joseph Zeckl gegenüber wartete Ursula Brandmüller mit drei Versionen über den Tod ihres Ehemannes auf. In der dritten Variante, die ihr zum Verhängnis wurde, gab sie Rabus die Schuld. Er habe sie am 27. August bei der Arbeit im Hopfengarten bedrängt und ihr ein Papier ausgehändigt, das ihm zufolge Schlafpulver für ihren von Schlaflosigkeit geplagten Mann enthalten hätte. Dieses Pulver sollte sie Brandmüller abends in die Suppe geben, was sie dann auch getan habe. Zeckl gelang es nun, Ursula Brandmüller in einen entscheidenden Widerspruch zu verwickeln. Er brachte die ihm nicht gewachsene Verdächtige soweit, daß sie ihm bestätigte, das Pulver am Morgen in die Suppe gemischt zu haben. Somit mußte sie gewußt haben, daß es sich um Gift handelte. Auch mußte sie mit dem Wissen gehandelt haben, daß Brandmüller seine Morgensuppe stets allein aß. Die überrumpelte Ursula Brandmüller, die nach ihren vorbereiteten Versionen offenbar nicht zur schnellen Reaktion in der Lage war, brach nun zusammen und gestand den Mord. Sie sagte jetzt aus, daß Rabus ihr Mäusegift übergeben und sie aufgefordert hatte, dieses ihrem Mann mit der Suppe – der Morgensuppe aus eingebranntem Mehl und aufgekochtem Brot, die Brandmüller am 28. August gegessen hatte – zu verabreichen. Für den Fall von Brandmüllers Tod versprach ihr Rabus überdies 3000 Gulden. Am 15. September lag auch das vorläufige Ergebnis der chemischen Untersuchung von David Brandmüllers Mageninhalt vor: Arsen befand sich im Magen. Für Zeckl, der sich mit Ursula Brandmüllers Fall im übrigen die Sporen verdiente und der anschließend Karriere machte, war das weitere Verfahren nur noch eine Routinesache. Das Appellationsgericht für den Oberdonaukreis in Neuburg a. D. verurteilte die überführte Gattenmörderin am 8. März 1834 zum Tod und zur vorangehenden Ausstellung am Pranger. Ohne Erfolg hatte ihr Verteidiger Dr. Wibmer eingeschränkte Zurechnungsfähigkeit aufgrund geistiger Beschränktheit und die Schwäche des weiblichen Körpers ins Feld geführt – er berief sich auf eine erst späte Menarche und die vor der Tat länger ausgebliebene Menstruation, die die geistigen Funktionen der Täterin beeinträchtigt und sie reizbar und verwirrt gemacht hätten. Am 18. April bestätigte das Oberappellationsgericht in München das nunmehr rechtskräftige Todesurteil gegen die noch nicht 25 Jahre alte Giftmörderin.

Ursula Rabus, verheiratete Brandmüller, wurde am 9. August 1809 als Tochter eines Kleinbauern und Taglöhners in Dickenreishausen geboren. Aus der Werktagsschule – der Volksschule – kam sie mit wenig Kenntnissen. Der Lokalschulinspektor Pfarrer Haug bescheinigte ihr geringe Geistesgaben, lobte sie aber als sehr fleißig und sehr liebenswürdig. Ursula arbeitete etwa ein Jahr im elterlichen Anwesen, dann mußte sich die sechzehnjährige als Dienstmagd verdingen. Ihre unregelmäßige, von Kopfdruck, Nasenbluten und Hitzen begleitete Menstruation und eine mit Verwirrung verbundene Gesichtsrose sollen sie zur schweren Arbeit im Stall und auf dem Feld untauglich gemacht haben. Auf Zureden ihrer Mutter stand sie dann im Alter von 19 Jahren bei dem Bauern Michael Rabus als Magd ein. Der über vierzigjährige Rabus vergewaltigte sie, versprach ihr aber, sie im Fall einer Schwangerschaft zu behalten und ihr den Hof zu geben, auch wenn er sie nicht heiraten könne. Nach einem Dreivierteljahr entlief sie ihm und ging in andere Dienste. Von Rabus überallhin verfolgt und von ihrer Mutter bedrängt, kehrte sie schließlich wieder zu Rabus zurück. Dieser verkaufte bald darauf seinen Hof und verfügte damit über etliches Bargeld. Um sich seinen fortdauernden Nötigungen zu entziehen, heiratete Ursula am 8. April 1833 – ohne das Wissen ihrer mit dem Rabus verbündeten Mutter – den Memminger Pflasterer David Brandmüller. Dem wesentlich älteren Witwer mit drei Kindern und einer unehelichen Tochter kam sie wohl recht, denn sie verfügte über die für eine Magd außergewöhnlich hohe Mitgift von 400 Gulden; 200 Gulden stammten als Aussteuer von Rabus. Der Bauer gab auch nach Ursulas Heirat seine Nachstellungen nicht auf, er bot ihr sogar Geld für den Beischlaf an. Inzwischen hatte er den Doppelmord geplant und vorbereitet.

Ursula Brandmüller konnte wohl auf die Dauer der massiven Nötigung nicht standhalten und ließ sich zermürben. Gegen starken Druck vermochte sie sich offenbar nicht zu behaupten – so auch ihrer Mutter und später dem Untersuchungsrichter Zeckl gegenüber. Vielleicht erlag sie auch dem Reiz der Macht, die sie, die Kleinbauerntochter und Magd, über den ihr sozial überlegenen und ihr sexuell hörigen Bauern Rabus ausüben konnte. Vielleicht verlockten sie Perspektiven des Aufstiegs: der zunächst versprochene Hof, dann das Geld des Rabus. Ihr Richter sah Ursula Brandmüller als eine Person von niedrigem geistigem und emotionalem Entwicklungsstand, ähnlich einem Kind; am Sarg des exhumierten David Brandmüller hatte sie nicht die erwartete Erschütterung gezeigt, sondern sich gleichgültig und teilnahmslos verhalten. Jedenfalls aber gab sie eine vorbildliche Gefangene und Delinquentin ab. Am 7. Juni 1834, als in Memmingen das Todesurteil öffentlich an ihr vollstreckt wurde, spielte sie vor der ergriffenen Menge trefflich ihren Teil an einer erbaulichen Hinrichtung. Sie versprach dem Scharfrichter Leimer, sich ruhig und wie ein Lamm zu halten und

Leimer trennte ebenso vorbildlich mit einem Schwertstreich ihren Kopf vom Rumpf.

23 Jahre vor Ursula Brandmüller bestieg in Nürnberg am 17. September 1811 eine Giftmörderin von anderem Kaliber das Blutgerüst. Anna Margaretha Zwanziger machte es dem Untersuchungsrichter weniger leicht beim Nachweis einer Serie von Giftmorden und Vergiftungen in den Häusern, in denen sie seit dem Frühjahr 1808 als Haushälterin gedient hatte. Im Oktober 1809 verhaftet, gab sie erst im April 1810 klein bei und gestand die Morde an der Frau des Justizamtmanns Glaser in Kasendorf und an der Gattin des Kammeramtmanns Gebhard in Sanspareil. Die Schuld am Tod des Justizamtmanns Grohmann stritt sie ab; sie war zwar höchst verdächtig, bewiesen werden konnte ihr aber nichts. Über die Vergiftungen an Bediensteten und Gästen ihrer Herrschaften und an dem Kind Gebhards legte sie Teilgeständnisse ab. Den Fall der Anna Margaretha Zwanziger griff der Strafrechtler und Verfasser des bayerischen Strafgesetzbuches von 1813, Anselm von Feuerbach, in Form einer moralischen Erzählung auf.

Die am 7. August 1760 in Nürnberg geborene Anna Margaretha war die früh verwaiste Tochter eines Gasthausbesitzers. Im Alter von 19 Jahren verheiratete ihr Vormund sie mit dem wesentlich älteren und dem Trunk ergebenen Notar Zwanziger. Beide führten ein Lotterleben, Anna Margarethas Vermögen wurde verpraßt. 1796 verwitwet, trieb es sie nun über zehn Jahre lang von Ort zu Ort. Sie bekam ein uneheliches Kind, Liebhaber ließen die mit einem Körperschaden behaftete sitzen. In rascher Folge wechselte sie von einem Dienstverhältnis zum nächsten. Sie sank immer tiefer, bis sie nach dem Diebstahl eines Brillantringes steckbrieflich gesucht und damit geächtet und bürgerlich ehrlos wurde. Unter ihrem Geburtsnamen Schönleben trat sie schließlich die Dienstverhältnisse an, in denen sie zur Giftmörderin wurde. Sie ging inzwischen auf die Fünfzig zu, war heimat- und besitzlos und ihr ganzes Trachten richtete sich nun darauf, sich Versorgung und ein ruhiges Leben wenigstens im Alter zu verschaffen – aber nicht als Dienerin, sondern als Herrin eines Hauses. Dieses Ziel glaubte sie durch die Heirat mit ihren Dienstherren zu erreichen, deshalb räumte sie Glasers Frau aus dem Weg. Bei Grohmann, der sich mit anderen Heiratsplänen trug, unterstellte ihr Feuerbach das gleiche Motiv. Arsen – Mückenstein und Mäusegift – war somit für die Zwanziger das Mittel, ihr Schicksal in die eigenen Hände zu nehmen und in die gewünschte Richtung zu lenken. Und es gab ihr als rächendes Gift die Macht, erlittene Demütigungen als Dienerin heimzuzahlen, so ihrer Aussage nach der Gattin Gebhards. Wer sie, wie etwa auch Mitbedienstete, beleidigt und verhöhnt oder mit ihr gestritten hatte, sollte durch qualvolles Erbrechen und Krankheit büßen. Vielleicht gestand sie dem Untersuchungsrichter dann doch, weil sie die Aussichtslosigkeit ihrer Lebenssituation und das Scheitern ihrer Lebenspläne erkannt hatte; möglicherweise kam ihre Hinrichtung einem versteckten Selbstmord gleich.

Im 18. und im frühen 19. Jahrhundert galt Giftmord – wie der Kindsmord – nicht nur als frauenspezifisches Verbrechen, die Täterinnen überwogen auch. Unter den Frauen, die töteten, waren wiederum die Gattenmörderinnen stark vertreten. Zu den häufigsten Motiven zählten Schwierigkeiten, die an sie gerichteten Rollenerwartungen des Ehemannes zu erfüllen, enttäuschte eigene emotionale Erwartungen, gescheiterte Lebensperspektiven oder die Angst vor dem Scheitern der Lebensplanung. Das Gift, immer Arsen, konnten sich die Frauen verhältnismäßig einfach beschaffen; Arsen benötigte man beispielsweise zur Ungeziefervertilgung im Haushalt und in der Landwirtschaft oder auch zu gewerblichen Zwecken. Als Zuständige für die Küchengeschäfte fiel es ihnen nicht schwer, unbemerkt das Gift Speisen oder Getränken zuzusetzen. Die Frauen töteten immer nur in ihrer unmittelbaren sozialen Umgebung – neben den Ehemännern waren ihre Opfer Dienstherren und Nachbarn. Insgesamt aber waren mordende Frauen Ausnahmeerscheinungen und erregten deshalb um so größeres Aufsehen.   *ep*

Adele Spitzeder
(1832–1895)
Hochstaplerin und Bankrotteurin

„Adele Spitzeder, Privatière, Sprechstunden von 1–2" stand zurückhaltend vornehm auf dem Türschild des Palais an der Schönfeld-/Ecke Kaulbachstraße zu München. Hier war seit Herbst 1871 der Sitz der „Dachauer Bank" und deren Inhaberin Adele Spitzeder. An die 100 000 Gulden brachten Gutgläubige und Spitzbübische, die einen schnellen Gewinn einheimsen wollten, an manchen Tagen zur Bank-Madame, die ihre Geldgeschäfte schon seit 1869 zuerst im Gasthaus „Goldener Stern" im Tal und anschließend im „Deutschen Haus" in der Dienerstraße betrieb.

Adele Spitzeder lebte von den eingezahlten Geldern nicht schlecht. Neben ihrer Freundin Rosa Ehinger und sechs Hunden unterhielt die ehemalige Schauspielerin noch eine Art Hofstaat von 40 Angestellten. Der Andrang zu Fräulein Spitzeders Bankinstitut war derartig groß, daß viele, die ihr Geld zu enormen Zinsen bei ihr abliefern wollten, zunächst in der gegenüberliegenden Gaststätte „Wilhelm Tell", die Adele Spitzeder verpachtet hatte, bei Bier und Brotzeit ausharren mußten, bis sie vom goldlivrierten Portier vorgelassen werden konnten.

Alle wünschten, des vermeintlichen Geldsegens teilhaftig zu werden, denn Adele Spitzeder nahm von den kleinen Leuten der Münchner Vorstädte, von Arbeitern und Bauern des Dachauer Landes, von ge-

winnsüchtigen Mittelständlern und Geistlichen Geld gegen enorme Zinsen (nämlich 10 Prozent monatlich) und auf kurze Kündigungszeiten an. Aus den nachfolgenden Geldern wurden dabei die Zinsen und Rückzahlungen der vorhergehenden bestritten. Adele vertraute darauf, daß immer genügend Geld eingezahlt wurde. Ihre Kundschaft wiederum vertraute auf Adele, wie dies ein zufriedener Kunde, ein geistlicher Herr, so treffend und werbewirksam auszudrücken verstand: „Vertrauet zuerst auf Gott und dann auf Adele!"

Die Menschen waren beeindruckt von Adele Spitzeders berechnend zur Schau gestelltem Reichtum, von ihrer rechtschaffenen Erscheinung mit dem kostbaren Kreuz um den Hals und ihrer bewußt geförderten Volkstümlichkeit. Geradezu gewaltsam drängten ihr die Menschen ihr Erspartes auf, obwohl Adele ihnen oftmals versicherte, daß sie dafür keine Sicherheiten bieten könne. Doch bei vielen war die eingezahlte Summe um ein Beträchtliches vermehrt zurückgezahlt worden, und so sprudelte diese schier unerschöpfliche Einnahmequelle von Tag zu Tag ergiebiger.

Adele entstammte der zweiten Ehe des berühmten Baßbuffos und königlich bayerischen Hofopernsängers Josef Spitzeder mit der königlich bayerischen Hofopernsängerin Betty Vio. Bald nach Adeles Geburt am 9. Februar 1832 in Berlin ließen sich ihre Eltern mit sechs Kindern aus der ersten Ehe des Vaters in München nieder. Adeles Vater starb jedoch früh an einem Lungenleiden, und so mußte ihre Mutter für die große Kinderschar sorgen. Der bayerische König soll für die Erziehung der Kinder aufgekommen sein. Adele erhielt jedenfalls die angemessene Ausbildung einer höheren Tochter aus gutem Hause in Wiener und Münchner Pensionaten. Einer Künstlerfamilie entstammend, fühlte sich Adele zum Schauspielerinnenberuf hingezogen. Ihr erstes Engagement erhielt sie mit 25 Jahren an der Hofbühne zu Coburg. Es folgten Gastspiele in Mannheim, München, Brünn, Nürnberg, Stuttgart, Frankfurt am Main, in der Schweiz, in Karlsruhe, Berlin, Baden-Baden und schließlich als Endstation ihrer künstlerischen Laufbahn in Altona. Adele Spitzeder begab sich danach wieder nach München und logierte zur Untermiete im Gasthof. Damals lebte sie nur von den finanziellen Zuwendungen ihrer Mutter, bis sich die Chance bot, mit fremden Geldern ein glänzendes Leben zu führen. Adele nutzte für den Aufbau ihres Geschäftes ihre hervorragende Menschenkenntnis, ihre schauspielerischen Fähigkeiten, ihren Ideenreichtum und die grenzenlose Dummheit der Menschen, gegen die kein Gesetz schütze, wie ihr Verteidiger später vor Gericht äußerte.

In ihren Memoiren „Geschichte meines Lebens" beschreibt Adele Spitzeder den Beginn dieser Geldgeschäfte folgendermaßen: „Durch meine frühere Holzfrau wurde ich mit der Frau eines in der Au wohnenden Zimmermanns bekannt ... Sie brachte mir Geld und vermittelte späterhin noch weitere Darlehen von einem Berufsgenossen ihres Mannes. Letzterer machte sodann Geschäfte mit mir und war überhaupt der erste von den Tausenden, welche so viel persönliches Zutrauen zu mir faßten, ohne jedwede Sicherheit oder Deckung Geld darzuleihen." Bald folgten diesen bescheidenen Anfängen die Ersparnisse der gesamten Arbeiterschaft der Giesinger Lederfabrik. Da diese Arbeiter aus dem Dachauer Gebiet stammten, verbreitete sich die Kunde von der wundersamen Geldvermehrung dort schnell. So mancher Bauer veräußerte seinen Hof, um lieber sein Geld für sich arbeiten zu lassen, als sich eigener körperlicher Mühsal zu unterziehen.

Adele Spitzeder wurde immer reicher, lebte immer glänzender und wurde dabei von ihrer Kundschaft verehrt wie eine Heilige. Man brachte ihr auf ihren vierspännigen Ausfahrten ins umliegende Land Ovationen und Huldigungen wie einer Fürstin dar. Ihr Erscheinen übte auf die geblendeten Menschen, wie sie selbst später schrieb, eine

„magische Wirkung" aus. Die kleinen Leute nannten sie „rettender Engel" oder „Engel der Armen". Eine weitverbreitete Meinung war: „Die Spitzeder hat ein Herz fürs Volk. Die macht den Wucherern den Garaus."

Diese positive Meinung wurde noch durch die Eröffnung der „ersten Münchener Volksküche" im Orlando-Haus am Platzl im September 1872 verstärkt. Der Zweck der Volksküche bestand, laut Paragraph 1 der Statuten, darin, „dem Mittel- und Arbeiterstande, sowohl Früh, wie auch Mittags und Abends kräftige und billige Kost zu geben." Die Eröffnung der Volksküche wurde für Adele Spitzeder zu einem Triumphzug. Die Menschenmenge überschüttete sie mit Blumen, Kränzen und Hochrufen. Die beiden Häuser am Platzl 4 und das angrenzende Haus in der Falkenturmstraße Nr. 4 hatte Adele für 92 000 Gulden mitsamt dem daraufliegenden „Bräu- und Tavernrecht" erworben. Jetzt erstrahlten die Gebäude im neuen Glanz. Zwei Speisesäle, einer im Erdgeschoß für die einfachen und einer im ersten Stockwerk für die feineren Leute, und eine große Küche samt Wirtschaftsräumen waren darin untergebracht. Für 10 Kreuzer erhielt man im Parterre Suppe, Fleisch mit Gemüse und Brot und für 13 Kreuzer in der Etage darüber Suppe, Braten, Salat und Brot. Das Bier wurde vom Leistbräu bezogen und günstiger als in anderen Wirtschaften verkauft. Eine eigene Metzgerei und Bäckerei belieferten die Volksküche. Diese war von morgens sechs bis abends acht Uhr geöffnet. An die 2000 Knödel pro Stunde mußten zeitweise hergestellt werden, so groß war der Andrang. Das Personal bestand aus einem Geschäftsführer, einem Buchhalter, einem Kassier, einem Metzgermeister mit zwei Gesellen, zwei Köchinnen, vier Spülerinnen, einem Schenkkellner, einem Kellner und einer Kellnerin sowie drei Aufsehern, die für Ordnung zu sorgen hatten.

Adele Spitzeders unternehmender Geist beschäftigte sich jedoch auch mit anderen Projekten. Für Immobilengeschäfte in den besten Wohnlagen Münchens hatte sie ein gutes Gespür. Sie erwarb um 93 000 Gulden die Westendhalle, um hier ein Theater für die leichte Muse einzurichten. Zudem plante sie eine Rennbahn in Nymphenburg, eine Brothalle in der Au, eine Weinhalle mit Volksküche sowie Arbeiterwohnanlagen in Haidhausen und in der Nymphenburger Straße. Adele führte außerdem Verhandlungen wegen der Übernahme einer Brauerei. All diese durchaus nicht utopischen Projekte konnte sie jedoch nicht mehr durchführen, denn das Verhängnis nahm seinen behördlichen Lauf.

Selbstredend warnten schon lange Zeit kritische Geister, beipielsweise in der linksgerichteten Presse, vor der unsicheren Geldanlage bei Adele Spitzeder, zumal bei ihrem Finanzgebaren der Zusammenbruch und Verlust der Gelder vorauszusehen war. Aber zunächst waren die Behörden noch machtlos. Ein gesetzlicher Grund zum Eingreifen bestand nicht, da sich kein Kläger finden wollte. Dem König wurde im Sommer 1872 von den Geschäften der „Dachauer Bank" berichtet: „(...) als auf einem großartigen Schwindel beruhend, der unterm Schein der Wohltätigkeit die arbeitende Klasse in ihre Netze lockt." Man sprach davon, daß drei bayerische Kreise fast gänzlich ihre Barbestände Adele Spitzeder anvertraut hätten. Damit seien 25 Millionen Gulden zu einem toten Kapital geworden. Das Ministerium warnte vor einem scharfen Vorgehen, zumal die Gesetzesgrundlage fehle und die Polizei nicht unbegründet Angst vor Krawallen habe.

Die Behörden ließen nicht locker, bis es ihnen gelang, 40 (manche sprechen von 70) „Einleger" der Dachauer Bank zur gleichzeitigen Kündigung ihres Geldes samt der Zinsen zu veranlassen.

Soviel Bares hatte Adele Spitzeder nicht im Hause. Daraufhin schloß am 19. November 1872 das königliche Bezirksgericht München das Bankinstitut. Ein aufsehenerregender Bankskandal begann mit der Eröffnung der gerichtlichen Untersuchung. Adele Spitzeder wurde in einer heimlichen Nacht- und Nebelaktion von 21 Polizeikräften in Untersuchungshaft genommen, um einem eventuellen Aufruhr vorzubeugen. Der Schwurgerichtsprozeß fing am 14. Juli 1873 an. 30 860 Gläubiger waren vorhanden, die trotz großer Vermögenswerte der Spitzederin von etwa zwei Millionen Gulden (30 000 Gulden in bar, Equipagen, wertvolle Gemälde, 16 herrschaftliche Anwesen in München, auswärtige Liegenschaften, Schmuck im Werte von 73 000 Gulden, 80 000 Gulden Silbergeld sowie Staatspapiere für eine Million Gulden) ihr Geld kaum wiedersahen. Eine Überschuldung der Adele Spitzederschen Bank von über acht bis zehn Millionen Gulden tat sich auf.

Am 20. Juli 1873 wurde Adele Spitzeder wegen betrügerischen Bankrotts, wegen fehlender Buchführung, wegen widerrechtlich zur Seite geschafften Vermögens und Verschwendung von anvertrauten Geldern zu drei Jahren und zehn Monaten Zuchthaus verurteilt. Die Untersuchungshaft wurde ihr angerechnet. Beim Verlassen des Gerichtsgebäudes fiel die sonst so selbstbewußt und beherrscht auftretende Adele Spitzeder in Ohnmacht. Ihre Freundin Rosa Ehinger und andere Mitangeklagte wurden wieder auf freien Fuß gesetzt, da ihre Strafe durch die Untersuchungshaft verbüßt war. Nicht wenige der Diener und Angestellten gingen aus dem Bankrott der Adele Spitzeder als wohlhabende

Leute hervor. Sie hatten sich einiges rechtzeitig zur Seite geschafft oder preiswert aus der Konkursmasse erworben.

Mit Adeles Abstieg gingen viele ihrer ehemaligen Kunden zugrunde. Einer soll sich sogar erhängt, ein anderer seine Familie und sich selbst aus Verzweiflung getötet haben. Ganze Gemeinden standen vor dem Ruin. Dennoch lasteten viele nicht der Spitzederin ihre Pleite an, sondern deren Gegnern und den Behörden, die durch ihr Handeln die Zahlungsunfähigkeit veranlaßt hätten. Manche wurden sogar rabiat und griffen beispielsweise den leitenden Redakteur der Münchener Neuesten Nachrichten, einen bekannten Kritiker der Spitzederschen Geschäftstätigkeiten, tätlich an. Andere schrieben an die vermeintlichen staatlichen Widersacher anonyme Drohbriefe: „(...) Nur der Fr. Spitzeder habt ir es zu dankhen das die Refuluzion nicht schon längst ausgebrochen ist den die weis was wol und Wehe tut nicht ihr (...) Wehe Euch 3 mall Wehe wen es fier uns und Spitzeder schlecht ausfalen. Bewafnet euch nur gut mit Solthaten die kugeln werden schon gegosen (...)."

Martin Sperr läßt Adele Spitzeder in seinem gleichnamigen Theaterstück zu diesem Kesseltreiben gegen ihr Bankinstitut sagen: „Alle möchtens mir Schwierigkeiten machen, weil ich die stärkste bin im Bankgewerbe. Und das halten die Herren nicht aus, daß eine Frau besser ist wie sie." Ein Körnchen Wahrheit steckt in dieser Aussage: Viele Menschen hatten ihre Bank- und Sparkassenguthaben aufgelöst und ihr Geld Adele Spitzeder anvertraut, so daß manches ländliche Geldinstitut schon kurz vor dem Schließen stand. Zu jener Zeit kontrollierten im ganzen Land Schacherer und Spekulanten den Immobilienmarkt sowie Wucherer die privaten Geldgeschäfte. Viele Bauern verkauften ihren Grund rings um das aufstrebende München und wurden über Nacht reich. Manche spielten sich als „Millionenbauern" und große Herren auf. Sie spekulierten und soffen in den Wirtshäusern bis ihr Geld ausgegeben war. Andere wiederum, die nachgeborenen Kinder, kamen in die Stadt, um in den Fabriken gegen kärglichen Lohn zu arbeiten. Die wirtschaftliche Situation dieser Jahre spitzte sich krisenhaft zu. Der gewonnene Krieg von 1870/71 sorgte für eine überhitzte Konjunktur, von der aber nicht alle profitieren konnten.

Während ihrer Haftzeit schrieb Adele Spitzeder ihre Memoiren, die 1878 in einem Stuttgarter Verlag erschienen. Später, wieder in Freiheit, betätigte sich Adele unter dem Familiennamen ihrer Mutter, die während des Prozesses verstorben war, als Komponistin und verfaßte 77 Salonstücke sowie eine Operette. Sie spielte Klavier, malte und las öffentlich aus ihren Lebenserinnerungen vor.

Adele Spitzeder starb am 27. Oktober 1895 an Herzversagen – gänzlich verarmt – in einem Untermietszimmer der Familie Weiß in der Tattenbachstraße 13/III. Auf dem Südlichen Friedhof wurde sie im Grab ihrer hochangesehenen Eltern bestattet. *map*

"auf Tod und Leben"

Verfolgte Frauen

Elly Maldaque
(1893–1930)
Lehrerin, Kommunistin und Freidenkerin

Am 23. Juli 1930 wurde Elly Maldaque auf dem Evangelischen Zentral-friedhof in Regensburg beerdigt. Viele Hunderte gaben der „Lehrerin von Regensburg" auf ihrem letzten Weg die Ehre. Ehemalige Schülerinnen berichten, daß viele von ihnen dort gewesen seien. „Alles hat geweint (...) Sogar die Polizisten", erinnern sie sich noch heute daran.

Was war geschehen, daß eine Lehrerin unter „Polizeischutz" zu Grabe getragen werden mußte? Warum konnte die Nürnberger „Neue Zei-tung" damals titeln: „Wie Elly Maldaque gestorben wurde"?

Elly Maldaque kam am 20. Juli 1930 in der Nervenheilanstalt Kart-haus-Prüll unter bis heute nicht gänzlich aufgeklärten Umständen ums Leben. Ein Nervenzusammenbruch, den sie wegen ihrer Entlassung aus dem Schuldienst erlitten hatte, brachte sie in die psychiatrische Anstalt. Auf Veranlassung ihres Vaters war Elly Maldaque am 9. Juli 1930 „in völlig verwirrtem Zustand" in die Heilanstalt eingeliefert worden. Man hatte Gewalt angewendet, weil sie sich heftig zur Wehr setzte. Elf Tage später war Elly Maldaque tot. Sie starb angeblich „in Anwesenheit ihrer Eltern und des Pastors", wie das „Regensburger Echo" berichtete. Als Todesursache wurde zunächst „Herzinsufficienz" wegen einer „Centra-len Pneumonie" (Lungenentzündung) angegeben. Ein Lungenspezialist war, trotz des väterlichen Wunsches, nicht hinzugezogen worden. Ein später auf politischen Druck der linken Parteien im bayerischen Land-tag bestellter Gutachter konstatierte als Todesursache „psychisch be-dingte Vasomotorenschädigung" (Schwächung des Kreislauf- und Gefäß-systems). Elly Maldaque war 36 Jahre alt geworden. Geboren wurde sie am 5. November 1893 in Erlangen. Nach ihrer Ausbildung zur Volksschullehrerin unterrichete sie an verschiedenen bayerischen Schulen bis sie 1920 an die Von-der-Tann-Schule nach Regensburg kam. Hier wohnte sie bei ihren Eltern in der Weißenburgstraße 27. Nach dem Tod ihrer geliebten Mutter Lina im Jahre 1927 und der Wiederverheiratung ihres evangelisch-strenggläubigen Vaters Wilhelm, begann ihr Ablösungsprozeß vom Elternhaus. Im Mai 1929 bezog Elly Maldaque eine eigene Wohnung in der Orleansstraße 4. In ihrem Tagebuch, das sie vom Frühjahr 1927 bis zum Sommer 1929 führte, notierte sie dazu: „In der neuen Wohnung, auch äußerlich frei von allen allen Ketten."

Innerlich frei hatte sich Elly Maldaque damals wohl schon gefühlt, denn ein paar Seiten weiter schrieb sie: „Aber nun bin ich auf Tod und Leben dem Kommunismus verschworen – er bedeutet die Glückseligkeitsform alles Menschlichen – er deckt alle dunklen Zusammenhänge auf – er gibt Antwort auf die bangste Frage – er ist der einzige Menschheitserlöser."

Elly Maldaque näherte sich durch ihre ehemalige Seminarkollegin und Freundin Irene Neubauer (KPD-Mitglied) der kommunistischen Bewegung an. Sie trat dem „Deutschen Arbeiter-Abstinentenbund", einem Arbeitersportverein und der „Internationale der Bildungs-Arbeiter" bei. Sie besuchte politische Versammlungen der KPD sowie der Freidenker und spielte dort manchmal zur Umrahmung auf dem Klavier.

Seit Herbst 1929 wurde die Lehrerin Elly Maldaque auf Anordnung der Regierung von der Polizei überwacht. Im März 1930 kam es zum Prozeß gegen den kommunistischen Stadtrat Konrad Fuß. In diesem Zusammenhang wurde auch Irene Neubauer verhaftet und Elly Maldaques Wohnung durchsucht. Die Polizei beschlagnahmte ihr Tagebuch sowie andere Unterlagen – Zeitschriften, Broschüren, Mitgliedskarten und Briefe. Elly Maldaque ließ sich nicht einschüchtern. Sie beantragte im Juni 1930 eine Woche Urlaub für eine Reise in die Sowjetunion. Am 28. Juni 1930 erhielt die Lehrerin ihre fristlose Entlassung (gemäß Art. 5, Absatz 2 des Volksschullehrergesetzes). Nach 17jähriger Lehrtätigkeit, kurz vor ihrer Verbeamtung auf

Lebenszeit, hatte die Regierung „die Überzeugung gewonnen", wie es im Entlassungsschreiben hieß, „daß Sie Ihrer geistigen Einstellung nach der Bewegung des Kommunismus und Freidenkertums zugehören und auch wirkendes Mitglied der kommunistischen Partei Deutschlands sind." Aber genau dies war Elly Maldaque nicht; sie rechtfertigte sich brieflich am 1. Juli 1930: „Es ist richtig, daß ich mich für die kommunistische Bewegung interessiere. Ich bin aber nicht Mitglied der Kommunistischen Partei, habe nie eine Funktion ausgeführt, habe nie öffentlich oder geheim, schriftlich oder mündlich für die Bewegung agitiert, ich habe nie ein Referat gehalten, habe mich nie an einer Diskussion beteiligt (...) Daß meine politische Richtung nur ein ganz privates, persönliches Interesse ist, geht schon daraus hervor, daß, als meine Dienstentlassung bekannt wurde, die Kollegenschaft ganz und gar überrascht war."

Nicht nur Elly Maldaque kämpfte um ihre Existenz, auch die Eltern der Schüler und Schülerinnen setzten sich für die äußerst angesehene Lehrerin ein. Elly Maldaque hatte sich im Schulunterricht nichts zuschulden kommen lassen. Vielmehr galt die schlanke, sportliche, intelligente Dunkelhaarige für eine besonders fürsorgliche und moderne Lehrerin. „Sie war, sag ich immer, der Zeit voraus. Sie hat einem viel für's Leben mitgegeben (...) Und außerdem haben sie bei uns in der Schule erzählt, daß sie von dem wenigen, das sie verdient hat, manche Mark an Arbeitslose gegeben hat, dort, wo sie Klavier gespielt hat (...) Also war sie eine Idealistin für mich. Wenn sie eine Kommunistin war, war sie für mich eine Idealistin, eine Edelkommunistin, wie man so sagt", meint heute eine ehemalige Schülerin von Elly Maldaque in einem Interview.

Der Vater eines Schülers, der Kaufmann Georg Black, organisierte eine Elternversammlung und schrieb ans Kultusministerium, um die beliebte Lehrerin zurückzubekommen: „Die Eltern sprechen hiermit Fräulein Maldaque das vollste Vertrauen aus und bedauern es im Interesse ihrer Kinder, daß diese tüchtige, streng gerechte Lehrkraft den Kindern genommen wurde." Das „Regensburger Echo", ein „Sprachrohr für das freiheitlich gesinnte Volk, ein Kampforgan gegen das Muckertum und geistiges Schiebertum, gegen Intoleranz und Parteipolitik", griff den Fall auf und verteidigte Elly Maldaque. Kolleginnen äußerten die Meinung: „Mit einem Mann hätten sie sich das nicht getraut, ihn so schnell rauszuwerfen." Noch dazu ohne Versorgungsansprüche!

Jedoch, nichts half mehr. Elly Maldaque war den Belastungen dieser schrecklichen Wochen, dem Verlust der finanziellen und bürgerlichen Existenz nicht gewachsen. Sie brach zusammen und starb in der Nervenheilanstalt (heute: Bezirkskrankenhaus) Karthaus-Prüll in Regensburg. Damals ging das Gerücht in der Stadt um: „Die haben's umgebracht in Karthaus."

KPD und SPD stellten im bayerischen Landtag Anträge, um den Fall Elly Maldaque untersuchen und aufklären zu lassen. Der bayerische Kultusminister Franz Goldenberger (BVP) rechtfertigte die Aktion mit den Worten: Es ist „unrichtig (...) als ob die Lehrerin Maldaque lediglich wegen kommunistischer Gesinnung und wegen einer bloßen Bekanntschaft mit kommunistischen Parteimitgliedern entlassen worden sei". Er konnte dann allerdings nichts anführen, was eine Gesetzwidrigkeit im Handeln der Elly Maldaque zum Vorschein gebracht hätte. Zumal die Verfassung „allen Beamten die Freiheit ihrer politischen Gesinnung und die Vereinigungsfreiheit" garantierte, solange sie „ihre Gesinnung nicht durch ungesetzliche Handlungen zu verwirklichen suchten".

So blieb der Tod Elly Maldaques ungeklärt. „Eine schwere Unrechtshandlung! (...) Deshalb müßte dieser Fall ruhig noch mal dem Volk vorgelegt werden und ihm zum Beispiel durch die Benennung der Schule nach Elly Maldaque ins Gewissen gerufen werden", forderte ein ehemaliger Schüler in einem Interview vor wenigen Jahren. Der Versuch 1988, die Von-der-Tann-Schule in Regensburg, an der Elly Maldaque unterrichtet hatte, nach ihr zu benennen, scheiterte im Stadtrat. Auch der Vorschlag, eine Gedenktafel an den Mauern des Schulgebäudes anzubringen, stieß auf Ablehnung. 1995 jedoch tat sich die heutige Eigentümergemeinschaft des einstigen Wohnhauses von Elly Maldaque zusammen und finanzierte auf eigene Kosten eine Erinnerungstafel.

Elly Maldaques Fall bleibt ein warnendes Beispiel für die repressive Ausschaltung Andersdenkender. Ihr Schicksal fand Aufmerksamkeit in der überregionalen Presse und Widerhall bei Dichtern, Schriftstellern und Komponisten. *map*

Elisabeth Block
(1923–1942?)
Jüdin, Opfer des NS-Regimes

Seit ihrem achten Lebensjahr vertraute Elisabeth, genannt Lisi, ihre Erlebnisse einem Tagebuch an. Diese sechs Tagebücher des jungen Mädchens sowie Familienfotos übergab die jüdische Familie Block den Nachbarn zur Aufbewahrung, kurz bevor sie Niedernburg verlassen mußte. Nach dem Zweiten Weltkrieg gelangten die Tagebücher zu Verwandten nach Israel und nach England. Manfred Treml, Historiker und Ausstellungsmacher, bemühte sich jahrelang um die Drucklegung und Erschließung dieser Handschriften.

Die Tagebuchschreiberin wurde am 23. Februar 1923 in Niedernburg bei Rosenheim geboren. Ihr Vater Fritz Block (* 1892) konnte seinen erlernten Beruf als Diplomingenieur aufgrund einer Verwundung aus dem Ersten Weltkrieg nicht mehr ausüben. Die Mutter Miriam (* 1896) entstammte einer gutbürgerlichen Familie aus Hannover. Sie war Kunstgewerblerin von Beruf. Lisis Eltern waren hochgebildet: sie beherrschten mehrere Sprachen, liebten die Kunst, Musik und Literatur. Zu Beginn der zwanziger Jahre erwarb das Ehepaar Block ein kleines Anwesen in Niedernburg und verdiente den Lebensunterhalt für sich und seine Kinder mit landwirtschaftlichen, gartenbaulichen und kunsthandwerklichen Tätigkeiten. Vater Block arbeitete zudem noch als Übersetzer und Maler. In Niedernburg wurden auch Lisis jüngere Geschwister geboren: 1927 ihre Schwester Gertrud und 1929 ihr Bruder Arno.

Lisis Tagebuch zeichnet ein Bild unbeschwerter Kinderzeit und idyllischen Familienlebens auf dem Lande. Viele politische Ereignisse nach der Machtergreifung der Nationalsozialisten 1933 waren von dem jungen Mädchen in ihrer Tragweite nicht erkannt worden. Sie schreibt begeistert über ihre Beteiligung an Schulfeiern (1934), die mit dem Horst-Wessel-Lied endeten, und von einem Parteifilmnachmittag über den Nürnberger Parteitag 1934 „Triumpf des Willens". Wie ihre Freundinnen fühlte auch sie sich in „freudige Aufregung" versetzt, als der „Anschluß" Österreichs ans Dritte Reich erfolgte.

Schon gleich nach der Machtergreifung der Nationalsozialisten 1933 mehrten sich die antijüdischen Ausfälle und Aktionen. Der erste reichsweite Boykott jüdischer Geschäfte, Arztpraxen und Anwaltskanzleien erfolgte bereits am 1. April 1933. 1935 wurden die „Nürnberger Gesetze" erlassen, die die gesellschaftliche Gleichstellung der jüdischen Bevölkerung aufhoben. Die deutschen Juden wurden gänzlich aus dem wirtschaftlichen und sozialen Leben verdrängt und entrechtet. Eine Massenemigration setzte ein. Die nunmehr häufiger von Lisi verzeichneten

Foto 1939

Besuche bei Verwandten lassen darauf schließen, daß auch hier Ausreisepläne bestanden. Sie notierte am 9. Februar 1936: „Mutti (will) gerade da nach München fahren, um sich dort mit Großmutter zu treffen, die dann nach Palästina fährt."

In der Nacht vom 9./10. November 1938 zertrümmerte die „spontane Volkswut" in der „Reichskristallnacht" jüdische Läden, Wohnungen, Altersheime, Waisenhäuser und zündete Synagogen an. Viele jüdische Menschen nahmen auch körperlichen Schaden. Lisi berichtet von ihrem Onkel Leo Levy aus Polzin, der damals ermordet wurde.

Im November 1938 geschah auch für die jüdischen Kinder Unfaßbares: „Nun ist das von Mutti schon so lange Geahnte geschehen: Ich und auch Trudi und Arno dürfen nicht mehr zur Schule gehen. Mit furchtbar schwerem Herzen trennte ich mich von meinen lieben Mitschülerinnen." Lisis Schülerbogen verzeichnete lapidar: „Ausgetreten! Jüdin!" Die Eltern übernahmen nun selbst die Unterrichtung der Kinder. Lisis Mutter schrieb damals an ihre Schwägerin Else: „Sie (= Lisi) ist so sehr verständig und mitfühlend, dabei so bemüht mich abzulenken, und ging gestern so tapfer zur Schule, um zu hören, ob sie noch bleiben könnte, alle waren so freundlich zu ihr, und der Abschied fiel ihr sehr schwer, aber sie ist froh, daß sie ihn nun hinter sich hat."

Lisis Vater, verdienstvoller ehemaliger Fliegeroffizier, konnte sich nur schwer entschließen, sein Vaterland zu verlassen. Doch immer weitere Einschränkungen und Schikanen – wie zum Beispiel der erzwungene Verkauf des Anwesens und damit der Entzug der Arbeitsmöglichkeit, das Tragen des Judensterns, die Zwangsergänzung des Vornamens (bei jüdischen Frauen mit „Sara", bei jüdischen Männern mit „Israel"), die Durchführung einer Zwangssterilisation – überzeugten ihn endlich von der Notwendigkeit einer Auswanderung nach Argentinien, wo sich schon Verwandte aufhielten. Trotz einer Einreiseerlaubnis verweigerte der argentinische Konsul im April 1941 den Blocks das Visum. Lisis Familie versuchte es weiter.

1940 war Fritz Block vom Arbeitsamt Rosenheim zu Gleisbauarbeiten zwangsverpflichtet worden. Im Mai 1941 mußten Lisi und ihre Schwester Trudi auf einem Bauernhof Arbeitsdienste leisten. Im Oktober 1941 wurde Lisi wiederum mit Deportationen nach Polen in der mütterlichen Verwandtschaft konfrontiert. Manche nahmen sich davor das Leben. Lisi notiert: „Man kann sich denken, welche Angst sich unser bemächtigte, sowohl um unsere Verwandten, als auch um uns selbst. Wie leicht kann uns das schreckliche Los treffen (...) Entsetzlich, dieses Ungewisse, diese Angst um sein bißchen Leben, und beinahe kein Ausweg, grauenhaft." Um diese Zeit enden Elisabeth Blocks Tagebucheintragungen.

Im März 1942 wurde Lisi mit ihrer Familie nach München in die „Judensiedlung Milbertshofen", wie die Einwohnermeldekartei verzeichnet, gebracht. Über Berlin wurden sie im April mit nur wenigen Habseligkeiten ins polnische Lager Piaski, wohl zusammen mit einem Transport von 983 bayerischen Juden, geschafft. Noch dreimal kam Post aus Piaski: zwei Karten an die ehemalige Haushaltshilfe Kathi Geidobler und ein Schreiben an die neuen Eigentümer des Blockschen Anwesens in Niedernburg. Im letzten Brief heißt es: „Nun sind wir schon über 14 Tage hier und sicher haben Regerl und Kathi Euch schon die Grüße bestellt, die wir auf beiden Karten angeschafft haben. Gut, daß Du nicht hier bist, Christel, denn die Mäuse laufen am hellichten Tag in unserer Hütte umeinander und im Dreck bleiben die Schuhe stecken. Aber jetzt sind wir froh, daß es wärmer wird, besonders, weil wir nicht viel Wäsche zum Wechseln haben, die Sommerkleider werden uns nicht abgehen, aber bald können wir aus einem Kleid zwei machen, so dick werden wir bei der reichlichen Kost. Schreibt uns nur bald mal, wir warten sehnlichst auf Post. (...) Wir haben noch immer keine Lohnarbeit gefunden, hoffen aber weiter solche zu finden und noch unsere Koffer zu bekommen. Wir sind zum Glück gesund. Lisi hilft in der Gemeinschaftsküche, wir wo es etwas zu helfen gibt." Lisis Schwester Gertrud setzte noch einen Nachtrag darunter: „Wir denken oft an Knödel und Sauerkraut und es läuft uns das Wasser im Mund zusammen. (...) Schreibt auch recht klein, daß Ihr viel schreiben könnt, Trudi." Das war das letzte Lebenszeichen der jüdischen Familie Block. Lisi, damals 19 Jahre alt, und ihre

Familie wurde vermutlich in einem der nahegelegenen Vernichtungslager ermordet.

Seit 1941 konkretisierte sich der Plan der NS-Machthaber, die gesamte jüdische Bevölkerung im Reichsgebiet zu vernichten. Am 31. 7. 1941 erging der Befehl zur „Endlösung der Judenfrage". Zwischen 4 und 6 Millionen jüdische Menschen wurden in den Konzentrationslagern ermordet, darunter auch über 9000 bayerische Juden und Jüdinnen.

map

"wo ist das Recht der Frau"
Frauenrechtlerinnen und Arbeiterinnenvertreterinnen

Ika Freudenberg
(1859–1912)
Führerin der gemäßigten Frauenbewegung in Bayern

Ika Freudenberg wurde 1859 in Wiesbaden als Tocher großbürgerlicher Eltern geboren. Sie führte hier das „stille Leben einer Haustochter in der beruhigten Welt einer Rentnerstadt", wie es die Frauenrechtlerin und Schriftstellerin Gertrud Bäumer später ausdrückte. Ikas Vater, ein Begründer deutscher Unternehmen auf Ceylon (Sri Lanka), hatte sich schon mit seiner Gattin zur Ruhe gesetzt, als Ika zur Welt kam. Ihre Brüder waren bereits erwachsen. Ika Freudenberg besaß künstlerische Neigungen. Sie war musikalisch begabt und studierte an verschiedenen Konservatorien; auch widmete sie sich der Literatur und Philosophie.

Erst als Mittdreißigerin kam Ika Freudenberg nach München, nachdem sie eine enge Freundin aufopferungsvoll bis zu deren Tod gepflegt hatte. Aber „die ungestillte Sehnsucht nach einem geistig bewegteren Leben" zog sie nach Bayern, in ihre geliebte Wahlheimat.

Hier lebte sie mit der Inhaberin des bekannten Fotostudios „Hofatelier Elvira", Sophie Goudstikker, zusammen, die sich gerade von Anita Augspurg getrennt hatte, da sie in der politischen Richtung ihres Kampfes für die Emanzipation der Frauen nicht mehr übereinstimmten. Während Anita Augspurg zur Wortführerin der radikalen Richtung der bürgerlichen Frauenbewegung wurde, verblieb Sophie Goudstikker bei den Gemäßigten. Hier engagierte sie sich 25 Jahre lang in der Frauenrechtsberatung des Vereins für Fraueninteressen. Sie wurde 1908, noch ehe es eine an deutschen Universitäten ausgebildete Juristin gab, als erste Frau zur Verteidigung am Straf- und Jugendgericht zugelassen.

1894 gründete Ika Freudenberg gemeinsam mit anderen Frauen aus dem Umkreis des Hofateliers Elvira die „Gesellschaft zur Förderung geistiger Interessen der Frau", den späteren „Verein für Fraueninteressen" (1896), und wurde dessen Vorsitzende. Der Verein, dessen Sitz sich von 1910–1935 in der Münchner Briennerstraße befand, hatte 1904 über 1000 Mitglieder. Bis 1908 gründeten sich in Bayern 36 Ortsgruppen mit 4500 Mitgliedern.

München war um die Jahrhundertwende neben Berlin und Hamburg eines der Zentren der bürgerlichen Frauenbewegung. Alle Frauen und ihre Organisationen, so unterschiedliche Strömungen der Frauenbewe-

gung sie auch vertraten, verfolgten ein großes gemeinsames Ziel: die bessere geistige und berufliche Bildung sowie die Gleichberechtigung der Mädchen und Frauen. In anderen Forderungen, wie denen nach dem Frauenwahlrecht, nach sexueller Befreiung der Frau und nach straffreier Abtreibung, gingen die Meinungen auseinander. Auch die Wertschätzung von Mutterschaft und Hausfrauentum differierte je nach radikaler oder gemäßigter Richtung der bürgerlichen Frauenbewegung.

Ika Freudenberg ging es in ihrer Arbeit sowohl um das Recht auf höhere und universitäre Bildung der Mädchen und Frauen als auch um die berufliche Aus- und Weiterbildung der weiblichen Erwerbstätigen. Daher betätigte sich der Verein für Fraueninteressen vor allem auf dem Gebiete der geistigen und beruflichen Bildung für Mädchen und Frauen, der

Berufs- und Rechtsberatung sowie der Arbeitsvermittlung. In den Räumen des Vereins fanden Schulungskurse aller Art statt. Hier trafen sich später auch die Vereinigung akademisch gebildeter Frauen, der Verband der weiblichen Handels- und Büroangestellten, die Standesorganisation der Ärztinnen, die Hausfrauen sowie die Gemeinschaft deutscher und österreichischer Künstlerinnen und Kunstfreundinnen. Daneben wurden von hier aus auch die von Luise Kiesselbach – sie folgte Ika Freudenberg im Vorsitz nach – gegründeten Kinderheime und vier Milchkioske verwaltet und betrieben.

Ika Freudenberg wußte, daß im Zusammenschluß, in einem Netzwerk der Frauenvereine mit emanzipatorischen Zielen und Aufgaben der Keim zur politischen Macht lag. Im Oktober 1899 fand unter ihrer Leitung der erste „Allgemeine Bayerische Frauentag" in München statt, der in der Folgezeit alle ein oder zwei Jahre in anderen Städten Bayerns veranstaltet wurde. Im Mai 1909, auf dem 6. Bayerischen Frauentag, schloß sich die bürgerliche Frauenbewegung mit 54 Ortsgruppen und etwa 14 000 Mitgliedern zum „Hauptverband Bayerischer Frauenvereine" zusammen. Ika Freudenberg wurde in den engeren Vorstand gewählt. Damit stellte sich die Frauenbewegung in Bayern „als ein organisch aufgebautes imponierendes Ganzes dar", wie es Ika Freudenberg stolz ausdrückte.

1906 hatte sich Ika Freudenberg einer Operation unterziehen müssen; später erst wurde Brustkrebs diagnostiziert. Am 9. Januar 1912 starb sie in ihrem 55. Lebensjahr. Die „Münchener Neuesten Nachrichten" würdigten ihre Persönlichkeit und ihre Leistungen mit folgenden Worten: „Die Fähigkeit, die wirtschaftlichen und geistigen Bedürfnisse der bayerischen Frauen klar zu erkennen und maßvoll, aber entschieden auszusprechen, besaß in seltenem Grade die Führerin der bayerischen Frauenbewegung, die die unerschütterlich fortschrittlichste Gesinnung mit schönster weiblicher Anmut in ihrem Wesen und all ihrem Tun verband." Ihre Freundin und Mitstreiterin, Gertrud Bäumler, rühmte die „weite und warme Menschlichkeit" Ika Freudenbergs, und Marianne Weber, Frauenrechtlerin und Gattin des berühmten Soziologen Max Weber, charakterisierte Ika Freudenberg mit den Worten: Sie war eine „im Kreise der damaligen Kämpferinnen einzigartige Gestalt, ausgestattet mit Grazie und reichen künstlerischen Gaben, voll inniger Lebensbereitschaft, geistiger Weite und allverstehender Güte, unfanatisch, aber dennoch von schwungvoller Energie des Einsatzes".

Die Trauerfeier für Ika Freudenberg gestaltete sich überwältigend: Auf dem Schwabinger Friedhof wurden die Trauerreden gehalten und unter anteilnehmendem Geleit bewegte sich der Trauerzug durch die Münchner Straßen zum äußeren Bahnhof. Ika Freudenberg wurde auf ihren Wunsch hin in der Familiengruft zu Wiesbaden beigesetzt. *map*

Dr. jur. Anita Augspurg
(1857–1943)

und

Lida Gustava Heymann
(1868–1943)
Radikale Frauenrechtlerinnen und Pazifistinnen

Anita Augspurg, geboren am 22. September 1857 in Verden an der Aller, entstammte dem wohlhabenden Bürgertum. Sie arbeitete nach Beendigung der höheren Töchterschule in der Anwaltskanzlei ihres Vaters mit. Der anschließende Besuch des Lehrerinnenseminars bot eine Möglichkeit zur Flucht aus der Enge der Kleinstadt. Anita Augspurg nahm gleichzeitig Schauspielunterricht und wurde sogar von einigen Provinzbühnen engagiert. Von ihrer Schauspielerinnentätigkeit kamen ihr für spätere Auftritte in politischen Frauenrechtsversammlungen ihr „wohlklingendes Organ" und ihre weit tragende Stimme zugute.

Durch eine Erbschaft seitens ihrer Großmutter wirtschaftlich unabhängig geworden, gründete sie um die Jahrhundertwende zusammen mit ihrer Freundin Sophia Goudstikker das berühmte „Hofatelier Elvira" in München. Dieses Fotoatelier wurde zum Treffpunkt und zur Keimzelle der bürgerlichen Frauenbewegung in München und Bayern. Anita Augspurg wollte jedoch noch mehr erreichen, sie wünschte, „die letzten Eierschalen des konventionellen Lebens" loszuwerden und agitierte in verschiedenen Städten Deutschlands für die rechtliche und politische Gleichstellung der Frau. Sie setzte sich zudem vehement für die Zulassung der Frauen zum Studium an den deutschen Universitäten ein. Als Mitbegründerin des fortschrittlichen Frauenbildungsvereins „Reform" und Mitverfasserin der Petitionen, die an die Parlamente Deutschlands gesandt wurden, versuchte sie, das Frauenstudium an deutschen Universitäten durchzusetzen.

Anita Augspurg studierte seit 1893 an der Universität Zürich Rechtswissenschaft. Im Sommersemester 1896 wollte sie an der Universität München als Gasthörerin einige Rechtsvorlesungen besuchen. Ihr Zulassungsantrag wurde jedoch von der Münchner Universität und dem zuständigen Ministerium abgelehnt. Ihre politischen Aktivitäten waren bekanntgeworden und unerwünscht. Anita Augspurg beendete 1897 in der Schweiz ihr Jurastudium mit einer Doktorarbeit. Sie war damit die erste deutsche promovierte Juristin.

Mit Lida Gustava Heymann verband Anita Augspurg seit 1899 eine Lebens- und Arbeitsgemeinschaft. Sie wohnten im Gartenhaus in der Münchner Kaulbachstraße 12. Gemeinsam waren sie im Vorstand des „Verbandes Fortschrittlicher Frauenvereine" und gründeten 1902 den „Deutschen Verein für Frauenstimmrecht" sowie 1913 den „Bayerischen Verband für Frauenstimmrecht".

Lida Gustava Heymann

Anita Augspurg in ihrem Münchner Haus

Lida Gustava Heymann hatte am 15. März 1868 als Tochter einer reichen Hamburger Kaufmanns- und Senatorenfamilie das Licht der Welt erblickt. Zusammen mit ihren vier Schwestern erhielt sie zu Hause Privatunterricht, besuchte eine höhere Töchterschule und schließlich ein Pensionat in Dresden. Schon frühzeitig litt sie unter dem erzwungen untätigen und unselbständigen Leben einer Tochter aus gutem Hause. Als ihre Schwestern sich verheirateten und das Elternhaus verließen, entwickelte sich Lida Gustava allmählich zur rechten Hand ihres Vaters in allen geschäftlichen Angelegenheiten. Nach dem Tod des Vaters 1896 sah sich Lida Gustava als Testamentsvollstreckerin des Millionenvermögens eingesetzt. Diese Stellung mußte sie jedoch mit allen Mitteln gegenüber den Behörden verteidigen, da man einer Frau dieses Amt nicht zutraute. Lida Gustava erkannte nicht zuletzt aufgrund derartiger Erfahrungen, wie wichtig wirtschaftliche Unabhängigkeit für die Emanzipation der Frau ist.

Lida Gustava Heymann engagierte sich nun zunehmend für Politik, soziale Probleme und die sogenannte Frauenfrage. Auch ihre finanziellen Mittel setzte sie für die Belange der Frauen ein. Sie gründete in Hamburg 1897 ein erstes Frauenhaus mit Mittagstisch für Arbeiterinnen, mit Kinderhort und sanitären Einrichtungen, mit einer Beratungsstelle sowie Räumen für kulturelle und politische Veranstaltungen.

Um die Gleichstellung der Frau in allen Bereichen zu erlangen, sah Lida Gustava Heymann nur einen Weg: die Durchsetzung einer besseren Bildung für Mädchen und Frauen. Sie ging selbst mit gutem Beispiel voran und studierte als Gasthörerin Geschichte, Politikwissenschaft sowie Volkswirtschaft in Berlin und München.

1912, anläßlich des Frauenstimmrechtskongresses in München, kam es zu einer ersten Frauendemonstration, veranlaßt von Anita Augspurg und Lida Gustava Heymann. Die Zeitschrift „Frauenstimmrecht" berichtete darüber: „Das Unerhörte wurde Wirklichkeit – wir haben es gewagt – die erste Propagandafahrt durch eine deutsche Großstadt! (...) Etwa 20 Wagen, mit bunten Herbstgirlanden festlich geschmückt, mit Tafeln in den Vereinsfarben und der Aufschrift 'Frauenstimmrecht' führten uns zwei Stunden lang durch die belebtesten Teile Münchens bis zum Endpunkt im herrlichen Englischen Garten. Es gab viele Schaulustige, viele verdutzte und verständnislose Gesichter, aber auch fröhliches Tücherschwenken, freundliche Heil- und Hurrarufe."

Die bayerischen Frauen erhielten das aktive und passive Wahlrecht, als erste Frauen in Deutschland, allerdings erst nach dem Ersten Weltkrieg im November 1918 während der revolutionären Umbruchszeit.

Anita Augspurg und Lida Gustava Heymann gehörten auch der pazifistischen Bewegung an und brandmarkten öffentlich die „Menschenschlächterei". Sie initiierten 1915 den „ersten Internationalen Frauenfriedens-Kongreß" in Den Haag. 1916 erhielt Anita Augspurg wegen ihrer pazifistischen Tätigkeiten Publikations- und Politikverbot. Nach dem Ersten Weltkrieg beteiligten sich Anita Augspurg und Lida Gustava Heymann an der Gründung der „Internationalen Frauenliga für Frieden und Freiheit". In der Revolution von 1918/19 engagierten sich beide Frauenrechtlerinnen für einen „Frauenrat". Anita Augspurg gehörte für den „Bayerischen Verein für Frauenstimmrecht" als eine von acht

Frauen dem Provisorischen Nationalrat Bayerns mit insgesamt 256 Delegierten an.

Von 1919 bis 1933 gaben beide Frauen gemeinsam die Zeitschrift „Die Frau im Staat" heraus, in der sie für Frauenpolitik und internationale Verständigung eintraten. Anita Augspurg kandidierte zudem als Parteilose für die USPD bei der am 12. Januar 1919 stattfindenden Wahl für den Bayerischen Landtag. Sie zog im Wahlkampf von Dorf zu Dorf, unterstützt von Lida Gustava Heymann, die auf Platz 2 kandidierte, „mit Rucksäcken beladen, die das erforderliche Propagandamaterial und eine Glocke enthielten". Da die zwei Frauen für die bäuerliche Wählerschaft Oberbayerns zu „exotisch" waren, stießen sie zwar auf große Neugier, erhielten aber für einen Sitz im Parlament nicht genug Stimmen. Dennoch kamen erstmals Frauen in den Bayerischen Landtag; es waren dies: Aurelia Deffner und Emilie Mauerer für die MSP, Käthe Günther und Rosa Kempf für die DDP, Ellen Ammann, Aloisia Eberle, Maria von Gebsattel und Therese Schmitt für die BVP.

Um diese Zeit bewirtschafteten Anita Augspurg und Lida Gustava Heymann einen Bauernhof, den Siglhof in der Nähe von Peissenberg, mit ausschließlich weiblichem Personal. Wegen einer schweren Erkrankung Anitas mußten die „verrückten Weiber" diesen Hof mit 1000 Tagwerken und 43 Kühen verkaufen. Sie übersiedelten in ihr Haus „Wiesel" nach Irschenhausen, wo sie schon früher oftmals geweilt hatten. Bald jedoch erwarben sie bei Icking ein großes Grundstück mit angrenzendem Wald und erbauten dort ihren nachmaligen Altersruhesitz „Sonnensturm". Die Inflationszeit zwang sie jedoch, auch diesen Besitz wieder zu verkaufen.

Trotz aller Rückschläge lebten Anita Augspurg und Lida Gustava Heymann recht extravagant. Sie trieben Sport und unternahmen viele Reisen. Von ihrer Auslandsreise 1933 konnten sie jedoch ins nationalsozialistische Deutschland nicht mehr zurückkehren.

Anita Augspurg starb am 20. Dezember 1943 im Züricher Exil. Lida Gustava Heymann war ihrer Lebensgefährtin und Mitkämpferin für die Frauenrechte schon am 31. Juli 1943 vorausgegangen.

Die beiden Frauen hatten dem radikalen Flügel der bürgerlichen Frauenbewegung angehört. Über ihr gemeinsames Leben und Schaffen berichteten sie 1941 in ihren Erinnerungen „Erlebtes-Erschautes". Dieses Werk ist eine um so wichtigere Quelle der Frauen- und Friedensbewegung, als die Nationalsozialisten neben den Vermögenswerten der beiden Frauenrechtlerinnen auch deren Frauenarchiv beschlagnahmt und vernichtet haben. *map*

Therese Studer
(1862–1931)
Erste Verbandssekretärin der
Katholischen Arbeiterinnenvereine Süddeutschlands

Über die Notwendigkeit, die Arbeiterinnen zu organisieren, war man sich 1905 in Aschaffenburg auf dem Verbandstag der süddeutschen katholischen Arbeitervereine einig. Ein Jahr später wurde der „Verband süddeutscher katholischer Arbeiterinnenvereine" gegründet. Der Verbandsvorsitzende Carl Walterbach betrachtete die Anstellung einer Sekretärin als Voraussetzung für den Erfolg der Organisation. Gesucht wurde nun eine Arbeiterin, die auch über die nötigen Voraussetzungen für ihr neues Amt verfügen sollte. Gefunden wurde die Verbandssekretärin schließlich in Therese Studer. Sie erfüllte alle Anforderungen und sie besaß überdies das Zeug zur „Paradefrau".

Therese Studer wurde am 22. September 1862 in Senden an der Iller geboren. Ihre Eltern lebten von einem Kramladen und einem kleinen

Grundbesitz. Sie selbst beschrieb ihre Kindheit als hart und freudlos, nachdem ihre Mutter und ihre Stiefmutter in rascher Folge gestorben waren und ihr Vater ein drittes Mal geheiratet hatte. Ab ihrem achten Lebensjahr verdingte man sie jedes Jahr für einige Monate als Kindsmagd bei einem Bauern. Nach dem Abschluß der Werktagsschule mußte sie verdienen. Im Alter zwischen 14 und 16 Jahren arbeitete sie in einer Zündholzfabrik in Altenstadt an der Iller. Anschließend verdingte sie sich wieder in der Landwirtschaft, es folgten Stellen als Dienstmädchen unter anderem in Innsbruck und Donauwörth.

In der „Weberei und Spinnerei Ulm" in Ay, wo sie weitere Jahre verbrachte, begann Therese Studer, sich mit der „Arbeiterinnenfrage" auseinanderzusetzen. Den Anstoß dazu gab sicher auch, daß sie hier die schrankenlose Ausnutzung weiblicher Arbeitskräfte am eigenen Leib erfuhr: Es kam in diesem Betrieb durchaus auch vor, daß Arbeiterinnen von fünf Uhr früh bis Mitternacht an ihren Maschinen standen. Die Arbeitszeit für Frauen wurde erst 1891 gesetzlich geregelt. Im Jahr 1884 wechselte Therese Studer nach Kaufbeuren in die Mechanische Spinnerei und Weberei über. Sie blieb dort 24 Jahre. In dieser Zeit wurden die Weichen für ihre spätere Karriere gestellt. In der von Franziskanerinnen des Kreszentiaklosters geleiteten Marienanstalt, in der sie lebte, kam sie in Kontakt mit katholischen Kreisen, und sie wurde in konfessionellen Organisationen aktiv.

Ihr starker Wunsch, sich weiterzubilden und zu lernen, führte sie dazu, in ihrer Freizeit oft bis nach Mitternacht über ihren Büchern zu sitzen. Sie verfaßte auch Beiträge für Zeitungen und Zeitschriften wie die „Aehrenlese" des Gründers der Marienanstalt Weinhart. Zugleich wurde sie von der Präfektin des Lehrerinnenseminars im Kloster gefördert; sie erhielt Stunden unter anderem in Geschichte und Literatur – ein kleiner Ausgleich für ihren großen Wunsch, Lehrerin zu werden, den sie sich aufgrund Geldmangels nicht erfüllen konnte.

Therese Studers Weg zur Organisation wies Parallelen zur Entwicklung der katholischen Arbeiterinnenbewegung auf. Die Arbeitervereinsbewegung und die christlichen Gewerkschaften richteten sich zunächst nur an männliche Adressaten. Überdies lehnte die Arbeitervereinsbewegung die weibliche Fabrikarbeit ab und wollte die Frauen am liebsten wieder in der Familie und am Herd sehen. Es gab aber Ausnahmen; so berichtete ein Arbeitskollege Therese Studer über Vorträge, gab ihr verschiedentlich Anregungen und unterstützte damit ihr Interesse an Organisationsfragen. Sie initiierte nun die Gründung einer Zahlstelle des christlichen Textilarbeiterverbandes, deren zweite Vorsitzende sie wurde. Allmählich, nicht zuletzt unter dem Eindruck der sozialdemokratischen Frauenagitation, revidierte auch die Arbeitervereinsbewegung ihre Haltung. Ende der 1890er Jahre waren die ersten katholischen Arbeiterinnenvereine in Bayern entstanden, und 1904 wurden Leitsätze zur Gründung von Arbeiterinnenvereinen verabschiedet. Einen weiteren Markstein bildete das Referat der Sozialwissenschaftlerin Elisabeth Gnauck-Kühne (1850–1917) zum Thema „Warum organisieren wir die Arbeiterinnen?" auf dem Verbandstag in Aschaffenburg.

Vier Monate nach der Gründung des „Verbandes süddeutscher katholischer Arbeiterinnenvereine" riefen Therese Studer und Pfarrer Rupfle 1906 in Kaufbeuren einen Arbeiterinnenverein ins Leben. Daß die Mitgliederzahl ein Jahr später bereits 235 Frauen betrug, verdankte er nicht zuletzt der rührigen Vorsteherin Therese Studer. Nun wurde die Verbandsleitung in München auf sie aufmerksam. Ihr kam eine langjährige Arbeiterin mit organisatorischer Erfahrung, eine gute Rednerin, die auch die Feder zu führen verstand und die durch Lektüre, autodidaktisches Studium und Förderung über eine überdurchschnittliche Bildung verfügte, zum Aufbau der Organisation gerade recht. Therese Studer lehnte zwar die erste Anfrage ab, ließ sich aber dann vom Verbandspräses Walterbach in die Pflicht nehmen und ging im Juni 1908 als Verbandssekretärin nach München. Walterbach schätzte ihre Verläßlichkeit und Treue, vor allem aber faszinierte ihn ihre „männliche" Tatkraft, die sich ihm zeichenhaft in ihrer Zigarre zu manifestieren schien:„Eigentümlich, während sie sonst einen sehr weichen Frauencharakter besaß mit starkem mütterlichem Einschlag, bei der Zigarre, die sie regelmäßig und viel rauchte, kam die männliche Energie ihres Charakters zum Ausdruck."

Die wichtigste Aufgabe der Verbandssekretärin, nämlich die Agitation zur Gründung von Arbeiterinnenvereinen, verlangte diese Energie allerdings in hohem Ausmaß. Über die Arbeit der „Verbandssekretärin mit der Zigarre" wurde für 1911 berichtet: „Sie hat 72 Vereine besucht, 69 Referate gehalten, 19 Neugründungen sind ihr gelungen. Sie nahm teil an vier Verbandstagungen (anderer Verbände), 1 Diözesantag, 6 Bezirksversammlungen und 14 Ausschuß-Sitzungen. 27 Orte hat sie besucht um eine Neugründung in die Wege zu leiten und vorsichtig an mancher Tür geklopft, um Einlaß zu bekommen. Es gelang ihr dies an 11 Orten, an den übrigen 16 mußte sie wieder abziehen." Dazu kamen statistische Arbeiten, Korrespondenzen und die Mitarbeit im Vereinsblatt „Die Arbeiterin". Therese Studers rastlosem Einsatz vor allem war der Aufschwung der katholischen Arbeiterinnenbewegung zu verdanken: 1913/ 1914 gab es im Königreich Bayern 106 Vereine mit 12 134 ordentlichen Mitgliedern.

Die langjährige Fabrikarbeit und die aufreibenden Agitationstouren hatten Therese Studers Gesundheit zunehmend zerrüttet. 1915 erkrankte sie schwer und mußte einige Monate in Kur. Nun erlebte sie eine der größten Kränkungen ihres Lebens: Während ihrer Abwesenheit setzte Walterbach sie als Verbandssekretärin ab und bestimmte Aloisia Eberle zu ihrer Nachfolgerin. Wie Therese Studer war die 1889 in Scharfenstein geborene Aloisia Eberle eine ehemalige Textilarbeiterin, eine Weberin mit einer Zusatzausbildung in Hauswirtschaft. Das Amt der Verbandssekretärin übte sie von 1916 bis zu ihrer Heirat im Jahr 1926 aus. Im Unterschied zu Therese Studer war sie eine engagierte Politikerin. Aloisia Eberle gehörte zu den ersten bayerischen Parlamentarierinnen. Sie hatte einen der fünf Sitze inne, die der bayerische Ministerpräsident Kurt Eisner im November 1918 der christlichen Arbeiterbewegung im Provisorischen Nationalrat einräumte. Im Januar 1919 wurde Aloisia Eberle als erste weibliche Landtagsabgeordnete der Bayerischen Volkspartei (BVP) für die Stimmkreise München X und Kempten gewählt; sie gehörte dem Landtag bis 1924 an. Während ihrer Amtszeit bemühte sich die Verbandsleitung, die katholischen Arbeiterinnen zu überzeugten Staatsbürgerinnen der Weimarer Republik zu erziehen und es gelang, in den Arbeiterinnenvereinen ein wichtiges Wählerinnenpotential für das Zentrum und die BVP zu aktivieren. Therese Studer hatte man 1920 zum Dank für ihre Arbeit noch den Verbandsvorsitz übertragen, den sie krankheits- und altersbedingt aber nicht mehr ausfüllen konnte. Ende 1925 ehrte sie das bayerische „Ministerium für soziale Arbeit" mit dem Titel eines „Arbeitsrates". Therese Studer zog sich nun zunehmend aus der Öffentlichkeit zurück. Nach langem Leiden starb die „Verbandssekretärin mit der Zigarre" am 21. Januar 1931 in München.

Bald nach ihrem Tod schrieb ihre Freundin Centa Bentenrieder ihre Biographie. Therese Studer, die als überragende Persönlichkeit die Aufbauphase der katholischen Arbeiterinnenorganisation in Bayern geprägt hatte, wurde nun zur Identifikationsfigur gemacht. Als „Typ einer katholischen Arbeiterin" und als Verkörperung der „Standestugenden" erhob man sie jetzt zum Vorbild insbesondere für jugendliche Arbeiterinnen. *ep*

Luise Kiesselbach
(1863–1929)
Organisatorin und Funktionärin
der gemäßigten Frauenbewegung

„Ich kann mich noch gut an Frau Kiesselbach erinnern, die kräftige, etwas gedrungene Gestalt, das großflächige Gesicht, das blonde, in der Mitte gescheitelte Haar, die hellen Brauen und die blauen Augen; ihr Blick war ruhig und fest. An fast allen ihren Kleidern hat sie einen weißen Kragen, einen weißen Einsatz gehabt; das hat gut zu ihrer hellen Haut ausgesehen. Ich kann mich eigentlich nur an Kleider erinnern, die lose und bequem waren, in denen sie sich leicht bewegen hat können, nicht an Blusen und Röcke oder auf Taille Gearbeitetes. Ein Problem waren die Hüte: Klar, daß man einen haben mußte, aber sie wollte den Kopf frei haben; dann wurde der Hut eben in die Hand genommen; so ist mancher irgendwo liegen geblieben", so lebhaft schilderte Auguste Steiner, die ehemalige Privatsekretärin Luise Kiesselbachs, ihre Chefin noch 50 Jahre nach deren Tod.

Luise, geboren am 28. Dezember 1863 in Hanau, wuchs als Tochter eines Realschuldirektors zusammen mit noch weiteren sieben Geschwi-

stern auf. Schon als Zwölfjährige übernahm sie hausfrauliche Pflichten, um die kranke Mutter zu entlasten. Als Fünfzehnjährige pflegte sie nach dem Schulabschluß die Mutter und nach deren Tod, zwei Jahre später, führte sie allein die väterliche Hauswirtschaft. Luise heiratete zwanzigjährig den weitaus älteren Dozenten und späteren Professor der Ohrenheilkunde Wilhelm Kiesselbach und zog mit ihm nach Erlangen. 18 Jahre, bis zum Tode des Gatten (1902), währte die Ehe, aus der ein Sohn und eine Tochter hervorgegangen waren.

Schon in Erlangen setzte sich Luise Kiesselbach für die Sache der Frauen ein. Sie arbeitete beim Verein „Frauenwohl" mit, den Helene von Forster gegründet hatte, und wurde 1909 die erste Armenpflegerin in Bayern.

Für Luise Kiesselbach war die Emanzipation der Frauen, ihre Gleichstellung in der Gesellschaft, eng mit sozialer Tätigkeit verbunden. Das damalige Leitbild der gemäßigten Frauenbewegung, deren herausragende Vertreterin sie war, beinhaltete die „selbständige, gebildete, urteilsfähige Frau, frei von hausfraulicher oder gelehrter Einseitigkeit". Luise Kiesselbach hatte einen Sinn fürs Praktische und fürs Machbare. Sie setzte ihre gesamte Tatkraft, ihr immenses Organisationstalent, ihre Hilfsbereitschaft und Warmherzigkeit gänzlich für den Aufbau einer leistungsstarken Wohlfahrtspflege ein.

1912 (offiziell ab 1913) übernahm Luise Kiesselbach in Nachfolge der verstorbenen Ika Freudenberg den Vorsitz des „Vereins für Fraueninteressen" in München, wo sie nunmehr lebte, und zugleich auch den Vorsitz des Hauptverbands Bayerischer Frauenvereine mit 11 Ortsgruppen. Im Januar 1914 gründete sie den Stadtbund Münchner Frauenvereine (ein Zusammenschluß von 22 Frauenvereinen), in dem zwei Jahre später etwa 7000 Frauen organisiert waren, und übernahm ebenfalls den Vorsitz. Der Stadtbund besteht heute noch.

Die Aufgaben des „Vereins für Fraueninteressen" änderten sich unter Luise Kiesselbachs Leitung. Aus einem anfangs bescheidenen Verein war inzwischen eine vielfältige Organisation geworden. Die Räume im Haus an der Briennerstraße 37 beherbergten: 1. die Geschäftsführung des Vereins für Fraueninteressen und Frauenarbeit (Geschäftsführerin Dr. Lina Wolf), die Leitung des Hauptverbandes Bayerischer Frauenvereine und des Stadtbunds Münchner Frauenvereine, 2. die Rechtsschutzstelle (geleitet von Frau Dr. Maria Otto, der ersten Volljuristin in München), 3. die zentrale Verwaltungsstelle der vier Milchkioske (Werbestellen für Trinkmilch), 4. die Mittelstandshilfe (Beratungsstelle für in Not Geratene), 5. die Abteilung Kinderheim und die Rudolf Martin-Kinderhilfe, 6. den Landesverband Bayern des Paritätischen Wohlfahrtsverbandes (gegründet 1924 von Luise Kiesselbach), 7. die Gesellschaft der Altersfreunde (von Luise Kiesselbach ins Leben gerufen zur Errichtung eines Altersheimes an der heutigen Einsteinstraße in München), 8. den Treffpunkt zu Vorträgen und Schulungen der Sozialen Frauenschule (Leiterin: zuerst Frieda Duensing, dann Dr. Heim-Pohlmann), 9. die Vereinigung akademisch gebildeter Frauen (Leitung Dr. Anna Freund), 10. die Zusammenkünfte der Ärztinnen zu Vorträgen in Ernährungsfragen, 11. den Verband der weiblichen Handels- und Büroangestellten, 12. die Berufsberatung und Arbeitsvermittlung für junge Mädchen (während des Ersten Weltkrieges, danach im Arbeitsamt München aufgegangen), 13. die Hausfrauenvereinigung (Leitung Frau von Gumppenberg) sowie 14. die Ortsgruppe der Gemeinschaft deutscher und österreichischer Künstlerinnen und Kunstfreundinnen (Gedok).

In diesem weitgespannten Netzwerk der Frauenaktivitäten behielt Luise Kiesselbach die Übersicht und hielt auch die Fäden in der Hand. Die Frauen widmeten sich zudem Fragen der beruflichen Bildung für Mädchen und arbeiteten mit Frau Roma Zantl zusammen, die um 1928 im städtischen Schulreferat für die Mädchenberufsschulen zuständig war. Auch den Gewerkschaften nahestehende Frauengruppen wie der

Verein Arbeiterinnenheim e.V. (Leitung Frau von Zerzog), der Hauspflegeverein (Leitung Lotte Dewel) und des „Instituts für Soziale Arbeit" (Gründung und Leitung Lotte Willich) suchten den Kontakt. Mit ihnen arbeitete man vor allem in den Weiterbildungskursen für Ehrenamtliche zusammen und tauschte Fachkenntnisse aus.

Während des Ersten Weltkrieges überließ die Stadt München ein ererbtes Forsthaus in Tutzing am Starnberger See der „Frauenhilfe", die unter der Leitung von Luise Kiesselbach stand und fürsorgerisch tätig war. Im Forsthaus wurde das Kindererholungsheim „Gabrielenheim Tutzing" eröffnet, das nach mehreren Umbauten Ende der 20er Jahre an die 60 Kinder aufnehmen konnte. Ebenfalls in den Kriegsjahren wurde der Grundstock für ein zweites Kinderheim gelegt: Zunächst waren in einer Baracke im Hof der Riedlerschule obdachlose Kinder untergebracht worden, aber 1925 konnten diese in das neugeschaffene Erziehungsheim „Luisenhaus" im Münchner Stadtteil Schwabing umziehen.

Für Luise Kiesselbach war die Frauenbewegung unlöslich nicht nur mit sozialem, sondern auch mit politischem Engagement verbunden. Daher zog sie für die Deutsche Demokratische Partei (DDP) in den Münchner Stadtrat ein, nachdem sie schon 1919, während der revolutionären Umbruchszeiten in Bayern, Abgeordnete im Provisorischen Nationalrat gewesen war.

Mit großer Energie und Zielstrebigkeit gelang es Luise Kiesselbach, die Wohlfahrtspflege aus dem Parteienstreit herauszuhalten: Sie gründete 1922 den Ersten Paritätischen Wohlfahrtsverband München und 1924 den Bayerischen Landesverband des Deutschen Paritätischen Wohlfahrtsverbandes (DPNV). Bis Ende 1928 umfaßte der Paritätische Wohlfahrtsverband Bayern 156 Wohlfahrtsorganisationen, das waren Einrichtungen der Gesundheits-, Erziehungs- und Wirtschaftsfürsorge.

Luise Kiesselbach gewann durch ihre Arbeit auch Einsicht in die Not im Alter. Sie verfolgte daher zielstrebig den Gedanken, daß für alte Menschen, die der Versorgung und Pflege innerhalb einer Gemeinschaft bedürfen, ein schützendes Heim errichtet werden muß, um damit zugleich auch die herrschende Wohnungsnot zu steuern. 1928 wurde das Luise-Kiesselbach-Altersheim an der Einsteinstraße eingeweiht und bereits zum 1. März 1929 war es voll belegt.

Luise Kiesselbach schonte sich nicht bei der Fülle ihrer Tätigkeiten und Aufgaben. Sie hatte eine ausgeprägte Persönlichkeit, die wenig Kompromisse zuließ und ihr auch viele Gegner verschaffte. Luise Kiesselbach, schon lange an einer Herzschwäche leidend, starb am 27. Januar

1929 im Sanatorium Ebenhausen, wohin sie sich zu einem Erholungs-
wochenende zurückgezogen hatte.

Die Stadt München ehrte ihr Leben und Werk mit dem Luise-Kiessel-
bach-Platz. *map*

Ellen Ammann
(1870–1932)
Führerin der katholischen Frauenbewegung

Am 1. Juli 1870 wurde Ellen als erstes Kind der Eheleute Dr. phil. C. R.
und Lilly Sundström in Stockholm geboren. Ihr Vater war Gelehrter und
später Professor der Zoologie und Ornithologie. Er war zudem politisch
engagiert und schrieb die Leitartikel des Stockholmer „Dagbladet".
Ellens Mutter, eine schöne, geistreiche und gebildete Frau, griff nach
dem frühen Tod des Gatten selbst zur Feder und leitete über ein Jahrzehnt lang den außenpolitischen Teil einer der größten schwedischen
Zeitungen.

Ellen Sundström absolvierte in Stockholm die Höhere Mädchenschule sowie das Gymnasium und begann mit dem Medizinstudium. Da
trat Dr. med. Ottmar Ammann, ein Münchner Orthopäde, in ihr Leben.
Ellen konvertierte zur katholischen Konfession und 1890 heirateten die
beiden. Der angesehene Arzt eröffnete in der Münchner Landwehrstraße
eine orthopädische Klinik, die später in die Theresienstraße verlegt
wurde. Ellen Ammann arbeitete an der Seite ihres Mannes; sie leitete
18 Jahre lang die hauswirtschaftliche Versorgung der Klinik.

Ellen und Ottmar Ammann hatten sechs Kinder, fünf Söhne und eine
Tochter. Im Sommer wohnten sie in ihrem Landhaus am Starnberger
See, und im Winter fuhren sie in der Dachauer Gegend als eine der
ersten hierzulande Ski. Ellen Ammann hatte das Schneeschuhlaufen aus
Skandinavien mitgebracht.

In München verfolgte Ellen Ammann die Arbeit der bürgerlichen
Frauenbewegung mit Interesse und mit Hochachtung vor deren herausragenden Vertreterinnen Ika Freudenberg, Anita Augspurg und Lida
Gustava Heymann. Sie war bald davon überzeugt, daß auch die katholischen Frauen sich zusammenschließen und für ihre Rechte eintreten
sollten. Zumal um die Jahrhundertwende Elisabeth Gnauck-Kühne mit

255

der Gründung des Bundes evangelischer Frauen erstmals das Augenmerk auf eine konfessionelle Frauenbewegung lenkte.

Ellen Ammann war schon seit 1895, als sie dem Marianischen Mädchenschutz beitrat, der sich mit Zufluchtsheimen und Lehrkursen um die jungen, berufstätigen Mädchen kümmerte, sozialpolitisch tätig.

1897 organisierte sie zudem den ersten „Bahnhofsdienst" auf dem Münchener Hauptbahnhof, das war die erste katholische Bahnhofsmission in Deutschland. Wiederum gaben evangelische Frauen dazu die Anregung. Diese hatten schon auf einigen Bahnhöfen ihren „Freundinnendienst" aufgebaut. Vor allem unerfahrene Mädchen vom Lande, die auf Arbeitssuche in die Stadt kamen, sollten hier Hilfe finden und vor den Zugriffen des damals blühenden Mädchenhandels geschützt werden.

1903 wurde endlich in Köln nach monatelanger verzögernder Diskussion der „Katholische Frauenbund" gegründet. Ellen Ammann war von Anfang an daran beteiligt und blieb bis zu ihrem Tode stellvertretende Vorsitzende. In München initiierte sie die Gründung eines Zweigvereins, was in konservativ-kirchlichen Kreisen nicht auf volle Zustimmung stieß. Mit Unterstützung geistlicher Würdenträger, wie des Provinzials der bayerischen Kapuziner, Pater Benno Auracher, gelang Ellen Ammann dann 1904 in München die Gründung des „Katholischen Frauenbundes" für Bayern. Ihm traten sofort 339 Frauen bei, darunter auch Mitglieder des Adels und des königlichen Hauses. Der Katholische Frauenbund besaß drei verschiedene Sektionen: eine wissenschaftliche, eine karitative und eine soziale. Ellen Ammann übernahm den Vorsitz und begann mit der praktischen Arbeit. Die katholisch-organisierten Frauen setzten sich für eine bessere Bildung der Mädchen ein, errichteten Milchküchen und stritten für bessere Arbeitsbedingungen der Heimarbeiterinnen, Kellnerinnen und Mörtelträgerinnen.

Vor allem die soziale – nicht die politische – Arbeit lag Ellen Ammann zunächst am Herzen. Sie baute daher die soziale Frauenschule des

Katholischen Frauenbundes aus, die schon seit 1912 zweisemestrige soziale Schulungen für Frauen anbot. In den Jahren 1913/14 und 1915 wurde der Lehrplan erweitert und mit Praktika ergänzt. Schließlich bot die „Sozial-karitative Frauenschule des Katholischen Frauenbundes" mit Genehmigung der Regierung von Oberbayern eine staatlich anerkannte Ausbildung für Fürsorgerinnen und Sozialarbeiterinnen an. 1932 war die Schule voll entwickelt und bildete zudem noch Pfarrhelferinnen für die Laienseelsorge aus. Ellen Ammann übernahm zunächst die Leitung der sozialen Frauenschule, überließ sie jedoch später ihrer Tochter.

Während der Zeit des Ersten Weltkrieges leitete Ellen Ammann zusammen mit Luise Kiesselbach ehrenamtlich die soziale Kriegshilfe. Gemeinsam mit evangelischen und jüdischen Frauenvereinen organisierten sie Mittagstische, Wohnungen, Arbeit, Kleidung, Brennmaterial und Lebensmittel für bedürftige Familien, betreuten Flüchtlinge und übernahmen sogenannte Kriegspatenschaften für schwangere Frauen und deren Kinder.

Nach dem Ersten Weltkrieg erlangten die Frauen während des revolutionären Umbruchs in Bayern am 5. Dezember 1918 das aktive und passive Wahlrecht, und Ellen Ammann wurde als Mitglied der Bayerischen Volkspartei (BVP) am 12. Januar 1919 in den Bayerischen Landtag gewählt. Ihre politischen Bereiche umfaßten die Wohlfahrts- und Jugendpflege sowie das Gesundheitswesen. Mit Entschiedenheit trat Ellen Ammann, oftmals unbequem für ihre Fraktionskollegen, für die Gleichberechtigung der Frau ein. Die offizielle Landtags-Anrede „Sehr geehrte Frauen und Herren" kommentierte sie humorvoll: „In dieser Kammer gibt es keine Damen: was aber sagt ihr dazu, daß es dort auch keine Männer geben soll?"

Ellen Ammann, vom Äußeren her eine schlichte und schmale Erscheinung, war höchst arbeitsam, weitsichtig, klug, energisch und mutig. Ihr unerschrockenes Handeln 1923 verhinderte den Hitlerputsch, denn auf ihre persönliche Intervention bei Kahr hin faßte dieser den Entschluß, gegen Hitler und die Nationalsozialisten vorzugehen. Der damalige Kultusminister Franz Matt erinnerte sich später: „Die Kollegin Ammann hatte damals mehr Mut bewiesen als manche Herren."

Ellen Ammann erlitt während einer Rede im Landtag am 22. November 1932 einen Schwächeanfall und starb in der folgenden Nacht am 23. November 1932. Sie wurde auf dem Alten Südlichen Friedhof in München beerdigt. Am „Haus des Frauenbundes" in der Schraudolphstraße brachte die Stadt München 1991 ihr zu Ehren eine Gedenktafel an.   *map*

Helene Grünberg
(1874–1928)
Sozialdemokratin und erste Arbeitersekretärin in Deutschland

Am 22. November 1904 erschien in der „Münchener Post" ein Artikel mit dem Titel „Zur Förderung der Agitation unter den erwerbstätigen Frauen und Mädchen". Die Autorin Marie Greifenberg rief die Gewerkschaftskartelle zur Unterstützung auf und kündigte eine Reihe von Versammlungen mit der Gewerkschafterin Helene Grünberg an. Diese, am 28. Juni 1874 in Berlin als Tochter eines Gastwirts geboren, war gelernte Damenschneiderin. Mit 22 Jahren hatte sie sich dem Deutschen Schneider- und Schneiderinnenverband angeschlossen und dort organisatorische Erfahrungen gesammelt. Ihre Agitationstour – zugleich ihre Premiere in Bayern – begann sie am 26. November 1904 in Ansbach. Nicht viel später, im Juli 1905, stellte sie das Nürnberger Gewerkschaftskartell als erste Arbeitersekretärin in Deutschland an; Helene Grünberg war für die Frauenagitation und die Kassengeschäfte zuständig.

Forderungen nach einer speziellen Frauenagitatorin für Nürnberg waren bereits zu Jahresbeginn laut geworden und Klagen, daß sich einige Gewerkschaften seit Jahren erfolglos um die Arbeiterinnen bemüht hätten. Zugleich waren die Männer für ihre Gleichgültigkeit und ihre Einstellung gerügt worden, die Frauen am liebsten am Herd zu sehen und für dumm zu erklären. Die täglich erfahrene Geringschätzung im Betrieb und Beschimpfungen als „Lohndrückerin" und „Schmutzkonkurrentin" hatte allerdings schon 1892 eine Nürnberger Pappenarbeiterin als einen Grund benannt, warum sich die Frauen oft nur zögernd einer Organisation anschlossen. „Die Frauen sind bis jetzt den Versammlungen der Männer fern geblieben", so hatte sie weiter erklärt, „weil sich die Arbeiterinnen scheuen, am Abend neben dem Gehilfen zu sitzen, der sie tagsüber peinigt, dann weil sie von den Männern nur geduldet werden." Neben der behördlichen Repression mochte auch diese Haltung der Männer dazu beigetragen haben, daß die 1890 gegründeten Fachvereine der Papierarbeiterinnen und aller Arbeiterinnen der Blech- und Metallwarenindustrie schon nach einem Jahr Bestehen wieder aufgelöst wurden.

Helene Grünberg begann ihre Tätigkeit in Nürnberg mit einer Reihe allgemeiner Arbeiterinnenversammlungen, und sie hielt eigene Fabrik-

Die Reichstagsabgeordnete Helene Grünberg (2. Reihe,
2. von links) unter den weiblichen Mitgliedern der
SPD-Fraktion; vor ihr die zweite bayerische Mandats-
trägerin, Antonie Pfülf. Foto um 1920

und Betriebsversammlungen ab. Ende 1905 konnten 2582 Gewerkschafterinnen gezählt werden. Zwei Jahre später richtete sie Unterrichtskurse
zur Schulung bereits organisierter Frauen ein, die dann in den Betrieben
agitieren sollten. 1910 schließlich gab es in Nürnberg 11 040 Frauen in
den Freien Gewerkschaften; im Vergleich dazu brachte es München auf
8632 und Augsburg auf nur 1020 Gewerkschafterinnen. Von Helene
Grünberg ging auch der entscheidende Impuls für die freigewerkschaft-
liche Dienstmädchenorganisation aus. Häusliche Dienstboten bildeten
nicht nur eine der größten weiblichen Berufsgruppen, sie waren auch
fast ausschließlich weiblich; so befanden sich 1907 unter 115 000 Die-
nenden in Bayern nur 1624 Männer. Im März 1906 gründete Helene
Grünberg den „Verein der Dienstmädchen, Wasch- und Putzfrauen, Zugeherinnen usw. für Nürnberg und Umgebung", der Ende des Jahres
bereits 346 Mitglieder umfaßte. Nach seinem Vorbild entstanden bald
darauf Dienstmädchenvereine in Fürth und in München. 1906 trug
Helene Grünberg ihre Organisationsprinzipien auch auf der 4. Konferenz
der sozialdemokratischen Frauen in Mannheim vor. Diese forderte dann
unter anderem, die Dienstboten – wie die anderen Lohnarbeiterinnen
und Lohnarbeiter – der Gewerbeordnung zu unterstellen, ihnen das
Koalitionsrecht zur Vertretung ihrer Interessen zu gewähren und ihre

Arbeits- und Freizeit nicht mehr der Willkür der Herrschaften zu überlassen, sondern verbindlich zu regeln. Helene Grünberg beeinflußte schließlich auch wesentlich das Programm des 1909 in Berlin gegründeten „Zentralverbandes der Hausangestellten Deutschlands".

Als Vertreterin des gewerkschaftlichen Flügels prägte sie aber auch die sozialdemokratische Frauenbewegung in Nürnberg, und in der bayerischen Frauenbewegung spielte sie bald eine führende Rolle neben Marie Greifenberg. 1905 oder 1906 wurde sie zur Nürnberger Vertrauensperson gewählt. Es entstand hier zwar – nach den polizeilich aufgelösten Bildungsvereinen von 1885 und 1892 – keine eigene Frauenorganisation mehr, dafür fanden Leseabende statt, 300 Frauen abonnierten die „Gleichheit", und etwa 500 Frauen zahlten freiwillig Beiträge an die Partei. Als im Jahr 1907 die bayerische Frauenkonferenz in Nürnberg tagte, wählte diese auf Helene Grünbergs Antrag Greifenberg zur Landesvertrauensperson; inzwischen gab es in 34 Orten weibliche Vertrauenspersonen. Ein Jahr später traten die Nürnberger Frauen gemeinsam in die SPD über. Zwischen 1909 und 1914 saß Helene Grünberg als Beisitzerin im örtlichen Parteivorstand. In ihrer Eigenschaft als Frauenrepräsentantin im Vorstand leitete sie auch die noch 1908 zu Agitationszwecken eingerichtete Frauenabteilung. 1910 zählte die SPD in Nordbayern 1886 und in Südbayern 1613 weibliche Mitglieder. In diesem Jahr beantragte Josepha Lachenmeyer – München auf dem Erlanger Landesparteitag eine weibliche Vertreterin im Landesvorstand. Bei den Beisitzerwahlen erhielt Helene Grünberg 66 Stimmen – ob sie damit gewählt war, ist nicht bekannt.

Helene Grünberg setzte sich insbesondere auch für die Mitarbeit sozialdemokratischer Frauen in den Gemeinden ein. Auf dem Landesparteitag 1912 in Landshut beantragte sie, daß der Landesvorstand Klara Weyls Schrift „Die Frau und die Gemeindepolitik" an alle bayerischen Genossinnen verteilen lassen solle. Die Frauen besäßen zwar kein Wahlrecht, so meinte sie, dafür sollten sie sich aber insbesondere in der Säuglingsfürsorge, im Kostkinderwesen und in der Armenpflege in den Gemeinden betätigen. Ihr Antrag wurde abschlägig beschieden. Sie selbst war dann in der Nürnberger Kinder- und Jugendfürsorge und zwischen 1916 und 1919 als Armenrätin aktiv. Weiter engagierte sich Helene Grünberg in der Arbeiterjugendbewegung. Seit 1907 gab es in Nürnberg einen Arbeiterjugendverein, dem ab 1910 auch Mädchen beitreten konnten. Sie saß im Nürnberger Jugendausschuß, und 1913 war sie Vorsitzende des Jugendausschusses für den Bezirk Mittelfranken.

Nach dem Ersten Weltkrieg gehörte Helene Grünberg zu den ersten

Parlamentarierinnen: 1919 wurde sie als Abgeordnete der MSPD in die deutsche Nationalversammlung gewählt. Sie gehörte bis 1920 dem Reichstag an. Aufgrund einer Nervenkrankheit mußte sie dann vier Jahre später in den Ruhestand treten. Im Alter von 54 Jahren beging Helene Grünberg, zu deren bedeutendsten Leistungen die Gründung der ersten gewerkschaftlichen Organisation für Dienstmädchen zählt, Selbstmord.   *ep*

Aurelia Deffner
(1881–1959)
Sozialdemokratische Arbeiterinnenvertreterin

Vor dem Ersten Weltkrieg gehörte Aurelia Deffner zu den führenden Frauen der sozialdemokratischen Arbeiterinnenbewegung in Augsburg. Sie wurde am 10. Dezember 1881 in Handzell (Lkr. Aichach-Friedberg) als uneheliche Tochter der Magd Anna Maria Wagner und eines Knechtes geboren. Noch nicht ganz 15 Jahre alt, trat sie in die Baumwoll-Feinspinnerei in Augsburg ein. In der Mechanischen Baumwollspinnerei und Weberei, wo sie seit 1897 arbeitete, befreundete sie sich mit einer sozialistisch gesinnten Arbeitskollegin. Beide schlossen sich gegen 1900 dem Deutschen Textilarbeiterverband an, der 1899 in Augsburg 97 weibliche Mitglieder zählte.

Für sozialdemokratische Frauen stellte seit 1892 der Eintritt in eine Freie Gewerkschaft eine der Möglichkeiten dar, das Vereins- und Versammlungsgesetz von 1850 zu umgehen. Dieses schloß Frauen von politischen Parteien und Vereinen und deren Versammlungen aus; die Behörden handhaben das Gesetz auch als Instrument, mißliebige Frauenorganisationen und mit ihnen die Sozialdemokratie zu treffen. So wurden zwischen 1891 und 1895 die Bildungsvereine Münchner, Nürnberger und Fürther Frauen kurzerhand zu politischen Vereinen – die sich mit „öffentlichen" Angelegenheiten befaßten – erklärt und polizeilich aufgelöst. Aufgrund auch der behördlichen Repression verlagerte sich der Schwerpunkt der sozialdemokratischen Frauenagitation in Bayern bis zur Jahrhundertwende auf die gewerkschaftliche Organisation. Als dann das bayerische Vereinsgesetz 1898 gelockert wurde, konnten die Frauen wieder an eine eigenständigere Organisationsform denken.

Die sozialdemokratische Agitatorin Marie Greifenberg (geb. 1861 ? in Stargard, Ostpreußen) war im Jahr 1899 von Berlin nach Augsburg übergesiedelt. Auf ihre Initiative entstand hier der „Bildungs-Verein für Frauen und Mädchen". Vermutlich befand sich Aurelia Deffner un-

ter den 45 Frauen, die in der Gründungsversammlung am 18. Oktober 1901 ihren Beitritt erklärten. Inzwischen hatte sie auch den Kammgarnspinner und dann hauptamtlichen Gewerkschaftsfunktionär Wilhelm Deffner in einer Textilarbeiterversammlung kennengelernt. Sie bekam nun zu spüren, was es bedeuten konnte, mit einem aktiven Sozialdemokraten verlobt zu sein: Weil sie mit Wilhelm Deffner „ein Verhältnis" unterhalte, wurde ihr in der Mechanischen Baumwollspinnerei und Weberei gekündigt. Bald darauf fand sie wieder Arbeit in der Kammgarnspinnerei, und im November 1902 heiratete sie Wilhelm Deffner. Sie blieb noch zwei Jahre als Weberin tätig, dann verdiente ihr Ehemann soviel, daß sie ihren Beruf aufgeben konnte. Dies ermöglichte ihr nun, in rascher Folge Ämter in der Frauenorganisation zu übernehmen und somit Karriere zu machen – was ihr kaum gelungen wäre, hätte sie in dem endlosen Arbeitstag verheirateter Fabrikarbeiterinnen Familienpflichten und Beruf bewältigen müssen.

Im Augsburger Frauenbildungsverein wie überhaupt in der sozialdemokratischen Frauenbewegung waren die Ehefrauen aktiver Sozialdemokraten stark vertreten. Das galt auch für die seit 1904 Augsburger Vertrauensperson Marie Greifenberg, deren Ehemann allerdings eher im Schatten seiner Frau stand. Maria Magdalena – „Magda" – Hagen (1866–1939), die 1906 in Regensburg den „Verein für Frauen und Mädchen der Arbeiterklasse" initiierte, oder Emilie Mauerer vom 1905 gegründeten „Frauen- und Mädchenbildungsverein für München und Umgebung", waren ebenfalls mit Sozialdemokraten verheiratet.

Aurelia Deffner wurde nun in den Vorstand des Augsburger Bildungs-vereins und 1905 zur Stellvertreterin Greifenbergs als Vertrauensperson gewählt. Nachdem Greifenberg ein Jahr später aufgrund ihrer Überla-stung durch auswärtige Agitation ihr Amt als Vertrauensperson nieder-legte, rückte Aurelia Deffner nach. Ihr oblag es nun, die planmäßige poli-tische Agitation für die Sozialdemokratische Partei unter den Frauen zu betreiben, öffentliche Versammlungen zu organisieren und in diesen Stellungnahmen der Frauen zu politischen Fragen herbeizuführen – so hatte Marie Greifenberg die Aufgaben der Vertrauensperson definiert. Aurelia Deffner veranstaltete Leseabende, auf denen sich die Frauen vor allem mit dem Parteiprogramm befaßten, und warb für das Frauenwahl-recht, das die Sozialdemokratische Partei im Erfurter Programm 1891 für alle Reichsangehörigen ohne Unterschied des Geschlechts gefordert hatte. 1908 schließlich gewährte das Reichsvereinsgesetz den Frauen die volle Vereins- und Versammlungsfreiheit, es war ihnen jetzt möglich, der Sozialdemokratischen Partei beizutreten. In Augsburg setzte sich Aurelia Deffner erfolgreich für den geschlossenen Übertritt der Mitglie-der des Frauenbildungsvereins in den Sozialdemokratischen Verein ein. Sie selbst wurde in den Parteivorstand gewählt; 1910 war sie zweite Schriftführerin.

Ende des gleichen Jahres zog die Familie Deffner mit den 1906 und 1909 geborenen Kindern nach Kempten um. Wilhelm Deffner richtete hier eine Geschäftsstelle des Textilarbeiterverbandes für das Allgäu ein. Zu diesem Anlaß würdigte die „Schwäbische Volkszeitung" die Augs-burger Tätigkeit Aurelia Deffners als „leuchtendes Beispiel für Aufopfe-rung und Pflichterfüllung". Ähnlich sah es auch ihr Ehemann: „Sie war mir schon in Augsburg und erst recht im Allgäu eine gute Stütze in mei-nem Beruf. Sie nahm sich besonders der Frauen und Mädchen an und so trug sie viel dazu bei, daß der Textilarbeiterverband in diesem Bezirk, wo man in den meisten Betrieben keine Ahnung von einer Arbeiterorga-nisation hatte, bald erstarkte." 1917, als Wilhelm Deffner eingezogen wurde, übernahm sie dann auch Leitung und Geschäfte des Textilbe-zirkes.

Genausowenig vernachlässigte sie die Parteiarbeit – 1912 war sie erste Schriftführerin im Sozialdemokratischen Verein Kempten – und die Frauenbewegung. Seit 1911 fanden in den größeren bayerischen Städten alljährlich Frauentage mit Kundgebungen statt, bei denen das Frauen-wahlrecht im Zentrum stand. Aurelia Deffner sprach auf Kundgebungen in Kempten und 1914 auf dem Frauentag in Augsburg. Im Jahr 1919 wurde sie als Abgeordnete für den Wahlkreis Kempten-Sonthofen in den bayerischen Landtag gewählt. Sie kandidierte allerdings nach einer Legislaturperiode nicht mehr, um sich ganz ihrer Familie widmen zu können.

Aurelia Deffner starb nach längerer schwerer Krankheit im Alter von 77 Jahren im Juli 1959 in Augsburg. *ep "die offene Tür"*

Politikerinnen

(Antonie) Toni Pfülf
(1877–1933)
Reichstagsabgeordnete der SPD

„Ich möchte in aller Stille dem Feuer übergeben werden ohne Reden nur mit etwas stiller Musik", so verfügte Toni Pfülf ihren Heimgang in ihrem Testament vom 17. Februar 1933. Nachrufe an ihrem Sarg und politische Bekenntnisse in einer für ihre Genossinnen und Genossen gefährlichen Zeit wollte sie wohl nicht zulassen. Die sozialdemokratische Reichstagsabgeordnete war am 8. Juni 1933 freiwillig aus dem Leben geschieden, von der Politik der linken Kräfte im Staat enttäuscht und von den Nationalsozialisten bedroht.

Antonie Pfülf, geboren am 14. Dezember 1877 in Metz, war die Tochter eines kaiserlichen Obersten und späteren hohen Beamten im bayerischen Kriegsministerium zu München. Ihre väterliche Familie wies eine Reihe von Juristen und Offizieren auf, so daß Toni Pfülf wegen ihres – in den Augen der Verwandtschaft – unkonventionellen Lebens zur Außenseiterin und unerwünschten Person im elterlichen Hause wurde. Toni Pfülf erlaubte sich nämlich, einen eigenen Willen zu haben und nach eigener Auffassung ihr Leben zu gestalten. Nach dem Besuch der höheren Töchterschule in Metz ging die noch nicht volljährige Toni 1896 nach München, um sich am dortigen Lehrerinnenseminar ausbilden zu lassen. Ihr Studium mußte sie selbst finanzieren, da die Familie mit dieser Extravaganz nicht einverstanden war. Toni Pfülf unterrichtete dann als Volksschullehrerin in verschiedenen bayerischen Orten, bis sie aus gesundheitlichen Gründen 1920 den Lehrberuf aufgeben mußte.

Zum vollständigen Bruch mit dem Vater kam es, als Toni sich politisch interessierte, aus der katholischen Kirche austrat und eine aktive Sozialistin wurde. 1902 trat sie einer der SPD nahestehenden Frauen-

265

vereinigung bei, wohl veranlaßt durch die im Kreuzbräu stattfindende Frauenkonferenz der SPD. Clara Zetkin sprach dort zumThema „Die politische Gleichberchtigung des weiblichen Geschlechts, insbesondere auf dem Gebiet des Vereins- und Versammlungsrechtes".

Frauen war zu jener Zeit nicht nur das Wahlrecht versagt, sondern auch aufgrund des gültigen Vereinsrechtes jede politische Betätigung verboten. Erst seit 1902 durften Frauen offiziell in abgeteilten Bereichen den politischen Reden lauschen, sich jedoch nicht an den Diskussionen beteiligen. Das neue Reichsvereinsgesetz von 1908 brachte dann endlich die politische Versammlungs- und Vereinsfreiheit.

*Antonie Pfülf an ihrem
50. Geburtstag*

Von Toni Pfülf berichtet der Zeitzeuge und Genosse Emil Holzapfel, daß sie als Mann verkleidet schon 1905 in einer Münchner Gaststätte eine politische Rede hielt. In der Zeit des Ersten Weltkrieges war Toni Pfülf als Münchner Armen- und Waisenrätin tätig. Andere politische Ämter kamen für Frauen noch nicht in Frage, denn sie erlangten das aktive und passive Wahlrecht erst 1918 in der revolutionären Umbruchszeit. Aber auch Bayerns Revolutionäre setzten sich nicht besonders für die politische Teilhabe der Frauen ein.

Vergeblich forderte Toni Pfülf die Mitwirkung der Frauen im Arbeiter- und Soldatenrat, der sich im November 1918 bildete. Toni Pfülf verschaffte sich Zugang zum Tagungslokal und entfernte sich trotz Aufforderung nicht. Sie rief: „Man kann mich nur mit Gewalt aus dem Sitzungssaal befördern, denn ich habe hier im Arbeiter- und Soldatenrat die Interessen der Frauen zu vertreten". Sie wurde niedergestimmt und hinausgeworfen. Wohl auch deshalb gründeten politisch links stehende Frauen in München im November 1918 den „Bund sozialistischer Frauen". Toni Pfülf gehörte zu den Gründerinnen und übernahm den Vorsitz.

Bereits 1919 jedoch saß Toni Pfülf für die SPD in der verfassungsgebenden Nationalversammlung zu Weimar. Sie hatte auf Anregung des späteren Ministerpräsidenten Johannes Hoffmann im Wahlkreis Oberbayern-Schwaben kandidiert und war gewählt worden. Von den 421 Abgeordneten waren damals 37 Frauen. Toni Pfülf arbeitete im Verfassungsausschuß mit. Sie plädierte für eine uneingeschränkte und deutliche Aussage zur Gleichstellung der Frauen. Wie so oft war sie ihrer Zeit damit voraus und fand daher keine Mehrheit. Toni Pfülf zog 1920 in den Reichstag als Abgeordnete ein, und 1924 wurde sie für Niederbayern-Oberpfalz erneut hineingewählt. Bis zu ihrem Freitod 1933 blieb sie Reichstagsabgeordnete in Berlin.

In ihrer politischen Arbeit konzentrierte Toni Pfülf sich auf die Neuordnung des Ehe- und Familienrechts, setzte sich für das Zerrüttungsprinzip bei Scheidungsverfahren ein, wünschte die rechtliche Gleichstellung von ledigen Müttern und unehelichen Kindern, plädierte für die ökonomische Unabhängigkeit der Frau und für die Abschaffung des Paragraphen 218, engagierte sich für eine bessere schulische Bildung der Kinder und für eine konfessionsungebundene Schule. Viele Reformvorschläge Toni Pfülfs konnten sich damals nicht durchsetzen. Ihr politisches Engagement erlahmte aber nie.

Ihren letzten Kampf führte Toni Pfülf gegen den erstarkenden Nationalsozialismus. Auf einer politischen Versammlung in ihrem Wahlbezirk Niederbayern-Oberpfalz am 23. Januar 1932 warnte sie vor der NSDAP. Der Polizeiberichterstatter notierte dazu: „Die Rednerin wandte sich in einstündigem Vortrag scharf gegen den Nationalsozialismus und bemerkte, daß die Arbeiterschaft geschlossen bereitstehen werde, falls eine Reichsregierung eine Verschlechterung der Lebensbedingungen der Arbeiterschaft und der Sozialgesetzgebung herbeiführen wolle. (...) Die ganze Rede der Referentin war eine Kampfansage an den Nationalsozialismus."

Der kämpferische Widerstand, den Toni Pfülf beschwor, blieb jedoch aus. Schon mußten Genoss(inn)en fliehen, der Parteivorstand war bereits im Exil. Die „Gleichschaltung" vernichtete alle politischen, gesellschaftlichen und sozialen Organisationen außerhalb der NSDAP. Auch Toni Pfülf war Repressalien seitens der braunen Machthaber ausgesetzt, einmal hatte man sie bereits inhaftiert. Von einer Reise in die Schweiz, wohin sie Freunde in Sicherheit brachte, kehrte sie selbst wieder nach Deutschland zurück.

Schließlich zerbrach die aufrechte Sozialdemokratin jedoch an der momentanen Hoffnungslosigkeit, der politischen Ohnmacht und der damit verbundenen persönlichen Enttäuschung. Zwei Freitodversuche im März und Mai 1933 schlugen fehl. Am 8. Juni 1933 starb Toni Pfülf in ihrer Münchner Wohnung an einer Überdosis Veronal. Zwei Wochen später, am 22. Juni 1933, wurde die SPD, ihre politische Heimat, von den Nationalsozialisten verboten. In ihrer „Letztwilligen Verfügung" vom 17. Februar 1933 hatte sie noch für ihre eigene Todesanzeige formuliert: „Sie ging mit dem sicheren Wissen von dem Sieg der großen Sache des Proletariats, der sie dienen durfte." Dieser Text konnte nicht mehr gedruckt werden. In den Münchner Neuesten Nachrichten erschien nach der Feuerbestattung im Krematorium des Münchner Ostfriedhofs eine Todesanzeige, die ihre Mutter Tina Pfülf, Oberstenwitwe, und ihre Schwester Emmy Pfülf, städtische Oberkindergärtnerin, als trauernde Hinterbliebene ausweist.   *map*

Dr. Maria Probst
(1902–1967)
Landtags-, Bundestags- und Europaabgeordnete der CSU

Maria Probst, geborene Mayer, entstammte einer sehr politisch orientierten Familie. Sie wurde am 1. Juli 1902 in München geboren. Ihr Vater, Rechtsanwalt Dr. Wilhelm Mayer, zog 1907 als Abgeordneter des Wahlkreises Kaufbeuren in den Reichstag zu Berlin ein. Er unterzeichnete später die Weimarer Verfassung mit, gehörte als Reichsschatzminister dem ersten Kabinett der Weimarer Republik an und war bis zu seinem Tode von 1921 bis 1923 deutscher Botschafter in Paris. Seine Tochter Maria erhielt eine ausgezeichnete Schul- und Universitätsbildung. Sie besuchte verschiedene Internate in Aachen, München und das der Englischen Fräulein in Regensburg. Nach dem Abitur arbeitete Maria Mayer an der Deutschen Botschaft in Paris, wo sie mit ihrer Familie inzwischen lebte. Da ihre Eltern aus der Rheinpfalz und aus Lothringen stammten – das großväterliche Weingut bestand dort noch –, prägten das junge Mädchen französische Eindrücke, Lebensart und Denkweise nachhaltig. Maria studierte, nach dem Tod des Vaters, Germanistik und Geschichte an den Universitäten von Freiburg/Breisgau, Zürich und München. 1930 schloß sie ihre Studien mit einer Doktorarbeit zum Thema „Familienpolitik des bayerischen Herrscherhauses zu Beginn des 19. Jahrhunderts" ab.

Noch im selben Jahr ehelichte Maria Mayer den Juristen und Landtagsabgeordneten der BVP, Dr. Alfred Probst. Mit ihm hatte sie zwei Töchter, die sie nach Kriegsende allein großziehen mußte. Ihr Mann war nach einer „Schutzhaft" 1933 an das Finanzamt in Stettin strafversetzt und 1939 als Soldat eingezogen worden. Er fiel im März 1945 in Danzig.

Maria Probst lebte damals mit ihren Töchtern als Evakuierte im unterfränkischen Hammelburg. Sie engagierte sich dort für die lebensnotwendige Versorgung der Flüchtlinge und für die schulische Bildung der Kinder. Zunächst erteilte sie Privatunterricht, dann erhielt sie eine Lehrbefugnis für die höhere Schule und unterrichtete an der Oberschule sowie am Progymnasium in Hammelburg. Zugleich engagierte sich Maria Probst politisch: Sie war Gründungsmitglied des neuen Ortsverbandes der CSU in Hammelburg, wurde Bezirksdelegierte und 1946 Redakteurin der „Bayerischen Rundschau" in München. Politik zu machen, zielte für sie darauf ab, die Lebenslage der Menschen zu verbessern. Ihre eigenen Erfahrungen der Kriegs- und Nachkriegszeit motivierten sie dazu: „Weil ich so viel Not gesehen und erlebt hatte und sie lindern helfen wollte." Als Landtagsabgeordnete vertrat Maria Probst von 1946 bis 1949 den Wahlkreis Hammelburg-Gemün-

den. Ihre politischen Arbeitsgebiete dieser Jahre waren Haushalt, Kultur und Soziales.

1947 gründete Dr. Maria Probst mit Thusnelda Lang-Brumann, Dr. Elisabeth Meyer-Spreckels, Elisabeth Hahn und Zita Zehner die Landesarbeitsgemeinschaft der Frauen in der CSU. Sie war der Meinung, daß Frauen keine Einzelkämpferinnen seien, und baute daher vor allem auf Gemeinsamkeit und Kooperation. Außerdem war sie überzeugt davon, daß Politikerinnen nicht nur den politischen Stil, sondern auch die Inhalte änderten. Maria Probst hoffte auf eine qualitativ neue Politik, auf eine geistige Erneuerung durch die politisch engagierten Frauen und Wählerinnen. „Die offene Tür für uns Frauen ist die Politik" und „gute Leistung setzt sich immer durch", so dachte sie damals in die Zukunft. Später antwortete sie in einem Interview auf die Frage, ob es Frauen in der Politik leichter oder schwerer hätten als Männer: „Eine Frau muß immer doppelt so gut sein wie der Partner. Sie muß zugleich robuster und sensibler als ein Mann sein, aber auch mehr rezeptiv, mit feinerem Spürsinn reagieren."

Maria Probst gehörte ab 1949 (als Direktabgeordnete des Wahlkreises Karlstadt/Bayern) bis 1967 dem Deutschen Bundestag an. Dort arbeitete sie auf vielen Gebieten mit, vor allem aber im Haushaltsausschuß, im Ausschuß für europäische Sicherheit, für Verteidigung, für Wiedergutmachung, für kommunalpolitische und öffentliche Fürsorge. Hauptsächlich setzte sie ihre Kraft für die Kriegsopferfürsorge ein: Von 1957 bis 1965 war sie stellvertretende Vorsitzende des Ausschusses für Kriegsopfer- und Heimkehrerfragen. Immer wieder forderte Maria Probst die Gemeinschaftsverpflichtung gegenüber den Kriegsopfern ein, setzte die Erhöhung der Leistungen nach dem Bundesversorgungsgesetz gegen die Finanzpolitiker aus ihrer eigenen Partei durch. Damals prägte man den Ausspruch, Maria Probst sei „die teuerste Frau im Bundestag". Je nach Perspektive wurde sie für ihren Einsatz für die Kriegsopfer auch „Maria Heimsuchung" oder „Maria Hilf" genannt.

Maria Probst wurde am 9. Dezember 1965 einstimmig zur Vizepräsidentin des Deutschen Bundestags gewählt. Damit war ein Novum geschaffen: Erstmals stand eine Frau mit an der Spitze des Parlaments. Aber: Wie sollte der weibliche „Präsident" denn angesprochen werden? Maria Probst bevorzugte zumindest bei der direkten Anrede die weibliche Form: Frau „Vize-Präsidentin". In ihrem neuen Amt setzte sich Maria Probst für eine Parlamentsreform ein. Sie wünschte eine Abkehr vom Spezialistentum und von zu großer Aufsplitterung durch zu viel Arbeitsteilung. Das Parlament sollte wieder Plattform für die Gesamtschau der politischen Themen und der politischen Auseinandersetzung sein.

Von 1958 bis 1966 war Maria Probst zugleich auch Abgeordnete des Europäischen Parlaments. Für sie wie für viele andere Nachkriegspolitiker und -politikerinnen war die europäische Integration die Garantie für andauernden Frieden und größtmögliche Sicherheit. Die Europäische Gemeinschaft sollte „den Krieg in Europa materiell unmöglich machen", wie sie meinte. Maria Probst forderte überdies ein gemeinsames Handeln in einer europäischen Sozialpolitik. Die europäische Sozialcharta wurde aber erst 18 Jahre nach ihrem Tod, 1989, verabschiedet. Maria Probst wehrte sich gegen den zunehmenden Euro-Zentrismus und Protektionismus. Sie trat für eine wirkliche Verfassung, für Menschen- und Persönlichkeitsrechte ein. Das Europäische Parlament sollte die Legitimation einer echten politischen Repräsentation erhalten. Die erste Direktwahl zum Europäischen Parlament fand jedoch erst 1979 statt.

Ab 1963 bis zu ihrem Tode 1967 fungierte sie als Präsidentin der Europäischen Frauen-Union, die 1955 gegründet worden war. Die Frauen hätten im Prozeß der europäischen Einigung – nach Maria Probst – als „Wächterinnen am Wege der Entwicklung Europas" zu fungieren. Sie sollten politische Verantwortung übernehmen. „Frau und Politik" dürfe kein Gegensatz mehr sein. Trotz solcher Auffassungen und Ermahnungen auch in konservativen Kreisen waren die Frauen, die zu dieser Zeit etwa 60 Prozent der Wählerschaft ausmachten, in den Parlamenten und politischen Funktionen gänzlich unterrepräsentiert. Im Bayerischen Landtag lag der Frauenanteil bei der Abgeordnetenschaft 1946 bei 2,2 Prozent und steigerte sich bis 1990 auf 14,2 Prozent. Im Deutschen Bundestag erhöhte sich der Frauenanteil von 7,1 Prozent (1949) auf 20,5 Prozent (1990).

Die erfolgreiche CSU-Politikerin der Nachkriegs- und Adenauerzeit, Dr. Maria Probst, starb am 1. Mai 1967 in Bonn.   *map*

Käte Strobel
(1907–1996)
Bundesministerin der SPD –
Vizepräsidentin des Europaparlaments

Nach dem Zweiten Weltkrieg und der Überwindung der Nazi-Diktatur gab es in Bayern nur sehr wenige politisch aktive Frauen. Für die meisten wurde die Organisation des Überlebens ihrer Familie zum eigentlichen Inhalt. Im ersten bayerischen Landtag 1946 waren nur 2,2 Prozent der Abgeordneten weiblichen Geschlechts. Auch Käte Strobel hatte für den Landtag kandidiert. Auf einer von fünf großen Frauenversammlungen mit dem Motto „Wir Frauen wählen Sozialdemokraten" sprach sie im Restaurant „Fränkische Alb" zu den Nürnberger Wählerinnen. Diese nahmen den Slogan wohl allzu wörtlich, denn unter den sozialdemokratischen Abgeordneten im bayerischen Landtag war keine einzige Frau zu finden.

Käte Strobel gab jedoch nicht auf. 1949 kandidierte sie für den Bundestag und sprach im Wahlkampf wieder auf einer öffentlichen Frauenversammlung. Sie wies dabei auf die Wichtigkeit der politischen Teilhabe der Frauen hin, die immerhin weit über die Hälfte der Stimmen ausmachten. Käte Strobel redete auf dieser Versammlung über familien- und wirtschaftspolitische Fragen sowie über die Gleichstellung der Frau in der Gesellschaft. Damit umriß sie schon einen Großteil ihrer zukünftigen Aufgabenbereiche in der Politik. Käte Strobel wurde damals als „Frau mit Herz und Verstand" charakterisiert. Ihr Einsatz hatte Erfolg: Sie war von 1949 bis 1972 ununterbrochen Mitglied des Deutschen Bundestages.

Wer war diese Frau, die den Frauen aufmunternd und auffordernd zurief: „Politik ist eine viel zu ernste Sache, um sie allein den Männern zu überlassen!"

Käte Strobel, geb. Müller, entstammte einer Nürnberger Arbeiterfamilie. Sie kam am 23. Juli 1907 als viertes Kind eines Schuhmachers

Foto 1951

und dessen Ehefrau zur Welt. Die später neunköpfige Familie lebte in der Nürnberger Arbeitersiedlung „Gartenstadt". Kätes Vater, in der USPD (Unabhängige Sozialdemokratische Partei Deutschlands) engagiert, avancierte zum Gewerkschaftssekretär im Zentralverband der Schuhmacher Deutschlands. Dennoch konnte Käte wegen Geldmangels nicht die Ausbildung absolvieren, die sie sich gewünscht hatte. Sie besuchte nach der Volksschule die Handelsschule und bildete sich später an der Volkshochschule weiter. Auch der Berufswunsch, Gärtnerin zu werden, blieb ihr versagt. Sie arbeitete von 1923 bis 1938 lediglich als Bürokraft beim Landesverband für Obst- und Gartenbau.

Schon frühzeitig engagierte sich Käte Strobel politisch. Seit 1925 war sie Mitglied der SPD. Sie schloß sich der sozialistischen Jugend an und war bis zur zwangsweisen Auflösung der „Kinderfreunde" (später „Falken") deren Landesvorsitzende in Bayern. 1931 wurde sie auch in den Reichsvorstand der „Kinderfreunde" gewählt.

Während der Zeit des Naziregimes mußte sich Käte, die 1928 den Schriftsetzer und Sozialdemokraten Hans Strobel geheiratet hatte, mit ihren beiden Töchtern (Traudel, * 1938, und Ilse, * 1941) allein durchbringen. Ihr Ehemann wurde als Mitglied einer Widerstandsgruppe 1934 zu zweieinhalb Jahren Gefängnis verurteilt, kam dann ins KZ Dachau, wurde daraufhin ins berüchtigte Strafbataillon 999 versetzt und geriet schließlich in jugoslawische Kriegsgefangenschaft. Von hier aus schrieb Hans Strobel, der die politische Laufbahn seiner Ehefrau bis zu seinem Tode 1978 immer unterstützt hatte, an Käte: „Hoffentlich hast Du jetzt trotz unserer zwei Kinder Zeit für die Politik. Frauen brauchen wir jetzt besonders notwendig."

Und Käte Strobel arbeitete tatkräftig. 1946/47 war sie beruflich bei einer bayerischen Wirtschaftsorganisation im kaufmännischen und organisatorischen Bereich tätig. Daneben baute sie die fränkische Frauenarbeit in der SPD auf und übernahm 1947 den Vorsitz. Sie saß im Parteivorstand der SPD, im fränkischen Bezirksvorstand und im Landesausschuß der SPD in Bayern. Auch als Bundestagsabgeordnete machte das „Kätela", wie sie die Nürnbergerinnen und Nürnberger nannten, Karriere. So war sie von 1966–1972 Bundesministerin: zunächst während der Zeit der „Großen Koalition" Gesundheitsministerin und ab 1969 im Kabinett Brandt-Scheel Ministerin für Jugend, Familie und Gesundheit (ein Resort, das erst neu gebildet worden war).

Als Gesundheitsministerin setzte sich Käte Strobel auch für den Umweltschutz ein. Es entstand das erste Lärmschutzgesetz und die Gesetzgebung zur Wasserreinhaltung. Als Ministerin für Jugend, Familie und Gesundheit beschritt sie neue Wege in der Familienplanung und in der Sexualaufklärung. Sie gründete die Bundeszentrale für gesundheitliche Aufklärung, initiierte – noch vor Oswald Kolle – den ersten deutschen Aufklärungsfilm „Helga" und gab den damals vieldiskutierten Sexualkundeatlas heraus. Käte Strobel leitete die Reform des § 218 ein, stellte im Arzneimittelrecht ein erstes Programm gegen den Drogenmißbrauch auf, erleichterte den Zugang zu Verhütungsmittel, bereitete die Reform des Jugendwohlfahrtsgesetzes mit der Erhöhung des Kindergeldes sowie dem Familienlastenausgleichsgesetz vor und verbesserte das BAföG (Bundesausbildungsförderungsgesetz) wesentlich. Nunmehr hatten auch die Mädchen aus den sozial schwächeren Schichten, deren schulische Ausbildung oftmals aus finanziellen Gründen in den Familien hintangestellt wurde, die Möglichkeit, höhere Schulen und die Universität zu besuchen. Die Chancengleichheit der Geschlechter und verschiedenen sozialen Schichten im Bildungsbereich war eingeläutet.

Daneben gehörte Käte Strobel von 1966 bis 1972 auch dem Europaparlament an. Sie war eine „aktive Europäerin", wie Helmut Schmidt sie bezeichnete, eine Europäerin der ersten Stunde. Zwei Jahre fungierte sie als Vizepräsidentin des Europa-Parlamentes und als Vorsitzende der Sozialistischen Fraktion. Bis September 1986, zwölf Jahre lang, war sie Mitglied im Wirtschafts- und Sozialausschuß der EG in Brüssel. Käte Strobel trug einiges zur Vision des geeinten Europas bei. Als Wirtschafts- und Sozialpolitikerin hatte sie auch hier immer die Verbraucher und Verbraucherinnen im Blick. Bei einer Debatte über die Erhöhung des Butterpreises warf ihr ein akademisch gebildeter Kollege vor, „vom Tuten und Blasen keine Ahnung zu haben". Käte Strobel erwiderte: „Ich habe zwar nicht wie Sie zehn Semester Volkswirtschaft studiert, aber als Hausfrau weiß ich, was eine Butterpreiserhöhung bedeutet."

1972 zog sich Käte Strobel aus Bonn zurück. Nunmehr widmete sie sich bis 1978 der Kommunalpolitik im Nürnberger Stadtrat, zeitweise als Vorsitzende der dortigen SPD-Fraktion. Darüber hinaus übernahm sie den Vorsitz der Bundesschiedskommission und war bis zu ihrem 82. Lebensjahr Vorsitzende des SPD-Seniorenrates.

Käte Strobel starb am 26. März 1996, 88jährig, in Nürnberg. Ihr politisches Wirken wurde noch zu ihren Lebzeiten mit der Verleihung zahlreicher Auszeichnungen geehrt. So erhielt sie 1962 den Bayerischen Verdienstorden, 1969 das Große Bundesverdienstkreuz mit Stern und Schulterband (1972), 1986 den Waldemar-von-Knoeringen-Preis und die Bayerische Verfassungsmedaille in Gold sowie 1988 die Mannheimer Medaille der Industriegewerkschaft Metall. Die Stadt Nürnberg verlieh ihrer großen Politikerin die Ehrenbürgerschaft. *map*

Quellen- und Literaturverzeichnis

Zu den Biografien (die Abfolge entspricht der im laufenden Text)

Maria Magdalena Haidenbucher, S. 13–16

Abtei Frauenchiemsee. o. O (ca. 1952). Zu M. M. Haidenbucher: S. 15–19.

Abtei Frauenwörth und seine zwölfhundertjährige Geschichte. Nach Quellen hrsg. von den Benediktinerinnen der Abtei Frauenwörth im Chiemsee. Rosenheim 1927. Zu M.M. Haidenbucher, S. 47–61.

Anderl, Rudolf: Magdalena Haidenbucher, Frauenwörths große Äbtissin. In. Heimatbuch des Landkreises Traunstein. III. Land und Volkstum. 1963. S. 117–119.

Das Inselkloster Frauenwörth im Chiemsee und seine 1200jährige Geschichte. München (ca. 1950). Zu M. M. Haidenbucher, S. 37–46.

Emrich, K.: Magdalena Haidenbucherin von Kaufering, Äbtissin zu Frauenwörth. In: Landsberger Geschichtsblätter, 27. Jg., Nr. 2, 1930, Sp. 9–12, Nr. 3, 1930, Sp. 17–20.

Ferchl, Georg: Bayerische Behörden und Beamte. 1580–1804. München 1908–1912. Haidenpuecher, S. 476 und 481.

Geiß, Ernest: Geschichte des Benedictiner-Nonnenklosters Frauen=Chiemsee. Aus Urkunden angefertigt. In: Beyträge zur Geschichte, Topographie und Statistik des Erzbisthums München und Freysing. Hrsg. von Martin v. Deutinger. München 1850. Bd. 1. Zu M. M. Haidenbucher, S. 401–420.

Haidenbucher, Maria Magdalena: Geschicht Buech de Anno 1609 biß 1650. Das Tagebuch der Maria Magdalena Haidenbucher (1576–1650), Äbtissin von Frauenwörth. Nach dem Autograph herausgegeben und mit Anmerkungen, Nachwort und Registern versehen von Gerhard Stalla. Amsterdam & Maarssen 1988.

Pörnbacher, Hans: Biographisches und Autobiographisches. Ansätze zur Beschreibung einer Gattung im Bayern der Barockzeit. In: Land und Reich. Stamm und Nation. Probleme und Perspektiven bayerischer Geschichte. Festgabe für Max Spindler zum 90. Geburtstag. (Schriftenreihe zur bayerischen Landesgeschichte. Bd. 79) München 1984. Bd. 2, S. 157–180. Zu M. M. Haidenbucher, S. 163–166.

Schütz, M. Magdalena, OSB: 782/1982. Geschichte der Abtei Frauenwörth. Hrsg. von der Benediktinerinnen-Abtei Frauenwörth/Chiemsee 1982. Zu M.M. Haidenbucher, S. 46–60.

Sieghardt, August: 1650–1950. Äbtissin Haidenbucher von Frauenchiemsee. Zu ihrem 300. Todestag am 29. August 1950. In: Chiemgau-Blätter, Nr. 35, 2. 9. 1950, S. 3–4.

Maria Crescentia Höß und Maria Anna Josepha a Jesu Lindmayr, S. 16–21

Gatz, Johannes (Hrsg.): Eine Mitschwester beschreibt das Leben ihrer Oberin. Eine wertvolle Quellenschrift zum Leben der sel. Crescentia Höß vom Jahre 1748/49 nach der Handschrift von Schw. Gabriele Mörz. Landshut 1971.

Gläser, Rupert: Die selige Crescentia von Kaufbeuren. Leben, Worte, Schriften und Lehre. St. Ottilien 1984.

Pfeffer, Klaus: Maria Anna Josepha a Jesu Lindmayr. In: Bavaria Sancta. Zeugen christlichen Glaubens in Bayern, Band II , hrsg. v. Georg Schwaiger, Regensburg 1971, S. 226–241.

Pörnbacher, Karl: Crescentia Höß von Kaufbeuren 1682–1744. Weißenhorn 1993.

Weitlauff, Manfred: Die selige Maria Crescentia Höß von Kaufbeuren. In: Bavaria Sancta, Band II, hrsg. v. Georg Schwaiger. Regensburg 1971, S. 242–282.

Therese Neumann, S. 21–24

Boniface, Ennemond: Therese Neumann, die Stigmatisierte von Konnersreuth. Wiesbaden 1958 und 1963.

Deutsch, Dr.med.: Wunder oder Hysterie? Ärztliche Kritik an Konnersreuth. Lippstadt 1938.

Freunde der Therese Neumann: Gerechtigkeit für Konnersreuth. Eine Abwehr. Flugschrift 1953.

Gerlich, Fritz Dr.: Die stigmatisierte Therese Neumann von Konnersreuth. Erster Teil: Die Lebensgeschichte der Therese Neumann. Zweiter Teil: Die Glaubwürdigkeit der Therese Neumann. München 1929.

Graef, Hilda C.: Der Fall Therese Neumann. Einsiedeln 1953.

Huber, Franz Xaver: Das Mysterium von Konnersreuth. Karlsruhe 1950.

Hynek, K. W. Dr. med.: Konnersreuth im Lichte der ärztlichen und psychologischen Wissenschaft. Prag 1932.

Rinser, Luise: Die Wahrheit über Konnersreuth. Einsiedeln 1954.

Staudinger, P. Odo OSB: Die Leidensblume von Konnersreuth. Wels 1953.

Steiner, Johannes: Therese Neumann von Konnersreuth. Ein Lebensbild nach authentischen Berichten, Tagebüchern und Dokumenten. München u. Zürich 1963. *Ders.:* Visionen der Therese Neumann. Nach Protokollen, akustischen Aufzeichnungen und Augenzeugenberichten. München u. Zürich 1973.

Theodorowicz, Josef: Erzbischof von Lemberg: Konnersreuth. Im Lichte der Mystik und Psychologie. Salzburg u. Leipzig 1936.

Unveröffentlichtes Tagebuch des Pfarrers Naber von Konnersreuth.

Veremundus: Weltbetrug in Konnersreuth?, Colmar 1937.

Therese Stählin, S. 24–28

Meyer, Friedrich: Lebensläufe selig heimgegangener Schwestern des Diakonissenhauses Neuendettelsau. Neuendettelsau 2. Aufl. 1906 (1. Aufl. 1883).

Ruckdäschel, Erika: Therese Stählin 1839–1928. Oberin in Neuendettelsau. In: Helfen in Gottes Namen. Lebensbilder aus der Geschichte der bayerischen Diakonie, hrsg. v. Karl Leipziger, München 1986, S. 107–128.

Stählin, Otto: Die Familie Stählin aus Memmingen. Neustadt a.d. Aisch 1959.

Stählin, Therese: Auf daß sie alle eins seien. Briefe. Neuendettelsau 1958. *Dies.:* Meine Seele erhebet den Herrn. Briefe. Neuendettelsau 1957.

Trautwein, Selma: Therese Stählin. Aus der Diakonissenanstalt Neuendettelsau, Heft 7–9, 1931.

Anna Barbara von Stetten, S. 29–32

Anna Barbara von Stettensches Institut Augsburg. Bericht über das Schuljahr 1995/ 96.

Bregenzer, Madlen: Anna Barbara von Stetten. Ein Beitrag zu ihren Stiftungen und ihrer Biographie. In: Zeitschrift des Historischen Vereins für Schwaben, 87. Band, Augsburg 1994, S. 144–162.

Jubiläumsschrift zur Feier des hundertjährigen Bestehens der Anna Barbara von Stetten'- schen Töchter – Erziehungs- und Unterrichtsanstalt in Augsburg. Augsburg 1905.

Schmid, Albrecht: Anna Barbara von Stetten. In: Lebensbilder aus dem Bayerischen Schwaben, Band 4, hrsg. v. Götz Freiherr von Pölnitz, München 1955, S. 314–337.

Julie von Zerzog, S. 33–36

Boll, Walter: Das Thon-Dittmer-Palais. Zur Geschichte eines alten Handelshauses am Haidplatz in Regensburg. Regensburg 1970.

Fincken, Ursula: Drei Regensburger Frauengestalten: Julie von Zerzog (1799–1871), Apollonia Diepenbrock (1799–1880), Johanna Dachs (1900–1974). In: U. R., Schriftenreihe der Universität Regensburg, Bd. 18: Emanzipiert und doch nicht gleichberechtigt?, hrsg. v. Helmut Altner, Regensburg 1991, S. 25–39 (Julie von Zerzog: S. 25–31).
Frauen außer Haus. Eine Spurensuche durch zwei Jahrtausende, hrsg. v. Arbeitskreis Geschichte der Frauen in Regensburg, 2. Aufl. Regensburg 1993, S. 35.
Zerzog, Julie von: Beschreibung des Rathauses zu Regensburg, 2. Aufl. Regensburg 1858 (Hofbibliothek Sign. R 144). *Dies.*: Briefe an Montgelas (Fürstliche Hofbibliothek Regensburg). *Dies.*: Das alte Schloß zu Laaber. In: Verhandlungen des Historischen Vereins für Oberpfalz und Regensburg, 1841/42, S. 135–140. *Dies.*: Handschriftliche Erinnerungen. In: Nachlaß Thon-Dittmer, Stadtarchiv Regensburg, Nr. 52a und b. *Dies.*: Skizzen über Pettendorf. In: Verhandlungen des Historischen Vereins für Oberpfalz und Regensburg, 1844, S. 28–30.

Marie von Preußen, S. 37–40

Heindl, H.: Marie, Königin von Bayern. München 1989.
Rall, Hans: Königin Mutter Marie und das Rote Kreuz. In: 1869–1954 Frauenarbeit im Bayerischen Roten Kreuz, hrsg. v. K. Koschuda, und R. Jokziel, München 1954, S. 23–26.
Schad, Martha: Bayerns Königinnen. Regensburg 2. Aufl. 1993, S. 169–270.
Schultze, M.: Marie, Königin von Bayern. München 1894.

Elsa (Elisabeth) von Berg-Schrimpf, S. 40–43

Baier, Johann: 90 Jahre Blaue Schwestern von der heiligen Elisabeth – ein Kapitel Haidhauser Sozialgeschichte. In: *Ders.*, Festschrift 65 Jahre Katholischer Deutscher Frauenbund München-Haidhausen 1926–1991 und 150 Jahre Maiandacht in Haidhausen 1841–1991, München-Haidhausen 1991, S. 83–100.
Blaue Schwestern von der hl. Elisabeth, Prospekt v. Mai 1995 (Archiv der Blauen Schwestern, München).
Chronik der Blauen Schwestern von der heiligen Elisabeth, Mutterhaus in München, Streitfeldstraße 1, altes und neues Typoskript, o. J. (Archiv der Blauen Schwestern, München).
Knauer-Nothaft, Christl: Zur Geschichte der sozialen Einrichtungen in Berg am Laim. In: Festschrift zur 75jährigen Eingemeindung Berg am Laims nach München, München 1988, S. 38ff.
Satzungen der Schwesternvereinigung vom blauen Kreuz e. V., München 1911 (Archiv der Blauen Schwestern, München).
Sterbezettel und Sterbebildchen (Archiv der Blauen Schwestern, München).

Wir danken den Blauen Schwestern (München) und Herrn Johann Baier (München-Haidhausen) für die freundliche Hilfe und Zurverfügungstellung oben aufgeführter Materialien.

Violante Beatrix, S. 44–49

Luin, Elisabeth: Die Gouverneurin von Siena. Ein Lebensbild der bayerischen Prinzessin Violante Beatrice. Manuskript des Bayerischen Rundfunks 1961.
Luin, Elisabeth Jeanette: Eine Bayerin als Erbgroßherzogin von Toskana. Das Leben der Prinzessin Violanta Beatrice. In: Unser Bayern, Heimatbeilage der Bayerischen Staatszeitung, Jg.6, Nr.4, April 1957, S. 27f.
Pansini, Giuseppe: Violante Beatrix von Bayern, Prinzessin der Toskana. In: ZBLG, 44, 1981, Heft 1, S. 291–302.

Praetorius, Rudolf J.: Wittelsbacher Prinzessinnen auf fremden Thronen. Historische Novellen. Rosenheim o. J. Violante Beatrix, S. 7–59.

Maria Josepha Felicitas von Neuenstein, S. 49–53

Anonym (wahrscheinlich Wittmann, G.M.): Kurze Lebensgeschichte der hochwürdigsten Fürstin Maria Josepha, d. H.R.R. Fürstin letzten Fürstin-Äbtissin des adelichen Reich-Damenstiftes zu Obermünster in Regensburg aus dem freyherrlichen Geschlechte von Neuenstein, welche am 3. September 1822, 83 Jahre alt in ihrem Stifte zu Regensburg verschieden ist, und morgen am 6. September begraben wird. Stadtamhof 1822.

Hiltl, Franz: Fürstin, Mutter, Magd des Herrn. Ein Lebensbild der Freiin Maria Josepha Felicitas von Neuenstein der letzten Fürst-Äbtissin des Reichsstiftes Obermünster Regensburg. In: Gruß aus Obermünster, Nr. 20, 1958, S. 4–10.

Zirngibl, Roman: Abhandlung über die Reihe und Regierungsfolge der gefürsteten Aebtißinnen in Obermünster. Regensburg 1787.

Marie Sophie, S. 53–58

Petacco, Arrigo: Die Heldin von Gaeta. Kaiserin Elisabeths Schwester im Kampf gegen Garibaldi. Graz, Wien, Köln 1994.

Sokop, Brigitte: Jene Gräfin Larisch. Marie Louise Gräfin Larisch-Wallersee, Vertraute der Kaiserin – Verfemte nach Mayerling. 3. Aufl. Wien, Köln, Weimar 1992.

Tschudi, Clara: Königin Maria Sophia von Neapel. Leipzig 1905.

Valsecchi, Franco: Marie Sophie, Königin von Neapel. In: ZBLG, Bd. 44, 1981, Heft 1, S. 381–396.

Vietor, Cornelius: Die letzte Königin von Neapel. Berlin 1920.

Wallersee, Marie Louise von: Die Heldin von Gaeta. Leipzig 1936.

Philippine Welser, S. 59–63

Baer, Wolfram: Philippine Welser, ihre Familie und Erzherzog Ferdinand II. von Tirol. In: Schwaben – Tirol. Historische Beziehungen zwischen Schwaben und Tirol von der Römerzeit bis zur Gegenwart. Ausstellung der Stadt Augsburg und des Bezirks Schwaben 7. Juli–15. Oktober 1989, Beiträge, S. 300–306.

Boeheim, Wendelin: Philippine Welser. Eine Schilderung ihres Lebens und ihres Charakters. Innsbruck 1984.

Größing, Sigrid-Maria: Kaufmannstochter im Kaiserhaus. Philippine Welser und ihre Heilkunst. Wien 1992.

Philippine Welser (1527–1580). Fotoausstellung des Stadtarchivs Augsburg 23. Juni bis 17. September 1978, Ausstellungsführer.

Widmoser, Eduard: Philippine Welser. In: Lebensbilder aus dem Bayerischen Schwaben, Band 2, hrsg. v. Götz Freiherr von Pölnitz, München 1953, S. 227–245.

Barbara Blomberg, S. 63–67

Panzer, Marita A.: Barbara Blomberg (1527–1597). Bürgerstochter und Kaisergeliebte. Regensburg 1995.

Panzer, Marita A.: Barbara Blomberg – Unbotmäßige Witwe und Heldenmutter. In: DAMALS – das aktuelle Geschichtsmagazin, Febr. 1997, Jg. 29, S. 66–69.

Panzer, Marita A.: Leben und Zeit der Barbara Blomberg (1527–1597). Unveröff. Vortrag, gehalten im Historischen Verein für Oberpfalz und Regensburg am 15. Mai 1996 in Regensburg.

Lola Montez, S. 67–71

Dankmara, A.: Memoiren der Lola Montez. Berlin (1851).

Hildebrandt, Irma: Lola Montez (1818–1861). In: Bin halt ein zähes Luder. München 3. Aufl. 1991, S. 27–41.

Montez, Lola: Memoiren der Lola Montez (Gräfin von Landsfeld). Neudruck der Auflage von 1851, 2 Bände, mit einem Nachwort von Kerstin Wilhelms. Frankfurt a. M. 1986.

Müller, Karl Alexander von: Lola Montez und ein Münchner Polizeidirektor. In: Am Rande der Geschichte. Münchner Begegnungen und Gestalten. München 1957, S. 89–116.

Ottomeyer, Hans (Hrsg.): Biedermeiers Glück und Ende ... die gestörte Idylle. 1815–1848. Katalog Stadtmuseum München, in Zusammenarbeit mit Ulrike Laufer, München 1987, darin: Lola Montez – ein Lebenslauf, S. 717–727.

Pottendorf, Erich: Lola Montez. Die spanische Tänzerin. Zürich, Leipzig, Wien 1955.

Rauh, Reinhold: Lola Montez. Die königliche Mätresse. München 1992.

Ross, Ishbel: The Uncrowned Queen. Life of Lola Montez. New York u. a. 1972.

Skasa, Michael: Frauen der Geschichte: Lola Montez. In: gehört gelesen. Die besten Sendungen des Bayerischen Rundfunks 4/85, S. 4–25.

Margarete Peutinger, S. 72–75

Bejick, Urte: Deutsche Humanistinnen. In: Geschichte der Mädchen- und Frauenbildung, Band 1, hrsg. v. Elke Kleinau, Claudia Opitz, Frankfurt/New York 1996, S. 152–171.

Hess, Ursula: Lateinischer Dialog und gelehrte Partnerschaft. Frauen als humanistische Leitbilder in Deutschland (1500–1550). In: Deutsche Literatur von Frauen, Band 1, hrsg. von Gisela Brinker-Gabler, München 1988, S. 114–148.

Katharina Preu, Helena Kunhofer, Helena Magenbuch, Dorothea Schmidtmerin, Margarete Apel, S. 76–79

Bossert, Gustav: Die dritte Gattin von Andreas Osiander. In: Archiv für Reformationsgeschichte, Jg. 12, 1915 , Neudruck Vaduz 1964, S. 158–160.

Engelhardt, Adolf: Die Reformation in Nürnberg. 3 Bände. Nürnberg 1936–39. (= Mitteilungen des Vereins für Geschichte der Stadt Nürnberg, Bd. 33–36).

Lorenz, Dagmar: Vom Kloster zur Küche. Die Frau vor und nach der Reformation Dr. Martin Luthers. In: Die Frau von der Reformation zur Romantik, hrsg. v. Barbara Becker-Cantarino, Bonn 1980, S. 7–35.

Mehlhorn, Paul: Die Frauen unserer Reformatoren. Tübingen 1917.

Möller, Wilhelm: Andreas Osiander (= Leben und ausgewählte Schriften der Väter der lutherischen Kirche V), Elberfeld 1870.

Nowicki-Pastuschka, Angelika: Frauen in der Reformation. Untersuchungen zum Verhalten von Frauen in den Reichsstädten Augsburg und Nürnberg zur reformatorischen Bewegung zwischen 1517 und 1537. Pfaffenweiler 1990. Hier besonders das Kapitel: Frauen, die Priester heirateten, S. 28–45.

Seebaß, Gottfried: Andreas Osiander. In: Fränkische Lebensbilder, hrsg. v. Gerhard Pfeiffer, Neue Folge Band 1, Würzburg 1967, S. 141–161.

Maria Theresia Cäcilia von Vieregg, S. 80–86

Spiegel, Beate: Adliger Alltag auf dem Land. Eine Hofmarksherrin, ihre Familie und ihre Untertanen in Tutzing um 1740. Münster/New York/München/Berlin 1997.

Elise Haindl, S. 86–89

100 Jahre G. Haindlsche Papierfabriken. Eine Gedenkschrift, hrsg. v. den G. Haindlschen Papierfabriken, Augsburg 1949.

Haindl, Maria Anna: Georg und Elise Haindl – Ein Gründerehepaar. In: Unternehmer – Arbeitnehmer. Lebensbilder aus der Frühzeit der Industrialisierung in Bayern, hrsg. v. Rainer A. Müller, München 1985, S. 186–193.

Marianne Strauß, S. 89–91

Artikel über Marianne Strauß, in: Münchner Merkur, Nr. 41, 19./20. 2. 78, S. 3; Nr. 76, 31. 3./1. 4. 79, S. 3; Nr. 279/49, 3. 12. 84, S. 1 u. 3; Nr. 141, 24. 6. 86, S. 12; Nr. 262, 12./13. 11. 88, S. 13.

Dalberg, Thomas: Franz Josef Strauß. Porträt eines Politikers. Gütersloh 1968. Zu Marianne Strauß, S. 134–143.

Scharnagl, Wilfried (Hrsg.): Marianne Strauß. Ein Buch der Erinnerung. Percha-Kempfenhausen 1984.

Clara Hätzler, S. 92–93

Gebele, Eduard: Clara Hätzlerin. In: Lebensbilder aus dem Bayerischen Schwaben, Band 6, hrsg. v. Götz Freiherr von Pölnitz, München 1958, S. 26–37.

Glaser, Elvira: Zum Graphiesystem der Clara Hätzlerin. Porträt einer Lohnschreiberin in frühneuhochdeutscher Zeit. In: Arbeiten zum Frühneuhochdeutschen. Gerhard Kettmann zum 65. Geburtstag, hrsg. v. Rudolf Bentziger, Norbert Richard Wolf, Würzburg 1993, S. 53–73.

Kammermeier-Nebel, Andrea: Frauenbildung im Kaufmannsmilieu spätmittelalterlicher Städte. In: Geschichte der Mädchen- und Frauenbildung, Band 1, hrsg. v. Elke Kleinau u. Claudia Opitz, Frankfurt/New York 1996, S. 78–90.

Anna Barbara Gignoux, S. 94–97

Fassl, Peter: Die Augsburger Kattunfabrikantin Anna Barbara Gignoux (1725–1796). In: Unternehmer – Arbeitnehmer. Lebensbilder aus der Frühzeit der Industrialisierung in Bayern, hrsg. v. Rainer A. Müller, München 1985, S. 153–159.

Werkstetter, Christine: Anna Barbara Gignoux (1725–1796), eine Mäzenin? Auf der Suche nach Belegen. In: Zeitschrift des Historischen Vereins für Schwaben, 86. Band, Augsburg 1993, S. 235–267. *Dies.:* Anna Barbara Gignoux (1725–1796), Kattunfabrikantin oder Mäzenin? Zur Entstehung einer Augsburger Legende. In: Augsburger Handelshäuser im Wandel des historischen Urteils, hrsg. v. Johannes Burkhardt, Berlin 1996, S. 381–395.

Marie Schandri und Maria Mondschein, S. 97–100

Angerer, Martin u. Wanderwitz, Heinrich: Zu Gast im alten Regensburg. München 1992. Zu Marie Schandri, S. 51.

Buchner, Kreszentia: Allerneuestes Münchner Kochbuch für baierische Mädchen und Hausfrauen oder gründliche und deutliche Anweisung zur Besorgung sowohl herrschaftlicher als auch bürgerlicher Küchen. München 1813.

Daisenberger, Katharina Maria: Vollständiges Bayerisches Kochbuch. Nürnberg 1843.

Frauengeschichte(n), hrsg. v. d. Stadt Regensburg, (= Ausstellungskataloge zur Regensburger Geschichte Bd. 3), Regensburg 1991. Zu Marie Schandri, S. 60f.

Schandri, Marie: Regensburger Kochbuch. 934 Original-Kochrezepte auf Grund vierzigjähriger Erfahrung, zunächst für die bürgerliche Küche. Regensburg 1866. (Nachdruck München 1984).

Winkler-Stumpf, Ute: „Neun Loth süße Mandeln ...". Die Köchin Marie Schandri. In: Regensburger Frauenspuren, hrsg. v. Ute Kätzel und Karin Schrott, Regensburg 1995, S. 146–150.

Wir danken Frau Maria Plößl für die Angaben zum Leben ihrer Mutter Maria Mondschein.

Amalie Hohenester, S. 100–105

Freudenreich, Johann: Bayerische Spitzbuben. Galerie der Goldmacher, Wilderer, Quacksalber und sonstigen Schurken von heute und Anno dazumal. München 1961. Zu Amalie Hohenester, S. 21–30.
Göttler, Norbert: Sie machten Geschichte im Dachauer Land. Kulturhistorische Lebensbilder. Dachau 1989. Darin: Amalie Hohenester, Die Doktorbäuerin im Weltbad Mariabrunn, S. 69–78.
Göttler-Westermayr, Norbert: Die Pfuscherin. Das abenteuerliche Leben der Doktorbäuerin und Wunderheilerin Amalie Hohenester von Mariabrunn. München 1992 (Roman).
Hobmair, Karl: Hachinger Heimatbuch. Oberhaching 1979. Darin: Amalie Hohenester, die Doktorbäuerin von Deisenhofen, S. 623–628.
Meingast, Fritz: Berühmte und Berüchtigte. Bayerische Porträts. München 1975. Darin: Amalie Hohenester, Die Doktorbäuerin von Mariabrunn, S. 123–130.
Schaehle, Franz: Abenteuerliche Schicksale auf bayerischem Boden. Altötting 1931. Darin: Die Doktorbäuerin von Mariabrunn, S. 52–70.
Spengler, Karl: Unterm Münchner Himmel. München 1971. Darin: Der „Deisenhofener Rausch" betäubte die Menschen, S. 173–177.
Stadler, Gabriele: Die „Doktorbäuerin" Amalie Hohenester. Sende-Manuskript des Bayerischen Rundfunks, Land und Leute, München 1987.
Weyr, Franz: Mozart in Bayern. Hörbilder zur bayerischen Historie. München (1962). Darin: Die Doktorbäuerin, S. 167–186.

Dr. med. Friderica von Geldern-Egmond, S. 106–108

Ebert, Monika: Friderica Gräfin von Geldern-Egmond. In: Stieftöchter der Alma mater? 90 Jahre Frauenstudium in Bayern – am Beispiel der Universität München, hrsg. v. Hadumod Bußmann (= Katalog zur gleichnamigen Ausstellung 1993/94, konzipiert und realisiert von Marita A. Panzer), München 1993, S. 110f.

Coletta Möritz, S. 109–110

Hörspiel über die „Schützenliesl", Sendung des Bayerischen Rundfunks, München 1993.
Spengler, Karl: Die schöne Coletta, in: Ders., Münchner Historien und Histörchen, München 1967, S. 98–103.

Ottilie S., S. 110–113

Hartl, Maria: Häuslerleut. München 1988.
Mitterauer, Michael: Lebensgeschichten sammeln. In: Biographieforschung. Gesammelte Aufsätze der Tagung des Fränkischen Freilandmuseums am 12. und 13. Oktober 1990, hrsg. v. Hermann Heidrich, Bad Windsheim 1991, S. 17–35.
Ottilie S., in: Kreuztragen. Drei Frauenleben. Wien–Köln–Graz 1984, S. 93–132 und Wien–Köln–Weimar 2. unveränderte Aufl. 1997, S. 95–132.

Alma Kolb, S. 114–117

Die Angaben zu Person und Lebensweg von Alma Kolb verdanken wir den Gesprächen mit Frau Sonja Rödel (Enkelin, Döhlau), Herrn Werner König (Enkel, Karlshuld) sowie Frau Emmi Wolfrum (Schwägerin).

Mey, Ellen: Die Porzellanfabrik Moschendorf 1878–1957. Hof 1996 (Nordoberfränkischer Verein für Natur-, Geschichts- und Landeskunde, Hof).

Johanna und Luise Händlmaier, S. 117–119

Frau Christa Aumer danken wir herzlich für die mündlichen Auskünfte und schriftlichen Mitteilungen über ihre Großmutter Johanna und ihre Mutter Luise Händlmaier.

Broschüre der Firma Luise Händlmaier GmbH & Co KG, Regensburg o. J.
Cyrus, Carl (Hrsg.): Regensburger Profile – Bürger unserer Zeit. Regensburg 1993, Band I, S. 23 (Christa Aumer).
Reiser, Rudolf: Die schöne Regensburgerin. Regensburg 1995, S. 131.

Grete Schickedanz, S. 119–123

Grete Schickedanz, in: Der Spiegel 31/1994, S. 176.
Grete Schickedanz, in: Munzinger-Archiv/Internationales Biographisches Archiv 39/94.
Grete Schickedanz. Ein Leben für die Quelle. Firmendokumentation zum 75. Geburtstag der Unternehmerin, Fürth 1986.

Caritas (Barbara) Pirckheimer, S. 124–126

Bejick, Urte: Deutsche Humanistinnen. In: Geschichte der Mädchen- und Frauenbildung, hrsg. v. Elke Kleinau u. Claudia Opitz, Frankfurt/New York 1996, Bd. 1, S. 152–171; zu Caritas Pirckheimer, S. 155–159.
Buck, August: Humanismus. Seine europäische Entwicklung in Dokumenten und Darstellungen. Freiburg/München 1987. Darin: Die „Ode" des Konrad Celtis an Caritas Pirckheimer, S. 484.
Deichstätter, G.: Caritas Pirckheimer. Ordensfrau und Humanistin – Vorbild für die Ökumene. Festschrift zum 450. Todestags. Köln 1982.
Hess, Ursula: Oratrix Humilis. Die Frau als Briefpartnerin von Humanisten, am Beispiel der Caritas Pirckheimer. In: Der Brief im Zeitalter der Renaissance, hrsg. v. Franz Josef Worstbrock, Weinheim 1983, S. 172–203.
Hess, Usula: Lateinischer Dialog und gelehrte Partnerschaft – Frauen als humanistische Leitbilder in Deutschland (1500–1550). In: Deutsche Literatur von Frauen, hrsg. v. Gisela Brinker-Gabler, München 1988, Bd. 1, S. 113–148; zu Caritas Pirckheimer, S. 118–127.
Honke, Gudrun: Caritas Pirckheimer. In: Schwestern berühmter Männer, hrsg. v. Luise Pusch, Frankfurt 1985, S. 11–47.
Kist, Johannes: Charitas Pirckheimer. Ein Frauenleben im Zeitalter des Humanismus und der Reformation. Bamberg 1948. *Ders.:* Die Äbtissin Charitas Pirckheimer (21. März 1467–19. August 1532). In: Bavaria Sancta, hrsg. v. Georg Schwaiger, Regensburg 1970, Bd. I, S. 312–326.
Kurras, L. (Hrsg.): Caritas Pirckheimer 1467–1532. Eine Ausstellung der katholischen Stadtkirche Nürnberg, München 1982.
Loewenich, Walther v.: Charitas Pirckheimer. In: Fränkische Lebensbilder, hrsg. v. G. Pfeif-

fer, Würzburg 1968, S. 192–215. *Ders.:* Caritas Pirckheimer. In: Jahrbuch für fränkische Landesforschung 31, 1971, S. 35–51.

Pfanner, Josef (Hrsg.): Caritas Pirkheimer – Quellensammlung. Hefte 1–4, Landshut 1961–1966.

Olympia Fulvia Morata, S. 127–129

Benrath: Olimpia Morata. In: Realencyklopädie für protestantische Theologie und Kirche, 13, 3. Aufl. 1903, S. 461–464.

Bonnet, Jules: Olympia Morata. Épisode de la Renaissance en Italie. Paris 4. Aufl. 1866, 1. Aufl. 1850. Deutsche Übersetzung von F. Merschmann, Hamburg 1860.

Hess, Ursula: Lateinischer Dialog und gelehrte Partnerschaft. Frauen als humanistische Leitbilder in Deutschland. (1500–1550). In: Deutsche Literatur von Frauen, hrsg. v. Gisela Brinker-Gabler. München 1988, Bd. 1, S. 138–148.

Holzberg, Niklas: Olympia Morata (1526–1555). In: Fränkische Lebensbilder. Bd. 10. Würzburg 1982, S. 142–156.

Holzberg, Niklas: Olympia Morata und die Anfänge des Griechischen an der Universität Heidelberg. In: Heidelberger Jahrbücher, 31, Berlin 1987, S. 77–93.

Morata, Olympia Fulvia: Briefe. Aus dem Lateinischen, Italienischen und Griechischen. Übersetzt von R. Kößling u. G. Weiß-Stählin. Leipzig 1990.

Olympiae Fulviae Moratae feminae doctissimae ac plane divinae Orationes, Dialogi, Epistolae, Carmina, tam Latina quam Graeca: cum eruditorum de ea testimonis … Basileae apud Petrum Pernam M.D.LXX (Nachdruck ebd. 1580).

Olympia Morata Gymnasium. 1878–1978. Festschrift zum 100jährigen Bestehen des Olympia-Morata-Gymnasiums. Schweinfurt 1978.

Ren. de Rosa: Olympia Morata. In: Ruperto-Carola 19, 1956, S. 47–53.

Rullmann, Marit: Philosophinnen. Von der Antike bis zur Aufklärung. Unter Mitarbeit von Gudrun Gründken und Marlies Mrotzek. Zürich u. Dortmund 2. Aufl. 1994. Zu Olympia Fulvia Morata, S. 153–161.

Vorländer, Dorothea: Olympia Fulvia Morata – eine evangelische Humanistin in Schweinfurt. In: Zeitschrift für bayerische Kirchengeschichte, 39, 1970, S. 95–113.

Weiss-Stählin, Gertrud: Olympia Fulvia Morata und Schweinfurt. Wechselbeziehungen zwischen italienischer und deutscher Frömmigkeit im Zeitalter der Reformation. In: Zeitschrift für Bayerische Kirchengeschichte, 30. Nürnberg 1961, S. 175–183.

Magdalena Heymair, S. 130–132

Brunner, J.: Geschichte der Stadt Cham. Cham 1919. Magdalena Heymair: S. 250f.

Finauer, Peter Paul.: Allgemeines Historisches Verzeichnis gelehrter Frauenzimmer. München 1761. Magdalena Heymair, S. 114.

Frawenlob, Johann: Die lobwürdige Gesellschaft der Gelehrten Weiber. 1633. Magdalena Heymair, S. 22.

Groß, Marianne: Magdalena Heymairin. In: Regensburger Frauenspuren, hrsg. v. Ute Kätzel und Karin Schrott, Regensburg 1995, S. 118–120.

Heymair, Magdalena: Die Sontegliche// Epistel/ vber das gan=//tze Jahr in gesangsweis gestelt.///1566. Handschriften, Universitätsbibliothek Heidelberg, Druck Nürnberg 1568 und 1569 sowie in einer Überarbeitung von Gregor Sunderreuter, Augsburg-Lauingen 1578. *Dies.:* Das Buch Tobiae samt etlichen vnd 50 geistlichen Liedern vnd Kindergesprächen, wozu noch viele Weynacht = Oster = vnd Pfingstgesänge zu rechnen … 1580 sowie in einer Überarbeitung von Gregor Sunderreutter 1586. *Dies.:* Das Büchlein Jesu Syrach in Gesange verfasset vnd der lieben Jugent zu gutem in Truck gegeben… Regensburg 1571, 1572, 1573, 1574 sowie in einer Überarbeitung von Gregor Sunderreuter, Augsburg 1578, 1586 und Nürnberg 1609. *Dies.:* Die ApostelGeschicht// Nach der Historien// Gesangsweiß gestelt// Regensburg 1573 sowie in einer Überarbeitung von Gregor Sunderreutter, Straßburg 1586.

Mayer, Maximiliane: Magdalena Heymair, Schulmeisterin und Dichterin in der Reformationszeit. In: Die Oberpfalz, Nr. 53, 1965, S. 39–44. *Dies.:* Magdalena Heymair. Eine Kirchenlied-Dichterin aus dem Jahrhundert der Reformation. In: Jahrbuch für Liturgik und Hymnologie, Nr. 14, 1969, S. 133–140.

Niekus Moore, Cornelia: Biblische Weisheiten für die Jugend. Die Schulmeisterin Magdalena Heymair. In: Deutsche Literatur von Frauen, hrsg. v. Gisela Brinker-Gabler, Band 1, München1988, S. 172–184.

Traeger, Lotte: Das Frauenschrifttum in Deutschland von 1500–1650. Diss. Prag 1943. Zu Magdalena Heymair, S. 45–51 und Anhang S. 5–6.

Karolina (Theresia) Gerhardinger, S. 132–136

Blattenberger, M. A.: Die Schifferstochter von Regensburg Karolina Gerhardinger – Mutter Theresia von Jesu. St. Ottilien 1985.

Feldmann, C.: „Diese Frau weiß, was sie will.", St. Ottilien 1985.

Frieß, Friedrich: Leben der Ehrwürdigen Maria Theresia Jesu Gerhardinger, Gründerin und erste Generaloberin des Ordens der Armen Schulschwestern de Notre Dame. München 1907.

Job, Franz Sebastian: Geist der Verfassung des religiösen Vereins der armen Schulschwestern de Notre Dame, zur Erziehung der weiblichen Jugend in Städten, insbesondere in kleineren Orten und Landpfarreien, vorerst in Neunburg v. Wald. Stadtamhof 1836.

Quellen zur Gründung der Armen Schulschwestern, Bayerisches Hauptstaatsarchiv MK 22100, 22101.

Sendung in die Zeit. Festschrift zum 100. Todestag von Maria Theresia von Jesu Gerhardinger, Gründerin der Armen Schulschwestern von Unserer Lieben Frau. München 1979.

Ziegler, M. Liobgid: Die armen Schulschwestern von Unserer Lieben Frau. München 1935. *Dies.:* Mutter Theresia von Jesu Gerhardinger. Ihr Leben und ihr Werk. München 1950. *Dies.:* Mutter Theresia von Jesu Gerhardinger. In: Bavaria Sancta III, hrsg. v. Georg Schwaiger, Regensburg 1973, S. 441–450. *Dies.:* Karolina Gerhardinger (1797–1879). In: Zeitgeschichte in Lebensbildern, Bd. 5, hrsg. v. J. Aretz, R. Morsey, A. Rauscher. Mainz 1982.

Dr. phil. h.c. Therese von Bayern, S. 136–138

Bayern, Adalbert von: Die Wittelsbacher, Geschichte unserer Familie, 242–243, 364–365. München 1979.

Nachlaß Therese von Bayern (Geheimes Hausarchiv München).

Panzer, Marita A.: Prinzessin Therese von Bayern. In: Stieftöchter der Alma mater, hrsg. v. Hadumod Bußmann, München 1993, S. 106–107.

Therese von Bayern/Th. v. Bayer (Pseudonym): Ausflug nach Tunis. München 1880. *Dies.:* Reiseeindrücke und Skizzen aus Rußland. Stuttgart 1885. *Dies.:* Über den Polarkreis. Leipzig 1889. *Dies.:* Meine Reise in den Brasilianischen Tropen. Berlin 1897. *Dies.:* Reisestudien aus dem westlichen Südamerika. In zwei Bänden. Berlin 1908.

Theresiana. Bayerische Staatsbibliothek München. Handschriftenabteilung.

Dr. Dr. Bertha Kipfmüller, S. 139–141

Brenner, Ute/Dürr, Stefanie/Lösel, Gertrud/Mantze, Brigitte/Weid, Beate: „Verlaßt Euch nicht auf die Hülfe der deutschen Männer!" Stationen der bürgerlichen und proletarischen Frauenbewegung in Nürnberg. Hrsg. vom Feministischen Informations-, Bildungs- und Dokumentationszentrum (FIBiDoZ) e. V. Nürnberg 1990.

Kipfmüller, Bertha: Die Frau im Rechte der Freien Reichsstadt Nürnberg. Eine rechtsgeschichtliche Darlegung auf Grund der erneuerten Reformation des Jahres 1564. Jur. Diss. Erlangen. Dillingen a. D. 1929.

Panzer, Marita A.: „Zwischen Küche und Katheder" – Bürgerliche Frauen um die Jahrhundertwende 1890–1914. In: Frauenleben in Bayern, hrsg. v. der Bayerischen Landeszentrale für politische Bildungsarbeit München 1993, zu Bertha Kipfmüller. S. 96.

Dr. Rosa Kempf, S. 141–144

Bergmeier, Monika: „Vom Lebenswunsch, sozial zu arbeiten". Nationalökonominnen in München bis 1933. In: Bedrohlich gescheit. Ein Jahrhundert Frauen und Wissenschaft in Bayern. Hrsg. v. Hiltrud Häntschel u. Hadumod Bußmann. München 1997, S. 178–193.

Bußmann, Hadumod (Hrsg.): Stieftöchter der Alma Mater? 90 Jahre Frauenstudium in Bayern – am Beispiel der Universität München. Katalog zur Ausstellung. München 1993.

Plößl, Elisabeth: „Ich gehe Tag für Tag an meine Arbeit" – Frauen in Landwirtschaft, Industrie und häuslichen Diensten um die Jahrhundertwende 1890–1914. In: Frauenleben in Bayern, hrsg. v. der Bayerischen Landeszentrale für politische Bildungsarbeit. München 1993; zu Rosa Kempf S. 37.

Schmittner, Monika: Aschaffenburg – ein Schauplatz der Bayerischen Frauenbewegung. Frauenemanzipation in der „Provinz" vor dem Ersten Weltkrieg. Aschaffenburg 1995.

Steuerliste und polizeilicher Meldebogen (Stadtarchiv München).

Prof. Dr. Emmy Noether, S. 144–147

Dick, A.: Emmy Noether (1882–1935). Beiheft Nr. 13 zur Zeitschrift „Elemente der Mathematik", Basel u. Stuttgart 1970.

Gillispie, Charles Coulston (Hrsg.): Dictionary of Scientific Biography. Vol X. New York 1974, S. 137–141.

Meidinger-Geise, Inge (Hrsg.): Frauengestalten in Franken. Eine Sammlung von Lebensbildern. Würzburg 1985. Zu Emmy Noether, S. 207–213.

Noether, Emmy: Idealtheorie in Ringbereichen. In: Mathematische Annalen, Band 83, 1921, S. 24–66. *Dies.*: Abstrakter Aufbau der Idealtheorie in algebraischen Zahl- und Funktionenkörpern. In: Mathematische Annalen, Band 96, 1927, S. 26–61. *Dies.*: Hyperkomplexe Größen und Darstellungstheorie in arithmetischer Auffassung. In: AH. Congresso Bologna 2, 1928, S. 71–73.

Van der Waerden, B. L.: Nachruf auf Emmy Noether. In: Mathematische Annalen, Band 111, 1935, S. 469–474.

Weyl, H.: Emmy Noether (Nachruf). In: Scripta mathematica III, 3, 1935, S. 201–220.

Wußing, Hans u. Arnold, Wolfgang: Biographien bedeutender Mathematiker. Berlin 1975. Zu Emmy Noether, S. 504–513.

Catharina Regina von Greiffenberg, S. 148–151

Birken, Sigmund von: Tagebücher. Bearbeitet von Joachim Kröll. Teil 1: Würzburg 1971, Teil 2: Würzburg 1974.

Brandes, Ute: Studierstube, Dichterklub, Hofgesellschaft. Kreativität und kultureller Rahmen weiblicher Erzählkunst im Barock. In: Deutsche Literatur von Frauen, hrsg. v. Gisela Brinker-Gabler, München 1988, Bd. 1, S. 222–247.

Cerny, Heimo: Catharina Regina von Greiffenberg, geb. Freiherrin von Seisenegg (1633–1694). Herkunft, Leben und Werk der größten deutschen Barockdichterin. Amstetten 1983.

Frank, Horst-Joachim: Catharina Regina von Greiffenberg. Welt und Leben der barocken Dichterin. Göttingen 1967.

Gnädiger, Louise: Ister-Clio, Teutsche Uranie, Coris die Tapfere. Catharina Regina von Greiffenberg (1633–1694). Ein Porträt. In: Deutsche Literatur von Frauen, hrsg. v. Gisela Brinker-Gabler, München 1988, Bd. 1, S. 248–264.
Greiffenberg, Catharina Regina: Geistliche Sonette, Lieder und Gedichte. Nürnberg 1662. Neudruck Darmstadt 1967 (mit einem Nachwort von H.O. Burger).
Greiffenberg, Catharina Regina: Sämtliche Werke in zehn Bänden, hrsg. v. Martin Bircher und Friedhelm Kemp. Millwood, N.Y. 1983.
Herzog, Urs: Literatur in Isolation und Einsamkeit. Catharina Regina von Greiffenberg und ihr literarischer Freundeskreis. In: Deutsche Vierteljahresschrift für Literaturwissenschaft und Geistesgeschichte XLV, 1971, S. 515–546.
Kröll, Joachim: Catharina Regina von Greiffenberg (1633–1694). In: Fränkische Lebensbilder 10, 1982, S. 193–212.
Otto, Karl F.: Die Frauen der Sprachgesellschaften. In: Europäische Hofkultur im 16. und 17. Jahrhundert. Bd. 3, Hamburg 1981, S. 497–503.
Uhde-Bernays, H.: Catharina Regina von Greiffenberg. Ein Beitrag zur Geschichte deutschen Lebens und Dichtens im 17. Jahrhundert. Berlin 1903.
Villinger, L.: Catharina Regina von Greiffenberg. Zur Sprache und Welt der barocken Dichterin. Diss. Zürich 1953.

Maria Electrine von Freyberg, S. 151–155

Freyberg, Pankraz Freiherr von: Maria Electrine Freifrau von Freyberg geb. Stuntz (1797–1847). Eine Münchner Malerin, Lithographin und Radiererin. Oberbayerisches Archiv, 110. Band, München 1985.
Henker, Michael, Scherr, Karlheinz, Stolpe, Elmar: Von Senefelder zu Daumier. Die Anfänge der lithographischen Kunst. München–New York–London–Paris 1988.

Josefine Lang, S. 156–159

Blume, Cornelia: Josephine Lang (1815–1880). Liederkomponistin und Professorengattin. In: Frauen im deutschen Südwesten, hrsg. v. Birgit Knorr u. Rosemarie Wehling, Stuttgart 1993, S. 128–133 (= Schriften zur politischen Landeskunde Baden-Württembergs, Bd. 20, hrsg. v. d. Landeszentrale für politische Bildung Baden-Württemberg).
Hiller, Ferdinand: Josephine Lang, die Lieder-Componistin. In: Aus dem Tonleben unserer Zeit. Band II. Leipzig 1868.
Hübler, Klaus Karl: „Sie ist mir eine der liebsten Erscheinungen". Ein Porträt der Münchner Komponistin Josefine Lang. Sendemanuskript des Bayerischen Rundfunks, München 1985.
Köstlin, Heinrich Anton: Josefine Lang. Lebensskizze. Leipzig 1881.
Würz, Anton: Eine vergessene Komponistin der Romantik. Die Münchnerin Josefine Lang. In: Unser Bayern. Heimatbeilage der Bayerischen Staatszeitung, Jg. 16/Nr. 1, Januar 1967, S. 3f.

Isabella Braun, S. 160–163

Wir danken Edith Findel für die Überlassung ihres Papiers: Isabella Braun und die Jugendliteratur. Edith Findel bereitet an der Universität Augsburg eine Dissertation über Isabella Braun vor.
Miehle, Renate: Die braune Bill. Aus dem Leben der Jugendschriftstellerin Isabella Braun aus Jettingen 1815–1886. Mit einem Werkverzeichnis von Maria Schneider, Jettingen-Scheppach. Marktgemeinde Jettingen-Scheppach 1986.
Nebinger, Gerhard: Neues zur Biographie der Jugendschriftstellerin Isabella Braun. In: Neuburger Kollektaneenblatt, Jahrbuch 142/ 1994, S. 37–47.

Clara Ziegler, S. 163–166

Balk, Claudia: Theatergöttinnen. Inszenierte Weiblichkeit. Clara Ziegler – Sarah Bernhardt – Eleonora Duse. Ausstellungskatalog des Deutschen Theatermuseums München. Basel, Frankfurt/M. 1994.
Eschweiler, Hans Georg: Klara Ziegler. Ein Beitrag zur Theatergeschichte des 19. Jahrhunderts. (Diss.) Berlin 1935.
Mayerhofer, Johannes: Clara Ziegler. Biographische Skizze. Bamberg 1887.
Schwanneke, Victor: Führer durch das Theater-Museum der Klara Ziegler Stiftung Königinstraße 25 zugunsten der Genossenschaft Deutscher Bühnenangehöriger. München 1910.
Ziegler, Clara: Autobiographie. Handschrift im Deutschen Theatermuseum, München.

Hedwig Lachmann-Landauer, S. 166–169

Delf, Hanna: Lachmann Hedwig – Lyrikerin, Übersetzerin. In: Jüdische Frauen im 19. und 20. Jahrhundert. Lexikon zu Leben und Werk, hrsg. v. Jutta Dick, Marina Sassenberg, Reinbek bei Hamburg 1993, S. 228–229.
Hedwig Lachmann. Werke in einem Band. Ausgewählt, eingeleitet und hrsg. v. Armin Strohmeyr, Augsburg 1996.
Walz, Annegret: „Ich will ja gar nicht auf der logischen Höhe meiner Zeit stehen." Hedwig Lachmann – Eine Biographie. Flacht 1993.

Annette Kolb, S. 169–173

Bauschinger, Sigrid (Hrsg.): Ich habe etwas zu sagen. Annette Kolb 1870–1967. Katalog zur Ausstellung der Münchner Stadtbibliothek, München 1993.
Benyoetz, Elazar: Annette Kolb und Israel. 1970.
Burckhardt, Carl Jakob: Annette Kolb, Schickungen – Voraussagen. In: Memorabilien. Erinnerungen und Begegnungen. München 1977. Ders.: Tochter zweier Vaterländer. In: Die Zeit, 18. 07.1958.
Kästner, Erich: Annette Kolb. In: Merkur 14, 1960.
Kolb, Annette/Schickele, René: Briefe im Exil 1933–1940. Hrsg. v. Hans Bender. Mainz 1987. Dies.: Briefe einer Deutsch-Französin. Berlin 1916. Dies.: Zarastro. Westliche Tage. Berlin 1921. Dies.: Daphne Herbst. Roman. Frankfurt am Main 1928. Dies.: Versuch über Briand. Berlin 1929. Dies.: Die Schaukel. Roman. Frankfurt am Main 1934. Dies.: Zeitbilder 1907–1964. Frankfurt am Main 1964. Dies.: Mozart. Sein Leben. Frankfurt am Main 1984. Dies.: Franz Schubert. Sein Leben. Frankfurt am Main 1987.
Lemp, Richard: Annette Kolb. Leben und Werk einer Europäerin. Mainz 1970.
Marktl, Edgar: Aufbruch aus dem Gestern. Die Romane Annette Kolbs. Wien. Diss. 1985.
Rauhenhorst, Doris O. P.: Annette Kolb. Einführung in Leben und Werk. Fribourg. Diss. 1969 (= Seges. Philologische und literarische Studien und Texte 10).
Reifenberg, Benno: Gedenkwort für Annette Kolb. In: Jahrbuch der Deutschen Akademie für Sprache und Dichtung, Darmstadt 1967.
Saint-Gille, Anne-Marie: Les Idées Politiques d'Annette Kolb (1870–1967). 1993.

Emerenz Meier, S. 173–177

Carossa, Hans: Begegnung mit Emerenz Meier. In: Emerenz Meier, Aus dem Bayerischen Wald, Erzählungen – Gedichte, hrsg. v. Hans Bleibrunner u. Alfred Fuchs, Grafenau 1974, S. 158–176 (Aus Carossa, Hans: Das Jahr der schönen Täuschungen. Leipzig 1941.).
Goepfert, Günter: Das Schicksal der Lena Christ. München 1971.
Meier, Emerenz: Aus dem Bayerischen Wald. Erzählungen – Gedichte, hrsg. v. Hans Bleibrunner u. Alfred Fuchs. Grafenau 1974.

Meier, Emerenz: Nachlaß. Bayerische Staatsbibliothek Passau.

Peinkofer, Max: Lebensbild der Dichterin. In: Emerenz Meier, Aus dem Bayerischen Wald, Erzählungen – Gedichte, hrsg. v. Hans Bleibrunner u. Alfred Fuchs, Grafenau 1974, S. 7–21. (Auch in Peinkofer, Max: Emerenz Meier-Gedichte. Passau 1954.)

Serwuschok, Renate: Klara Hackelsberger-Rötzer, die „Dichterin aus dem Waldgebirg". In: Frauen. Leben – Arbeit – Alltag. Lebensbilder aus dem Landkreis Cham, hrsg. v. Landkreis Cham, Cham 1993, S. 121–126.

Serwuschok, Renate: Mathilde Baumann, die Lyrikerin aus dem Schriftstellerwinkel. In: Frauen. Leben – Arbeit – Alltag. Lebensbilder aus dem Landkreis Cham, hrsg. v. Landkreis Cham, Cham 1993, S. 127–133.

Emy Roeder, S. 177–180

Emy Roeder (1890–1971). In: Frauen in Würzburg – Stadtführer und Lesebuch, hrsg. v. d. Gleichstellungsstelle für Frauen der Stadt Würzburg, Würzburg 1996, S. 75–77.

Emy Roeder. 1890–1971. – Akzente. Ausstellungskatalog, Städtische Galerie Würzburg 1989.

Emy Roeder. Bildwerke – Handzeichnungen. Ausstellungskatalog, Städtische Galerie Würzburg 1981.

Emy Roeder Nachlaß. Künstlerarchiv, Städtische Galerie Würzburg.

Emy Roeder. Plastiken und Grafik. Ausstellungskatalog, Städtische Galerie Würzburg 1969.

Härth-Ragaller, Isolde: Emy Roeder. In: Frauengestalten in Franken, hrsg. v. Inge Meidinger-Geise, Würzburg 1985.

Mertens, Fritz: Emy Roeder. In: Mainfränkisches Jahrbuch für Geschichte und Kunst 7, Würzburg 1955, S. 373–378.

Muth, Hanswernfried: Emy Roeder (1890–1971). In: Fränkische Lebensbilder, hrsg. v. Alfred Wendehorst, Neustadt/Aisch 1991, Band 14, S. 271–290. *Ders.:* Emy Roeder. Würzburg 1969 (= Künstler und Kunstwerke aus Mainfranken 6).

Liesl Karlstadt, S. 181–184

Bach, Rudolf: Die Frau als Schauspielerin. Tübingen 1937. Zu Liesl Karlstadt, S. 79–88.

Dimpfl, Monika: Immer veränderlich. Liesl Karlstadt (1892 bis 1960). Hrsg. v. Monacensia, Literaturarchiv und Bibliothek, München 1996.

Endres, Ria: Abwege ins Leben. Eine Verwandlungskünstlerin: Liesl Karlstadt. In: Die Zeit, 18. Juli 1980, S. 33–34.

Hörfunkinterview mit Liesl Karlstadt aus den 50er Jahren, Mitschrift in: Marie Bardischewski, Liesl Karlstadt „Ein Stück von ihm", Co-Produktion Bayerischer Rundfunk und ORF 1995.

Köhl, Gudrun: Liesl Karlstadt. Ein Lebensbild. München 1980.

Nachlaß Liesl Karlstadt (Monacensia, Bibliothek und Literaturarchiv, München).

Nachlaß Liesl Karlstadt (Valentin-Musäum, München).

Riegler, Theo: Das Liesl Karlstadt Buch. München 1961.

Schulte, Michael: Karl Valentin. Eine Biographie. Hamburg 1982. Zu Liesl Karlstadt, S. 47–63.

Setzwein, Bernhard. „Meine heißgeliebte kleine Lisi!" Vor 100 Jahren wurde Liesl Karlstadt geboren. In: Unser Bayern. Heimatbeilage der Bayerischen Staatszeitung, Nr. 12, Dez. 1992, S. 93–96.

Therese Giehse, S. 185–188

Budzinski, Klaus: Pfeffer ins Getriebe. So ist und wurde das Kabarett. München 1982.

Dössel, Christine: Die Nachlaßverwalterin der Mutter Courage. In: Süddeutsche Zeitung Nr. 274 v. 28. 11. 1995, S. 15.

Drews, Wolfgang: Die Schauspielerin Therese Giehse. Velber bei Hannover 1965.
Giehse, Therese: „Ich hab nichts zum Sagen". Gespräche mit Monika Sperr. München/ Gütersloh/Wien 1973.
Keiser-Hayne, Helga: Beteiligt euch, es geht um eure Erde. Erika Mann und ihr politisches Kabarett die „Pfeffermühle" 1933–1937. München 1990.
Klaus und Erika Mann. Bilder und Dokumente. Katalogbuch zur Ausstellung des Erika und Klaus Mann-Archivs der Handschriften-Abteilung der Münchner Stadtbibliotheken am Gasteig. München 1990.
Petzet, Wolfgang: Theater. Die Münchner Kammerspiele 1911–1972. München 1973.

Berta (Maria Innocentia) Hummel, S. 188–191

Bilder von Berta Hummel mit begleitenden Texten: Hui, die Hummel. München 1939.
Ehrmann, Eric W./Miller, Robert L.: Hummel – the complete collector's guide and illustrated reference. New York 1. Aufl. 1976, 2. Aufl. 1979.
Eytel, Lola Ch. (Text) u. Hummel, M.I. (Zeichnungen): The Hummel Book. Stuttgart 1950.
Hotchkiss, John F.: Hummel Art. Des Moines, Iowa 1. Aufl. 1978, 2. Aufl. 1981.
Seemann, Margarete (Text) u. Hummel, M.I. (Zeichnungen): Das Hummel-Buch. Stuttgart 1934.
Siemen, Wilhelm (Hrsg.): 50 Jahre „M.I. Hummel"-Figuren 1935–1985. Museum der Deutschen Porzellanindustrie Hohenberg/Eger, unveränderter Nachdruck 1992.
Stummeyer, Bettina: Die Hummel. Sendung des Bayerischen Rundfunks, Land und Leute, München November 1996.
Tschudy, Franz. J.: Leben und Werk der Schwester Maria Innocentia Hummel. In: 50 Jahre „M.I. Hummel"-Figuren, 1935–1985, hrsg. v. Wilhelm Siemen, unveränderter Nachdruck Hohenberg/Eger 1992, S. 8–17.
Wiegand, M. Gonsalva: „Sketch Me, Berta Hummel!" Grail Publication, St. Meinrad, Ind. 1951.

Lucile Grahn, S. 192–194

Baier, Peter: Geburtsdatum „korrigiert". Straßen-Spuren: Lucile Grahn avancierte zur Münchner Ballettmeisterin. In: Münchner Merkur v. 12. 8. 1994, Jg. 49, Nr. 185, S. 21.
Hommel, Kurt: Die Separatvorstellungen von König Ludwig II. von Bayern. München 1963. Darin: Lucile Grahn, S. 269.
Nationaltheater München. Festschrift der Bayerischen Staatsoper zur Eröffnung des wiedererbauten Hauses. München 1963. Darin: Lucile Grahn, S. 112f.
Neiiendam, Robert: Lucile Grahn. En Skoebne i Dansen. København 1963.
Rützow, Sophie: Münchens unvergessene Primaballerina. In: Münchner Stadtanzeiger v. 12. 6. 1970, Jg. 26, Nr. 47, S. 6.
Sailer, Anton: Engel der Ballettratten. In: Süddeutsche Zeitung v. 15. 4. 1966, Jg. 22, Nr. 90, S. 13.
Ude, Karl: Sie führte das Hoftheater zu Ballettruhm. Vor 75 Jahren starb Lucile Grahn – Primaballerina und Choreographin der Weltklasse. In: Süddeutsche Zeitung v. 3./4. 4. 1982, Jg. 38, Nr. 78, S. 19.

Annie Horn, S. 194–197

do.: Ein Leben von Erfolgen gekrönt. Annie Horn 71 – Olympiasiegerin im Eislauf und geschätzte Unternehmerin. In: Münchner Merkur Nr. 1/2, 2./3. Jan. 1960, S. 11.
Eiswaldt, Edith: Ihre Laufbahn begann auf dem Eis. Kaufhaus-Chefin Anni Horn 75 Jahre alt / Olympia-Siegerin und Opernsängerin. In: Süddeutsche Zeitung Jg.16, Nr. 1/2, 2./3. Jan. 60, S. 11.

Garner, Ernst: Stets fester Stand auf beiden Beinen. Der Lebensweg der Münchnerin Annie Horn. In: Münchner Stadtanzeiger, Jg. 50, Nr. 5, 3. 2. 94, S. 14.

Münzing, Ingeborg: Die drei Karrieren der Annie Horn. In: AZ vom 9. 7. 76, S. 14. *Dies.:* Olympia-Siegerin, Opern-Soubrette und Unternehmerin. Annie Horn wird 75. In: AZ Jg. 12, Nr. 311, 29. 12. 1959, S. 10.

Roth, Dorothea: In Bayern haben Frauen etwas zu bestellen. Persönlichkeiten im Rampenlicht. In: Bayerland, Nr. 7, 1975, S. 12–18.

Wiesner, Hans: Straf-Walzer mit dem Kronprinzen. Annie Horn begründete mit Heinrich Burger deutsche Paarlauf-Tradition. In: Münchner Merkur, Jg.19, Nr. 314, 31. 12. 64, S. 32.

Woock, Fritz: Gratulation im Kaufhaus. Prominenz beglückwünscht Frau Horn – Olympiasiegerin und Seniorchefin. In: Münchner Merkur, Jg. 40, Nr. 3, 4. 1. 65, S. 13. *Ders.:* Annie Horns Beisetzung am Freitag. Sie war die älteste Olympiasiegerin. In: Münchner Merkur Nr. 154, 7. 7. 76, S. 12. *Ders.:* Annie Horn wird 90. In: Münchner Merkur, Jg. 29, Nr. 301, 31. 12. 74, S. 18.

Argula von Grumbach, S. 198–201

Argula von Grumbach: Selbst ist die Frau: Christin – Draufgängerin – Publizistin: 500. Geburtstag, Ausstellung in der Schwabacher Stadtkirche 3.–31. Oktober 1992, hrsg. von der Evang.-luth. Kirchengemeinde St. Martin, Schwabach 1992.

Grumbach, Argula von: Ain Christenliche schrifft ainer Erbarn frawen, vom Adel darinn sy alle Christenliche stendt vnd obrikayten ermant ... Augsburg: Ulhart, 1523. *Dies.:* Wie ain Christliche Fraw ... die Hohenschül zu Ingolstadt (...) straffet. Augsburg: Ulhart, 1523. *Dies.:* Eyn Antwort in gedicht weiß ainem auß d'hohen Schul zu Ingolstat (...) 1524.

Halbach, Silke: Argula von Grumbach als Verfasserin reformatorischer Flugschriften. Frankfurt a. M., Berlin, Bern, New York, Paris, Wien 1993.

Kolde, Theodor: Arsacius Seehofer und Argula von Grumbach. In: Beiträge zur bayerischen Kirchengeschichte, 11, 1905, S. 49–77, S. 97–124, S. 148–188.

Lipowski, Felix J.: Argula von Grumbach, geborhne Freiin von Stauffen. München 1801.

Osiander, Andreas, d. Ä.: Gesamtausgabe. Band 1: Schriften und Briefe 1522 bis März 1525, in Zusammenarbeit mit Gottfried Seebaß hrsg. von Gerhard Müller, Gütersloh 1975, S. 88–92 (6).

Schöndorf, Kurt Erich: Argula von Grumbach, eine Verfasserin von Flugschriften in der Reformationszeit. In: Frauen und Frauenbilder. Dokumentiert durch 2000 Jahre. Osloer Beiträge zur Germanistik, Band 8. Oslo 1983.

Stupperich, Robert: Eine Frau kämpft für die Reformation. Das Leben der Argula von Grumbach. In: Zeitwende, 27. Jg., 1956, S. 676–681.

Uitz, Erika: Die Frau in der frühbürgerlichen Revolution und dem Bauernkrieg. In: Veröffentlichungen des Städtischen Museums Halberstadt 14 / Nordharzer Jahrbuch, Bd. 7, 1978, S. 37–41.

Wunder, Kurt Marian: Die Stauffer von Ernfels – Kämpfer der Reformation. In: Wochenendbeilage der Mittelbayerischen Zeitung vom 10./11. Okt. 1992, S. 5.

Therese von Sternbach, S. 201–204

Bayerisch-Tirolische G'schichten ... eine Nachbarschaft. Katalog und Beitragsband der Tiroler Landesausstellung 1993, 2 Bände, Kufstein 1993.

Die tirolische Nation 1790–1820. Katalog der Tiroler Landesausstellung in Innsbruck. Innsbruck 1984.

Glaser, Hubert (Hrsg.): Krone und Verfassung. König Max I. Joseph und der neue Staat.

Katalog der Ausstellung Wittelsbach und Bayern, Band III/2, München-Zürich 1980; zu Therese von Sternbach, S. 256–260.

Hamm, Margot: Partikularismus und Gesamtstaat. Die bayerische Integrationspolitik in Tirol (1806–1814). Ms. Diss. München 1992.

Pfaundler, Wolfgang: Das Tagebuch der Baronin Therese von Sternbach. Ein Dokument aus dem Freiheitskampf 1809. Wien, München, Zürich, Innsbruck 1977.

Pfaundler, Wolfgang u. Köfler, Werner: Der Tiroler Freiheitskampf 1809 unter Andreas Hofer. München 1984.

Stutzer, Dietmar: Andreas Hofer und die Bayern in Tirol. Rosenheim 1983.

Trapp, Oswald: Die Illustrationen zum Tagebuch der heldenmütigen Baronin Therese Sternbach von 1809. Schlern-Schriften 207, Innsbruck 1959.

Weis, Eberhard: Die Begründung des modernen bayerischen Staates unter König Max I. (1799–1825). In: Max Spindler (Hrsg.), Handbuch der bayerischen Geschichte IV,1, München 2. Aufl. 1979, S. 3–88.

Anna Mathilde Hitzfeld, S. 204–209

Hummel-Haasis, Gerlinde (Hrsg.): Schwestern, zerreißt eure Ketten. Zeugnisse zur Geschichte der Frauen in der Revolution von 1848/49. Nördlingen 1982.

Lucae, Konrad: Kirchheimbolanden und der pfälzisch-badische Aufstand 1848–1849. Kirchheimbolanden 1979.

Zink, Albert: Freiheitskämpferin Mathilde Hitzfeld. Eine Frau auf den Barrikaden der Kirchheimbolander Freischärler von 1849. In: Pfälzische Heimatblätter, Jahrgang 5, Dezember 1957, Nr. 12, S. 89–90.

Lotte Branz, S. 209–211

Bayerisches Seminar für Politik e.V. (Hrsg.): Lotte Branz und der Widerstand gegen den Nationalsozialismus. München 1993.

Branz, Lotte: Kurierfahrten über die Grenze. In: „Halts Maul – sonst kommst nach Dachau!" Frauen und Männer aus der Arbeiterbewegung berichten über Widerstand und Verfolgung unter dem Nationalsozialismus, hrsg. v. Sabine Asgodom, Köln 1983, S. 31–22.

Gabert, Inge: Erinnerungen an Lotte Branz. In: Von der Klassenbewegung zur Volkspartei. Wegmarken der bayerischen Sozialdemokratie 1892–1992. Hrsg. v. Hartmut Mehringer im Auftrag der Georg-von-Vollmar-Akademie, München u.a. 1992, S. 225–227.

Graf, Oskar Maria: Gelächter von außen. Aus meinem Leben 1918–1933. München 1966. Hier: S. 517.

Panzer, Marita A.: „Volksmütter". Frauen im Dritten Reich 1933–1945. In: Frauenleben in Bayern von der Jahrhundertwende bis zur Trümmerzeit, hrsg. v. der Bayerischen Landeszentrale für politische Bildungsarbeit, München 1993, bes. S. 312–319.

Scholl, Inge: Die Weiße Rose. Sonderausgabe Frankfurt a. M. 1992.

Szepansky, Gerda: Frauen leisten Widerstand: 1933–1945. Lebensgeschichten nach Interviews und Dokumenten. Frankfurt a. M. 1983 und 1989.

Anna Laminit, S. 212–214

Büchi, Albert: Das Ende der Betrügerin Anna Laminit in Freiburg i. Uechtland. In: Zeitschrift für Kirchengeschichte 47, 1928, S. 41–46.

Dinzelbacher, Peter: Heilige oder Hexen ? Schicksale auffälliger Frauen in Mittelalter und Frühneuzeit, Zürich 1995, S. 79–82.

Roth, Friedrich: Die geistliche Betrügerin Anna Laminit von Augsburg. In: Zeitschrift für Kirchengeschichte 43, 1924, S. 355–417.

Maria Anna Schwegele, S. 214–218

W. P. [Wolfgang Petz]: Kat.Nr. 157 im Katalogteil in: „Bürgerfleiß und Fürstenglanz", Reichsstadt und Fürstabtei Kempten. Katalog zur Ausstellung in der Kemptener Residenz, 16. Juni bis 8. November 1998. Hrsg. von Wolfgang Jahn u. a., Augsburg 1998, S. 225–227.

Behringer, Wolfgang: Hexenverfolgungen in Bayern. Volksmagie, Glaubenseifer und Staatsraison in der Frühen Neuzeit. München 1987.

Schnieringer, Karl: Heimatgeschichte der Gemeinde Lachen. 1936.

Stadtarchiv Kempten, Aktensignatur A IV 18. Der Akt enthält eine spätere verkürzte Abschrift des Prozeßprotokolls einschließlich des Rechtsgutachtens vom 30. 3. 1775 sowie eine Abschrift der Urgicht vom 11. 4. 1775.

Straßer, Hansjörg: Anna Schwegelin. Der letzte Hexenprozeß auf deutschem Boden – 1775 in Kempten. Kempten 1985.

Elisabeth Gaßner, S. 218–221

Arnold, Ernst: Oberdischingen – der Malefizschenk und seine Jauner. Neudruck der Ausgabe von 1911 erweitert um die Oberdischinger Diebsliste von 1799, hrsg. v. der Gemeinde Oberdischingen, bear. v. Werner Kreitmeier, Oberdischingen 1993.

Boehncke, Heiner, Hindemith, Bettina, Sarkowicz, Hans: Die großen Räuberinnen. „Und wenn der Kopf fällt, sag ich hoppla". Frankfurt a. M. 1994, S. 43–51.

Machniki, Monika: „Sie trug stets das Brecheisen unter dem Rock" – aber hat sie es auch benutzt? Zur Rolle der Frauen in den Räuberbanden des 18. und 19. Jahrhunderts. In: Schurke oder Held? Historische Räuber und Räuberbanden, hrsg. v. Harald Siebenmorgen, Sigmaringen 1995, S. 143–153.

Zengerle, Max [Hrsg.]: Johann Baptist Pflug. Aus der Räuber- und Franzosenzeit Schwabens. Die Erinnerungen des schwäbischen Malers aus den Jahren 1780–1840. Weißenhorn 1966.

Ursula Brandmüller und Anna Margaretha Zwanziger, S. 221–226

Feuerbach, Anselm von: Merkwürdige Verbrechen. Frankfurt a. M. 1993, S. 7–48. Neuauflage von „Aktenmäßige Darstellung merkwürdiger Verbrechen", 3. Aufl. Frankfurt a. M. 1849.

Wir danken Herrn Dr. Paul Hoser [München] für die Überlassung seines Vortragsmanuskriptes „Der Prozeß gegen die Giftmörderin Ursula Brandmüller und ihre Hinrichtung", 1996. Paul Hosers Vortrag wird als erheblich erweiterter Aufsatz in den „Memminger Geschichtsblättern" erscheinen.

Adele Spitzeder, S. 226–232

Die Woch fangt guat o. Bayerische Wildschützen und Spitzbuben. Gesammelt und dargestellt von Alois J. Weichslgartner, Helmut Zöpfl, illustriert von Rudolf Seitz. Starnberg 1970. Zu Adele Spitzeder, S. 17–20.

Freudenreich, Johann: Bayerische Spitzbuben. Galerie der Goldmacher, Wilderer, Quacksalber und sonstigen Schurken von heute und Anno dazumal. München 1961. Zu Adele Spitzeder, S. 67–73.

Jehle, Alfons: Rund um den Maischbottich. Altmünchner Geschichtsbilder von Bräuern, Bräuerinnen und schönen Bräuerstöchtern. Regensburg 1949. Zu Adele Spitzeder, S. 66–69.

Meingast, Fitz: Berühmte und Berüchtigte. Bayerische Porträts. München 1975. Zu Adele Spitzeder, S. 131–138.

Reiser, Rudolf: Glück und Ende einer dreisten Bauernfängerin. In: SZ 27. 10. 1995, Nr. 248, S. 45.

Schaehle, Franz: Abenteuerliche Schicksale auf bayerischem Boden. Altötting 1931. Zu Adele Spitzeder, S. 35–51.

Spengler, Karl: Münchner Historien und Histörchen. München 1967. Zu Adele Spitzeder, S. 98–108.

Sperr, Martin: Die Spitzeder. Verlag der Autoren, Frankfurt/M. 1980 (Schauspiel).

Spitzeder, Adele: Geschichte meines Lebens. Stuttgart 1878 (Neudruck hrsg. v. Hermann Wilhelm, München 1996).

Statuten der ersten Münchener Volksküche von Adele Spitzeder (Monacensia-Bibliothek, München).

Valentin, Hans E.: Adele Spitzeder. Der große Münchner Bankskandal des 19. Jahrhunderts. In: Bayerland 1972, Februar, S. 29–33.

Weinberger, Karl: Adele Spitzeder. Roman einer seltsamen Frau. Frankfurt/M. 1956 (Mit einem Vorwort von Josef Martin Bauer).

Wolf, Ludwig: Eine Tochter aus bestem Hause. In: Münchner Stadtanzeiger 16. 11. 1995, Nr. 46, S. 12.

Elly Maldaque, S. 233–236

Arbeitskreis Geschichte der Frauen in Regensburg (Hrsg.): Frauen außer Haus, Regensburg 2. Aufl. 1993, Elly Maldaque, S. 45–47.

Groß, Marianne: Elly Maldaque – eine Kommunistin des Herzens: Sie suchte milde Liebe und fand den Tod. Artikel in: Mittelbayerische Zeitung, 30./31./1. Okt./Nov. 1993, MZ zum Wochenende.

Horváth, Ödön von: Die Lehrerin von Regensburg, Dramenfragment 1930.

Hummel, Franz: Schöne blaue Donau (basiert auf dem Fall Elly Maldaque), Uraufführung 20. Nov. 1993 in Klagenfurt.

Kätzel, Ute: „Sie war ihrer Zeit voraus!" Ein Porträt der Elly Maldaque, „Lehrerin von Regensburg", nach Berichten ihrer SchülerInnen, in: Regensburger Frauenspuren, hrsg. v. Ute Kätzel u. Karin Schrott, Regensburg 1995, S. 179–190.

Mehring, Walter: Ballade der Lehrerin Elly Maldaque, 1930.

Schröder, Jürgen (Hg.): Horváths Lehrerin von Regensburg. Der Fall Elly Maldaque. Materialien. Frankfurt a.M. 1982.

Sitzungsprotokolle des bayerischen Landtags, 1930 (Landtagsbibliothek München).

Stadt Regensburg (Hrsg.): Frauengeschichte(n) (= Ausstellungskataloge zur Regensburger Geschichte Bd. 3), Regensburg 1993, zu Elly Maldaque, S. 112f.

Steinbeißer, Josef Wolfgang: Lehrerin Elly, soziales Drama in 4 Akten, o.O.

Tagebuch der Elly Maldaque und andere Akten (Staatsarchiv Amberg, Regierung der Oberpfalz, Nr. 26120).

„Volkswacht", 21. Juli 1930, Artikel: „Elli Maldaque ist tot" (Stadtarchiv Regensburg).

Elisabeth Block, S. 237–240

Panzer, Marita A.: „Volksmütter". Frauen im Dritten Reich 1933–1945. In: Frauenleben in Bayern, hrsg. v. der Bayerischen Landeszentrale für politische Bildung, München 1993, S. 234–319.

Treml, Manfred (Hrsg.): Das Tagebuch der Elisabeth Block. Rosenheim o. J.

Ders.: Elisabeth Block aus Niedernburg. In: Rosenheim im Dritten Reich. (= Beiträge zur Stadtgeschichte, hrsg. v. Kulturamt der Stadt Rosenheim) Rosenheim 1989, S. 43.

Ders.: Der langsame Untergang der Elisabeth Block. Stationen einer Spurensuche. Sendemanuskript des Bayerischen Rundfunks, München 1992.

Ika Freudenberg, S. 241–243

Bäumer, Gertrud: Frauen der Tat. Gestalt und Wandel. Tübingen 1959. Zu Ika Freudenberg, S. 231–153.

Bäumer, Gertrud: Studien über Frauen. Berlin 1920. Zu Ika Freudenberg, S. 119–136.

Freudenberg, Ika: Ein Wort an die weibliche Jugend. Leipzig 1903.

Freund, Anna: Gedächtnisrede für Ika Freudenberg. In: Frauenstreben Nr. 4. v. 17. 2. 1912, S. 19–23.

Meister, Monika: „Schon wieder bei Handarbeit und Strickstrumpf angelangt." Ika Freudenberg und die bürgerliche Frauenbewegung in Bayern. Sendemanuskript des Bayerischen Rundfunks, München 1991.

Panzer, Marita A.: „Zwischen Küche und Katheder". Bürgerliche Frauen um die Jahrhundertwende 1890–1914. In: Frauenleben in Bayern, hrsg. v. der Bayerischen Landeszentrale für politische Bildungsarbeit München 1993, S. 86–118.

Schmittmer, Monika: Aschaffenburg – ein Schauplatz der Bayerischen Frauenbewegung. Frauenemanzipation in der „Provinz" vor dem Ersten Weltkrieg. Aschaffenburg 1995. Ika Freudenberg, S. 148–152.

Weber, Marianne: Die Frauen und die Liebe. Königstein i. T. u. Leipzig 1935.

Zeitschrift „Frauenstreben" Nr. 2 v. 27. 1. 1912 (zum Lebenswerk von Ika Freudenberg).

Nur wenige Dokumente sind überliefert. Ika Freudenbergs Nachlaß wurde bislang noch nicht aufgefunden. Einige Briefe liegen im Helene-Lange-Archiv Berlin und im Bundesarchiv Koblenz.

Dr. Anita Augspurg und Lida Gustava Heymann, S. 244–247

Augspurg, Anita: Die ethische Seite der Frauenfrage. Minden/Leipzig 1894. *Dies.*: Augspurg, Anita: Ein typischer Fall der Gegenwart (gesetzliche oder freie Ehe). In: Frauen und Sexualmoral, hrsg. v. Marielouise Janssen-Jurreit, Frankfurt/M. 1986.

Beumelburg, Ellen: Anita Augspurg – Ein Leben für die Emanzipation der Frauen. In: Von der Klassenbewegung zur Volkspartei. Wegmarken der bayerischen Sozialdemokratie 1892–1992, hrsg. v. Hartmut Mehringer u.a., München, London, New York, Paris 1992, S. 168–174.

Die Frau im Staat, hrsg. v. Anita Augspurg und Lida Gustava Heymann, München (später Stuttgart u. Frankfurt) 1919ff.

Heymann, Lida Gustava: Frauenstimmrecht und Völkerverständigung. Leipzig 1919. *Dies.*/Augspurg, Anita: Erlebtes – Erschautes. Deutsche Frauen kämpfen für Freiheit, Recht und Frieden 1850–1940, hrsg. v. Margit Twellmann, Meisenheim am Glan 1972.

Meister, Monika: „Gehirn- und Zwitterwesen". Die Frauenrechtlerin Anita Augspurg. Sendemanuskript des Bayerischen Rundfunks, München 1985.

Parlamentarische Angelegenheiten und Gesetzgebung, hrsg. v. Anita Augspurg, Berlin 1899ff (= Beilage zu: Die Frauenbewegung).

Schenk, Herrad: Anita Augspurg 1857–1943. In: Frauen. Porträts aus zwei Jahrhunderten, hrsg. v. Hans Jürgen Schultz, Stuttgart 1981, 6. Aufl. 1988, S. 172–184.

Vereins- und Polizeiakten über „Frauenvereine" (Staatsarchiv München).

Therese Studer, S. 248–251

90 Jahre Frauenarbeit in der Katholischen Arbeitnehmer-Bewegung Süddeutschlands. Lese- und Dokumentenbuch zur Geschichte der Katholischen Arbeiterinnenvereine in Süddeutschland, hrsg. v. der Katholischen Arbeitnehmer-Bewegung Süddeutschlands e. V. (1996).

Bentenrieder, Centa: Therese Studer. Das Leben einer Arbeiterin. München 1932.

Brenner, Anton: Therese Studer (1862–1931). In: Zeitgeschichte in Lebensbildern. Bd. 7: Aus dem deutschen Katholizismus des 19. und 20. Jahrhunderts, hrsg. v. Jürgen Aretz u. a., Grünewald 1994, S. 9–20. *Ders.:* Therese Studer (1862–1931). Von der Arbeiterin zur Verbandssekretärin. In: Kaufbeurer Geschichtsblätter, Band 13, Nr. 11, Sept. 1995, S. 429–439 (1. Teil) und Nr. 12 Dez. 1995, S. 471–482 (2. Teil).

Luise Kiesselbach, S. 251–255

Bäumer, Gertrud: Gestalt und Wandel. Frauenbildnisse. Berlin 1939. Zu Luise Kiesselbach, S. 709 ff.

Bayerische Frauenzeitung, Würzburg 15. Februar 1929, Nr. 4, 4. Jg. = Sondernummer: Frau Luise Kiesselbach zum Gedächtnis.

Kiesselbach, Luise: Die Frauenarbeit in der Münchner Kriegshilfe. München 1915.

Steiner, Auguste: Begegnungen mit Luise Kiesselbach. Ein Vortrag, gehalten am 30. 5. 1978 zur 50-Jahr-Feier des Luise-Kiesselbach-Heimes in München.

Ellen Ammann, S. 255–257

Amtliches Handbuch des Bayerischen Landtags, 1920ff.

Ein modernes Elisabethen-Leben. Dem Andenken Ellen Ammanns. In: Münchener Katholische Kirchenzeitung, 1932, Jg.25, Nr.50, S. 547.

Frau Hofrat Ellen Ammann (Nachruf in Gedichtform von Maria Tischler). In: Münchener Katholische Kirchenzeitung, 1932, Jg. 25, Nr. 50, S. 538.

Godin, Marie Amelie von: Ellen Ammann. Ein Lebensbild. München 1933/34.

Lenk, Leonhard: Frauenwahlrecht. In: Maximilianeum Nr. 3/89, S. 25.

Meister, Monika: Die Bahnhofsmissionarin. Ellen Ammann und die katholische Frauenbewegung. Sendemanuskript des Bayerischen Rundfunks, München 21. 9. 1986.

N.N.: „Mehr Mut als manche Herren ...“! Ehrentafel für E. Ammann. In: Maximilianeum Nr. 8/91, S. 90.

Helene Grünberg, S. 258–260

Plößl, Elisabeth: „Ich gehe Tag für Tag an meine Arbeit" – Frauen in Landwirtschaft, Industrie und häuslichen Diensten um die Jahrhundertwende 1890–1914. In: Frauenleben in Bayern, hrsg. v. der Bayerischen Landeszentrale für politische Bildungsarbeit. München 1993; zu Helene Grünberg, S. 80–81.

Weiland, Daniela: Geschichte der Frauenemanzipation in Deutschland und Österreich. Biographien Programme Organisationen. Düsseldorf 1983, S. 120–121.

Aurelia Deffner, S. 261–264

Deffner, Wilhelm: Lebensbeschreibung meiner lieben unvergeßlichen Gattin Aurelia Deffner geb. Wagner. Handschriftliches Manuskript, Augsburg (Privatbesitz).

Panzer, Marita A.: Deffner, Aurelia. In: Augsburger Stadtlexikon (Neuausgabe, im Erscheinen).

Plößl, Elisabeth: „Ich gehe Tag für Tag an meine Arbeit" – Frauen in Landwirtschaft, Industrie und häuslichen Diensten um die Jahrhundertwende 1890–1914. In: Frauenleben in Bayern, hrsg. v. der Bayerischen Landeszentrale für politische Bildungsarbeit. München 1993; zu Aurelia Deffner, S. 59.

(Antonie) Toni Pfülf, S. 265–268

Dertinger, Antje: Dazwischen liegt nur der Tod. Leben und Sterben der Sozialistin Antonie Pfülf. Berlin u. Bonn 1984.

Frauengeschichte(n). (= Ausstellungskataloge zur Regensburger Geschichte Bd. 3, hrsg. v. Stadt Regensburg) Regensburg 1991. Toni Pfülf, S. 114f.

Holzapfel, Emil: Der rote Emil. Ein bayerischer Sozialist erzählt. Hrsg. v. Oskar Krahmer und Gerdi Müller. München 1983.

Löbe, Paul: Der Weg war lang. Lebenserinnerungen. Berlin 1954.

Meister, Monika: „Das Banner bleibt stehen ...“ Leben und Freitod der Sozialistin Toni Pfülf. Sendemanuskript des Bayerischen Rundfunks, München 1987.

Osterroth, Franz u. Schuster, Dieter: Chronik der deutschen Sozialdemokratie. 2 Bände, Berlin u. Bonn 1975.

Panzer, Marita A./Plößl, Elisabeth: Mit „Bier und Bratwürsten“ – Eine Kostprobe aus den Anfängen sozialdemokratischer Frauenarbeit in München (1870–1914). In: 100 Jahre SPD im Münchner Rathaus, hrsg. v. der SPD-Stadtratsfraktion, München 1994, S. 41–58.

Pfülf, Toni: Brief an Emmi, 1933, und „Letztwillige Verfügung“, München 17. Febr. 1933, (im Archiv der SPD, Bezirk Niederbayern-Oberpfalz, Regensburg). *Dies.:* zahlreiche Artikel in den sozialdemokratischen Zeitungen „Die Gleichheit“ und „Die Genossin“.

Schröder, Michael: Toni Pfülf, 1877–1933. München 1984.

Volland, Eva Maria: Antonie („Toni“) Pfülf – „... die Interessen der Frauen zu vertreten.“ In: Von der Klassenbewegung zur Volkspartei. Wegmarken der bayerischen Sozialdemokratie 1892–1992, im Auftrag der Georg-von-Vollmar-Akademie hrsg. v. Hartmut Mehringer, München u. a. 1992, S. 187–191.

Dr. Maria Probst, S. 268–271

Balke, Hilde: Dr. Maria Probst. CSU-Landtagsabgeordnete. In: Sie waren die Ersten ... – Frauen im Bayerischen Landtag nach 1945, hrsg. v. Bayerischen Landtag, München 1996, S. 10–19.

Männle, Ursula: Maria Probst. In: Die Christdemokratinnen. Unterwegs zur Partnerschaft, hrsg. v. R. Hellwig, Stuttgart 1984, S. 194–203. *Dies.:* Maria Probst (1902–1967). In: Zeitgeschichte in Lebensbildern. Bd. 7: Aus dem deutschen Katholizismus des 19. und 20. Jahrhunderts, hrsg. v. Jürgen Aretz u.a., Gründewald 1994, S. 113–127.

Nachlaß Maria Probst (Bundesarchiv Koblenz).

Pressedokumentation des Deutschen Bundestages, darin: Zeitungsinterviews, Presseberichte über Maria Probst.

Probst, Maria: Die Familienpolitik des bayerischen Herrscherhauses zu Beginn des 19. Jahrhunderts. München 1930. *Dies.:* Die Frau als Haupt der Familie. In: Die Christliche Frau 44, 1955, S. 161–169.

Verhandlungen des bayerischen Landtags/Stenographische Berichte 1946–1949, darin: Reden von Maria Probst.

Verhandlungen des Deutschen Bundestages/Stenographische Berichte 1949–1967, darin: Reden von Maria Probst.

Käte Strobel, S. 271–274

2½ Millionen Frauenstimmen in Bayern. In: Fränkische Tagespost v. 13. 8. 1949.

Faltblatt aus dem Bundestagswahlkampf 1949: Käte Strobel, die Frau mit Herz und Verstand (SPD-Archiv Nürnberg).

Fränkische Frau im Bundestag. In: Fränkische Tagespost v. 23.7.1949.

Frühere Ministerin Käte Strobel gestorben. In: Süddeutsche Zeitung v. 27. 3. 1996, Nr. 73, S. 2.

Käte Strobel. In: Amtliches Handbuch des Deutschen Bundestages, mehrere Jahrgänge.

Käte Strobel. In: Munzinger-Archiv / Internationales Biographisches Archiv 22/96.

Kock, Peter Jakob: Der Bayerische Landtag 1946–1986. Bamberg 1990.

Verhandlungen des Deutschen Bundestages/Stenographische Berichte 1949–1972, darin: Reden von Käte Strobel.

Versammlungskalender: Ankündigung einer politischen Veranstaltung mit Käte Strobel. In: Fränkische Tagespost v. 3. 5. 1946.

Zum 80. Geburtstag von Käte Strobel am 23. Juli. In: Sozialdemokratische Presse-Korrespondenz, Nr. 49, 21. 7. 1987, S. 1–5.

Allgemeine und mehrfach benutzte Literatur

ADB (= Allgemeine Deutsche Biographie).

Augsburger Frauenlexikon, hrsg. von der Stadt Augsburg – Gleichstellungsstelle für Frauen, o. J.

Ausstellungskatalog Bayern – Preußen / Preußen – Bayern. Hrsg. v. d. Bayerischen Vereinsbank München. München 1982.

Bainton, Roland: Women of the Reformation in Germany and Italy. Minneapolis 1971.

Batori, Ingrid: Frauen in Handel und Handwerk in der Reichsstadt Nördlingen im 15. und 16. Jahrhundert. In: Frauen in der Ständegesellschaft. Leben und Arbeiten in der Stadt vom späten Mittelalter bis zur Neuzeit, hrsg. von Barbara Vogel, Ulrike Weckel, Hamburg 1991, S. 27–47.

Bauer, Karl: Regensburg. Aus Kunst-, Kultur- und Sittengeschichte. 3. Auflage Regensburg 1980.

Baumann, Ursula: Protestantismus und Frauenemanzipation in Deutschland 1850 bis 1920. Frankfurt/New York 1992 (= Reihe „Geschichte und Geschlechter", hrsg. v. Gisela Bock, Karin Hausen und Heide Wunder, Band 2).

Becker-Cantarino, Barbara (Hrsg.): Die Frau von der Reformation zur Romantik, Bonn 1985.

Beilner, Helmut: Die Emanzipation der bayerischen Lehrerin – aufgezeigt an der Arbeit des bayerischen Lehrerinnenvereins (1898–1933). MBM Heft 40. München 1971.

Blei, Franz: Glanz und Elend berühmter Frauen. Berlin 1927.

Bosl, Karl (Hrsg.): Bosls Bayerische Biographie. 8000 Persönlichkeiten aus 15 Jahrhunderten. Regensburg 1983. Ergänzungsband 1988.

Bretschneider, Heike: Der Widerstand gegen den Nationalsozialismus in München 1933–1945. München 1968 (= MBM Heft 4).

Brinker-Gabler, Gisela (Hrsg.): Deutsche Dichterinnen vom 16. Jahrhundert bis zur Gegenwart. Gedichte und Lebensläufe. Frankfurt a. M. 1978 und 1986. Dies.(Hrsg.): Frauen gegen den Krieg. Frankfurt/M. 1980. Dies.(Hrsg.): Deutsche Literatur von Frauen. Erster Band: Vom Mittelalter bis zum Ende des 18. Jahrhunderts. München 1988.

Broszat, Martin und Fröhlich, Elke (Hrsg.): Bayern in der NS-Zeit. 6 Bände. München und Wien 1977–1983.

Broszat, Martin und Fröhlich, Elke: Alltag und Widerstand – Bayern im Nationalsozialismus. München 1987.

Cohen, Arthur: Die Lohn- und Arbeitsverhältnisse der Münchener Kellnerinnen. In: Archiv für soziale Gesetzgebung und Statistik, Vierteljahresschrift zur Erforschung der gesellschaftlichen Zustände aller Länder, hrsg. v. Heinrich Braun, Bd. 5, Berlin 1892, S. 97–131.

Dachauer Hefte Nr. 3: Frauen-Verfolgung und Widerstand. Dachau 1987.

Denk, Hans Dieter: Die christliche Arbeiterbewegung in Bayern bis zum Ersten Weltkrieg. Mainz 1980.

Dyhrenfurt, Irene: Geschichte des deutschen Jugendbuches. Freiburg i. Br. 1967.

Evans, Richard J.: Sozialdemokratie und Frauenemanzipation im deutschen Kaiserreich. Berlin–Bonn 1979.

Festner, Katharina u. Raabe, Christiane: Spaziergänge durch das München berühmter Frauen. Zürich-Hamburg 1996.

Fischer, Ilse: Industrialisierung, sozialer Konflikt und politische Willensbildung in der Stadtgemeinde. Ein Beitrag zur Sozialgeschichte Augsburgs 1840–1914. Augsburg 1977.

Fischer, Konrad: Geschichte des deutschen Volksschullehrerstandes. Hannover 1892.

Flierl, Hans: Ein Jahrhundert Diakonie in Bayern. Werk der Kirche und Wohlfahrtsverband. München 1988.

Frevert, Ute: Frauen – Geschichte. Zwischen Bürgerlicher Verbesserung und Neuer Weiblichkeit. Frankfurt a. M. 1986.

Gärtner, Georg: Die Nürnberger Arbeiterbewegung 1868–1908. Nürnberg o. J.

Gerhard, Ute (unter Mitarbeit von Ulla Wischermann): Unerhört. Die Geschichte der deutschen Frauenbewegung. Reinbek bei Hamburg 1990. *Dies.:* Über die Anfänge der deutschen Frauenbewegung um 1848. Frauenpresse, Frauenpolitik und Frauenvereine. In: Frauen suchen ihre Geschichte. Historische Studien zum 19. und 20. Jahrhundert, hrsg. von Karin Hausen, München 1983, S. 196–220.

Geyer, F. W.: Evangelische Gesangbücher, Liederdichter und Sänger in der Oberpfalz. Nürnberg 1937.

Gnüg, Hiltrud/Möhmann, Renata (Hrsg.): Frauen-Literatur-Geschichte. Schreibende Frauen vom Mittelalter bis zur Gegenwart. Stuttgart 1985.

Gottlieb, Gunther u.a. (Hrsg.): Geschichte der Stadt Augsburg. 2000 Jahre von der Römerzeit bis zur Gegenwart. Stuttgart 1984.

Greven-Aschoff: Die bürgerliche Frauenbewegung in Deutschland 1894–1933. Göttingen 1981.

Hardach – Pinke, Irene: Die Gouvernante. Geschichte eines Frauenberufs. Frankfurt/New York 1993.

Havemann, Elisabeth: Die Frauen der Renaissance. Berlin 1927 (Quellenhefte zum Frauenleben in der Geschichte 10).

Heinsius, Maria: Das unüberwindliche Wort. Frauen in der Reformationszeit. München 1951.

Hervé, Florence (Hrsg.): Geschichte der deutschen Frauenbewegung. Köln 1990.

Herz, Rudolf u. Bruns, Brigitte (Hrsg.): Hof-Atelier Elvira 1887–1928. München 1985 (Ausstellungskatalog des Münchner Stadtmuseums).

Hildebrandt, Irma: Bin halt ein zähes Luder. München 3. Aufl. 1991.

Hiltl, Franz Xaver: Die Geschichte der Säkularisation des Reichsstiftes Obermünster zu Regensburg. Eine Erinnerungsgabe zum 1100jährigen Jubiläum der Gründung des Reichsstiftes Obermünster 833–1933. Regensburg 1933.

Hojer, Gerhard: Die Schönheitsgalerie König Ludwig I. München u. Zürich 1979, 2. Aufl. 1983.

Hollweck, Joh. Nep.: Geschichte des Volksschulwesens in der Oberpfalz. Regensburg 1895.

Hummel, Karl-Joseph: München in der Revolution von 1848/49. Göttingen 1987.

Hüttl, Ludwig: Das Haus Wittelsbach. München 1980. *Ders.:* Ludwig I., König und Bauherr. München 1986.

Inhetveen, Heide: Von der „Hausmutter" zur „Mithelfenden Familienangehörigen" – Zur Stellung der Frau in Agrartheorien. In: Freilandmuseum und Sozialgeschichte. Referate des Symposions am Fränkischen Freilandmuseum vom 7. bis 8. November 1985, hrsg. von Konrad Bedal und Hermann Heidrich, Bad Windsheim 1986, S. 109–121.

Jahresbericht 1965/66 – 100 Jahre Rotes Kreuz in Bayern. Hrsg. v. Präsidium des Roten Kreuzes. München 1966.

Joosten, Astrid: Die Frau, das „segenspendende Herz der Familie". Familienpolitik als Frauenpolitik in der „Ära Adenauer". Pfaffenweiler 1990.

Kätzel, Ute u. Schrott, Karin (Hrsg.): Regensburger Frauenspuren. Eine historische Entdeckungsreise. Regensburg 1995.

Kempf, Rosa: Volksschullehrerinnen in Bayern. In: Archiv für Frauenarbeit, hrsg. von J. Silbermann, Heft 4, Berlin 1913, S. 273–285.

King, Margaret L.: Frauen in der Renaissance. München 1993.

Kleinau, Elke/Opitz, Claudia (Hrsg.): Geschichte der Mädchen- und Frauenbildung. Band 1 Vom Mittelalter bis zur Aufklärung, Band 2: Vom Vormärz bis zur Gegenwart, Frankfurt/New York 1996.

Kleine Rechtskunde für Münchner Kellnerinnen, hrsg. v. Münchner Kellnerinnenverein, München 1902.

Knauer, Christl: Frauen unter dem Einfluß von Kirche und Staat. Höhere Mädchenschulen und bayerische Bildungspolitik in der ersten Hälfte des 19. Jahrhunderts. MBM, Heft 165, München 1995.

Kobell, Luise von: Unter den vier ersten Königen Bayerns. 2 Bände. München 1894.

Kobelt-Groch, Marion: Aufsässige Töchter Gottes. Frauen im Bauernkrieg und in den Täuferbewegungen. Frankfurt/M.–New York 1993.

Krafft, Sybille/Panzer, Marita A./Plößl, Elisabeth/Sommer, Karin: Frauenleben in Bayern von der Jahrhundertwende bis zur Trümmerzeit. Hrsg. v. der Bayerischen Landeszentrale für politische Bildungsarbeit. München 1993.

Krenn, Dorit-Maria: Die christliche Arbeiterbewegung in Bayern vom Ersten Weltkrieg bis 1933. Mainz 1992.

Kuhn, Annette (Hrsg.): Frauen in der deutschen Nachkriegszeit 1945–49. 2 Bände. Düsseldorf 1984/86.

Kuhn, Bärbel: Haus Frauen Arbeit 1915–1965. Erinnerungen aus fünfzig Jahren Haushaltsgeschichte. St. Ingbert 1994.

Lipp, Carola (Hrsg.): Schimpfende Weiber und patriotische Jungfrauen. Frauen im Vormärz und in der Revolution 1848/49. Moos und Baden-Baden 1986.

Losseff-Tillmanns, Gisela: Frauenemanzipation und Gewerkschaften. Wuppertal 1978.

Lustnauer, Katrin: Komponistinnen im Deutschland des 19. Jahrhunderts. Aachen 1983.

Machilek, Franz S.: Klosterhumanismus in Nürnberg um 1500. In: Mitteilungen des Vereins für die Geschichte Nürnbergs, Bd. 64, 1977, S. 10–45.

Meyer-Renschhausen, Elisabeth: Frauen in den Anfängen der empirischen Sozialforschung. In: Geschichte der Mädchen- und Frauenbildung, Band 2, hrsg. von Elke Kleinau. Claudia Opitz, Frankfurt/New York 1996, S. 354–370.

Möhrmann, Renate (Hrsg.): Die Schauspielerin. Zur Kulturgeschichte der weiblichen Bühnenkunst. Frankf./M. 1989.

Molitor, Ute: Wählen Frauen anders? Zur Soziologie eines frauenspezifischen politischen Verhaltens in der Bundesrepublik Deutschland. Baden-Baden 1991.

NDB (= Neue Deutsche Biographie).

Nowicki-Pastuschka, Angelika: Frauen in der Reformation. Untersuchungen zum Verhalten von Frauen in den Reichsstädten Augsburg und Nürnberg zur reformatorischen Bewegung zwischen 1517 und 1537. Forum Frauengeschichte Band 2, Pfaffenweiler 1990.

Olivier, Antje u. Weingart-Perschel, Karin: Komponistinnen von A–Z. Düsseldorf 1981.

Opitz, Claudia: Die Entdeckung der gelehrten Frau. Zur Debatte um die Frauenbildung in Deutschland zwischen 1500 und 1800. In: Schlaglichter der Forschung. Zum 75. Jahrestag der Universität Hamburg, hrsg. v. Rainer Ansorge, Berlin/Hamburg 1994, S. 305–319.

Panzer, Marita A.: Sozialer Protest in Süddeutschen Reichsstädten 1485 bis 1525. Anhand der Fallstudien: Regensburg, Augsburg und Frankfurt am Main. Miscellanea Bavarica Monacensia (= Neue Schriftenreihe des Stadtarchivs München), Heft 104, München 1982. Dies.: „Gott segne die christliche Arbeit !" Die katholischen Arbeiter- und Arbeiterinnenvereine Augsburgs 1874–1939. St. Ottilien 1992. Dies. u. Plößl, Elisabeth: Mit „Bier und Bratwürsten". Eine Kostprobe aus den Anfängen sozialdemokratischer Frauenarbeit in München (1870–1914). In: 100 Jahre SPD im Münchner Rathaus, hrsg. von der SPD-Stadtratsfraktion, München 1994, S. 41–58.

Paulsen, Anna: Aufbruch der Frauen. Ein Beitrag zum Gespräch zwischen Frauendiakonie und Frauenbewegung. Lahr 1964.

Plößl, Elisabeth: Weibliche Arbeit in Familie und Betrieb. Bayerische Arbeiterfrauen 1870–1914. München 1983.

Prelinger, Catherine M.: Die deutsche Frauendiakonie im 19. Jahrhundert. Die Anziehungskraft des Familienmodells. In: Frauenbilder und Frauenwirklichkeiten. Interdisziplinäre Studien zur Frauengeschichte in Deutschland im 18. und 19. Jh., hrsg. v. Ruth-Ellen B. Joeres u. Annette Kuhn, Düsseldorf 1985, S. 268–285 (= Frauen in der Geschichte, Band 6).

Priesack, August: Die bayerischen Abgeordneten in der deutschen Nationalversammlung. München 1930.

Rall, Hans und Rall, Marga: Die Wittelsbacher in Lebensbildern. Graz u. Regensburg 1986.

Reinhartstöttner, K.: Forschungen zur Kultur- und Literaturgeschichte Bayerns. 1894.

Robinson, Therese A. L. (Pseud. Talvj): Deutschlands Schriftstellerinnen bis vor hundert Jahren. In: Historisches Taschenbuch. Leipzig 1861.

Roper, Lyndal: Das fromme Haus. Frauen und Moral in der Reformation. Frankfurt/New York 1995.

Rotenhan, H. v. (Hrsg.): Geschichte des Frauenvereins vom Roten Kreuz. München 1894 u. 1904.

Rumpel-Nienstedt, Sabine: „Thäterinnen der Liebe" – Frauen in Wohltätigkeitsvereinen. In: Schimpfende Weiber und patriotische Jungfrauen, hrsg. v. Carola Lipp, Baden-Baden 1986, S. 206–231.

Schäfer, Martin: Maximilian II., König von Bayern. München 1989. Ders.: Der andere Ludwig. König Ludwig I. von Bayern. München 1987.

Scharffenorth, Gerta: Freunde in Christus. Die Beziehung von Mann und Frau bei Luther. In: Freunde in Christus werden. Kennzeichen Band 1, Gelnhausen/Berlin 1977.

Schlaich, Heinz Wolfgang: Das Ende der Regensburger Reichsstifte St. Emmeram, Ober- und Niedermünster. Ein Beitrag zur Geschichte der Säkularisation und der Neugestaltung des bayerischen Staates. Regensburg 1956 (= Sonderdruck der Verhandlungen des Historischen Vereins für Oberpfalz und Regensburg, Bd. 97).

Schmaußer, Beatrix: Blaustrumpf und Kurtisane. Bilder der Frau im 19. Jahrhundert. Stuttgart 1991.

Schmidt, Jutta: Beruf: Schwester. Die Entwicklung des Frauenbildes und des Berufsbildes in der Diakonie des 19. Jahrhunderts. Theol. Diss. Heidelberg 1994.

Schmittner, Monika: Aschaffenburg – ein Schauplatz der Bayerischen Frauenbewegung. Frauenemanzipation in der „Provinz" vor dem Ersten Weltkrieg. Aschaffenburg 1995.

Schöck-Quinteros, Eva: Sozialreform und Frauenbewegungen: Die Vorgeschichte der „deutschen Konferenzen zur Förderung der Arbeiterinneninteressen" (1897–1914). In: Arbeiterinnengeschichte im 19. Jahrhundert. Studien zum sozio-kulturellen Wandel und zum politischen Diskurs in den Frauenbewegungen in Deutschland, England, Italien und Österreich. Vorträge eines Workshops an der Universität Bremen 1993, hrsg. von Elisabeth Dickmann, Marianne Friese, Münster–Hamburg 1994, S. 208–253.

Schumacher, Bettina: Die Situation der komponierenden Frau im deutschen Biedermeier. Frankfurt 1983.

Stieftöchter der Alma mater? 90 Jahre Frauenstudium in Bayern – am Beispiel der Universität München, hrsg. v. Hadumod Bußmann (= Katalog zur gleichnamigen Ausstellung konzipiert und realisiert von Marita A. Panzer), München 1993.

Stricker, Käthe: Die Frau in der Reformation. Berlin 1927 (Quellenhefte zum Frauenleben in der Geschichte 11).

Stupperich, Robert: Die Frau in der Publizistik der Reformation. In: Archiv für Kulturgeschichte, 37, Heft 1, 1955.

Ulbricht, Otto (Hrsg.): Von Huren und Rabenmüttern. Weibliche Kriminalität in der Frühen Neuzeit. Köln–Weimar–Wien 1995.

Volland, Eva Maria: Frauenleben und Frauenbewegung in München. DGB-Stadtrundfahrt, München 1988. *Dies.* u. Reinhard Bauer (Hrsg.): München – Stadt der Frauen. Kampf um Frieden und Gleichberechtigung 1800–1945. Ein Lesebuch. München–Zürich 1991.

Walker Bynum, Caroline: Fragmentierung und Erlösung. Geschlecht und Körper im Glauben des Mittelalters. Frankfurt a. M. 1996.

Weissweiler, Eva: Komponistinnen aus 500 Jahren. Frankfurt 1981.

Wickert, Christl (Hrsg.): „Heraus mit dem Frauenwahlrecht". Die Kämpfe der Frauen in Deutschland und England um die politische Gleichberechtigung. Pfaffenweiler 1990 (= Frauen in der Geschichte und Gesellschaft, hrsg. v. Annette Kuhn und Valentine Rothe, Bd. 17).

Wild, Reiner (Hrsg.): Geschichte der deutschen Kinder- und Jugendliteratur. Stuttgart 1990.

Wolf, Ruth: Wandlungen und Verwandlungen. Lyrikerinnen des 20. Jahrhunderts. In: Deutsche Literatur von Frauen, 2. Band, hrsg. von Gisela Brinker-Gabler, München 1988, S. 334–351.

Wunder, Heide: „Er ist die Sonn', sie ist der Mond" – Frauen in der Frühen Neuzeit. München 1992. *Dies.* u. Vanja, Christina (Hrsg.): Wandel der Geschlechterbeziehungen zu Beginn der Neuzeit. Frankfurt a. M. 1991.

Danksagung

Für freundlich gewährte Hilfe, Beratung und Kritik danken wir:

Dr. Christoph Achenbach, Fürth – Christa Aumer, Regensburg – Johann Baier, München – dem Orden der Blauen Schwestern, München – Elisabeth Brock, Kempten – Eckart Eitel, München – Hans Emig, München – Edith Findel M. A., Augsburg – Thomas Heitele M. A., Krumbach – Dr. Paul Hoser, München – Dr. Rita Huber-Sperl, München – Werner König, Karlshuld – Dr. Edelgard Metzger, Starnberg – musica femina e. V., München – Angela Nußbaum, München – Dipl. Ing. FH Helmuth Panzer (†), Regensburg – Maria Plößl (†), Bobingen – dem Arbeitskreis Protest- und Frauenforschung (PFf), München – Sonja Rödel, Döhlau – Angelika Roth, Nürnberg – Aenne Schulz, Schweinfurt – Dr. Beate Spiegel, München – Anna Barbara von Stettensches Institut, Augsburg – Dr. Manfred Treml, Augsburg – Irmengard und Walburga von Vequel-Westernach, Burgkirchen und München – Dr. Christine Werkstetter, Augsburg – Hermann Wilhelm, München – Emmi Wolfrum, Hof.

Unser Dank gilt ferner allen Mitarbeiterinnen und Mitarbeitern der von uns benutzten Archive, Bibliotheken, wissenschaftlichen Institutionen und Museen, besonders R. J. Riedel (†) (Stadtarchiv Kempten), Franz Schreiber (Stadtarchiv Augsburg) und Dr. Karl-Otto Ambronn (Staatsarchiv Amberg) sowie last but not least dem Verlag Friedrich Pustet für die gute Zusammenarbeit, insbesondere der Lektorin Heidi Krinner-Jancsik und der Lektoratsassistentin Agnes Riembauer, die uns bei der Bildbeschaffung sehr unterstützt hat.

München und Bobingen 1997   Marita A. Panzer
                                                       Elisabeth Plößl

Register

Personen

Orte

Nicht aufgenommen wurden immer wiederkehrende Bezeichnungen wie: Bayern (einschließlich seiner Regierungsbezirke), Deutschland, Europa.

315

Bildnachweis

S.15: Archiv der Abtei Frauenwörth (Foto: Dr. Siegrid Düll, Traunreut) – S.17: Crescentia-Kloster Kaufbeuren – S.18: Karmelitenkloster Würzburg – S.21: Verlag Schnell & Steiner, Regensburg (Foto: Zirlik, Waldsassen) – S.25: Archiv des Ev.-Luth. Diakoniewerks, Neuendettelsau – S.29: Anna Barbara von Stettensche Institut, Augsburg – S.33: Museen der Stadt Regensburg (Foto: Presse- und Informationsstelle der Stadt Regensburg) – S.38: Bayer. Hauptstaatsarchiv – Geheimes Hausarchiv – München – S.41: Archiv der Blauen Schwestern, München – S.45: Schloßmuseum Berchtesgaden (© Wittelsbacher Ausgleichsfonds, München) – S.50: Museen der Stadt Regensburg (Foto: Presse- und Informationsstelle der Stadt Regensburg) – S.54: Archiv für Kunst und Geschichte, Berlin – S.60: Städtische Kunstsammlungen Augsburg – S.64: Titelblatt aus: Georg Ebers, Barbara Blomberg, Neuausgabe München 1949 – S.68: Fotomuseum (Münchner Stadtmuseum) München – S.73: Städtische Kunstsammlungen Augsburg – S.77: Aus: Reisen zu Luther, Berlin-Leipzig ²1988 – S.81: Archiv der Gemeinde Tutzing – S.87: Haindl Papier GmbH, Augsburg – S.90: Bilderdienst Süddeutscher Verlag, München – S.93: Württ. Landesbibliothek Stuttgart (Foto: Joachim Siener) – S.94: Städtische Kunstsammlungen Augsburg – S.99 links: Titelblatt des Regensburger Kochbuchs 1866; rechts: Privatbesitz – S.101: Stadtarchiv München – S.107: Aus: Dissertation der Friderica Gfn. v. Geldern-Egmond, Zürich 1897 – S.110: Münchner Stadtmuseum (Foto: Wolfgang Pulfer, München) – S.111: Aus: Kreuztragen. Drei Frauenleben, Wien ²1997 (mit frdl. Genehmigung von Ottilie Wittenzellner, Deggendorf) – S.115: Privatbesitz – S.118: Luise Händlmaier GmbH & Co. KG, Regensburg (mit frdl. Genehmigung von Christa Aumer, Regensburg) S.120: Schickedanz Holding-Stiftung & Co. KG, Fürth (mit frdl. Genehmigung von Dr. Christoph Achenbach, Fürth) – S.125: Stadtarchiv Nürnberg – S.127: Städtische Sammlungen Schweinfurt (Foto: Keetz, Schweinfurt) – S.131: Kunstmuseum Basel (Foto: Öffentliche Kunstsammlung Basel, Martin Bühler) – S.133: Archiv Verlag Friedrich Pustet, Regensburg – S.137: Bayer. Hauptstaatsarchiv – Geheimes Hausarchiv – München – S.139: Archiv der Nürnberger Nachrichten – S.142: Archiv des Bayer. Landtags, München (Foto: Rolf Poss, Siegsdorf) – S.145: Universitätsbibliothek TB8 Mathematik, Erlangen (Leihgeber: Prof. K.Jacobs, Erlangen) – S.149: Stadtarchiv Nürnberg – S.152: Privatbesitz – S.156: Aus: Unser Bayern. Heimatbeilage der Bayer. Staatszeitung Nr.1, 1967 – S.161: Foto: Edith Findel, Augsburg – S.164: Deutsches Theatermuseum München – S.167: Edition Die Schnecke, A.Walz, Flacht – S.170: Münchner Stadtbibliothek/Monacencia – S.174: Bayer. Staatsbibliothek München – S.178: Archiv der Städtischen Galerie Würzburg – S.182: Deutsches Theatermuseum München (Foto: Anton Salm, München 1938) – S.185: Deutsches Theatermuseum München – S.188: Berta-Hummel-Kunst, Massing (mit frdl. Genehmigung von Alfred Hummel, Massing) – S.193: Deutsches Theatermuseum München – S.195: Bilderdienst Süddeutscher Verlag, München – S.202: Privatbesitz Innsbruck – S.205: Archiv der Stadt Kirchheimbolanden – S.210: Aus: S.Asgodom (Hrsg.), „Halts Maul – sonst kommst nach Dachau!", Köln 1983 – S.213: Germanisches Nationalmuseum Nürnberg – S.217: Foto: Ralf Lienert (Allgäuer Zeitung) – S.219: Ulmer Museum (Foto: Ingeborg Schmatz, Ulm) – S.222: Kriminalmuseum Rothenburg o.d.T., aus: Justiz in alter Zeit, Bd.6C, 1989 – S.227: Bilderdienst Süddeutscher Verlag, München – S.234: Privatbesitz – S.238: HBG/Dr. Manfred Treml, Augsburg (Foto: Privat) – S.242: Stadtarchiv München – S.245 links: Bilderdienst Süddeutscher Verlag, München; rechts: Bayer. Hauptstaatsarchiv, Abt.5, München – S.248: KAB Süddeutschlands, München – S.252: Bilderdienst Süddeutscher Verlag, München – S.256: Bayer. Landesverband des Kath. Deutschen Frauenbundes, München – S.259: Archiv der sozialen Demokratie der Friedrich-Ebert-Stiftung, Bonn – S.262: Archiv des Bayer. Landtags, München (Foto: Rolf Poss, Siegsdorf) – S.266: Archiv der sozialen Demokratie der Friedrich-Ebert-Stiftung, Bonn – S.269: Archiv des Bayer. Landtags, München – S.272: Archiv der Nürnberger Nachrichten.

SERIE PIPER

Martha Schad

Bayerns Königinnen

407 Seiten mit 4 Abbildungen.
Serie Piper

Über die aus dem Hause Wittelsbach stammenden Monarchen gibt es zahlreiche Veröffentlichungen. Doch wer waren die Frauen an der Seite dieser kunstsinnigen Herrscher? Bayerns Königinnen stammten alle aus führenden Dynastien Europas, waren schön und hochgebildet. Sie wirkten vor allem in ihren Familien, engagierten sich aber auch auf sozialem und kulturellem Gebiet, sie förderten Toleranz, Frömmigkeit und Liberalität im jungen Königreich, erlebten politische Niederlagen genauso wie privates Glück. Für ihre biographischen Studien zog Martha Schad bisher unerschlossene Briefe und Tagebücher aus dem Geheimen Hausarchiv der Wittelsbacher heran und schildert eindrucksvoll und kurzweilig das öffentliche und private Leben der bayerischen Herrscherinnen.

Thea Leitner

Habsburgs vergessene Kinder

288 Seiten mit 34 Abbildungen.
Serie Piper

Thea Leitner verfolgte die Spuren von Nachkommen des Erzhauses, die von der Geschichtsschreibung bislang kaum beachtet wurden. Dabei stieß sie auf Menschen »mit ihren Ängsten und Leidenschaften und Verstrickungen, ihren heroischen Höhepunkten und ihren abgrundtiefen Nöten«.

Martha Schad

Die Frauen des Hauses Fugger

Mit sanfter Macht zum Weltruhm.
190 Seiten mit einem farbigen
Bildteil. Serie Piper

Die Augsburger Handwerker-
und Kaufmannsfamilie Fugger
stieg im 16. Jahrhundert zu sa-
genhaftem Reichtum und politischem Einfluß auf. Den Weg
von einfachen Webern zum
wichtigen Handelsgeschlecht
ebneten auch die bislang nur
wenig beachteten weiblichen
Akteure des Hauses: Martha
Schad zeigt, wie mit sanfter
Macht die Fäden der Familien-
und Reichspolitik gezogen
wurden. Ein engagiertes Ge-
schichtsbuch, das detaillierte
Einblicke in Freud und Leid der
Fugger bietet und dabei die historische Objektivität niemals
verläßt.

»Die Autorin holt die Frauen
aus der Fußnote der Ge-
schichtsschreibung ... Mit der
bei Martha Schad gewohnten
Mischung aus Witz, Spannung
und Detailreichtum.«
Aichacher Zeitung

Karin Feuerstein-Praßer

Die preußischen Königinnen

367 Seiten mit 38 Abbildungen.
Serie Piper

Es war durchaus kein leichtes
Schicksal, das die preußischen
Königinnen im »Männerstaat«
Preußen zu bewältigen hatten.
Gleichwohl gelang es einigen
von ihnen, sich Freiräume zu
schaffen – beispielsweise der
»Philosophin auf dem Thron«,
Sophie Charlotte von Hannover, und der bis heute wohl po-
pulärsten preußischen Königin,
Luise von Mecklenburg-Stre-
litz. Andere wiederum litten
unter den höfischen Intrigen
und der Mißachtung ihres Gemahls oder konnten sich nur
durch Lügen oder Heuchelei
behaupten.
Unterhaltsam und mit großer
Sachkenntnis erzählt Karin
Feuerstein-Praßer vom Leben
der sieben preußischen Königinnen.

»Wer sich für Geschichte interessiert und für Frauenschicksa-
le der etwas besonderen Art,
wird an dieser Lektüre viel Ver-
gnügen haben.«
Aachener Nachrichten